本书为潮州市社科联“十二五”规划2011年度立项课题，并得到韩山师范学院教务处出版经费资助

潮汕佛教研究

郑群辉◎著

暨南大學出版社
JINAN UNIVERSITY PRESS
中国·广州

图书在版编目（CIP）数据

潮汕佛教研究/郑群辉著．—广州：暨南大学出版社，2015.5
（区域文化教育丛书）
ISBN 978－7－5668－1326－8

Ⅰ.①潮…　Ⅱ.①郑…　Ⅲ.①佛教—宗教文化—文化史—研究—潮州市②佛教—宗教文化—文化史—研究—汕头市　Ⅳ.①B949.2

中国版本图书馆CIP数据核字（2015）第014325号

出版发行：暨南大学出版社

地　址：中国广州暨南大学
电　话：总编室（8620）85221601
　　　　营销部（8620）85225284　85228291　85228292（邮购）
传　真：（8620）85221583（办公室）　85223774（营销部）
邮　编：510630
网　址：http：//www.jnupress.com　http：//press.jnu.edu.cn

排　版：广州市天河星辰文化发展部照排中心
印　刷：深圳市新联美术印刷有限公司

开　本：787mm×1092mm　1/16
印　张：17.5
字　数：400千
版　次：2015年5月第1版
印　次：2015年5月第1次

定　价：43.00元

（暨大版图书如有印装质量问题，请与出版社总编室联系调换）

目　录

绪 论

一、潮汕佛教历史文化研究的重要价值

潮汕佛教文化的研究属于区域文化研究。所谓区域文化，是指在一些特定地域，表现出较大一致性和稳定性的某些文化因素、文化样式、文化类型。如三秦文化、齐鲁文化、荆楚文化、巴蜀文化、吴越文化、岭南文化等。区域文化还可细分为各种亚文化类型，如潮汕文化是岭南文化的广东三大亚区域文化（广府、客家、潮汕）之一。与一般文化研究不同，区域文化研究不仅可以让我们认识和了解中华整体文化的某些差异性、特殊性，感受中华文化的众彩纷呈和博大精深，还可以让我们更加清晰、真切地触摸到文化的脉动，感受中华文明生生不息的生命力，进而将其转化为社会经济文化建设的宝贵资源。由此，区域文化研究形成了一股不小的热潮，方兴未艾。

作为中华大文化下的地域性文化，区域文化往往有着与周边其他地域不太一样的文化特质，即便是属于岭南文化的潮汕文化，它与广府及客家文化也有某些不同，这表现在许多显而易见的文化事相上，如在方言、民俗、戏曲等中，其中一种显著的文化特质就是宗教因素。各区域文化在其历史建构过程中，宗教都要积极参与其中。佛教，作为一种历史悠久、影响深广的社会文化现象，非常神秘而又非常世俗、非常熟悉而又非常陌生，人们从小耳濡目染。它过去存在过，现在发展着，并且走向未来。不管各个社会时期人们对它有着怎样的看法、做法，它实实在在存在于我们身边的各个角落，影响着我们生活的方方面面。由于独特的地理位置、人文环境及其在文化建构过程中的相互作用，潮汕历来就是宗教信仰较为浓厚的地区，本地区的佛教、道教、基督教以及多种民间信仰（如三山国王、妈祖、真武、双忠、龙王、雨仙等）都发育得较为成熟，宗教信仰资源非常丰富，而佛教的元素在这一区域文化中更是占了很大的比重。

总体而言，自汉代以来，中国就形成了儒道佛三家并存、各种民间信仰此起彼伏的宗教多元化文化。但就区域文化建构过程来说，除去占主流地位的儒家不论，不同宗教（如佛、道、基督、民间信仰等）所起的历史作用、所占的文化权重以及历史地位等，却是不一样的，所形成的区域文化特色也不一样。潮汕不仅历来有“海滨邹鲁”、“岭海名邦”的美誉，也是岭南著名佛地。佛、道两教从传入的时间看，从现有的资料来说以佛教为早，并且长时间占据了主流地位。佛教从南朝刘宋年间（420— 479）（详见本书第二章）就传入潮汕，有1 500多年的历史，对潮汕文化的塑造产生了巨大的影响。“儒佛交辉”是饶宗颐先生对潮州文化源头的基本定性，若我们把各种民间信仰归入小传统文化，那么，在大传统文化（儒、道、佛）当中，这也可以看作是对潮汕文化主要特质的把握。它揭示了儒佛两种文化在潮汕文化建构中主要的异质互补——正统道教的作用和影响，在潮汕文化建构中一直不能与佛教相媲美。这从其宗教地标中也能看出来。从思想文化方面来看，中国文化总体而言无疑是儒道佛三教混融的文化，但一般来说，每一个地方都有其较显著的宗教地标。谈起潮汕地区的宗教地标，我们马上会想到潮州开元寺、潮阳灵山寺和揭阳的双峰寺，正如谈到惠州地区时，我们会首先想到道教圣地罗浮山一样，尽管惠州地区的佛教也同样兴盛过。在潮汕，从唐代迄今也创建过一些道教宫观，但从来就没有一所道教宫观可与三大寺相提并论，更没有所谓的道教名山，在惠州地区情况则恰恰相反；在潮汕，起码还出现了大颠和大峰这两个在区域文化中影响深远的宗教人物，道教则一个都

没有，而高僧大颠、大峰之于潮汕，也正如高道葛洪、黄大仙之于惠州。这些地标性建筑和象征性人物的明显不同，或足以表明粤东与粤中区域文化的某种差异性。佛教在潮汕的深刻文化意义，正如道教之于惠州。

自唐代至今，潮汕佛教在各个历史时期的基本面貌并不相同，但都对塑造潮汕文化起到重要作用。中唐大历到贞元间（766—804），本地高僧慧照、大颠西传禅宗南宗法脉，开法潮阳，秉承禅宗南宗单刀直入、明心见性的宗旨，建立岭南又一禅修中心，显示了山林佛教特色。其追求心灵超越解脱的精神，激励了后世无数潮汕僧人追求佛法的最高灵境；大颠与韩愈交往的故事，则象征了潮汕文化中儒佛的互补与交融；以儒佛交辉为主体的潮汕文化雏形开始彰显。

宋代潮汕佛教积极入世，以菩萨普度众生的姿态介入社会生活的方方面面，是以出家人为中心、为指导，僧俗大众以“种福田”的观念历行慈善公益事业的福德型佛教。其最大的亮点在于，在为社会经济文化建设做出了巨大贡献的同时，以大峰为首的宋代“劝首”们济世利生、热心公益慈善的菩萨精神，也深深感召了潮人社会，受到后世潮人高度尊崇、继承和发扬光大。大乘佛教提倡教徒要“六度万行”，六度之第一度就是“布施”度，布施及其功德是大乘成就佛道的始基，布施的对象是芸芸众生，而非仅惠及佛门，所以福德佛教的理念和行为惠施了潮汕民众，从而在民众中间延续了乐施好善之风。从清初发展至今的潮汕善堂文化，赓续的主要是大峰祖师的香火。在我们看来，潮汕善堂文化的中心理念，就是佛家大悲愿心和布施功德的倡导。这是“大峰”们给后世潮汕文化留下的一笔宝贵的精神财富。从这种意义上来说，宋代福德型佛教贯穿了整个潮汕文化的建构过程。

元代佛教在元蒙统治者的扶植下继续兴盛，藏传密宗曾在胆巴帝师贬潮时期一度流行于潮州地区，寺院主要是在地方官吏的直接参与、主持下修建，寺院经济日益发达；与宋代佛教相比，民众崇佛之风依然浓厚，但出家人失落了其济世利他精神，为后世佛教的衰落埋下了伏笔。

明清以来，正统道教宫观进一步凋零，道士星散，而民间信仰的发展却异常迅猛，遍地林立的妈祖庙、大忠祠、双忠公祠、真武庙、关爷宫、三山国王庙等，就能清楚地说明这一点。这并不是说宋元时期没有这些信仰，而是说到明清以后发展更加壮大——正是正统佛、道教的持续走下坡路，给了民间信仰巨大的发展空间。潮汕文化由此形成了儒、佛、民间信仰三足鼎立或者三者混融的局面。在我们看来，我们今天所谓的潮汕传统文化，更多的就是以上三者的融合，是三者的水乳交融。我们把这一时期的佛教称为“民俗佛教”。它是宋元福德佛教的进一步开展或异化，只不过在佛教寺院的功能及其僧人的角色、职责上，与宋元代相比已发生了重大的变化，表现为以迎合、俯就庶民的宗教意识、现实利益、愿望追求等为能事，从而使宋代以前尚维持的宗教的独立性、超越性宗教品格最终丧失，而与潮汕民间思想观念、民间信仰、民间习俗混融合一；尤其表现在形塑了多种多样的具有潮汕本土特色的佛教民俗文化。

20 世纪 70 年代，佛教及其他宗教一度沉寂。80 年代以来，随着改革开放的深入，人民物质生活水平得到极大的提高，但处于大改革、大变动的国家战略转型时期的今天，民众生活中诸如官场、商场、职场、考试、医疗健康等的不稳定因素也进一步增加，各种心理压力持续增大，宗教需求自然也日趋强烈，以心灵抚慰为基本社会功能的宗教也就有了广阔的心理需求及经济市场。随着宗教政策的落实，"信仰消费"市场的逐步放开，在宗教底蕴本来就深厚的潮汕大地，民间新一轮的"宗教热"可谓方兴未艾。如拜神消费，有人把潮人拜神的动机和态度归结为祈福类、从众类、习惯类和认同类等四种类型[①]，看似宗教性的活动其实都是人的心理和社会性需求的表现；据2003年一份调查报告可知，潮汕城乡经常性参加拜神活动的人数占人口总数80%。拜神节日分为两类：游神赛会和初一、十五。每年的拜神消费支出约占家庭总消费的10%，"城市家庭个别拜神活动的开支要高于农村家庭，而平均每月的拜神开支农村家庭并不比城市家庭少"[②]。由此可见，拜神活动在潮汕城乡是常态性的宗教活动，拜神消费在家庭日常消费中占了不小的比重，也可知民间的宗教信仰氛围之浓厚。

就潮汕地区佛教本身而言，因为信仰底蕴深厚和政策允许等因素而得以迅速复兴。潮汕寺院重建工作开展之早和寺院建筑重建、创建数量之多，在全国范围来说都是少见的。例如，新时期粤东首刹开元寺的大重建，在时间上就走在广东乃至全国各大寺院的前面。1978年12月召开的十一届三中全会作为新时期各战线"拨乱反正"的标志，宗教政策逐步得以落实。短短半年后，1979年7月16日，中共潮安县统战部、潮安县外事办和文化局就向广东省相关部门作了《关于全面修缮开元寺接受侨胞捐资的请示报告》，并于同年9月接到同意意见的复函[③]，自此拉开了开元寺大重建的大幕。1980年3月20日，潮安县地方党政负责人、开元寺筹建委员会委员、香港潮籍佛教观光团成员、僧俗教徒等数百人在开元寺隆重举行修建奠基典礼。其时韶关南华寺仅重修寺内的六祖殿[④]，大规模重修工作尚未开始；广州六榕寺重修工作到1984年才开始[⑤]，广州光孝寺则迟至1989年12月[⑥]。可见，在广东潮州，在宗教氛围浓厚、侨胞的鼎力捐资以及政府的大力支持这三者共同作用下，新时期潮州开元寺率先得以重生。

开元寺的大重建极大地带动了其他潮汕寺院的重建工作。改革开放后，潮汕寺院在重建并恢复开放的数量上，呈现了迅猛的上升势头。据资料显示，改革开放10年后的1990年，潮汕修复开放的寺院共计211座，僧尼505人；2002年12月，寺院共计313座（精舍不计在内），僧尼1 154人[⑦]；而到了2009年，潮汕三市对外开放寺院达到了370座，其中潮州市120座[⑧]，汕头市112座[⑨]，揭阳市138座[⑩]。370座寺院，这是什么概念？从密度上而言，在一个一万三千多平方公里的区域里，平均每35平方公里就有1座寺院，

---

① 李继宏：《玉窖镇拜神消费的个案研究》，《潮学研究》2012年第13期。

② 邝建彬等：《潮汕地区拜神消费的调查报告》，王晶主编：《潮汕区域文化研究——韩山师范学院大学生学术科技创新成果集》，广州：暨南大学出版社2008年版，第187页。

③ 释慧原：《潮州市佛教志·潮州开元寺志》，潮州开元寺1992年内刊本，第124~125页。

④ 何明栋主编：《新编曹溪通志》，北京：宗教文化出版社2000年版，第790页。

⑤ 余庆绵主编：《广州六榕寺志》，1999年内刊本，第416页。

⑥ 黄为亮：《圣寺重光说诃林——写在佛教僧团接管光孝寺三周年》，《广东佛教》1990年第3期。

⑦ 林俊聪编：《潮汕庵寺》（下册），广州：花城出版社2004年版，第253页。

⑧ 林福治主编：《潮州佛寺》，香港：天马出版社2009年版，第11页。

⑨ 周淑珍主编：《汕头佛寺》，香港：天马出版社2009年版，第1~4页。

⑩ 周淑珍主编：《揭阳佛寺》，香港：天马出版社2009年版，第306~307页。

密度非常高；就潮汕历史而言，通过笔者考证，唐五代兴建寺院9座，两宋兴建91座，元代27座，明代85座（详见本书第二、三、四章），清代、民国时期无法作较完整统计，姑且假定清代至民国兴建新寺院为100座，那么，现今潮汕三市区域内历朝历代所建寺院为312座。也就是说，今天对外开放寺院竟超过历代兴建寺院的总和！当然了，若考虑到历代因私建而未载入方志的寺院（即历代寺院总和不止312座），而新时期以来有些寺院又属新建等因素，那么，也就是说，这370座寺院把存在过但又湮没的绝大部分各朝寺院重新恢复了。若考虑到历史上每一个朝代的寺院都存在兴废不一的状况，那么历史上任何一个朝代都没有今日建寺修寺力度之大、寺院之多、佛事之盛。

而今，潮汕共有370座以上寺院正在运作，绝大部分寺院因为重建或改建而焕然一新，香火鼎盛，僧尼1 000多人，信徒不计其数。

佛教传入潮汕1 500多年来，风风雨雨，兴衰轮替，总体而言就是“佛教的地方化”和“地方的佛教化”的双向运动过程。一方面，它要适应本地区的环境（包括自然和人文环境），也要因应某一时代要求而作出自我调适，从而争取自身存在和发展的空间。如唐代的山林佛教传统令潮汕随处可见山林寺院和岩窟寺院，具有农禅并重的禅宗修行特色；宋代的福德佛教使僧人具有强烈的入世利生精神，积极介入社会经济文化建设，倾向于都市佛教、市民佛教的特点，同时也培育了深厚的崇佛之风；明清以来的民俗佛教，则与小庙林立、僧人戒律不严、僧人大量入住祠庙、香花佛事兴盛等相联系，如此等等，这便是“佛教的地方化”。另一方面，佛教也始终参与对潮汕文化的历史建构。佛教对潮汕文化的影响是一种浸渍式的影响，完全渗透其中，佛教也最终成为地方文化的有机组成部分，并发展出具有佛教元素或特色的地方文化，这便是“地方的佛教化”过程。我们可以感受到，从潜藏的思想观念到触目可见的文化事相，潮汕文化无不透露出众多的佛教元素。例如，潮汕多种民间宗教信仰和善堂文化的研究，就无法与佛教完全剥离，离开佛教就可能谈不清楚。如果我们暂且撇开“因果报应”等佛教思想观念，单就文化事相而言，佛教的元素也都是非常鲜明突出的。诸如潮汕饮食文化中的素食、建筑文化中的佛寺建筑、方言文化中的佛教俗语、民间艺术中的潮州佛乐、礼仪文化中的佛化葬俗、节俗文化中的佛教节日以及组织文化中的善堂等，就是其中荦荦大者。

素食文化 潮人非常讲究饮食，潮菜本身就是中国烹饪艺术派别的一大流。旧日佛风浓厚的潮汕城镇，寺庵遍布，和尚尤其是尼僧们都长期素食，极擅长做素菜，在家的善信自然跟进，素菜愈做愈精美，既可以供佛，也可以自己享用，甚至会应他人所请而制作素食宴。有了这样的社会需求，素食文化也就迅速发展起来，民国时期素菜已进入商业化经营或半商业化经营状态，20世纪80年代以后，适应商品化社会的潮流，潮汕各地出现了为数众多的素食餐馆，甚至出现了素食店连锁企业，佛门善信及外地旅游者品尝后，无不啧啧称美，成为本地区一大饮食特色。

佛寺旅游文化 继唐代大颠的山林佛教的余绪，历朝历代的一些僧人遁入桑浦山，揭阳黄岐山，潮阳东山、曾山一带，草衣木食，开岩安禅，以求见性明心。而今虽然是“昔人已乘黄鹤去”——绝大部分僧人及其修行情况无考，却留下了不少形态各异的石窟寺院，成为今人游览、朝拜、追思的去处。除山林佛教的石窟寺院外，一些都市佛寺也颇有特色，唐初，潮州郡城就建有广法寺（元代后称为南山寺），而开元寺更是潮汕最大的官敕寺院。宋代潮汕城市逐步繁荣、城乡手工业和商业发展，寺院经济同世俗化社会密切联系，于是，新寺院主要创建在人口稠密的城市、集市、村落以及主要的交通要道上。其后各朝鼎建的都市佛寺也为数不少，著名的如潮州的叩齿庵、古大士庵，揭阳双峰寺，澄海龙潭寺、塔山寺，潮阳的治平寺，惠来的榕石寺、永福寺，饶平的隆福寺、林姜寺，汕头的证果寺等。这些都市型佛寺的境遇颇不相同，有的寺院已经湮没，有的废圮，有的重建，保存下来的寺院的大小、形制、建筑特色和寺院文化也有一定差异，也是人们旅游观光朝拜、寻幽访古的好地方。

佛化俗语 潮汕话属闽南语系，但富于地方特色，佛教对潮汕地区的深刻影响也很大程度地在其方言文化中反映出来。大量词汇、成语、俗语、歇后语等都包含着佛教因素，闪耀着佛门睿智之光，反映出潮汕人的思想观念，成为宝贵的思想文化、文学艺术遗产。

潮州佛乐 潮州佛乐包括“禅和板”和“香花板”佛乐，是僧人居士或善堂人士在寺院做早晚课诵或法会法事（如打水陆、做亡斋等）当中唱诵时所用的音乐唱腔。香花板佛乐是最先起源于闽西与赣南一带的香花佛事所用的一种音乐板腔，属于民间佛教音乐，在闽、赣、粤交界地区很流行。相对而言，潮汕香花板也因吸收了潮剧、潮曲的唱腔风格而有一定的变异和发展。禅和板则是清初从广州传入潮汕地区的一种独特的寺院型佛教音乐，在广东其他地区包括广州寺院中早已消亡，仅保存在潮州市及潮安县一些地方，成为潮汕本地独有的寺院梵呗。禅和板和香花板，一来源于寺院，一成长于民间，两者的音乐特点颇不相同。禅和板以庄严典雅、婉转悠扬见长，最具梵呗基本精神；而香花板的旋律热烈昂扬，富有灿烂活泼之趣。两者都成为潮州音乐家族中的重要组成部分，是佛教与潮州文化高度结合的产物，具有较高的研究价值和欣赏价值。

佛化葬俗 潮汕古代曾流行火葬，从出土文物及各种文献资料来分析，火葬习俗主要受佛教的影响。火葬习俗流行的时间较长，直至清代雍正年间方彻底绝迹。而民间的佛化葬俗即做功德（做亡斋）则一直延续至今，如今做佛事的主要为善堂的神职人员。做功德法事体现了儒家的孝亲、积德思想与佛教“诸恶莫做，诸善奉行”观念的相结合，在一定程度上也起到扶风正俗、荡涤人心的正面作用。

佛教节日 佛教传入潮汕，也为本地区增添了多种新节日。一方面，这些佛教节日为民俗文化带来了新的内容，如禁屠、素食、营建法会等；另一方面，这些佛教节日也逐渐发展出一些新的民俗涵义及仪式，透露了潮汕人的信仰态度和宗教期许，具有了鲜明的本土化倾向。在潮汕，佛教节日多达十几个，其中较隆重的节日主要有农历二月十九观音诞、四月八日浴佛节、六月十九观音成道、七月施孤等。七月施孤（普度）是潮汕最重大的全民性节俗之一，与全国其他地方类似，是从最初体现佛教因果报应、六道轮回的法事，是重新回归到中国本土化的一种祭鬼的民间信仰仪式，但其中包含有积极的文化内涵。施孤的对象主要是孤魂野鬼，体现了佛家无缘大慈、同体大悲的博爱精神。

善堂文化 善堂的创建与后人纪念宋代大峰和尚修造潮阳和平桥的事迹有关，有着深刻的佛教历史渊源。潮汕最早的善堂为创始于康熙年间的揭阳县慈济会堂（详见本书第七章）。明清以来，潮汕各地善堂林立，大都以扶危济困、行善积德为事，是慈善公益事业开展中的主力军。善堂影响及至东南亚各国，善举成就斐然。20 世纪 80 年代以来潮汕善堂复兴，发展十分迅速，现有善堂350间以上①，密度为全国之最。潮汕善堂的这种慈悲济世精神无疑属于积极的因素，值得加以引导、扶植并发扬光大，为当代精神文明建设做出新贡献。需申明的是，潮汕善堂既是一种慈善机构，又是一种特殊的信仰场所，兼具信仰与组织两个方面的因素。善堂既开展慈善公益活动，也举行各种神事活动。作为信仰形态来说，内容又颇驳杂，思想来源繁多，儒、道、佛、各种民间宗教思想竞相杂糅，超出了佛教研究的领域。但它与佛教的关联又是最为紧密的，因此，我们并非要对其作全面的研究，而是侧重探讨善堂与宗教尤其是佛教相关联的部分，以及信仰与组织之间存在何种关系。

目前，潮汕佛教自是一派兴盛热闹，而这种佛教繁荣状况，也带来不少显而易见的问题。例如，佛教建设太过看重寺院硬件的建设，寺院修建投入过量的资金；一些地方政府及佛教组织过多从经济开发角度考虑，把寺院变成了一种旅游景点和吸金手段；僧人的文化和信仰素质参差不齐；寺院管理出现了一些盲点和漏洞，僧团中产生了一些不法现象或新的社会问题；民众的信仰观念和活动出现了一些偏差，或者说，一些做法与新时期的社会文化不相适应等问题，亟待规范。

潮汕的宗教信仰，尤其是佛教信仰，底蕴丰富厚重，文化价值可谓潜力巨大，值得认真看待和研究，而当代佛教的繁荣及其所带来的种种问题，也让我们无法忽视。要让历史照亮现实、启发当代，必须从区域文化角度，对潮汕佛教的历史源流，以及与之相关的诸多文化事相的产生与发展，作系统的梳理，深入探究佛教与潮汕文化的历史建构的密切联系，总结其历史经验教训，从而有益于当代宗教文化政策的制定和规范，丰富和发展当代新文化。

基于以上思考，我们有必要撰写一部关于潮汕地方佛教历史文化的专著。

二、研究史回顾

潮汕佛教历史文化研究的先行者为饶锷、饶宗颐父子。在其编撰的《潮州艺文志》卷10“子部·释家类”中，开列出10部潮汕本地的佛学著作，并对其中一些著述作了考释和评价；饶锷的《潮州三山志》中也有部分寺院与佛教人物的记载与考释。20世纪60年代开元寺僧人慧原法师曾致力于搜集潮州地方尤其是开元寺的历史资料，并写出20万字的书稿，但未出版。有关潮汕佛教的研究引起重视是在20世纪80年代以后。饶宗颐先生1987年写作的《清初僧道忞及其〈布水台集〉》、《〈潮州开元寺志〉序》（1992）及《大颠禅师与〈心经注〉》（1994）等论文，继续对一些重要的潮汕佛教文化现象进行考证。其第二篇论文考证了开元寺现存年代最古的石经幢“佛顶尊胜陀罗尼”咒文出处，得出了是唐不空禅师（705—774）译本，且是“粤中经幢信为最古而可贵之鸿宝”的结论，对认识和保护开元寺珍贵文物具有特殊意义；《大颠禅师与〈心经注〉》则考证了记在大颠名下的《心经注》等数种著作，实为宋代另一僧人所作。他不蔽于一般乡邦感情，实事求是，了却了潮汕佛教史上的一桩公案。

---

① 徐苑：《大峰祖师、善堂及其仪式：作为潮汕地区文化体系的潮汕善堂综述》，厦门大学硕士学位论文，2006年，第10页。

20世纪80年代以来，随着宗教政策的落实，佛教研究越来越受到学术界的重视。随着研究的深入，人们开始探索佛教与区域文化的关系，除出版相关研究专著和发表论文外，各县市陆续编写了不少地方佛教史志，创办佛教刊物，把区域佛教文化研究推向一个新阶段。

就潮汕佛教历史文化研究而言，其中，僧人法脉传承方面，有林俊聪编写的介绍清末潮汕临济宗僧人仁智法脉传承的《天南法乳》①，虽然在资料的掌握以及分析处理方面尚有不尽如人意的地方，但在率先让人们注意到潮汕近代禅宗传承盛况这一点上是很有意义的。同类题材还有释智楠主编的《临济后裔——化能一脉》（内部刊物2002年版），对清末临济宗浙江普陀山伴山庵住持、潮阳人化能心澄及其潮汕僧侣后裔进行了较系统的梳理，该书展现了从清末迄今临济宗另一支法脉在潮汕的传承盛况，但因资料掌握所限，某些重要人物如化能心澄的生平甚至生卒年记载模糊不清。善堂文化方面，最早进行搜集研介的为翁兆荣、许振声两位前辈，他们于1989年写出长篇论文《概述解放前潮州城的慈善团体——善堂》，并于1995年续写《潮州城善堂续话》，分别发表在《潮州文史资料》第8辑和第14辑上，开潮汕善堂文化研究之先河，引起世人的关注；中山大学教授林悟殊于1996年出版了《泰国大峰崇拜与华侨报德善堂研究》（台北：淑馨出版社1996年版）一书，对潮汕善堂文化的来龙去脉及其在泰国弘传、发展的情况进行了独到的研介，拓宽了潮汕佛教文化研究的新视野，具有较高的学术价值。同期昌熹主编的《升平文史》的创刊号《潮汕善堂》专辑（1），对潮汕本地善堂文化作了进一步的搜罗，资料更为宏富；徐苑著有《大峰祖师、善堂及其仪式：作为潮汕地区文化体系的潮汕善堂综述》（厦门大学硕士学位论文，2006年），将潮汕善堂视为一种文化体系，是一种信仰与组织的整合，成为近现代潮汕人自我认同的重要内容之一；其后有潮州庵埠广济善堂、庵埠广济福利会理事会编写的《广济善堂创建一百周年纪念特刊》（内部刊物1999年版），以及太和善堂董事会编《太和善堂创立一百周年特刊》（内部刊物2001年版），对潮汕庵埠镇广济、太和二善堂的历史进行了较为完整的介绍。

寺院介绍及佛教史志方面，由行政部门或个人编写的地方佛教史志不少，如饶平宗教局编写的《饶平佛教志》（内部刊物1987年版）和《饶平名寺录》（内部刊物1990年版），陈亿义主编的《澄海县宗教志·佛教志》（内部刊物1988年版）等，这些著作都较简略；2004年林俊聪出版《潮汕庵寺》共三册（广州：花城出版社2004年版），在寺院历史和文化的资料方面搜罗较为细致翔实，但所开列的寺院还较少，一些碑记文字抄写有错漏，其中下册第五卷写潮汕名僧，变成潮汕名僧传了，与书名不相符合；较为详细的是2009年由香港天马出版社出版的《汕头佛寺》（主编周淑珍）、《揭阳佛寺》（主编周淑珍）以及《潮州佛寺》（主编林福治），三书图文并茂，较为全面地对目前潮汕开放寺院作了一般性介绍。佛门内部人员也参与编写，如已故潮州开元寺住持释慧原在这方面就做出了重大贡献。他在1992年出版《潮州市佛教志·潮州开元寺志》一书，其80万字，对潮州地区（仅及今潮州市湘桥区及潮安县，不包括饶平县）的佛教文化尤其是潮州开元寺的寺院文化作了全面深入的介绍。该书编写历时30年（1961—1992），建立在大量的文献

① 林俊聪：《天南法乳》，北京：中国广播电视出版社1991年版。

查阅及田野调查的基础上，内容宏博，分析精到，为潮汕佛教研究的最重要成果，受到学术界的高度重视。但它也因内容庞杂，在编写体例和材料的归类上尚有可商榷的地方。此外有两位学者的论文也值得一提，一篇是黄挺的《新发现的南宋潮州开元寺资料——林希逸〈潮州开元寺法堂记〉及其考证》，另一篇是马明达的《元代潮州路金石文字辑目》，分别介绍了新发现的潮州古代寺院资料，很有价值。佛教人物研究方面，则有黄挺的《唐临与佛教思想在潮州的传播》，郑彝元所编的《大峰祖师传略》等。佛教刊物方面，1988年创刊的《广东佛教通讯》（后改刊为《广东佛教》，内部刊物）及1994年复刊的潮州开元寺岭东佛学院院刊《人海灯》（内部刊物），也一直刊发不少有关潮汕佛教文化的文章。佛教音乐方面，释慧原也是研究先驱，除在《两志》中立有专章探讨潮州佛教音乐外，还与陈天国、苏妙筝编著《潮州禅和板佛乐》（广州：广东人民出版社1995年版），并出版相关音像资料，对潮州佛乐的历史、功德、特点进行较全面的研究介绍，并附有163首佛乐简谱，为保存濒临失传的地方传统文化艺术进行了抢救性的发掘；2004年陈天国、苏妙筝出版《潮州音乐》（广州：广东人民出版社2004年版），也有相关部分论述潮州佛乐，富有成果，令人称道。

笔者于1991年亲近开元寺慧原法师，受其大著有关王弘愿论述的启发，搜求民国时期佛教刊物《海潮音》以及本地尚存的文史资料，1995年在《潮学研究》第3期上发表了《王弘愿与东密》一文，在新时期较早地向人们介绍民国著名佛教密宗居士王弘愿的生平思想，揭示近代潮汕乃至广州、香港等地佛教盛行日本东密的这种独特现象。笔者的潮汕佛教文化研究即起步于此。此后在潮汕佛教文化这一领域里，笔者陆续发表了近20篇论文，涉及寺院经济、人物、文学、民俗等内容；2000年出版《佛教在潮汕》一书，但该书作为“潮汕历史文化小丛书”之一，篇幅迫狭，未能展开，不少内容尚未纳入，有必要在此基础上进一步拓宽充实。

近年来，尽管也还有一些有关潮汕佛教文化的论文发表，一些史著如黄挺、陈占山《潮汕史》（广州：广东人民出版社2001年版），黄挺《潮汕文化源流》以及陈泽泓《潮汕文化概说》（广州：广东人民出版社2001年版）也提及一些佛教内容，但总的来说，相比其他领域，如潮汕士绅文化、戏曲文化、潮汕方言、韩愈研究等，潮汕佛教历史文化的研究成果较少，探讨不深入，并处于零散化状态，缺乏宏观性、系统性的论述，迄今尚未出现一种宏观描述潮汕佛教历史文化的学术专著。

三、基本观点和主要叙述架构

若从宏观视野来看，潮汕地区的佛教史似乎平淡无奇。这里既没有诞生过卓有建树的高僧，也没有产生过煌煌的佛学巨著，更没有形成某些显赫的宗派体系，但本书关注点不在这里。本书既然是从区域文化研究角度出发，就将紧紧围绕“佛教的地方化”和“地方的佛教化”这两大问题展开讨论，具体入微地探讨佛教与区域文化的互动建构。佛教传入潮汕后，逐渐适应本地的自然、人文环境，并积极参与到社会文化的发展进程中，与社会经济、道德、习俗相互渗透、相互作用、相互构筑，从一个重要的侧面塑造了特质鲜明的潮汕文化。基于上述思考，本书旨在不仅撰写一部潮汕区域的佛教史，而且力图把它写成一部佛教对潮汕文化形塑的影响史。

本书综合历年来的研究心得，在充分参考学界已有研究成果的基础上，进一步补充资料、拓宽视野、提升观点，围绕“佛教与潮汕社会文化建构的关系”这一中心论题，试图对潮汕佛教历史文化作全景式的描述，凸现佛教对潮汕历史文化的深远影响。本书主要叙述架构分为潮汕佛教的历史叙述和佛教民俗文化两部分。

历史叙述部分共四章（第二、三、四、五章），上限为南朝刘宋年间（420— 479），下限为1949年，共1 500多年。本书第一章首先概述潮汕地区独特的地理人文环境，试图剖析潮汕文化尤其是佛教文化产生的基本土壤；然后，为了避免胡子眉毛一把抓式的笼统记述，根据现存资料的多寡，把潮汕佛教的历史发展过程冠以四个名目：“山林佛教”，“福德佛教”，“民俗佛教”和“东密”，以期展现不同时期佛教文化的基本特色。需申明的是，其实自佛教传入中国之后，就可以把与佛教有关联的人分为出家佛教徒、在家佛教徒和非佛教徒三种基本类型，又可以把出家佛教徒分为精英型和世俗型两类。虽然这种区分有些生硬粗糙，但不同基本类型的人因为宗教需求和追求目标的不同，所展现出来的信仰和修持的作为和姿态是不同的。所以，同一时代存在不同的佛教类型，当我们说唐代特色为“山林佛教”，宋代为“福德佛教”时，并非说唐代没有福德佛教、宋代没有山林佛教，而是因为唐代福德佛教方面的所存资料委实不多，无法展开讨论，而宋代现存资料则确确实实向世俗型出家佛教徒以及在家佛教徒倾斜，福德型佛教在宋代潮汕得到充分的体现；明清以来的“民俗佛教”则是宋元福德佛教的进一步发展或异化，只不过在佛教寺院的功能及其僧人的角色、职志上，与宋、元代相比已发生了重大的变化，表现为以迎合、俯就庶民的宗教意识、现实利益、愿望追求等为能事，从而使宋代以前尚维持的独立性、超越性宗教品格最终丧失，而与中国民间思想观念、民间信仰、民间习俗混融合一；尤其表现为形成了多种多样的、具有潮汕本土特色的佛教民俗文化。这一时期普通民众在信仰生活上唱主角，出家佛教徒唱配角，堪为人天师表的出家精英佛教徒凤毛麟角，而普通民众对佛教信仰几乎混同于其他信仰，所以我们侧重叙述普通民众所认识和理解的佛教即民俗佛教。当然，对于开元寺这一尚且较为独立的寺院，以及潮汕清代以来禅宗三大派系也作相应的叙述。近代潮汕地区东密居士佛教暴盛，这一重要的佛教事件当然是我们考察的重点，对当时的出家佛教的叙述则作一般处理。

简言之，从唐代佛教到民国佛教，本书的关注点是逐渐从出家佛教到在家佛教、一般民众信仰的位移，也就是说，本书把潮汕佛教史分为上述四个所谓的阶段，主要由客观上资料多寡和主观上叙述重点的不同所决定，并从中力图围绕“佛教的地方化”和“地方的佛教化”这两大问题来加以讨论，以勾勒佛教的发展脉络并凸现在潮汕区域文化建构过程中的意义与价值。

在对出家佛教的历史发展进程的描述当中，研究重点将放在寺院经济和影响较大的佛教人物上，因为经济是文化的基础，而人物是文化创造的主体。

第二部分是佛教民俗文化和善堂文化，指的是“地方的佛教化”。我们将重点探讨以上所提到的佛化节俗、潮州佛乐、潮州素食、佛化俗语等宗教文化事相，这是本书的难点。至于组织文化的善堂文化则比较特殊，它并不完全属于佛教民俗文化，却与佛教有极深的渊源，具有浓厚的佛教元素，我们慎重地独立成章加以探讨。我们不追求面面俱到、门门深入，而将会根据笔者知识视野的广狭、资料掌握的多少、研究的浅深，做到有详有略，但在每个文化事相研究上力求有所突破。

总之，本书力图较为深入、全面、立体地把握潮汕佛教的历史发展，及其对潮汕文化各方面的影响，并从佛教这一侧面认识和了解潮汕文化的特色。

四、主要的研究方法

本书既然要试图对潮汕佛教历史文化作全景式叙述，就不局限于使用某一具体的历史学研究视角或方法，而是综合多种原理和方法进行研究。具体来说，以辩证唯物主义和历史唯物主义为指导，根据历史学、宗教学、文化地理学、文化传播学、民俗学等原理，借鉴前人和时贤的已有成果，进行田野调查，综合运用方志、笔记、诗文集、碑记石刻和出土文物等资料，以宏观把握为经、微观分析为纬，采用文物互证等多种方法进行研究。

所谓宏观把握，主要从佛教传入潮汕以后，理顺其发展过程及其不同时期的发展特点；微观分析，就是通过某些历史文化事相的具体解剖，凸现潮汕文化建构当中的佛教渗透和影响；文物互证，即注意历史文献、经典和碑记石刻、出土文物等资料的相互印证，相互补充，力求较准确全面地反映潮汕佛教文化的面貌。

笔者才薄性懒，智井瞽人，拙著非一夕毕功，零敲碎打迄今，过程长达二十年，俨然三家村学究。其中多个章节已以论文形式先行发表，薄有反响，论文纳入本书中另有删改。拙著的勉强完成，算是对笔者多年来笔耕潮汕历史文化的一点交代。然拙著撰作并未达预期目标，也必然存在各种不足与错漏，各位方家读者有以教我，是以为幸，并期以为同道，共同参与研究潮汕佛教文化。

第一章
潮汕地区独特的地理、人文环境概述

我们所界定的潮汕地区，包括今天的汕头、潮州和揭阳三个地级市。当然，潮汕是一个历史地理区域，历史上地域幅员盈缩不齐，我们在考察佛教在这一区域的输入、发展过程时，地域空间范围可能会略作扩充，有时会把梅州、汕尾甚至福建闽南部分地区也纳入研究视野。

一个特定区域的地理、人文环境因素是其区域文化特色形成的前提，故先予以静态的叙述，以见其对潮汕文化包括佛教建构的基本影响。

第一节 潮汕地区的自然环境

潮汕地处中国大陆东南隅，广东省东端，呈西北—东南走向的狭长地带，东、南面滨海，北面毗邻福建省，总面积一万三千多平方公里，不及广东省总面积（近18万平方公里）的十分之一。

一、地理环境特点

从地形地貌上说，潮汕地区是一个呈西北—东南走向的狭长的较为封闭的区域。

（1）地势方面，自北、西北向南、东南倾斜，东北和西北多高山，有凤凰山地和莲花山脉。凤凰山地坐落于区域北部，包括潮安县北部和饶平县西北部，由十多座1 000米以上山峰组成的高山台地，是区域的北部屏障；莲花山脉横亘本区西北部，从揭阳北部经普宁、潮阳、惠来直至陆丰沿海，是潮汕与兴梅纯客家地区的天然界线，山体较大，地势险峻，海拔多在1 000米以上，也是潮汕西北屏障；而区域的东、南面滨海：这就形成一个比较封闭的地理区域。

（2）地貌类型方面，包括山地、丘陵、台地、平原和海岸等，其中山地和丘陵占总面积的60%以上。

（3）河流方面，区域内河流密布，主要有韩江、榕江、练江、龙江、黄冈河等。韩江为本地区第一大河流，也是广东省仅次于珠江的第二大河，流量大，自大埔三河坝以下落差小，水流较平缓，利于航运，自古以来都是潮汕通往江西、福建等省的重要繁忙的交通水道，其对潮汕与中原地区的经济、交通、文化等的互动，意义非常深远。榕江、练江也较深阔，大部分水道也都流经平原地区，为潮汕中部地区的重要航道。

（4）平原方面，河流的下游和出海口往往发育成冲积平原或三角洲平原。潮汕平原总面积3 000多平方公里，约占本区域面积的30%，仅次于珠江三角洲，是我国东南沿海的小平原之一，土地肥沃，稻作文化发达，是广东省粮食的主要产区之一。《三阳志》云：“州地居东南而暖，谷尝再熟。其熟于夏五、六月者曰早禾，冬十月者曰晚禾，曰稳禾，类是赤糙米。贩而之他州，曰金城米”①，宋代就提供稻米出口，其中尤以榕江三角洲出

① （明）解缙等编撰：《永乐大典》卷5343、卷5345，“潮州府·土产”，潮州市地方志办公室·韩山师范学院图书馆2000年编印本，第52页。

产为最，而揭阳港成为本区最大的粮食出口港[1]。海岸和岛屿方面，海岸线长达325公里（东北起饶平县大埕镇，西南止惠来岐石镇），海岸曲折蜿蜒，分布众多天然良港。沿海有大小不一的岛屿，最大的岛屿为南澳岛，面积约107平方公里。北宋以来，潮汕海岸和岛屿建成众多商贸港口，加强海上商贸交流，极大地促进了地区手工业的发展。沿海渔场众多，渔获丰富，兼有农业、渔业和商业生产，经济最为发达，城镇密布，人口稠密，这为区域文化的孕育提供了极佳的环境基础。

二、气候特点

本地区的气候特点有二：

其一，日照长，长夏无冬。本区地处北回归线附近，属热带和亚热带季风气候，太阳辐射较多，热量丰富。1月平均气温13℃～14℃，7月平均气温27℃～28℃，年平均气温21℃～22℃。夏季气温较高，但因有海洋季风的调节，无酷暑。冬季又因北部凤凰山地和莲花山脉的屏障作用，阻挡了北方寒流的入侵，基本无霜雪，按气候学的标准来讲，即潮汕没有真正的冬季。这就为农作物安全过冬提供了良好的气候条件。

其二，雨量丰沛，多台风。年降水量在1 300～2 200毫米，为我国降水丰沛的地区之一。但降水分布不均匀，从空间上说，沿海地区降雨相对较少，而西部的普宁和揭西山地则因地形对海洋气流的抬升作用产生丰富的地形雨，故有“近山多雨，近海多风”一说；从时间上说，每年的3月至9月多雨，降水量约占全年的80%，所以冬春季易出现季节性干旱，夏季易出现洪涝，因此造成农作物歉收、酿成自然灾害的，在地方史志上屡有记载。台风是热带海洋上一种强烈空气漩涡，潮汕也是台风气候多发地区之一，大约每两年有一次台风登陆本区，每年受台风影响为3～4次，但总的来说次数比粤西稍少。台风是一种灾害性天气，登陆时往往拔树倒屋、江河暴涨、堤坝溃决、人畜漂流，给人民生命财产带来巨大损失；另一方面，台风又可带来丰沛的降水，起到缓解旱情、调节气温的作用。

三、自然环境对潮汕佛教文化建构的影响

潮汕自然地理对其区域文化尤其是佛教文化形成发展的影响主要有以下几点：

其一，潮汕北邻福建，海岸相连，在漳潮沿海岸一带又有天然的交通孔道；唐垂拱二年（686）置漳州，随即开辟驿道，驿道北通泉州，南抵广东潮州、揭阳，西达今龙岩、长汀[2]，自此之后福建移民从陆地或海上都可到达潮汕，所以宋代以来就有“虽境土有闽广之异，而风俗无潮漳之分”的记载（祝穆《方舆胜览·潮州》），潮汕历史上政区基本隶属于广东，但在文化上与闽南文化有极深的渊源，在佛教文化的交流上也是这样。

其二，相对封闭的自然地理区域环境，使其文化在建构过程中容易与周边地区相对区隔开来，中原文化主要通过福建、江西传入并与本土文化相互交融、酝酿发酵，形成自己独特的风格特色；若与第一点结合起来，那么地理环境特点决定了潮汕文化既具开放性又相对独立的特色。

---

① 黄挺、杜经国：《潮汕古代商贸港口研究》，《潮学研究》1994年第1辑。

② 漳州市地方志编委会编：《漳州市志》，北京：中国社会科学出版社1999年版，第333页。

其三，从佛教文化发展角度而言，潮汕地域远离中原文化的中心地带，所以佛教较晚传入，但境内多山地、丘陵地貌，又为唐宋以后的主禅定讲修行的山林佛教提供了良好的修行场所，潮汕大量的石窟岩寺修建就说明了这一点。

其四，平原为人口稠密、经济发达地区，唐宋之后形成了以韩江、榕江、练江等中下游直至三角洲一带的主要聚居点，人口日繁，并日益都市化，逐渐发展为陶瓷等商品出口贸易的工商业，既为潮汕文化深厚底蕴的生成培植了经济基础，又为积极入世的福德佛教提供了发展的物质基础。

其五，潮汕滨海，有三条较大的江河注入南海，又有众多天然良港，从宋代开始就形成了一定的海洋文化特质。航海伴随着变幻莫测的风险，特殊的气候条件也造成了众多的自然灾害，在特定的历史条件下，生活在这里的人们都需要宗教作为心灵慰藉。

其六，江河众多，交通不便，需要造桥修路、修涵造堤、创设庵驿，这些都为修菩萨行、慈悲济世的僧人参与社会经济建设、彰显积极的人生价值，提供了理想的现实平台。

第二节　潮汕地区的人文环境

当然，自然环境只是被动存在，文化的产生还需要人文环境的培育。只有有了合适的文化氛围和社会基础，佛教才能在这片土地上扎根、发展、壮大。具体而言，历史上的潮汕，其人文环境契合于佛教成长的特点，主要是安定的生活环境、浓郁的民间信仰风情、福建移民的拓殖等三点。

一、安定的生活环境

安定的生活环境之所以重要，是因为它可以吸引饱经战乱饥荒之苦的中原移民多波次迁居至此寻找生存的乐土，从而带来更进步文明的种子。事实上，佛教正是这些中原移民所带来的。

从秦汉直到赵宋末近 1 000 年间，除极短一段时间，因北方中原移民与本地土著之间的斗争（即隋朝时期的“僚叛”及初唐泉潮间蛮僚啸乱）外，与中原的政治动荡、王朝更替、战乱频仍的境况相比较，岭南地区地广人稀，偏安一隅，显得相对平静安定。秦末，各地“诸侯起兵，独南海晏然”（仇巨川：《羊城古钞》卷 5“任嚣”），秦亡时南海尉赵佗割据岭南，立南越国，在南海郡增设揭阳县，包括现在的潮汕、兴梅以及闽南部分地区，这是本区行政建制的开始。赵佗治国有方，“甚有文理，中县人以故不耗减，粤人相攻击之俗益止，俱赖其力”[①]，南越国后来归汉，和平交接政权，也未发生战事。西晋末年，北方永嘉之乱后，晋室东迁，大批中原移民南迁江淮、长江流域一带，少量移民或其后裔进入更加远离中原地带的潮汕地区，这从考古学和文献学上都已得到印证。因为人口的增多、土地的开发，东晋义熙九年（413）在粤东分置义安郡，这是本区州郡一级建制的开始，下设 5 个县：海阳、绥安、海宁、潮阳和义招，地域包括粤东和闽南部分地

① 范晔：《后汉书 · 高帝纪》，北京：中华书局 1965 年标点本，第 73 页。

区，加强了对本区的行政管理。从东晋至隋初，正是佛教思想作为意识形态在中国历史上占主流的时期，佛教思想广泛流行，而潮汕长期保持安定，中原移民相继迁入，经济得到进一步开发的同时，佛教的种子也在这一时期播下了！

隋开皇十一年（591）改义安郡为潮州，显示了本地区人口的增加和军事战略地位的重要性。不久后（601）发生"僚叛"，朝廷借俚帅杨世略平定了叛乱；唐高宗总章二年（669）泉潮间又数次蛮僚啸乱，后得广州扬威府归德将军陈政及其子陈元光、孙陈珦以招安和镇压相结合的手段所平定。从陈政"募众民，得五十八姓，徙云霄地，听自垦田，共为声援"（福建《白石丁氏古谱·懿迹记》），可以看出，这数次的蛮僚啸乱，实质上是移民南迁本区，人口增加，移民与原住民之间争夺土地所引起的，这也是移民史中不可避免的遭遇。好在战争持续了半个世纪后终于结束，其后移民与土著之间基本相安无事。

二、浓郁的民间信仰风情

潮汕地区自古就是一块乐土。考古学证明，8 000 年前就有人类在此定居生活①。只要翻开潮汕各地方志、风俗志、文人笔记等，浓厚的民间信仰之风就扑面而来。潮汕其地古来属百越中的闽越和南越，与闽南、岭南各地一样，自然崇拜、鬼神崇拜、原始巫术极为盛行。

自然崇拜对象包括无生物和生物体两种形式，生物体又包括动物和植物崇拜。作为一种最为低级的信仰形式，自然崇拜形成于远古时代，为人类初民最为普遍的共同信仰形式，是一种泛神论思想，如对天、地、日、月、江河、湖泊、风雨、水火、奇石、动植物等的崇拜。有些盛行于百越、东夷等土著民族的崇拜甚至流传于今。

例如，古老的鸟图腾和蛇图腾崇拜就曾在潮汕初民中流行，这在考古学上也得到了证实。在揭阳博物馆中收藏有多件带提梁陶器，以其造型被称为"鸡形壶"，以"鸡形壶"这种具有地方特色的典型陶器来命名的文化类型即"后山（以普宁池尾后山村命名）类型"文化，距今已有 3 000 多年。这种"鸡形壶"在揭阳、普宁、南澳、饶平乃至梅州和平、龙川以及香港等地都有发现，但数量最多还是榕江流域。②"鸡形壶"陶器可看作鸟图腾崇拜的实物反映，鸟图腾（也即后来的凤图腾）是古代东夷人信奉的图腾，后来东夷的一支进入福建、粤东等地，也就把鸟图腾带入本区。这种鸟崇拜还可以从神话传说中寻找到一些痕迹，如潮汕代代相传、津津乐道的"玄鸟生商"、"朱蒙的传说"等卵生神话就体现了这一余绪。潮汕人非常喜爱燕子，从不加以伤害，又经常用红纸做成精美的袋子，贴于燕巢下，一是保护乳燕的安全，二是作为明年飞来燕子的识别物，这或与玄鸟生商的传说有关。

蛇图腾也极为普遍，蛇图腾与鸟图腾在时间上略有先后。潮汕考古也发现过极似蛇形的陶器，称为"蛇形器"，有壶、盘两种。其中在揭阳黄岐山上发现的蛇形壶，环形器身

---

① 1991—1993 年发现于南澳岛一个名为象山的山冈上的细小石器，属旧石器时期，距今 8 000 年，比之前发现的潮州陈桥人的生活年代早 2 000 年。参见：揭阳市考古队、揭阳市文化局：《揭阳的远古与文明——榕江先秦两汉考古图谱》，香港：公元出版有限公司 2003 年版，第 6 ~ 7 页。

② 揭阳市考古队、揭阳市文化局：《揭阳的远古与文明——榕江先秦两汉考古图谱》，香港：公元出版有限公司 2003 年版，第 9 ~ 10 页。

的一侧有高颈的壶口，全器似盘身昂首的蛇形，反映了3 000多年以前土著民族的蛇图腾崇拜[①]。《说文解字》训“闽”为“东南越，它（蛇）种，从虫，门声”，说明蛇崇拜是百越中闽越的信仰习俗。而潮汕原属古闽越地，“潮州，春秋为七闽地，战国为越人所居”[②]，至今福建南平市漳湖一带都要举行游蛇灯活动和庆祝蛇王节，潮汕各地都有青龙庙，其最著者为潮州韩江畔上的安济圣王庙，这是蛇崇拜习俗遗存。顺治《潮州府志》卷10“蛇神”、光绪《海阳县志》卷46“杂录”夹注、清人林大川《韩江记》“青龙王寿诞”条等甚至记载有祭祀“活青龙”（绿色小蛇）的风俗。

神犬盘瓠崇拜，又是潮汕一大民间信仰。众所周知，周畲族人崇拜犬，据今凤凰山区石鼓坪村、李工坑村等畲族《祖图》、《高皇歌》等资料表明，神犬盘瓠就是他们部族的祖先神。

石崇拜和树崇拜也是古代南方少数民族普遍流行的民间信仰。迄今潮汕不少地方还保留着这些信仰习俗。潮阳东山有一巨石被称为“石部父母”，石边的古树被称为“槐荫娘娘”；揭阳桂岭双山村山上也有一巨石，被呼为“石母”，至南宋则在其下创立双峰寺；惠来县城北有榕石庵，原本供奉的是九子母神，也是因大石、古树而设，其因生有九子而被尊为生育神；澄海建阳村每年农历六月十五日，全村祭拜一株古老的榕树，称为“树爷生”等，即所谓的“石或能言，树或能灵”[③]。

在这些自然崇拜中，动物崇拜要高级一些，动物崇拜往往上升为图腾崇拜，图腾崇拜是对自然物特别是动物的敬畏进而幻化成部落保护神甚至祖先神象征性观念的崇拜仪式。在潮汕，以盘瓠图腾、蛇图腾和鸟图腾三大崇拜最享盛名。

而原始巫术、鬼神崇拜相对于自然崇拜又要高级些。《汉书·地理志》云：“楚人信巫鬼，重淫祀”，《史记·孝武帝本纪》亦云：

（汉武帝）是时既灭南越，越人勇之乃言：“越人俗信鬼，而其祠皆见鬼，数有效。昔东瓯王敬鬼，寿至百五六十岁。后世谩怠，故衰耗。”乃令越巫立越祝祠。

东汉王充《论衡·言毒》也说：

热极为毒也，……故南越之人，祝誓辄效。

这说明了两个问题，一是岭南土著鬼神崇拜极盛，二是巫风浓厚，而两者往往联系在一起。这是因为“巫”是一种沟通人与神、人与鬼的媒介，《说文解字·巫部》云：“巫，祝也，女能事无形，以舞降神者也。”孔颖达解释《易·巽》“用史巫纷若，吉，无咎”中指出：“史谓祝史，巫谓巫觋，并是接事鬼神之人也。”[④] 这些典籍所讲的固然是上古楚

---

① 揭阳市考古队、揭阳市文化局：《揭阳的远古与文明——榕江先秦两汉考古图谱》，香港：公元出版有限公司2003年版，第10页。

② （宋）欧阳忞著：《舆地广记》卷35“广南东路”，上海：商务印书馆1939年版。

③ （清）蓝鼎元撰，郑焕隆编：《蓝鼎元论潮文集》，深圳：海天出版社1993年版，第86页。

④ 《周易正义》，《十三经注疏本》，北京：中华书局1980年版，第69页。

人并南越地区，潮汕属之，情况也是差不多的。

潮汕还有一种诞生于本地的独一无二的民间信仰，那就是三山国王崇拜。文献中称它“肇迹于隋，灵显于唐，受封于宋”①，说明它诞生于隋代。有学者认为这既非福佬，也非客家人所创造，而也是潮汕土著先民之一的俚族所创造的信仰，后来由畲族、黎族等土著民族传给福佬、客家②，成为当今潮、梅、惠乃至闽南部分地区的共同信仰，影响及至台湾、东南亚一带。有学者谓韩愈谪潮时再三祭神，写有《祭界石神》等，祭的就是三山国王③，目前关于三山国王信仰属于何种性质（如祖先崇拜、英雄崇拜抑或自然崇拜），学界仍未有最终定论，但作为鬼神崇拜这一宽泛性质该是可以确定的。

三、福建移民的拓殖

宋代以降，潮汕民间信仰之风更为浓厚，这与闽赣移民的拓殖尤其是福建移民密切相关。《宋史》志第四十二“地理志五”云：

> 福建路，盖古闽越之地。……王氏窃据垂五十年，三分其地。宋初……其俗信鬼尚祀，重浮屠之教，与江南、二浙略同。

福建地区的民间信仰门类繁多，历史悠久。晚唐之后，每有北方动乱，就有大批中原人士通过闽赣移民潮汕，“这些迁移入潮的氏族大多数来自福建，也有少数宦潮占籍的家族来自江西、浙江、江苏、河南等省”④，有学者以地方族谱为资料，论证从宋及明不少泉州人移民占籍潮汕的事实⑤。宋代以后，随着中国政治经济中心的东移和南移，地处东南的福建在经济文化上有了长足的进步，与之相比，潮汕地区依然落后许多，这就出现了福建向潮州传播先进经济文化的新特点。学者谢重光从学术思想、礼乐习俗、科技工程和民间信仰四个方面，较详细地论述了福建士人所带来的先进文化⑥，这些先进文化很大部分是由福建移民带来的。福建移民不仅带来了福德型佛教，也把众多的民间信仰一并移植到潮汕，如妈祖、吴真人（保生大帝）、广泽尊王、陈元光崇拜等。这种移民浪潮及其文化移植过程的时间甚至延至明代。所以，潮汕民间信仰习俗，大抵类似于福建闽南地区，信奉的鬼神名目日趋繁多，其祭祀祠庙除了上述妈祖等外，还有关帝庙、火神庙、风神庙、雷神庙、五显大帝庙等。村村有神庙，处处有巫祝，以致外地人来潮汕的最深刻印象就是：庙多。清代潮阳知县蓝鼎元就有“鬼怪盛而淫邪兴，庙祀多而迎神赛会一年且居其半”之叹⑦。祀神民间泛称“拜老爷”，年时八节各有崇拜对象，民众自行拜神只是日行功课，有的则以通巫、扶鸾等来达到驱邪、消灾、祈福、治病、生子等现实愿望。

---

① 刘希孟：《潮州路明贶三山国王庙记》，（明）解缙等编撰：《永乐大典》卷 5343、卷 5345“潮州府・文章”，潮州市地方志办公室・韩山师范学院图书馆 2000 年编印本，第 139 页。

② 谢重光：《三山国王信仰考略》，《世界宗教研究》1996 年第 3 期。

③ 陈春声：《正统性、地方化与文化的创制——潮州民间信仰的象征与历史意义》，《史学月刊》2001 年第 1 期。

④ 黄挺：《潮汕地区人口的发展》，《韩山师范学院学报》1995 年第 1 期。

⑤ 叶恩典：《略谈泉潮之关系——以泉州民间族谱资料为例》，《潮学研究》1997 年第 6 辑。

⑥ 谢重光：《宋代潮州主要从福建接受外来文化说》，《潮学研究》1997 年第 6 辑。

⑦（清）蓝鼎元撰，郑焕隆编：《蓝鼎元论潮文集》，深圳：海天出版社 1993 年版，第 86 页。

[本章小结]

潮汕北邻福建，海岸相连，福建移民从陆地或海上都可到达潮汕，在文化上与闽南文化有极深的渊源；相对封闭的自然地理区域，使其在闽南文化的基础上，又吸收了广府文化和客家文化的部分因素，最终形成了自己的特色。

就宗教而言，纵观潮汕地区，首先，从远古以来积淀深厚的土著先民的民间信仰，它作为一种土壤，作为一种重信仰的浓厚氛围，一种宗教心理的强大动力，易于接纳外来宗教。

其次，作为中原移民的目的地，自晋代至明代，北方移民多次移入本区，既带来了先进的生产技术，又聚集了各种思想观念，包括宗教。因为与福建闽南地区接壤，其信仰对象、方式、氛围相同，除产于本地的三山国王和风雨圣者崇拜外，在中原地区多次移民潮汕的过程中，因为主要路经福建地区，所以也随之带来了中原尤其是福建地区的宗教信仰。宋代以来，两地交往频繁，恰逢福建佛教发展的繁盛期，潮汕地区佛教也随之进入了一个大发展时期。

再次，由于中国南方地区的宗教信仰呈现多元性、兼容性的典型特征，所以，从古代到近代，各种宗教纷纷登陆潮汕进行繁殖、发酵和混融。佛教作为一种更为高级的宗教，其传入时间较其他宗教要早，其思想观念又较本土一般民间信仰和其他宗教更为系统、精致、高级，一旦传入本地，非常容易生根发芽、开花结果，但也一直受到各种宗教信仰的挑战。为了生存和适应，尤其到了封建社会后期——明清时期，佛教不得不进一步与本土民间信仰相融合，演化成中国化、民俗化的佛教，放弃或改变某些宗教品格，为吸引更广泛的信众，试图占据更广大的生存空间。

第二章
唐代的山林佛教

唐朝时，佛教作为一种较进步的意识形态，在开发较迟、文化落后的潮汕，曾经起到过思想教化、文化启蒙的重要作用。

史载，佛教于西汉哀帝元寿元年（前2）传入我国。西晋时，我国汉地佛教有了戒律和僧团后，发展加快。东晋以后，随着佛经翻译活动的蓬勃开展，汉地高僧辈出，对佛教义理有了更深入的理解，佛教全面普及民间；南北朝时期，佛教思想甚至一度成为社会意识形态的主流。到了唐代开元年间，以中国“八宗一教”[①] 的全部建立为标志，佛教在中国的发展达到了顶峰。然而潮汕因远离中原文化的中心地带以及文化传播的中心路线，开发较晚，佛教传入稍迟；但其独特的地理、人文环境，又为佛教的传播和发展创造了良好的条件。

第一节　佛教初传潮汕

潮汕佛教并不始于唐代，所以在谈唐代潮汕佛教之前，有必要用一定的篇幅来探讨佛教在潮汕的初传问题。佛教何时传入潮汕地区，限于史料的欠缺，确切时间不易论定。一直以来，学界一般都以较模糊的时间来概括——唐代以前或唐初已有佛教。慧原法师《潮州市佛教志·潮州开元寺志》（以下简称《两志》）的“概述并自序”中说：

我潮开元寺，为唐开元二十六年（738）敕建者。然据寺内耄耋相传，谓寺前身为“荔峰寺”，则之佛教于唐开元之前已有之矣。[②]

慧原法师更从其他一些蛛丝马迹中来推测唐开元年之前开元寺前身为荔峰寺[③]，唐开元以前已有佛教，虽可为一家之言，不过证据似乎有点薄弱。然而，由马明达新发现的元代释大䜣的《潮州南山寺记》中就载有：

（南山）寺建于唐初，始未有业产。开元二十二年（734），有揭阳冯氏女，以父母卒，无他昆季，终丧，持田券归于寺，得租千二百石有畸。……[④]

这条资料确凿地表明，潮州南山寺创设于唐初，唐初潮州就已经有佛教寺院了！黄挺、陈占山可能是因在撰作《潮汕史》时忘记采用此条资料才有了“佛教在隋唐时传入潮州”[⑤] 的论断。之所以断定佛教在隋唐时即已传入潮汕，是黄先生善于另辟蹊径，间接

---

① “八宗一教”包括了学术界常说的中国化佛教的各个宗派。各个宗派相继建立，到了唐代开元年间全部出现，这标志着佛教在中国的发展达到巅峰。这些宗派包括：天台宗、华严宗、三论宗、禅宗、律宗、密宗、净土宗、唯识宗和三阶教。

② 释慧原：《潮州市佛教志·潮州开元寺志》，潮州开元寺1992年内刊本。

③ 释慧原：《潮州市佛教志·潮州开元寺志》，潮州开元寺1992年内刊本，第74～75页。

④（元）释大䜣：《蒲室集》卷10，蓝吉富主编：《大藏经补编》（第24册），台北：华宇出版社1985年版，第307页。

⑤ 黄挺、陈占山：《潮汕史》，广州：广东人民出版社2001年版，第85页。

地从一些信佛的贬潮士官那里入手研究而得出的。他在《唐临与佛教思想在潮州的传播》一文中，认为初唐显庆四年（659），以撰写佛教因果报应、扬善戒恶之说一书《冥报记》闻名的作者、三阶教徒唐临被贬为潮州刺史，居留四年，并死于任上，必以其佛教信仰以教潮人，潮州有了信佛之民，佛教思想已在潮州传播①。这种论说，也在上揭释大䜣《潮州南山寺记》中得到充分印证。

然而，佛教传入潮州的时间有无可能更早一些呢？

一、"晋代创有寺院"说之辩驳

潮汕最早的寺院建立于晋代，这就是为不少地方文史工作者所持的佛教初传潮汕的观点。一直以来，不少文章、著作本着地方文化感情，将佛教传入潮汕地区的时间上推至晋代，以示佛教传入潮汕的历史悠久云云。其根据主要有如下两条，一是顺治《潮州府志》卷9载：

> 隆福寺，在信宁都黄芒山。晋时建，宋时废。明末耆民修为乡约所，掘地得玄帝铜像三尊，高二尺余云。②

隆福寺位于今饶平县海岸小镇海山。这里的"晋时"是晋代还是五代的"后晋"呢？现在坊间许多文章都是把它当作晋代来看的。

二是今汕头市潮阳区棉城镇郊的西岩（或称海潮岩）。据1986年出版的《潮阳文物志》"城郊西岩"载："该寺相传建于晋朝年间（265—420）。"③ 同时稍早的《潮汕文物志》也持相同的说法："据传说，该寺建于晋朝年间。"④

这里要先区分一下两个说法的不同之处：佛教传入和寺院创设。佛教传入指佛教思想观念的输入，如现已为学界广泛采纳的佛教初传中国的纪年为"伊存授经说"，其含义正是如此："西汉哀帝元寿元年（公元前2年），博士弟子景庐受大月氏王使伊存口授《浮屠经》。"⑤ 而寺院的创建往往是建立在一定的宗教氛围、一定的物质条件，尤其是有了出家人居住、住持等基础上才可能出现的。寺院创设往往晚于佛教传入，以寺院创设作为佛教传入的标志是不合理的。

以上两则记载因为缺乏其他佐证，学界一直未予采信。这就有必要进行一番分析论证。一般而言，潮汕佛教从三个方向传入，一是西部的广州、惠州方向，二是从海上来，三是东北部的福建方向。

其一，从西部的广州、惠州方向传入。广东的佛教，最先是从海路传入的。汉代，岭

---

① 黄挺：《唐临与佛教思想在潮州的传播》，《韩山师范学院学报》1994年第1期。

② （清）吴颖编撰：顺治《潮州府志》卷9"寺观附"，广州：广东人民出版社1996年版，第1153页。

③ 倪俊庭等：《潮阳文物志》1986年内刊本，第59页。笔者按：到了新编《潮阳文物志》中，就干脆把"相传"两字去掉，落实为晋代所建了："海潮岩……建于晋代，为粤东最古老的岩寺。"参见朱汉城主编：《潮阳文物志》"岩胜·海潮岩"条，香港：天马出版社2011年版，第441页。

④ 陈历明主编：《潮汕文物志》（上册），汕头市文管会办公室1985年内刊本，第185页。

⑤ （晋）陈寿撰，（刘宋）裴松之注：《三国志》，北京：中华书局2006年版，第512页。

南的对外交通已经很发达，交趾成为东西海程的中心，商业因之十分繁盛。佛教也随着商业贸易而传入岭南。当时，佛教的发源地天竺，“其国人行贾往往至扶南、日南、交趾”[①]。有些人还因此居留在当地。如东汉末出自岭南交州的高僧康僧会，“其先康居人，世居天竺，其父母因商贾移居交趾”[②]。东汉中叶以后，西域与中国内地的交通不太通畅，佛教东传中国及中国僧人西行求法，主要是取海路而行，岭南交广地区便成了佛教东传中国、中国僧人西行求法的重要桥梁。从三国至南朝梁年间，海外僧人由海路至岭南传教甚至北上传教的，见诸文字记载的就有强梁娄至（三国）、迦摩罗（晋）、昙摩耶舍（晋）、求那罗跋陀（刘宋）、求那跋摩（刘宋）、杯渡（刘宋）、智药（梁）、菩提达摩（梁）、真谛（梁）等人。[③]

外国僧人的东来，使两晋南北朝在300多年的时间里，广州地区的岭南佛教得到了较大的发展。岭南最早的佛教寺院，即广州城内的三归寺和王仁寺，就是晋武帝太康二年（281）为东来的天竺僧人迦摩罗创建的。外国僧人停留和行经的地方，如广州、韶州、罗浮等，均成为佛教弘化之地。六朝时期，岭南地区兴建的佛寺计37所，其中广州19所，始兴郡（韶州）11所，罗浮山4所，而广州更成为岭南以至整个南朝的佛教重地[④]。

广州地区的佛教兴盛与商业贸易及海外僧人西来传法有关，而当时多数寺院是由外来僧人或官府出面创建的。如距离潮汕最近的惠州罗浮山南楼寺（宋时称延祥寺），也要迟至南朝梁大同年间（535—545），广州刺史萧誉为景泰禅师创建的[⑤]。而潮汕地居广东极东端，省尾国角，偏离文化传播的主要路线，且地广人稀，东晋义熙九年（413）建郡时，人口仅有1 119户，5 522口[⑥]，当时潮汕既无外来僧人驻锡，又非商贸繁华之地，这本身就不具备创建寺院的各种条件；退一步讲，倘若佛教此时真的从西部传入，也必先在潮汕西部地区，或韩江、榕江中上游地区弘化，创设寺院，因为这一时期榕江、练江中上游及韩江中游才有较为集中的聚居点[⑦]，为什么反倒在东部滨海地区先有寺院了呢？所以，不论是年代、地点或其他各方面，所谓晋代建的隆福寺和西岩（海潮岩），都不可能是来自西部佛教势力的传播。

其二，那么有无可能从海上交通线路传入？

潮汕虽然介于海交活动繁忙的广州与泉州之间，但从汉代至隋代800多年间，潮州都不是海上交通繁盛之地，也找不到有港口的记载。现在能找到这方面海交活动的资料极少，最常为人征引的有两条，一是司马迁《史记·东越列传》中载：“南越反，东越王馀

---

① （唐）姚思廉著：《梁书》，《文津阁四库全书》卷54“史部·正史类”，北京：商务印书馆2005年版，第90册，第159页。

② （梁）释慧皎撰，汤用彤校注：《高僧传》卷1“魏吴建初寺康僧会”，北京：中华书局1992年版，第14页。

③ 黄权：《岭南佛教传播的轨迹》，《学术研究》1997年第8期。

④ 参见：岭南文化—岭南宗教—佛教，中国传统文化网站，http：//www.zh5000.com/ZHJD/ctwh/2008－01－21/2190253233.html。

⑤ 阮元：《广东通志》卷230“寺观二·（惠州府）延祥寺”：“在罗浮山，南朝梁萧誉建……”余靖《延祥寺记》：“……延祥之基最古，梁朝有头陀僧景泰，不知何许人……大同中始建寺，以南楼命之。”《续修四库全书》“史部·地理类”，第669册，上海：上海古籍出版社2002年版，第737页。

⑥ （梁）沈约著：《宋书》卷38“州郡四”，北京：中华书局1974年标点本，第1199页。

⑦ 黄挺：《潮汕文化源流》，广州：广东高等教育出版社1997年版，第26页。

善上书，请以卒八千人从楼船将军击吕嘉等。兵至揭阳，以海风波为解，不行，持两端，阴使南越。”学者认为当时船队停泊地点约在韩江或榕江江口。二是《隋书·陈棱传》所载大业六年陈棱“与朝请大夫张镇周发东阳兵万余人，自义安泛海击流求国”，其出发的具体位置尚不清楚，但学者推测大军不在温州、福州或泉州，而选义安为出发地点，“或即由于义安人习熟此航道的缘故”。[①] 因为下文又载“流求人见船舰，以为商旅，往往诣军中贸易”，这只能说明义安与流求之间有经济贸易的来往，而不能说明义安与其他地区尤其佛教兴盛的华东地区或广府乃至海外的交往。加上隆福寺和西岩（海潮岩）又地处偏僻的海岸地带，说晋代就从海上传来佛教薪火，有可能吗？

附带说一下，有人认为，晋代可能有个别高僧，或渡海或陆来这两个荒陬之地安禅参修，从而建立寺院。那只是非常浪漫的想法。首先，从历史发展进程来看是不符合的。从中国佛教史或梁代慧皎《高僧传》可以得知，魏晋时重般若轻禅定，晋时中国僧人习禅尚未风行，《高僧传》中“习禅”篇的高僧从晋至南朝齐代年间也仅占一卷，晋代只有7人，与“译经”、“义解”等篇高僧人数不成比例。南北朝刘宋后始重禅定，但主要流行于北方，当时两大禅观的代表人物僧稠和菩提达摩及弟子慧可均在北朝。潮汕晋时就有高僧来此安禅驻锡，那真是怪事一桩了！那也太“超前”了！这是不符合历史进程的。其次，僧人到山中、海岸边习禅，也要有经济条件的基本保证才能进行。经学者考古论证，其时潮汕人口极少，又只在榕江、练江中上游和韩江中游河谷地段有较集中的聚落点，居民仅在台地、低丘和山间盆地进行耕作，或以狩猎、捕鱼为生。而上述这两个地点既是海岸，又不处于河流流经带或只是河流下游地带，根本无法满足僧人经济交往活动的条件，他们是如何生存的？又是什么人帮他们建造寺院的？

其三，佛教的传入最有可能来自东北部的福建方向。潮汕地区在先秦时原属闽越，与福建山水相连，民情风俗相通，历来中原汉民后裔移居潮汕，多数是先入闽或在闽先居住一个时期后才进入潮汕，因此潮汕人后来才被泛称为“福佬”，而潮汕人也多数承认其祖先来自福建。因此，除非我们能找到确凿证据说明佛教从粤西或海上传入，否则佛教由中原移民后裔从福建方向传入的可能性最大。那么，是否说明两晋移民潮中就带来了佛教？这种可能性不能排除。因为两晋时期的佛教影响已非常强大了，作为来自佛教弘化的兴盛地区的中原或长江中下游的移民，其中不可能完全没有佛教徒裔。事实上，已有学者揭示了类似的情况，如福建地区，“佛教入闽与移民入闽的活动相伴随”[②]，但目前缺乏有佛教徒裔进入潮汕的相关证据，已经发掘的潮汕晋代墓葬中也均未提供任何相关信息，我们当然不可能以晋代作为佛教初传潮汕的年代。

退一步说，佛教思想即使是伴随着两晋移民潮传入潮汕，也不等于此时就有了佛教寺院，寺院创设往往晚于佛教传入。尤其当我们考虑到当时福建本地的寺院创设情况后，对“潮汕晋代已有寺院”之说更感无望。

福建最早建有寺院也仅在西晋太康年间。西晋时期福建仅有的6所寺院中，闽江下游流域的侯官占3所，闽南晋江下游流域的晋安有1所，闽北崇溪一线的建安、建阳各1

① 黄挺、杜经国：《潮汕古代商贸港口研究》，《潮学研究》1994年第1辑。
② 林拓：《唐代以前福建宗教信仰的地域分布格局》，《中国历史地理论丛》2005年第20卷第1期。

所。东晋也只有四五所新建寺院，加在一起不过区区十来所。请注意！这些寺院除仅仅一所建立在闽南地区的晋安外，几乎都集中在闽东和闽北，且更多建在郡治所在地（即便在此后至南朝梁代以前，福建寺院创设依然迟滞难前，仅可见三四所佛寺的建造、两三个僧人入闽。而梁代以后因梁武帝崇佛，福建寺院一下子多了起来，全闽新建寺院共有31所）[①]。与当时全国1 700多所寺院相比，福建晋代佛教力量尚且如此薄弱，而那微弱的势力也仅推进到闽中，寺院建造尚且如此之少，更何况地僻人稀的潮汕？

综上所述，饶平隆福寺及潮阳西岩（海潮岩）为晋代所建之说不可信。其实，关于饶平海山隆福寺的创建时间为晋代早有人提出了异议，他们认为应该是五代的后晋[②]，而潮阳西岩为晋代所建的观点在倪俊庭《潮阳文物志》和陈历明《潮汕文物志》中都以“相传”、“据传说”来修饰——仅仅是一个传说，并没有相关资料能够实证，作者的态度明显有所保留。所以，说佛教晋代传入潮汕或潮汕晋代建有寺院都没有可信的依据。

结合周边地区寺院建造的时间——除上述福建寺院外，周边地区寺院创于南朝梁代的，仅有上述惠州罗浮山创于南朝梁大同年间（535—545）的南楼寺，据以上资料推断，潮汕最早有寺院之设的时间似不能早于南朝梁代。

二、佛教初传的年代

至于更重要的佛教传入时间的问题，我们暂定为南朝刘宋大明年间（457— 464）。这在目前的出土文物当中起码可以找到两个证据。以下试作论述。

其一，南朝刘宋年间的墓砖及罐。在揭阳仙桥湖心乡平林村东北赤岭口山，发掘了南朝三座墓葬，其三号墓所出土的器物中，有一把六耳莲花瓣罐，其墓砖上的纹饰除大量印网格纹外，还有十字纹、蕉叶纹、连环纹、金钱纹以及莲花纹。砖和罐都有莲花纹饰，这是受到佛教影响的见证。以莲花瓣纹作为装饰在中土文物中本来是没有的，在佛教经像、器物当中则是常见的题材，这是考古学中的常识。另外，这三座墓葬并列在一起，墓砖规格相同，而其中二号墓的墓砖上印有“大明四年”的字样[③]。所以这三座墓葬即使不是同时下葬，时间也不会相差太远。

其二，南朝魂坛。如果仅以上揭出土文物作为佛教信息输入潮汕，证据仍稍嫌不足，在这里有必要补充其他资料。1976年3月，在揭阳新亨镇硕和村金交椅山南麓，出土了一个制作精美、工艺奇巧的南朝时期的魂坛，“正面有一个仿地面房屋款式的门框，外面塑贴，彩绘八组图案，门外左右塑一对守门武士俑，双龙朝门护卫”，其中引人注意的是坛盖顶端塑一朵莲花，坛底下部浮雕一圈莲瓣座[④]。尤其是这一圈莲瓣座，其佛教思想含义非常明显。许多与佛教内容有关的碑、塔、经幢、人物雕像的底座往往雕成莲瓣形，这也是考古中的常识。再考虑到这个器物的具体用途是用以盛殓人的骨殖的，其佛教含义更无疑义。

---

① 林拓：《唐代以前福建宗教信仰的地域分布格局》，《中国历史地理论丛》2005年第20卷第1期。

② 陈梅湖：《饶平县志补订》卷16“寺观·隆福寺”：“后晋时建，宋末废”，饶平县地方志编纂委员会办公室2009年内刊本，第473页。

③ 张宗仪、张秀清主编：《揭阳文物志》，揭阳县博物馆1986年内刊本，第53～54页。

④ 张宗仪、张秀清主编：《揭阳文物志》，揭阳县博物馆1986年内刊本，第140～141页。

这个魂坛被文物工作者定为南朝年间，其具体时间无法确定。如若可信的话，可与上一组文物联系在一起，作为佛教思想信息输入潮汕的证据，或已非常明显。

这些墓葬均属自北而南迁移定居下来的移民，为数不多，从墓葬的规模形制及陪葬品之精美丰富来看，墓主是非富即贵的人家。我们不能说墓主一定就是佛教徒，但其墓葬已包含了丰富的佛教信息因素，所以我们说佛教信仰及其思想此时已随着北方移民传入了潮汕。

如果以上论证还算成立，那么，佛教是在南朝刘宋年间（420— 479）传入潮汕，至今已有 1 500 多年了。

本节的综合结论有四：潮汕“晋代创有寺院”说不可信，这是一种典型的把传说坐实的说法；以现有的证据可知，佛教于南朝刘宋年间传入潮汕；潮汕有寺院之设起码在梁代（502—557）之后；潮汕最早寺院合理推断应建于当时的郡治。

第二节　潮汕唐代佛教的特色

唐初，自陈政、陈元光平定“蛮僚”啸乱，并进行一系列的屯田、通商、兴学、开辟驿道等安民措施后，中原移民及跟随陈元光平蛮的五十八姓移民陆续迁入、定居潮汕，促进了本地的民族融合，加速了汉文化在本地的传播和接受的过程。但总的来说，自初唐到中唐，中原移民势力较弱，迁入人数也很少。如唐代开元年间（713—741）潮州户口有 9 337户，到贞元十七年（801），也只增至10 324 户①，60 年间仅增1 000 多户，而潮州蛮僚仍保持着强大力量。由是可见，潮州中唐以前的开发程度仍较低，经济和文化发展仍较落后，其实一直到晚唐，潮州依然是令中原人望而生畏的蛮荒瘴气之地，成为唐临、常衮、韩愈等有罪官吏的贬斥州府。

在这样的历史背景下，我们推测，从南朝刘宋年间直至中唐，潮汕佛教基本还属于草创阶段，寺院数量极少，奢望其有多大生存发展空间、多大规模是不现实的。如潮州有史记载的最早创建的南山寺，建于唐初，“始未有产业”，似靠信众的布施度日，要到开元二十二年后才有潮阳人捐田；而关于唐代开元寺的经济活动信息则暂付阙如，其寺院规模大小仅凭现存几座石经幢难作判断。

一、唐代潮汕佛寺分布

如上所述，我们仅能从出土文物资料中得到一些唐前潮汕佛教活动信息，文献中基本无考。中晚唐以后，随着本地区人口数量的增加，开发程度加快，尤其禅宗高僧大颠回潮传法后，各地纷纷新创寺院。但唐代到底有多少所寺院？由于历时 1 200 多年、寺院兴替不一、文献记载缺略或错谬等，已经很难准确统计了。若不囿于地方文化感情，而从比较严谨的学术探讨角度上说，有些相传为唐建寺院只能存疑，未可作为信史。例如，当时揭阳县境内（主要包括今天的榕城区、揭东、揭西、丰顺），其时未必没有寺院之设，但现

---

① 黄挺、陈占山：《潮汕史》，广州：广东人民出版社 2001 年版，第 82 ~ 83 页。

在无法找到确凿资料证明有哪座寺院建于唐代；有人说揭东县玉窖镇腾龙寺创于唐代，证据似显不足，暂不取①；又如普宁市池尾镇马嘶岩寺和洪阳镇华严寺等，传为唐代所建，前者乾隆《普宁县志》卷八“古迹”谨慎载为“相传为唐大颠初创道场”，似是民间传说而已；后者在顺治《潮州府志》中作“普宁县华岩寺，在县北五里洪山巅，宋建。嘉靖间毁于兵”，是为宋代所建；另，惠来县惠城北面普陀岩及城东百花尖，传为唐建，尚无有力证据，均不取。

我们参考嘉靖《潮州府志》（下简称嘉靖府志）、隆庆《潮阳县志》（下简称隆庆县志）、顺治《潮州府志》（下简称顺治府治）、乾隆《潮州府志》（下简称乾隆府志）等多种志乘及其他文献，以及今人所发掘的资料，以相对严谨的态度来作比较分析，较为可信的建于唐代的寺院约有 7 所，其中海阳县 2 所：广法寺（南山寺）、开元寺；潮阳县一带有 5 所：西岩（海潮岩）、留迹院（今属普宁市）、莲花院、白牛岩、灵山寺。

我们可以得出两点结论：

其一，从寺院创建时间先后来看，若从文献记载上说，首先是广法寺（南山寺）最早。从新发现的年代最早、记述也最详细的元代释大䜣《潮州南山寺记》中，我们得知，潮汕境内最早创建的寺院，建于唐初：“寺建于唐初，始未有业产（产业）。”② 嘉靖《潮州府志·寺观》：“南山寺，即广法寺。”说明元代的南山寺即宋代以前所称的广法寺。顺治府志作明洪武年间建，乾隆府志作宋绍兴年间建，均非。

其次是开元寺，创自开元二十六年（738）。传其前身为荔峰寺，因无更可信的资料支持，暂忽略不计。

再次是西岩（海潮岩）。西岩为高僧惠照所居，约大历初年（766）建。

最后是贞元年间所建寺院：留迹院（贞元二年，786 年，僧雪峰创）、莲花院（贞元六年，790 年，大颠创）、白牛岩（贞元六年，790 年，大颠创）、灵山寺（贞元七年，791 年，大颠创）。

其二，从寺院的分布地点来看，潮汕唐代寺院分布的地点较集中，即州治与潮阳两地。中唐以前的寺院主要设在州治所在地，与州治作为经济文化中心相匹配，这与多数其他州郡的情况相类似。中唐后新创寺院主要集中在潮阳县一带，则是著名禅宗高僧的弘教活动的结果。

在此我们还需描绘出关于唐代潮汕佛寺创建的宏观视界，以期读者有一个清楚的认识。据学者研究，武德贞观之际，“州别一寺，但三十僧”，贞观二十二年（648）“海内寺三千七百一十六所”，其时全国 358 州，平均每州 10.4 所寺；开元末，全国佛寺再增至 5 358 所，平均每州 16 所寺③。相比之下，我们可以知道，直到开元末年，潮州（包括程乡县）佛寺建设数量大大落后全国平均水平；即终唐之世，唐代潮州地区仅有 10 所左右寺院（包含程乡县两三所），在全国所占比例来说也属偏少。而其中官籍寺院可能不超过

---

① 腾龙寺现存前代“四面佛”一方，似为石塔或石经幢的构件，无文字，无法判定其具体年代，笔者从其形制上猜测，与潮州开元寺宋代阿育王石塔构件相类，似为宋代之物。

② （元）释大䜣：《蒲室集》卷 10，蓝吉富主编：《大藏经补编》（第 24 册），台北：华宇出版社 1985 年版，第 307 页。

③ 张弓：《汉唐佛寺文化史》（上册），北京：中国社会科学出版社 1997 年版，第 109 页。

3所，如开元寺、南山寺、灵山寺，而潮阳一带寺院和程乡灵光寺等似均属私家小寺一类。

这自然与本地区开发较慢、经济文化较落后有关。但可别小看这区区10所左右寺院，它对潮汕文化的建构发挥了巨大作用，影响深远。寺院在文化相当落后的潮汕，不仅是一个宗教信仰场所，也是地方官吏思想教化的园地。在韩愈复办乡校并挖掘儒学人士赵德之前，本地佛教的思想影响可能甚至比儒家还要广大。所以，饶宗颐先生说："故论潮人学术，唐世先得禅学之薪传，继起乃为儒学，在韩公未谪潮之前。"[①]

二、唐代佛教的特色

唐初或更早，潮汕即有寺院之设，仅说明本区具有一定数量的信众和较为浓厚的佛教信仰氛围，随着一些信佛贬官如唐临、常衮等人的陆续到来，也传播了佛教思想，如初唐的唐临可能以其著名的《冥报记》耸动潮人，而开元寺中不空译尊胜佛顶陀罗尼经幢有可能是由精于内典的中唐丞相常衮所带来的[②]。可以设想，潮人所进行的佛事不外乎为追求现生后世的福田利益的一般活动，如拜佛、持咒、放生等，祈求佛祖加被，获得在生利益，捐田施钱入寺，超荐冥福，丧葬仪式中或也融入一定的佛家色彩。然而，中国化的佛教宗派——禅宗南宗的传播已在全国扩展开来，风气所及，中唐以后的潮汕佛教呈现出一派崭新气象，可以说，禅宗南宗改变了唐代潮汕佛教的格局，并形成鲜明的山林佛教特色。

初唐，六祖慧能（638—713）把禅宗的薪火从五祖弘忍所驻锡的湖北黄梅山带回南方，在广东韶关曹溪宝林寺（今南华寺）开辟了另一个禅修中心，是为日后所称的禅宗南宗。与佛教其他宗派，尤其是禅宗北宗的神秀及其弟子义福、普寂等高据两京、备受最高统治者恩宠不同，慧能扎根山林，力求和平民接近，保持禅家开宗以来的山林本色。经由其弟子南岳怀让（677—744）、青原行思（671—740）和再传弟子马祖道一（709—788）、石头希迁（700—790）的阐扬，这种令人耳目一新的佛教派别迅速影响并传播到江西、湖南一带。僧徒们为南宗门风所吸引，纷纷加入参禅问道的行列。晚唐"会昌法难"后，佛教各宗元气大伤，而作为山林佛教的禅宗南宗所受打击较小，不仅迅速得以恢复，禅灯更遍及大江南北，开五家门风（沩仰宗、云门宗、临济宗、曹洞宗、法眼宗），成为此后中国佛教发展的主流。

潮汕虽地处海隅，却近水楼台，得月在先。大历初年（766），有潮阳僧人惠照自曹溪学禅而归，"深契南宗之旨，居邑之西岩，精持戒律，大颠、惟俨师事之"。惠照，生卒年不详，在禅宗史上名不见经传，也不能断定他师从何人。但从他所处的年代以及他与大颠、惟俨的师徒关系等来推测，他应该是马祖道一和石头希迁同辈，即慧能二传弟子。这说明潮汕僧人对慧能南宗禅法敏感而迅速的响应。从他是自曹溪学禅，而不是从湖南或江西学禅而归看，他并非怀让或行思的弟子，而很可能是慧能留在曹溪某一高徒例如法海等的弟子，因缺史料，未敢臆断。

有人说惠照是怀让弟子，答案是否定的。惠照的禅风与日后大颠和惟俨共同的师父石

---

① 饶宗颐著，黄挺编：《饶宗颐潮汕地方史论集》，汕头：汕头大学出版社1996年版，第577页。

② 饶宗颐著，黄挺编：《饶宗颐潮汕地方史论集》，汕头：汕头大学出版社1996年版，第576页。

头希迁倒是非常相似。晚唐诗人李绅铭其石室云："曹溪实归，般若观妙，体是宗极，湛乎返照。"① 这个"体是宗极，湛乎返照"讲的是善于体会、返观石头希迁所谓"灵源明皎洁"（《参同契》句）的"灵源"。"灵源"即般若性空的同义词。晚唐宗密禅师把石头禅与牛头宗归为"泯灭不寄宗"，其禅要是："谓心境本空，非今始寂。迷之谓有，所以生憎爱等情。……"学禅就应善于返照性理本源，了达诸法皆空，本来无事之旨，打破欲望迷情，方是解脱。这种禅法与日后大颠接引学人时的口吻是一脉相承的。

惠照不仅禅悟境界高深，还是一个戒律森严、多才博学的高僧。顺治《潮州府志》卷11录有宋余靖的《题惠照小影》一诗："已向南宗悟，尤于外学精。士林传字法，僧国主诗盟。初地形容古，弥天议论清。宁同支遁辈，徒擅养鹰名。"说惠照精于外学，当然包括孔孟老庄等；擅书，能诗，长议论，但总的说来是一个深有证悟的禅宗高僧，把他与晋代高僧释道安相提并论，而不同于文人习气浓厚的支遁辈，推崇颇高。看来，惠照在唐代潮汕及周边地区也是一个学养深厚的文化贤才，有一定的名气，有一定影响。值得注意的是，他的弟子大颠和惟俨也能诗，都具有较高的文化修养，在文化还相对较落后的晚唐潮汕，这些较有文化的僧人可能不仅是民众信仰的指导者，更是文化的教育者，在常衮、韩愈等未到潮州之前，起到思想启蒙的作用。

惠照禅师是粤东僧界可考的第一人。他开法于潮阳西岩，在潮汕大地首次点燃了禅的慧灯。可以想见，多少欣慕心地向上一路的顿悟，精神上超凡入圣的僧俗信徒，从学于惠照座下！但因史料过于简略，我们无法了解惠照传禅的盛况，所以，把他定为潮汕开禅学风气之先的过渡性人物，或许更为恰当些。从惠照的钳锤般的锻炼下走出来的大颠和惟俨，经过多方的参学苦修，终于成为中国禅宗史上两大有名禅僧。

大颠（732—824），俗姓陈，法名宝通，号大颠，潮阳县人，与药山惟俨同事惠照于西岩，即复游南岳，参石头希迁得法后，于贞元五年（789）回潮，与其弟子陆续创建莲花院、白牛岩和灵山寺等禅宗寺院，把惠照所点燃的岭东禅灯高擎下去，继续照亮岭东佛徒心扉。须知，自慧能圆寂后，墙里开花墙外香，禅灯遍布江西、湖南等地，而岭南禅宗却随之陷入沉寂状态，后继乏人，再未出现有名禅僧，直到五代文偃禅师开法韶州云门山光泰禅院后，方始中兴。所以大颠的成就在于，继慧能创立的韶州宝林寺后，又创辟了唐代岭南的另一个禅修中心，接续岭南禅脉。经其苦心孤诣，呕心沥血，终于结出了丰硕的果实。至今在福建闽南地区仍家喻户晓的三平祖师——三平义忠禅师，即其嫡传高徒。

唐代潮汕的佛教活动，在州治所在地却默默无闻，既无高僧出现，也无佛教事件的记载。元和十四年（819），当韩愈被贬到潮州，因寂寞难耐，"远地无可与语者"，向左右问及"此间有何道德高行禅流"时，左右竟未提及开元寺及其僧人，而答以"有大颠和尚"，韩愈遂不远百里相招②。这既说明大颠在当时潮汕的崇高地位和影响之大，同时也反衬出包括开元寺在内的州治佛教既无人物也无特色，死气沉沉，这是非常耐人寻味的。潮阳一带由大颠等创辟的禅宗寺院及其传禅活动则显得生机勃勃，方才代表了唐代潮汕佛教的鲜明特色——山林佛教。

---

① （清）吴颖编撰：顺治《潮州府志》卷10"仙释附"，广州：广东人民出版社1996年版，第1191页。

② （南唐）静、筠禅僧编，张华点校：《祖堂集》卷5，郑州：中州古籍出版社2001年版，第169页。

山林佛教的特色主要表现在三个方面：

第一，寺院建在山林，农禅并重。山林佛教一般把寺院建设在环境僻静、景色宜人的水边林下岩间，远离人烟密集的都市或交通干道，一切为了禅修的需要。生活上自食其力，农禅并重。大颠及其弟子所创的莲花院、白牛岩及灵山寺均建在潮阳一带山林、岩间。史载大颠率徒玄应、智高创辟白牛岩后一年，即贞元七年（791）移到今铜盂镇龙山湾另创灵山寺，很可能是来从学的禅徒增多、白牛岩居住不下的缘故。灵山创始之初，大颠禅徒开田耕作，植树造林，一切衣食住行均要自力更生。灵山下“有田，如袈裟漫于地中，曰福田，皆师运神力所化”①，这其实是后代把大颠农禅并重的精神神化了；相传建寺后，大颠手植荔枝、松柏，并勤加灌溉，更是其农禅并重的具体表现。“担水砍柴无非妙悟”，禅徒也在劳作出坡过程中领悟到无上真谛。

第二，与统治阶级保持距离。山林佛教寺院既不是官寺，又远离都市，僧人们自食其力，啸傲山林，保持独立率真的山野品格，与统治阶级拉开一定距离。六祖慧能多次婉拒武则天邀请进京传法，大颠也是这样。韩愈相招，开始时“三请不赴”，最后自行相见，也不是为了攀附权门，而是为了与排佛者韩愈商榷佛法。他在州治中仅住十数日，即留一偈（详后）飘然离去，充分显示了一个热爱山林、刚直不阿、率性而行的高尚人格。作为学富五车、儒家忠实信徒的韩刺史，都不禁为之倾倒，其后屡次登寺拜访，问道请益，离开潮州前还“留衣而别”。

第三，提倡简易修行方法。禅宗从其创始之初既不是经院式佛教，不重讲经义解，作烦琐义理的研究；也不是都市中经忏应付式的佛教，为人超荐祈福，而是为了通过自力自悟，真参实证，了达生死。因此，理论尽可能要少，修持尽可能要多，方法尽可能要简，一切修为都指向“心性”的了悟。通过高明禅师的点拨，师徒间的机锋酬对，使禅徒在一机一境上豁然大悟。大颠开法，尽现禅宗早期这种灵动生趣的禅法方便，他与韩愈关于“佛光”的讨论，与其高徒三平义忠的对机，对徒众参禅的提撕，均充分表达出一个深有证悟的禅师的智慧，令人想望其大师风采！

大颠在贞元五年（789）回潮开法，长庆四年（824）圆寂，在潮弘法传禅长达35年，弟子千余，信徒无数，对潮汕乃至福建闽南佛教影响深远，因大颠的禅风高峻，一般弟子难入其门，其法脉也随之一传而绝。但由大颠所开创的潮汕山林佛教，其事迹在当地形成众多动人的口碑文学，流传至今。其精神则一直激励着历代潮汕僧人追求向上一路的解脱，显示了潮汕佛教其中一个方面的特质。我们所谓的“山林佛教”其实指的是中国禅宗的精神，是禅宗僧人追求明心见性、精进参禅，从而了脱个人生死，达到自性涅槃的最高境界。这种佛教修行在唐代以惠照、大颠为代表，并在潮汕大地上播下了种子，代代潮汕僧人不乏一些参禅悟道的灵性追求者，他们外出学法，或在禅师的座下，或在禅堂中，或在水边林下，参悟本来面目，得到大自在解脱，成为开法一方的大禅师。由五代入宋，潮汕就出现四位在中国禅宗史上有名的大禅师：道匡、道隆、慧元和法宧各为福建和江浙一带大寺院住持，其中道匡和道隆甚至得到高层统治者的恩礼“赐紫”；即使到了元明清代，潮汕籍禅师也代不乏人，如元代的善恭，明末清初的道忞、超月，清代的静会、仁

① 释了性：《大颠祖师本传》，莲舟辑：《灵山正弘集》，潮阳灵山护国禅寺1993年重印本，第3页。

智、化能等，现代的宽鉴、纯果、纯益、定因、纯信、澄舟、慧原等也是佼佼者，其中不能没有大颠精神的潜在影响。

第三节 大颠与韩愈

在潮汕，大颠是远近闻名的一代高僧，他的名字与潮阳灵山寺紧紧联系在一起。在全国范围来说，对中国传统文化稍有研究的人，不会对大颠之名觉得陌生。只要知道韩愈贬潮的故实，就可知道他与大颠一段著名的交往故事，而大颠与韩愈的因缘是值得一书的事。可以这么说，韩愈在贬潮的八个多月里主要做了三件事——祭鳄鱼、兴州学和与大颠交往。而大颠之名，也因此常常与韩文公的名字联结在一起。一代名儒与一代高僧交往的公案，从此成为中国文化史上众说纷纭、经久不衰的话题。

我们知道，唐宋禅宗高僧往往有专门的“书记”一职以记载高僧的生平（即行状）及其弘法语句（即语录）。大颠作为唐代开法一方的高僧，生前必有其语录。除韩愈的《与孟尚书书》提及外，有关大颠的最早记载为五代南唐静、筠编的《祖堂集》，其次是宋初释道原编撰的《景德传灯录》。从省僜为《祖堂集》所作的序中我们得知，《祖堂集》是静、筠二禅德辑录“古今诸方法要”而来的，所以它是一部高僧语录的集录，有点像后来宋代赜藏主编辑的《古尊宿语录》。但它又是高僧语录的节录，没有《古尊宿语录》那么完整；又，传文中也有不少“未睹实录，不决终始”的附语，这说明部分条目的写作并没有看到传主的语录、行状。“大颠和尚”条的写作没有“未睹实录，不决终始”这句附语，那就说明此条应该是根据其语录而来的，故其真实程度相当高。它主要记载大颠与韩愈的交往和对话以及大颠自叙其参学悟道的语句；而《景德传灯录》的“潮州大颠”条则主要记载大颠参学石头的机缘和开堂说法的语句，但没有记录与韩愈交往的部分。两者相互参照补充，可以重构大颠较为完整的生平及其弘法过程。从两书有关大颠参学石头的相同部分看，它们有一个共同的来源，那就是大颠语录、行状，但可惜已经散佚了。

除此两书以外，宋代潮人许申有《重修灵山开善禅院碑记》一文，是较早的史料，也可作为大颠生平思想史料的补充，但其传说性较强。明周光镐《灵山纪略》中有关大颠生平的介绍可能更多来自传闻，也可略作参考。

一、参学与得法

大颠，名宝通，大颠是他的法号，俗姓陈，潮阳人。其祖先为河南颍川人，唐高祖时随官于潮，遂为潮人。大颠生于唐开元二十年（732），小时即聪颖异常，有出世之志，成年后博通经史。大历初年（766），大颠35岁，与17岁的药山惟俨禅师（745—828）一同依止西岩惠照禅师出家。西岩惠照禅师在上篇已作过介绍，他参学曹溪，回潮开辟了唐代广东另一禅修中心，境界必有过人之处，也有相当高的声誉，不然作为江西绛州（今江西信丰）人的惟俨何必舍近求远，前来潮阳受学？在当时的僧团里，依止师与徒弟的关系，就好比父与子的关系，依止师对徒弟的志向、人品、修养等都有极大的影响，一个修养好，境界高的依止师，对徒弟日后成为高僧可起到十分关键的作用。若从惟俨于大历八年

(773) 方受戒于南岳希操律师①来看，惟俨和大颠可能在惠照座下参学六七年之久，正是在惠照的耳提面命之下，大颠与惟俨打下了良好的禅门修学基础。

为了追求向上，进一步体究己躬大事，大颠与惟俨同游南岳，参谒当时著名的石头希迁禅师②。

石头希迁，广东高要人，幼从六祖慧能参学，慧能圆寂后成为青原行思的弟子。得法后，来到湖南南岳南台寺侧一块大石头上结庵而居，人称“石头和尚”，他在此地弘禅近50年，与当时在江西洪州弘禅的马祖道一一起被称为“并世二大士”，为慧能曹溪派下二大巨擘。当时的参学禅徒奔走于石头希迁与马祖道一之间，被称为“走江（西）湖（南）”，后世俗语中的“走江湖”即源于此。与马祖大机大用的峻烈禅风相异，石头显得缜密平缓、滴水不漏，但其所提倡的把捉“灵源”（心源）、讲求理事圆融的禅法，以及在寻常语句下深藏机锋的风规，让许多禅徒产生有门难入之感，连马祖都有“石头路滑”之叹，可见石头禅法的深邃。

西岩惠照禅师与石头希迁同辈，如上篇所述，其禅风与石头也非常类似，大颠与惟俨之所以参学石头，很有可能是惠照推荐的。

以下是大颠初参石头的一段对机。

师曰：“老僧往年见石头，石头问：阿那个是汝心？对曰：即只对和尚言语者是。石头便喝之。经旬日，却问：和尚前日岂不是，除此之外何者是心？石头云：除却扬眉动目一切之事外，直将心来。对曰：无心可将来。石头曰：先来有心，何得言无心？有心无心，尽同谩我！于此时言下大悟此境。却问：既今某甲除却扬眉动目一切之事外，和尚亦须除之。石头云：我除竟。对曰：将示和尚了也。”③

译文：大颠见石头，石头问：“哪个是你的心？”

大颠答：“就是应对和尚问话的这个。”

石头便大声呵斥他。大颠迷闷住了，由此引发了疑情，难道这样回答错了吗？每天都在茶饭不思地拷问心在何处。这样过了十多天，大颠忍不住再去问石头：“和尚既然说不是，除此之外什么才是心？”

石头早已料他会有这一问，答道：“除了你的扬眉动目，言语动静的一切之外，直接将心呈现出来！”

大颠踌躇道：“无心可以呈现出来。”

心是抽象的，它只能通过外在的言语动作等才能表现出来，而石头要大颠直接呈现心，这就难住了大颠。石头逼问道：“你刚开始回答我时说有‘心’，现在又说无‘心’，有‘心’无‘心’，都是在欺瞒我！”

大颠被石头这一激发，便领略了心的不一不异之旨，当下大悟，就反击说：“和尚既

---

① （南唐）静、筠禅僧编，张华点校：《祖堂集》卷5，郑州：中州古籍出版社2001年版，第154页。

② （清）阮元等撰：道光《广东通志》卷328“宝通条”，上海：上海古籍出版社1990年版，第658页。

③ （南唐）静、筠禅僧编，张华点校：《祖堂集》卷5，郑州：中州古籍出版社2001年版，第171页。

然要我除却扬眉动目一切动止外呈出心来，你也应该除却这些将心呈现出来！”

石头说：“我除完了！”

大颠说：“那我也将心呈出来了！”

几个回合之后，石头知道大颠已明悟心性，为他印证，并嘱他善自护持。大颠这一悟道机缘，《祖堂集》“大颠和尚”条是通过自己的口对禅徒说出来的，而且在“石头和尚”条也有同样的记载，其真实程度不容置疑。

从本质上讲，心无形无相，是不可以言说动静来指称的，所以《维摩诘经》中当文殊菩萨问维摩诘如何才是“不二法门”时，维摩诘以“默然无言”来应对，这让文殊菩萨合掌赞叹。问题是，心既不能以言语动静来表达，但又不能不靠言语动静来表达。这种两难困境，要如何体会这种心的不一不异之旨，说起来似乎容易，真正做起来却很难。若不是深入禅定，对心进行一番艰苦卓绝的体究探察，达到对原有的日常意识思维的颠覆的境地，任何人都不可能轻易地彻悟心的本来面目。正如石头希迁在《参同契》里所说的：“执事元是迷，契理亦非悟”，要做到理事圆融，一切境上回互含摄，才能真正体会本心。

在石头希迁的点拨下，大颠大彻大悟，成为首位在中国禅宗界青史留名的潮汕僧人。

二、开法灵山寺

大颠得法后，仍师事石头近10年，唐贞元初（785），54岁的大颠离开石头和尚，只身来到罗浮山瀑布岩结茅，韬光养晦，长养圣胎。有一次，一个名叫张远凡的强徒来游山，见到大颠，说大颠傲慢无理，对他不恭敬，还抽出刀子架在大颠脖子上，扬言要杀死他。大颠引颈当锋，神色自若，尽管张远凡再三挥刀恫吓，大颠不为所动，平静地对他说：“你要是真的杀死我，那也许是我前生欠你一条命；如果我前生没有欠你的命，那么你杀了我，你就犯了大罪了（若必及我，是夙负命，如不负公，残恶在汝）！”张远凡听了悚然悔过，拜倒在大颠脚下，请求忏悔①。可见大颠已全然勘破生死，不为险难所动，其证悟境界之高，由此可知。

此事一经传出，不少出家人都皈依大颠座下，贞元六年（790），大颠率徒弟玄应、智高等数十人回到家乡潮阳，创辟白牛岩，构立精舍，领众参禅，据说连附近的毒蛇猛兽都远远避去。白牛岩处在潮阳东山东部半山腰上，中有许多岩石洞窟，岩洞外古木参天，芳草丰茂，环境非常清幽，离山下的人烟不远不近。对于人数不多的僧团来说，这是一处参禅的好去处。但可能是前来学禅的人太多了，而白牛岩毕竟是石窟精舍，容纳不下学禅的众人。第二年（791），大颠在今铜盂镇龙山湾斩伐榛莽，开创寺院，这就是灵山寺。从资料上看，大颠创寺是一个艰辛的过程。他率徒开田垦殖，种果栽花，挑水灌园，事事亲为，充分发扬农禅并重、自力更生的精神。灵山下“有福田，如袈裟漫于地中，曰福田，皆师运神力所化”、“山之上有松，周围多龙荔，皆师手植，自置一铜瓶，每登山瓶水千株可溉”②，这正是大颠农禅并重家风的真实反映。其时潮阳一带已有惠照开创的西岩，僧

---

① 许申：《敕赐灵山开善禅院碑记》，黄挺、马明达主编：《潮汕金石文征》，广州：广东人民出版社1999年版，第18页。

② 释了性：《大颠祖师本传》，莲舟辑：《灵山正弘集》，潮阳灵山护国禅寺1993年重印本，第3页。

雪峰开创的留迹院，以及大颠同期开创的莲花院等寺院，当地禅风很是兴盛，但灵山寺建成后，大颠领众参禅，灵山寺后来居上，迅速成为粤东地区最为著名的禅修中心。唐长庆二年（822），大颠尚健在，他创建的新寺被钦赐为“灵山护国禅院”。一个省尾国角的边郡新建寺院，很快就成为钦赐官寺，这足以说明灵山寺影响之大。

禅籍《景德传灯录》卷14“潮州大颠”中录有大颠上堂语句，翻译为现代文就是这样：“学道之人必须认识自己的本心，将你的本心展示出来，才可以见道。常见当今的人认为扬眉瞬目，一语一默，马上点头认可，以为是禅宗的心要，这实在是未了本心。我现在给你们大家明白地说出来，各人务必认真听取受持。你们只要除去一切妄想杂念，这时呈现出来的现量就是你的本心。这真心与尘境以及守认静默时的妄念，一点关系都没有。这真心就是佛，不待修整对治。为什么呢？因为它是‘应机随照，泠泠自用’的。你们要追究它的作用之处，了不可得。这叫做妙用，才是真正的真心。你们要好好护持，不可草率了。”（师上堂示众曰：“夫学道人须识自家本心，将心相示方可见道。多见时辈，只认扬眉动目，一语一默，蓦头印可以为心要，此实未了。吾今为汝诸人分明说出，各须听受。但除却一切妄运想念见量，即汝真心。此心与尘境及守认静默时全无交涉。即心是佛，不待修治。何以故？应机随照，泠泠自用。穷其用处，了不可得。唤作妙用，乃是本心。大须护持，不可容易。”）

对照大颠与自己的老师石头希迁的对机，这些话其实就是大颠作为过来人的话，其意不外乎教人直接把捉“灵源”——禅人自己的本心，可见其禅家作略与石头如出一辙。

大颠开法灵山三十多年，法席据说常在千人以上，闻法悟道者不计其数。嗣法弟子在《祖堂集》和《景德传灯录》只有三平义忠，《五灯会元》则增添了马颊山本空、本生、吉州薯山和尚。三平义忠禅师在大颠座下彻悟后，即往漳州山中开创寺院，这就是后来闽南著名的三平寺，与灵山寺一脉相承，遥相呼应。

三、交往韩刺史

在以下有关大颠与韩愈的话题讨论中，我们主要以五代至北宋的较早史料，如《祖堂集》和《景德传灯录》等作为分析文本，不采用后代的民间叙事资料（民间传说），也不依傍他人观点，力图接近历史原貌——或者说，力图从佛教角度去了解大颠与韩愈的交往。

唐宪宗元和十四年（819），著名文学家、刑部侍郎韩愈因谏迎佛骨，被唐宪宗贬为潮州刺史。

当时岐州（今陕西扶风县）凤翔法门寺供养有佛指舍利，每隔一段时间皇帝都要迎入皇宫供养，大种福田。唐宪宗笃信佛教，亲率百官到长安城安远门外焚香恭迎，并加顶膜拜。据说皇帝和百官不少人都见到佛舍利绽放出五色祥光，说是佛光，他们便愈加恭敬礼拜。唯独以儒家自命的韩侍郎不以为然，认为不是佛光，不肯礼拜。唐宪宗问：“你说不是佛光，那是什么光？”韩愈一时对答不上，唐宪宗很不高兴。等到韩愈上奏《谏佛骨表》，唐宪宗更是龙颜大怒，要处死韩愈，经百官求情后，才改贬为潮州刺史①。韩愈到任后，访贫问苦，关心农业生产，置办乡校，振兴文教，用赵德主持州学，为潮州地方文

① （南唐）静、筠禅僧编，张华点校：《祖堂集》卷5，郑州：中州古籍出版社2001年版，第169页。

化经济的繁荣做了许多实事，这从他的《祭鳄鱼文》、《祭城隍文》、《潮州请置乡校牒》等文中可以见出，充分体现了一个儒家的积极入世精神。

然而遭受了一生中最大挫折的韩愈，心境十分灰冷。虽然在工作中没有表现出来，但闲暇之余，其内心必然渴望与人交流以排遣失落的情绪，这与白居易、苏东坡等人被贬时的心境是一样的。潮州毕竟是一个欠发达的边地小郡，也许除了赵德以外，实在找不到可以对话的文化人，韩愈不免有点寂寞无聊。有一天，他问左右："这地方有没有戒行崇高的和尚？"左右道："有，大颠和尚。"左右肯定把大颠为人向韩愈作了介绍，不然韩愈不会请大颠来潮州相会。据说三次相请大颠都拒不赴会①。这与之前大多数名利僧主动结交韩愈的情况可谓截然相反，从侧面说明了韩愈的郁闷心境和大颠的人格魅力。

后来，大颠听说韩愈因为不肯承认佛光一事被贬，便主动来了。韩愈可能为三请不来而感到愠怒，先不见他，使人问他三次不来的原因，大颠答道："三请不来，不为侍郎，不请自来，只为佛光。"韩愈一听，很高兴，正想为此事讨教大颠。两人相见后，韩愈问："我当时说那个不是佛光，有没道理？"

大颠道："有道理。"

"既然不是佛光，那是什么光？"

"应该是天神、龙神的助化之光！"

韩愈听了，大为感叹道："唉！当时京城里若有一个人像大师你这样点醒我，我就不会被贬到这里来了。"

韩愈又问："不知道佛还有没有光呢？"

大颠道："有。"

"怎样才是佛光？"

"侍郎！"

韩愈应喏。

大颠道："还能看见佛光么？"

韩愈踌躇道："我到这里却不能体会。"

大颠道："如果这里体会得到，是真佛光。佛道的最上乘境界，不是青色黄色红色白色，它直透到须弥山顶，普照山河大地；非眼见，非耳闻。即使是肉眼天眼慧眼法眼佛眼也不能看见它的形状，肉耳天耳也不能听到它的声响。如果能识得这个佛光，一切圣凡、虚幻境界，都不能再迷惑自己了。"

（侍郎闻已喜悦，则申前旨："弟子其时云不是佛光，当道理不？"师答曰："然。"侍郎云："既不是佛光，当时何光？"师曰："当是天龙八部释梵助化之光。"侍郎云："其时京城若有一人似于师者，弟子今时日不来此。"侍郎又问曰："未审佛还有光也无？"师曰："有。"进曰："如何是佛光？"师唤云："侍郎。"侍师应喏。师曰："还看见么？"侍郎曰："弟子到这里却不会。"师云："这里若会得，是真佛光。故佛道一道，非青黄赤白色，透过须弥卢围，遍照山河大地，非眼见，非耳闻，故五目不睹其容，二听不闻其响。

---

① 这里不管是韩愈本人出面相请，还是派人相请，学界都有不同观点，其实不管是哪一种，韩愈主动邀请大颠的事实不变，不必纠结于此。

若识得这个佛光，一切圣凡虚幻，无能惑也。”）

大颠这一番“心是佛光”的议论，其实就是由六祖慧能所说的“心是佛”、“于自色身见自法性有三身佛”、“识心见性，自成佛道”、“若识本心，即是解脱”① 等引申发挥的，也是禅宗智慧的精髓所在。如若这番对话是实，可想见韩愈必将如醍醐灌顶一般，得未曾有！即便韩愈读过《坛经》等书籍，其感悟未必很多，他自己刚经历了一场大死大活的官场风波，对一些问题依然迷惘，而大颠却能运用禅宗智慧，对机对境、通俗形象地加以阐释，这番对话必能击中他的内心，解开他长期以来心中的疑问。韩愈一生排佛，在此之前也结识不少僧人，对僧人几乎都没有什么好感，在他的笔下，对那些求名逐利的僧人不是带有嘲讽批判的语气，就是劝诫其去儒归佛，态度也始终是居高临下的。但他与大颠交谈多时，被大颠那充满智慧的谈吐和超凡脱俗的道理所吸引，受益良多；同时感到大颠确能超然于形骸之外，心无挂碍，不被境物所扰乱，思想和修养达到很高的境界，令人非常钦佩，于是留大颠住了十多日。资料所缺，我们现在不知道他们之间还谈了些什么，但谪居边郡而“远地无可与语”的韩愈被大颠所深深吸引确是实情。对于一向排佛反佛的韩愈来说，这是异乎寻常的事，其实想想也理所当然。当时韩愈52岁，由于他以儒家自命，对佛教素无好感，即便与时辈、同僚如常衮、柳宗元、白居易一样也读过佛书，结交过一些僧人，但因成见在胸而对佛学的高境界不甚了然；而大颠已经88岁了，作为一个学通经史且深有证悟的高僧，其见识、修养自然在韩愈之上，可以说韩愈是在大颠那里第一次领略了禅宗高僧的佛学风采。像上述大颠的“心是佛光”的精彩议论，韩愈或许是第一次听到，他若无所触动，又何以留住大颠十余日？之前韩愈之所以排佛，其出发点不外有二：一是从狭隘的夷夏观念出发，认为佛教不过是夷狄一法，政治则以儒家为道统，为人君者旨在政修民安，不可为佛教所惑；二是认为信佛则国祚短促，事佛求福田更得奇祸。用饶宗颐先生的话就是“完全从人的实际生活的角度，来纠正六代隋唐以降祀佛以求福田利益的虚妄和庞大的浪费”②，这些都是就外在因素而言，对佛教的精神内核可能一直都不甚了然，现在，当他在人生的波谷中遇到了一位在戒行、道德、证悟境界上真有修为的高僧，在儒、佛核心思想的碰撞激荡之中，受了一定程度的影响，也是情理之中的事。

大颠在州城住了十余日后，给韩愈留下一偈，飘然而去：

辞君莫怪归山早，为忆松萝对月宫。
台殿不将金锁闭，来时自有白云封。

这是迄今为止在禅宗史籍《祖堂集》中找到大颠仅有的文字作品。有人从方志等所摘举的一些冠名大颠的诗歌、佛学著述均无真正的依据，不能再以讹传讹。譬如其中禅偈《岩前独静坐》乃为寒山之作；《心经释义》、《金刚经释义》等数种佛学著作，经饶宗颐先生及日本学者考证，是宋代另一人所作③。所以，这首诗才是大颠唯一的传世之作。

---

① 杨曾文校写：《敦煌新本六祖坛经》，上海：上海古籍出版社1993年版，第21、32～33页。

② 饶宗颐：《从法门寺论韩愈之排佛事件及其思想根源诸问题》，《潮学研究》1995年第4辑。

③ 《大颠禅师与〈心经注〉》，饶宗颐著，黄挺编：《饶宗颐潮汕地方史论集》，汕头：汕头大学出版社1996年版，第399～402页。

唐代禅宗重修行、重证悟，所谓不立文字，见性成佛，大颠就是这样的禅僧，并不借文字以重声价。我们完全不必囿于地方文化感情，为大颠没有一大堆传世之作而感到遗憾。

这首诗是一首真正意义上的禅诗，意象分明，意境蕴藉深厚，表达了大颠热爱山林，寄情山水，轻易不与世俗社会接触，不为外物所役，来去自由的坦荡胸怀。这是一种自然而然的流露。这首诗是否触动韩愈，并写出如《山石》中“人生如此自可乐，岂必局束为人鞿，嗟哉吾党二三子，安得至老不更归”那种诗句，我们不得而知，如若强求分别来比较，那么韩愈的那种“出世”情怀只是一时的心血来潮，而大颠的却是本地风光、本来的胸襟，这是非常不同的境界。

此后韩愈起码两次到潮阳灵山寺拜谒大颠，“及祭神海上，遂造其庐；及来袁州，留衣为别”（韩愈《与孟尚书书》）。一次他对大颠说：“我因为军州事多，不可能放下一切来参学佛理，能不能请大和尚把佛法中最紧要的地方，作一开示？”

大颠许久不说话。

韩愈一头雾水，不明所以。心无形相，不可言说，所以这种“默然无言”其实就是心性的直接呈现，可惜韩刺史当下并不能领会。当时三平义忠禅师当大颠侍者，正在旁边侍立，见状敲禅床三下。他以暗示的方式表明，你听到了没有？这个能听的就是心！韩愈似有省悟。

大颠回头问三平：“做什么？”

三平道：“首先以静定制止躁动，然后以妙智提示（‘先以定动，然后智拔’）。”

韩愈对三平说：“大和尚格调高峻，我不能明其所以，却在你这里有了一个入门。”于是礼谢大颠及三平。

韩愈数次会晤大颠，在与大颠的交谈和对机当中，感到佛教对于心性的论述与开发似有优于儒家之处。韩愈离潮以后，虽有时声言自己仍旧排佛，但已不如从前那么激烈了。若从这一角度去看，那么我们认为，韩愈《与孟尚书书》中说：“潮州时，有一老僧号大颠，颇聪明，识道理，远地无可与语者，故自山召至州郭，留十数日。实能外形骸，以理自胜，不为事物侵乱。与之语，虽不尽解，要自胸中无滞碍，以为难得，因与来往。及祭神至海上，遂造其庐。及来袁州，留衣服为别。乃人之情，非崇信其法，求福田利益也。”这段话可不能仅以其为韩愈的自我辩解之词而轻轻带过，在其惜墨如金的几句话中，对大颠人格境界的高度推崇显而易见；至于其“留衣为别”，有的学者解为留的是儒衣而非僧服，臆其有“我欲收敛加冠巾”之深意，这种站在儒家立场来作解说的有清代学者郑昌时[①]。这种仍拿韩愈对待之前那些名利僧人以居高临下之态来对待大颠的臆说，不过是一厢情愿地替韩愈辩护罢了。大颠与那些僧人迥然不同，“外形骸，以理自胜，不为事物侵乱”这句话，若联系上述大颠利刃临颈的表现，就能理解韩愈并非轻飘飘说出来的，实是韩愈拿大颠与时人尤其是他本人作对比后总结出来的！品味其上下文之意，“留衣为别”根本没有“人其人，服其服”之意，所表达的是“人之情”——一种对大颠一类高僧的推崇和倾慕之情——意思就是“我并不赞同你的法门，但我敬重你的修为”。

招大颠—谒大颠—留衣为别—赞大颠，贯穿了韩愈与大颠的交往故事。韩愈对待大颠

---

① 郑昌时著，吴二持校注：《韩江闻见录》卷1“留衣亭”条，上海：上海古籍出版社1995年版，第12页。

的态度如何，读者诸君一想便知，不必赘言了。

顺便提到，与之相映成趣的是，韩愈的门人、著名理学家李翱也同样折服于大颠的同参，即上面所提到的药山惟俨禅师，后来其所作的著名理学论文《复性书》三篇，学者言其“大旨从禅得来”①，而开宋明理学援佛入儒之先河。

长庆四年（824）三月十四日，大颠沐浴更衣，然后告辞大众，端坐示寂，世寿93岁。门人建墓塔于灵山寺左侧。

大颠祖师墓塔，也称为“舌镜塔”，今存。由钟形塔身与正八棱柱体塔座组成，全高2.8米，塔身最大直径1.8米，为覆钵式墓塔中比较古老的形制，国内罕见，现为省级文物保护单位。它见证了潮汕唐代佛教的兴盛。

四、大颠崇拜的民间叙事及其文化意蕴

大颠作为高僧，在唐代潮汕本地民众中就产生过广泛影响，并形成了大颠崇拜现象。由上揭许申《碑记》可知，据当地传说，唐末有贼人启开其塔，发现骨骼尽化，唯有舌根犹存如生。于是僧人将它埋下，号“舌冢”。宋时，当地居民又将塔打开，只见一圆镜，众人都十分惊异，于是重新叠石封好，更名为“舌镜塔”。这可以看作是大颠崇拜现象较早的叙事版本。

此后，由宋及清，有关大颠的传说层出不穷，在方志和文人笔记中也屡见记载，其在潮汕民间享有极高的声誉。大颠自罗浮山回潮，方志所见，在海丰法留山，普宁华岩（原称“严”）寺、马嘶岩，惠来龙溪、百花尖，潮阳白牛岩、灵山寺，潮州叩齿庵等都有有关大颠的传说。这从一个方面透露了大颠当年回潮时的大致路线和活动范围，有关传说内容虽然未可作史实，但透过这些传说反映出潮人的崇拜心理——高僧崇拜。相对于神人崇拜和仙人崇拜来说，高僧崇拜是最贴近历史生活真实的崇拜形式，它不宣扬死后显灵、长生不死显示仙迹等妄诞之事，而是其人在世时所表现出某些大勇、大智、大悲的品格而为人所敬仰，被夸大、被附加，并赋予一定的神性的人格崇拜，从而与中国本土原有的圣人（明君、名相、名将、名士等）崇拜相并列。大颠崇拜的母题不外有二：一是以智折服韩刺史；二是神异、济物。

其一，最出名的是潮州叩齿庵传说。叩齿庵，原名大隐庵，据说韩愈招大颠时居此。《五灯会元》中有一段韩愈与大颠的问答：

> 韩文公一日相访，问师春秋多少？师提起数珠，曰：会么？公曰：不会。师曰：昼夜一百八。公不晓，遂回。次日再来，至门前见首座，举前话问意旨如何？座扣齿三下，及见师，理前问，师亦扣齿三下，公曰：元来佛法无两般。师曰：是何道理？公曰：适来问首座亦如是。

据说正因为禅籍《五灯会元》中有此段因缘，所以后来大隐庵改名为叩齿庵，以志一代儒宗与高僧谈道之佳话，甚至出现“肖形庙壁，诬以（韩愈）折腰拜服之状”之类的

① ［日］忽滑骨快天著，朱谦之译：《中国禅宗思想史》，上海：上海古籍出版社1994年版，第190页。

绘画[①]，暗含了潮人因史上出现一位能以道折服大儒的高僧的自豪感。此传说由来已久，慧元法师则认为，"或谓'叩齿'之词系出道家，此庵或以此词为名，亦未可知"[②]，与韩愈大颠谈道无涉。明清以后，民间有关叩齿庵的传说甚至演变为：韩愈初见大颠，见大颠两颗门牙外露，相貌丑陋，不悦而去；第二天，有人送来一个纸包，里面是两颗门牙，得知那是大颠磕断的门牙时，不禁既惭愧又感佩，立即令人招见大颠[③]。此传说踵事增华，从智和勇两个方面褒扬大颠的崇高人格，而且批判了韩愈以貌取人之心。

另一隐义相同的就是有关普宁马嘶岩寺传说。普宁马嘶岩寺相传为大颠回潮时初创道场，乾隆普宁县令萧麟趾有《马嘶岩记》[④]，因清代"岩前有石桥柱，前山之阜有歇马亭。旧址石础犹存，大约皆后人因昌黎相访而为之点缀者"，相传韩愈曾到此歇马，相访大颠。但若此岩实为大颠初创道场，韩愈其时尚未贬潮，更无相访于此之事，可见此传说非实。

此两段传说有一个共同点，就是作为禅宗高僧的大颠以智慧高远的面孔出现，折服了在中国文化史上有代表性的儒家士人，显示了佛家禅宗境界的高妙。萧麟趾就曾为此下一按语："昌黎谏佛骨，及其刺潮，而与僧大颠善，且留衣焉，是必有过人者。"大颠"必有过人者"基本成为宋代以来地方士绅的共识，在众多题咏灵山寺和白牛岩等圣迹的诗歌中也表现出来。

其二，有关大颠法术、济物利生的传说有很多。上揭许申《碑记》谈到有关大颠弟子三平义忠行有毛搭飒（身面俱毛的山神，其实是钦服于三平的如"山都"、"木客"一类土著山民）相随，然后说："颠师之门人德行犹尔，况其龙象之雄，为道尊远，又何如也?"所以后世灵山寺有关大颠画像中都有两山鬼服侍；寺中有景点曰"拔木坞"，据说当年大颠创寺时，需栋梁巨木，以神力从寺井中运出，寺成后，余下的三根，直径近一米，如品字在水中[⑤]；若剔除神话，这毋宁看作大颠农禅并重、自创禅林的象征。潮阳有洪长者，信悦大颠，愿纳田大颠寺。大颠说只要他站在太阳下，纳衣袖所遮住的田地就够了，即"大颠举袖障之，袖影里得田且千亩。洪欣然曰：'是禅师袖里物也。'遂立契券，送寺中"[⑥]。这里说的是大颠法术的神奇，也反映了潮人民众对大颠的皈依和虔诚的布施。

大颠的神异之处大多与济物利生联系在一起。如"为民祈雨"，相传他过惠来龙溪（原属海丰）为乡民祈雨：

因游龙溪，遇乡人祷雨，弗应；愿自焚。众因请之，刻期雨降。后徙潮阳灵山，乡人因建庙祀之，祷多验，俗呼为祖师。至今龙溪溪西村有祖师堂存。[⑦]

与此类似的还有普宁雨堂庵：

---

① （清）蓝鼎元撰，郑焕隆编：《蓝鼎元论潮文集》，深圳：海天出版社1993年版，第85页。
② 释慧原：《潮州市佛教志·潮州开元寺志》，潮州开元寺1992年内刊本，第994页。
③ 释慧原：《潮州市佛教志·潮州开元寺志》，潮州开元寺1992年内刊本，第993页。
④ （清）萧麟趾：乾隆《普宁县志》卷10"艺文志"，潮州市地方志办公室2007年编印本，第411页。
⑤ 周光镐：《灵山纪略》，莲舟辑：《灵山正弘集》，潮阳灵山护国禅寺1993年重印本，第31页。
⑥ 郑昌时著，吴二持校注：《韩江闻见录》卷1"高僧袖里物"条，上海：上海古籍出版社1995年版，第17页。
⑦ （清）张珺美修：雍正《惠来县志》卷16，潮州市地方志办公室2007年编印本，第217页。

亦大颠道场遗址，乡人筑室一间祀大颠像。相传天亢旱，县官必诣此请雨，故名雨堂。①

为什么此庵称雨堂？这里没有说明。但估计是因为有了前者，大颠才逐渐被当作雨神了，这里既然祀奉大颠，也就称为雨堂庵。

在潮阳则有“飞桥作渡”的传说：

按故老相传，大颠初作寺时，由和平取道入山，至下淋遇江，因作飞桥以渡，皆师神力飞来，今呼其桥曰陈仙桥是也。②

正如上揭萧麟趾所说：“昌黎谏佛骨，及其刺潮，而与僧大颠善，且留衣焉，是必有过人者。潮之淄流每自诩大颠支派，凡林泉岩谷处，辄指为当日卓锡初址，皆假托之说也。”自唐代以来，潮汕各邑相继诞生了不少有关大颠的传说，不少寺院也附会为大颠创建，这些均出于一种高僧崇拜的心理。对于寺院附会为大颠创建的，我们需要认真甄别，不过，这种高僧崇拜现象也昭示了潮汕文化中佛教的深厚底蕴。

一方面，意示佛教确实是韩愈贬潮之前潮人的主流意识形态。唐宋先民来到这个远离文化政治中心、虎狼成群、蛮风瘴雨之地，在生存上是自然条件异常恶劣，在心理上是对山精鬼怪惧怕——潮民多从闽地而来，而七闽之地以信巫、尚鬼、重祀著称。面对如此艰难险恶的生存状态，先民迫切需要在生存的信念上建立一个主流意识形态，作为精神依托，并以一个精神导师式的人物来担荷。在这种境况下，宗教的优越之处就显示出来，作为修学有成、回潮弘法的大颠禅师自然就担当了这种角色。

另一方面，凸现了佛教自利利他的精神。佛家标举世间法即佛法、弘法利生的思想，大颠虽然引导徒众追求向上一路，明心见性，但在当时经济、文化仍然十分落后的潮汕，佛教徒也应该发挥其兼济天下、普利众生的精神，修行中必包含有救度众生的所作所为。其诸多神异和济物故事中就充分显示了这一点，如祈雨、造桥等，都与民众的生产、生活等最迫切需要解决的问题有关。唯其如此，方能取信于民，受到民众的普遍景仰。

韩愈与大颠交往的故事，作为文人与僧人、儒家思想与佛家思想之间碰撞与融合的典型事例，已传为不朽的文化佳话，为后人津津乐道。事实上，韩愈与大颠，在潮汕业已成为文化的象征性意象，象征了儒家和佛家的哲理与观念在潮汕文化上的和谐、互补、共存。正如饶宗颐先生总结唐代潮州文化的总体特色“儒佛交辉”那样，佛教在文化相对落后的潮汕地区，与儒家一道，起到了思想启蒙、文明化育的重要作用。

---

① （清）萧麟趾：乾隆《普宁县志》卷8“古迹”，潮州市地方志办公室2007年编印本，第366页。

② 周光镐：《灵山纪略》，莲舟辑：《灵山正弘集》，潮阳灵山护国禅寺1993年重印本，第31页。

［本章小结］

从唐代大历到贞元年间，本地高僧慧照、大颠西传禅宗南宗法脉，开法潮阳，秉承禅宗南宗单刀直入、明心见性的宗旨，建立岭南又一禅修中心，显示了山林佛教特色；其追求心灵超越解脱的精神，激励了后世无数潮汕僧人追求佛法的最高灵境；大颠与韩愈交往的故事，象征了潮汕文化的儒佛互补与交融；以儒佛交辉为主体的潮汕文化雏形开始彰显。

第三章
宋元的福德佛教

宋元时期的潮汕，处于大规模开发、经济文化腾飞的阶段，这为佛教僧人们的菩萨行实践搭建了理想的平台，民众也深受佛教福德观念的影响。

两宋是潮汕地区社会发展的繁荣时期。东汉末年以后，中国北方多次陷入战乱中，社会动荡，人心思迁，大批移民纷纷南下。永嘉之乱后，又有唐代安史之乱和宋代靖康之难。为逃避战火饥荒，每次战乱都引发集体性移民浪潮，中国政治经济重心也因此东移和南移。宋代，与广东潮汕比邻的福建、江西在经济文化上有了长足进步，后来也因人口的增长而导致耕地不足。如福建，北宋后期，“夫七闽，地狭人稠，为生艰难，非他处比”①，“泉州人稠山谷瘠，虽欲就耕无地辟”②，而江西的情况与福建相似。相比之下，一直到了南宋末年，潮汕人口密度都较低③。由是从唐五代到南宋，江西，尤其是福建莆田、泉州地区的移民迁入本区，人口大量增长，“元丰后期，潮州户数在广南东路各州中，仅次于广州而列第二位”。“从元丰至南宋嘉定（1078—1224），潮州户口又翻了一番”④；在主要来自福建的任职潮汕各府县各级官吏的努力下，潮州的经济文化取得了较大的发展。桥梁、道路、内河航运和水利等公共设施的建设，促进了农业和工商业的发展，为经济的腾飞打下了坚实的基础；商贸港口除原有潮州港外，其他如南澳港、凤岭港、鮀浦港、揭阳港等也建立起来，为本区的粮食、陶瓷、食盐等打开了外销的渠道；到了南宋后期，潮汕社会经济呈现出一片欣欣向荣的景象，成为省内人口最稠密、农工商经济繁荣的地区之一。与此相应的是，宗教文化，尤其是佛教文化也进入大发展时期，十分兴旺发达，崇佛赡僧之风盛极一时。

第一节　宋代潮汕佛教的盛况

一、福德型佛教与福建佛教的浸染

五代至北宋，潮州佛风鼎盛，出家学佛者众多，部分僧人如道匡、道隆、慧元和法宭等，受大颠精神的感召，外出参学禅宗，追求明心见性，在禅悟境界上取得极高成就，各为一方大禅师，名闻中国禅宗史册。作为追慕先贤也好，作为见证潮州佛教鼎盛时的佛风也好，没有理由不对他们加以介绍，但因他们在外地弘法，对潮汕本地鲜有影响，我们且稍后述说。

本地佛教，可以僧人的修行路径不同分为山林佛教与福德佛教两种。继唐代大颠山林佛教的余绪，部分僧人遁入桑浦山，揭阳黄岐山，潮阳东山、曾山一带，草衣木食，开岩安禅，以求见性明心。而今虽然是“昔人已乘黄鹤去”，即绝大部分僧人及其修行情况无考，但他们留下了不少形态各异的石窟寺院，成为今人游览、朝拜、追思的去处。例如，潮汕揭三市交界处的桑浦山，雍正《揭阳县志》卷1“山川”有谓：“桑浦山……有洞曰：桃源，曰：小桃源，……有岩曰：宝云，曰：白云；有寺曰：无相，曰：内观，曰：甘

---

① 廖刚：《投省论和买银札子》，《高峰文集》卷1，上海：上海古籍出版社1997年影印四库全书文渊阁本。
② 谢履：《泉南歌》，王象之：《舆地纪胜》卷100，北京：中华书局1992年影印本，第3755页。
③ 黄挺、陈占山：《潮汕史》，广州：广东人民出版社2001年版，第103～104页。
④ 庄义青：《宋代的潮州》，广州：中山大学出版社1997年版，第5～6页。

露，曰：弱水，曰：龙山；……山顶有石浮屠三，今多废。”其中所提到的如宝云岩寺、白云岩寺和甘露寺等都是开凿于两宋的岩寺，至今犹存，香火鼎盛。我们现在尚能发现的诸如潮阳曾山古寺、揭阳竺岗岩寺、佛祖岩寺等两宋时期的摩崖石刻和碑记等资料，充分反映了宋代潮汕山林佛教的盛况。

总而言之，五代至两宋潮汕佛教的总体性质是为种“福田”求“功德”的佛教——福德佛教：佛教寺院大多数建筑在都市及交通要道上，僧人掌握了宗教话语权，深入民间，以指导者的身份向庶民普及信仰观念，引导庶民进行宗教信仰、情感层次（即非智慧、性灵开发层次）上的实践，诸如布施、放生念佛、膜拜等，广拓信仰消费市场。他们由此创造了庞大的寺院经济产业，并对当时的社会文化建设做出了重大贡献。

与唐代潮汕佛教主要受到来自粤北韶关和湖南等的专主禅宗修行的山林佛教影响不同，宋代这种提倡有为功德的佛教，从其渊源来说则更多受到福建地区佛教的辐射影响。唐末五代时期，王潮、王审知兄弟入主福建，提倡和保护佛教，佛教在福建急剧发展。至两宋时寺院创建极多，“富民、翁妪倾施资产以立院宇者亡限，庆历中通至一千六百三十五所；绍兴以来，止一千五百二十三；今州籍县中，犹一千五百四十”[①]，所建寺院动辄成百上千，尤以福州地区为最；寺院经济极为庞大。学者据《淳熙三山志》统计当时福州各县寺院所占田亩数量，得出的结论非常惊人，寺院所占田占总数的17.2%，园林、山地、池塘、陂堰占总数25%；其中侯官县水田占田比例高达33.7%，闽县旱地占一半以上，侯官县占62%[②]。这些寺院田地除部分为五代王氏政权布施外，大部分为当地富民、翁妪等信佛民众所施，没有极为浓厚的崇佛氛围是不可想象的。

两宋以来，伴随着福建地区移民占籍潮汕的浪潮，来自于福建的僧人及其浓厚的崇佛思潮，也深刻影响着潮汕佛教的面貌。我们可以举一些典型事例来加以说明。如来潮主持潮州净慧寺和灵山寺的觉然[③]及修建潮阳和平桥的大峰，他们一个来自闽西南的临汀，一个来自闽南的泉州，均是对潮汕佛教深有影响的人物。觉然来自临汀集福岩，“戒珠四国，山行结成，灵台本空，前尘俱泯”。北宋景祐年间（1034—1037），觉然被潮州郡守骆某委派为灵山寺住持，上任后大兴土木，重修灵山寺，潮汕禅宗一度得到重兴，但不久又告沉寂；而崇尚福德型佛教的大峰祖师，则为潮汕福德佛教添上了浓墨重彩的一笔，影响深远。两宋潮汕寺院大创建，但创建者僧俗两界具体为何许人绝大多数已无考，合理推断有相当部分是福建移民及其后代。例如，揭阳黄岐山中有“竺岗上界路”的题字，其下款有“本州郑国谕宅孺人潘氏舍竺岗上界路、咸淳壬申腊月望日僧慧圆志、泉州苏通判宅安人王氏砌”的字样，就透露了一些信息；而入主的僧人当中也必有不少来自福建。佛教护法檀越当中，最著名的就数占籍潮汕的福州人林绍坚了。南宋开禧元年（1205），落籍潮州的福州人林绍坚一次施田6 748亩入开元寺，这是潮汕佛教史所见最大的一宗施田；其后林绍坚、孙林、洪毅建少林寺，也施田466余亩；林氏家族大量施田作为福建移民崇佛赡

---

① （宋）梁克家：《淳熙三山志》卷33“寺观类”，《文渊阁四库全书》（第484册），上海：上海古籍出版社1987年版，第481页。

② 游彪：《宋代寺院经济史稿》，保定：河北大学出版社2003年版，第110页。

③ 许申：《敕赐灵山开善禅院碑记》，黄挺、马明达主编：《潮汕金石文征》，广州：广东人民出版社1999年版，第20页。

僧的代表，就可知福建佛风如何影响潮汕了。另外，在现存石刻资料中频频出现反映佛教有为功德观念，倡导、劝进他人行善布施的“劝首”，这一新词语也来自福建闽南地区，这一词语及其所反映的观念、行为等，在下文将有所揭示。

两宋时以山林佛教为代表的禅宗修行在福建也同样兴盛，禅宗高僧层出不穷，但对潮汕地区影响不甚显著，很少有福建禅宗高僧到此传禅弘法，这主要与潮汕地理位置偏僻有关；相反，福德型、民俗型佛教则随移民占籍潮汕，在民众宗教信仰上大行其道，因此，在宋代，潮汕虽有部分僧人草衣木食、岩居穴宿的山林佛教，但总体而言，呈现一派福德型佛教为主的特色。

二、寺院创建及其分布

据于对佛教的一贯成见，现存有关宋代历史的方志及典籍对佛教史实的记载尽量从简甚至失载；而永乐大典“潮州府”三卷中刚好缺佚了寺观部分的一卷，使我们无从完整地了解两宋时潮州佛教的盛况，但只要是有心人，在阅读有关潮州宋代的史料时，透过有关佛教的零散片断的记载，都会产生一种真切感受——宋代潮州佛教十分兴旺。

举一两个例子，让我们略微复原那个时代，欣赏一下当年那旺盛的寺院香火吧。

宋代的潮州西湖山，既是人们的游览胜地，也是寺院林立的的宗教胜地。宋代描写潮州西湖的诗篇，几乎都写到了寺院，如北宋潮州通判陈尧佐《游西湖》中的“疏烟鱼艇远，斜日寺楼闲”、知州薛利和《西湖亭》中的“雪鸥卧听禅僧磬，锦鲤行惊钓客船”、南宋知州林嘌《西湖山》中的“落日钟声凭远树，半空塔影倒寒江”，如此等等，宏伟的寺院、高大的佛塔、此起彼伏的钟磬声，西湖山的这一大景观特色，耸动着诗人的耳目，鼓摇起诗人的诗笔；而游记作家王象之描述的西湖更是简洁鲜明：

湖山，与韩山对。山之麓，寺观错立。①

如今一小山丘似的潮州西湖山，在当时，却是山上山下寺观错落林立，不知凡几。到1924年饶锷先生编纂《西湖山志》时，通过实地调查和文献记载，寺、观、祠庙、古迹可考为宋建者仅有两座——寿安岩和止水寺，其余几十座或无考或为宋代以后的建筑。沧海桑田，兴兴废废，大部分宋代寺院已湮没于历史的尘埃中了！

还有一条有意思的资料：

（治平四年）九月二十七，广南经略安抚司言：潮州地大震，圻裂泉涌，压覆两县寺观，居民舍屋，并本州楼阁营房等，士民军兵、僧道死者甚众。……②

这是广南路官府向中央所作的灾情报告。这份报告说到潮州因地震而引起房屋倒塌，其中寺观建筑排在最前面；而死者中也特意把僧道与军民并列。这固然说明了寺院的损失

---

① 王象之：《舆地纪胜》卷100“潮州·景物上”，北京：中华书局1992年影印本。

② （清）徐松辑：《宋会要辑稿·瑞异》卷3之34，北京：中华书局1957年版。

惨重，却也同时透露出当时寺观之多、建筑之高、僧道人数之众。

以上潮州西湖山宋代寺观的例子给我们提了个醒，即无论我们如何搜求资料及田野调查，总还有不少宋建寺院佚出我们掌握之内。作为科学研究，我们却只能“看菜吃饭”，根据所能掌握的资料进行力所能及的分析和得出尽量接近真相的结论。笔者十多年前曾写有《潮汕宋代佛寺考略》一文①，对两宋所创设的寺院数量、地点、时间等作了初步的考察和统计。其后黄挺写出《宋代潮州佛教金石资料丛考》② 及专著《潮汕金石文征》，庄万翔又对潮州市（不包括饶平县）的宋建寺观作了进一步考察③，近年陈嘉顺、孙杜平也新发现一些宋建寺院④。对此，我们有必要合并起来重新审察。

在《潮汕宋代佛寺考略》一文中，笔者以阮元《广东通志》卷230“古迹略十五·寺观·潮州府”为主，参考其他有关的潮汕府县各志、今人的考古资料和研究成果进行综合考察，并仍依阮元《广东通志》的体例，以潮州清代政区来开列宋建寺院。其中创建年代不明南北宋者为“未详”，一些资料有歧见的则略加考释。

（一）一般寺院创建

1. 海阳县

表1　海阳县一般寺院创建情况

序号	寺名	创建时间	资料来源
1	甘露寺	淳化四年（993）	黄挺：《宋代潮州佛教金石资料丛考》，《人海灯》1997年第3期。
2	凤栖寺（别峰寺、天湖寺）	咸平二年（999）前	潮州通判陈尧佐有题咏《游凤栖寺》诗（《永乐大典》卷5345“题咏”）。按：明嘉靖《潮州府志》卷5“宋通判”载，“陈尧佐，字希元，阆州人，咸平二年任。开封府推官，以言事切直，贬通判”。
3	寿安寺（净慧寺）	大中祥符五年（1012）前	许申《重修灵山开善禅院碑记》：“师觉然……居其郡南集福岩……杖锡游于潮，栖止净慧院……爰从佥命，来居此山，……祥符五年，圣恩赐新译成经二百八十卷”，这说明觉然此僧本居潮州西湖山净慧院，于祥符五年后居潮阳灵山寺。
4	梢水庵	治平年间（1064—1067）	明戴璟嘉靖《广东通志》卷36“寺观附·潮州府”初稿，1946年晒印本。
5	善福古寺	绍圣四年（1097）	《彩塘镇志·文化篇·文物古迹》

① 郑群辉：《潮汕宋代佛寺考略》，《汕头》1999年第4期。

② 黄挺：《宋代潮州佛教金石资料丛考》，《人海灯》1997年第3期。

③ 庄万翔：《潮州寺庵摭拾（二）》，《人海灯》2005年第3期。

④ 陈嘉顺、孙杜平：《〈潮汕金石文征·宋元卷〉补遗》，《地域文化的构造与播迁：第八届潮学国际研讨会论文集》，2009年。

（续上表）

序号	寺名	创建时间	资料来源
6	宋寺	政和丙申（1116）	现存于金石塔下村，见于《石井圈刻字》。
7	华岩寺	大观初年（1107）	在金石塔下村。明戴璟嘉靖《广东通志》卷36“仙释·观附·潮州府”；《金石镇志》下册“附录·塔下村”载：“村西北侧有宋代古华严寺遗址。”
8	净乐寺	政和年之前	政和大铜钟铭文（现存于开元寺大殿）
9	隆庆寺	北宋	《永乐大典》潮州府“文章”之莫俦《隆庆寺一真轩记》
10	地藏院	绍兴二年（1132）	嘉靖《潮州府志》卷8“寺观”
11	观音净土堂	绍兴三年（1133）	嘉靖《潮州府志》卷8“寺观”
12	资福禅院	绍兴四年（1134）	光绪《县志·金石略一·马王庙钟款》
13	光孝寺	绍兴九年（1139）	《潮州开元寺法堂记》
14	三山宝庆寺	绍兴二十七年（1157）	嘉靖《潮州府志》卷8“寺观”
15	宝福院	绍兴年间（1131—1162）	《广东通志·寺观》
16	松溪堂	绍兴年间（1131—1162）	嘉靖《潮州府志》卷8“寺观”
17	会通寺	乾道年间（1165—1173）	《广东通志·寺观》
18	见思庵	庆元二年（1196）	《永乐大典·潮一·桥道》
19	佚名庵	庆元三年（1197）	《永乐大典·潮一·公署·养济院》
20	西岩寺	嘉定十年（1217）	《彩塘镇志》“大事记”及“文化篇·文化古迹”
21	佚名兰若	嘉定十一年（1218）	《潮汕金石文征·嘉定石井栏刻字》
22	济川庵	宝祐二年（1254）	《永乐大典·潮一·公署·铺驿》

（续上表）

序号	寺名	创建时间	资料来源
23	圆昭寺	咸淳初年（1265）	《广东通志·寺观》
24	少林寺	南宋	《乾隆府志》卷三“侨寓·林绍坚”
25	丰田寺	不详	《凤塘镇志·文物古迹》
26	宁波寺	不详	清杨钟岳《重建宁波寺碑记》：“宋兴，有相国公尧佐至，循其（即宁波寺）旧制而一新之。”（饶宗颐《广济桥志·石刻》）
27	灵和寺	不详	光绪《海阳县志》卷27“古迹略二·寺观”
28	弥勒寺	不详	《永乐大典·潮一·城图》
29	塔院	不详	《永乐大典·潮一·古迹》
30	圆通阁	不详	元迷失弥迩《圆通阁记》，《永乐大典·潮一·文章》
31	宝寿寺	不详	《广东通志·寺观》
32	君山庵	不详	《永乐大典·潮一·城图》
33	万寿庵	不详	《永乐大典·潮一·城图》
34	佚名庵	不详	《陈桥管理志·文物古迹》
35	白云岩（宝庆寺）	宝庆三年丁亥（1227）	《庵埠镇志》“文化篇”第三篇“文物·胜迹”：白云岩，在薛陇虎尾山中。……巨石上摹刻阴文“白云岩”三字。每字60厘米见方，旁署“宋宝庆三年五月□日进士薛洪鼎书”。同书“社会篇”第四章：宝庆寺，《海阳县志》记载：钟离山麓有宝庆寺，旁有石室祀文昌。寺即白云岩庵。白云岩为薛洪鼎宝庆三年藏修于此，山麓有宝庆寺，即白云岩庵，寺既称“宝庆”，当为宋薛洪鼎或其后人纪念先祖所创。
36	止水庵	淳祐年间（1241—1252）	知军州事刘希仁在西湖山建（饶锷《潮州西湖山志》卷4“古迹”）

2. 潮阳县

表 2 潮阳县一般寺院创建情况

序号	寺名	创建时间	资料来源
1	石塔寺	大中祥符初年（1008）	隆庆《潮阳县志》卷 10：建隆三年始作小庵，砌二石塔，因以为名。至祥符初乃造佛堂，后毁。故以祥符初年为建寺时间，乾隆府志光绪县志也作大中祥符建。
2	胜恩院	大中祥符年间（1008—1016）	隆庆《潮阳县志》卷 10
3	五畈寺	天圣二年（1024）	周淑珍主编：《汕头佛教》，香港：天马出版社 2009 年版，第 230 页。
4	治平寺	治平元年（1064）	隆庆《潮阳县志》卷 10
5	曾山古寺（宝峰岩）	绍圣二年（1095）	曾山古寺在宋代称为宝峰岩，寺外存有石刻《宝峰岩都缘赵若翁舍田入岩记》；寺内有石窟，石壁有不同年代的题刻，其中有“绍圣乙亥开”。
6	资福寺	大观三年（1109）	隆庆县志作大观十年（1116），僧宝月创。
7	三峰寺	政和年间（1111—1117）	《光绪县志》卷 8
8	罗汉院	政和年间（1111—1117）	隆庆县志作“宋绍兴间（1131—1162）僧隐林建”，实为政和年以前创。据张维、姚奇丰《潮阳石刻》，第 6 页。
9	报德堂	绍兴年间（1131—1162）	隆庆《潮阳县志》卷 10
10	灵泉古寺	宣和二年（1120）	张维、姚奇丰《潮阳石刻》
11	东岩卓锡寺	绍兴年间（1131—1162）	朱汉城《潮阳文物志·古建筑·岩胜、寺观、庙宇》，第 446 页。

（续上表）

序号	寺名	创建时间	资料来源
12	云泉院	嘉定年间（1208—1224）	隆庆《潮阳县志》卷10，行脚僧云林建。
13	灵泉院	庆元年间（1195—1200）	隆庆《潮阳县志》卷10
14	光华庵	嘉定年间（1208—1224）	同上，僧老泉建。
15	千佛塔堂（宝光寺）	咸淳二年（1266）	同上，道人赵汝篪创。
16	长生院	咸淳六年（1270）	同上，僧来暹建。
17	东岩金顶寺	南宋	朱汉城《潮阳文物志·古建筑·岩胜、寺观、庙宇》，第446页。

3. 揭阳县

表3 揭阳县一般寺院创建情况

序号	寺名	创建时间	资料来源
1	佛祖岩寺	宣和三年（1121）	黄挺、马明达《潮汕金石文征》，第77页。
2	双峰寺	绍兴十年（1140）	雍正《揭阳县志》卷8，僧法山创。
3	宁福寺	乾道年以前	《永乐大典·潮州府·营寨》
4	竺岗岩寺	咸淳八年（1272）	黄挺、马明达《潮汕金石文征》，第213页。
5	罗寨庵	不详	乾隆《潮州府志》卷15“寺观”
6	飞钟池寺	宋建	张宗仪、张秀清《揭阳文物志》，第71页。
7	寺灵庵	北宋	揭阳市《梅云镇志》，第349页。
8	福田寺	绍兴年间（1131—1162）	揭阳市《梅云镇志》引乾隆三十二年《重建福田寺碑记》，同上。
9	元埔长寿寺	绍兴十年后	郭锦明等《揭阳县白塔区志》，第145页。

4. 饶平县

表 4 饶平县一般寺院创建情况

序号	寺名	创建时间	资料来源
1	龙潭寺	咸淳初年（1265）	康熙《饶平县志·寺院》
2	林姜寺	南宋	《永乐大典·潮一·公署·铺驿》
3	柘林寺	不详	《饶平名寺录》“白雀寺”条陈天资《东里志》：“宋时原有茅山庵，毁，遂于北面再建柘林寺”，第 43 页。
4	云盖寺	不详	康熙《澄海县志》卷 18 作南宋时建。
5	大井庵	不详	据陈嘉顺、孙杜平：《〈潮汕金石文征·宋元卷〉补遗》，《地域文化的构造与播迁：第八届潮学国际研讨会论文集》，2009 年。

5. 澄海县

表 5 澄海县一般寺院创建情况

序号	寺名	创建时间	资料来源
1	三娘寺	北宋	蔡英豪《澄海文物志》，第 61 页。
2	塔山寺	绍兴三年（1133）	康熙《澄海县志》卷 18“寺观”
3	龙潭寺	绍兴十七年（1147）	同上，僧明辨建。
4	平峰寺	庆元以前	《永乐大典·潮一·公署·养济院》
5	董山寺	不详	《永乐大典·潮一·祠庙》

6. 普宁县

表 6 普宁县一般寺院创建情况

序号	寺名	创建时间	资料来源
1	馨香寺	景定四年（1263）	林俊聪《潮汕庵寺》
2	华岩寺	不详	洪阳镇洪山，乾隆府志卷 16“山川”作华严寺。

注：表 1 至表 6 中的数据综合了上面所提到的黄挺、庄万翔、陈嘉顺、孙杜平等诸位学者的研究成果，在此谨表谢意。

表7　两宋新建寺院综合研究结果

	北宋	南宋	不详	总计
海阳	10	16	10	36
潮阳	8	9		17
揭阳	1	6	2	9
饶平		2	3	5
澄海	1	3	1	5
普宁	1		1	2
惠来				
总计	21	36	17	74

（二）驿庵创建

驿庵全部创建于南宋。根据《永乐大典》卷5343、卷5345“潮州府·公署”重新加以统计，南宋自知州张用成于绍熙二年（1191）在潮阳县境内创立光华三庵开始，至宝祐二年（1254）知州陈炜建济川庵止，60多年间共创建驿庵17座以上。

据表7及南宋驿庵数据，初步结论为：

（1）宋建寺院为74座，加上驿庵17座，共91座。与唐建寺院8座相比，为其10倍以上，仅此一端也可以反映出唐宋潮州的经济、人口发展的巨大差距。

（2）从寺院创建的时代来说，与当时的经济、政治因素密切相关。创于北宋的21座寺院中，年代最早的是建于大中祥符年间的胜恩院，大部分为北宋中后期所建；创于南宋36座，创始年代不明南北宋者17座，可见潮汕佛寺建设大兴于北宋中后期，至南宋达到高峰，南宋创建的寺院远多于北宋。这说明宋代潮汕寺院创建是随着本地区经济发展水平的发展而发展的。

又，明确载明创建时间为政和、宣和年间的驿庵只有4座，而明确载明创建于绍兴年间的就有14座，这与南宋高宗改北宋徽宗排佛政策为复兴政策有关，这也说明地方宗教的兴衰与政治背景的影响紧密相连。

（3）从寺院创建的地域来说，新创寺院分布大部分集中在海阳和潮阳两县，分别为36座和17座，这也与当时潮汕各地的政治经济发展水平成正比。

（4）17座驿庵均为南宋所建。这与南宋偏安江南，努力发展岭南经济，大力整治和建设路政以确保交通畅通的举措有关。

（5）新建寺院数加上驿庵数共91座。再加上此前已有的唐五代寺院9座（即前揭唐代7座及五代建的资福寺、灵聚庵①），即为100座。也就是说，在今天潮汕三市这狭小的区域里，当时起码有百座以上的寺院在运作，佛教香火之盛，令人叹为观止！

随着研究的深入，更多的新资料被发现，相信这个数据还会有所增加。

两宋共新建寺院74座（不包括驿庵），这个数字能说明什么问题呢？我们试拿它与福

① （清）王岱：康熙《澄海县志》卷18“寺观”，潮州市地方志办公室2004年编印本，第155页。

建佛教寺院相比较。陈支平《福建宗教史》一书中，据明代《八闽通志》及其他地方志书统计出福建各地宋代新建寺院情况如表8①。

表8　福建各地宋代新建寺院情况

地区	邵武	福州	泉州	漳州	福宁	兴化	建宁	汀州	延平	总数
寺数	103	614	48	19	33	49	201	50	48	1 165

福建自唐代以后佛教十分发达，在五代至宋代更达到一个高峰。五代时王氏父子据闽四十年间，大力倡导和扶持佛教，热衷建寺造塔、塑像写经、广度僧人。宋代福建佛教在五代繁荣兴盛的基础上迅速膨胀，达到极盛，成为全国佛教的中心地区之一，寺院之多居全国之冠。闽西的汀州，据《临汀志》记载“邦人信佛笃，于是自创庵，尤不可殚记”②。福建的寺院之多，令时人感慨，有“闽中塔庙之盛，甲于天下”③之说。宋人吴潜曾道：“寺院所在不同，湖南不如江西，江西不如两浙，两浙不如闽中。”④表8的数字自然是不完全统计，例如，正如作者所说“《八闽通志》对泉州、漳州二府的寺庙记载不全面”，何绵山对宋代泉、漳二府新建寺院曾作过补充，分别为78座和27座⑤。考虑到本书并未包括宋代潮州府政区中现在已从属于梅州市各县的寺院数，那么从表中我们可以了解到，宋代福建寺院最盛者为闽东、闽北的福州府、邵武府、建宁府等地，潮州府固然无法与之相比；但可与泉州、汀州相媲美，并高于闽南漳州、闽西延平等地的平均寺院数。所以说，这个数量也是非常可观的。

三、僧尼数量

对历代的潮汕区域来说，因为资料上的欠缺，僧尼数量问题往往比寺庙数量问题更加难以统计。这方面的研究，我们除介绍其中一个现成的个案，部分地说明这个问题外，在下文谈到寺院经济时再补充论证，至于全区僧尼到底有多少，这是无法准确统计的。

一个寺院的僧尼数量，一般与其建筑面积大小和经济状况成正比。我们把当时的寺院分为大寺院、中等寺院和小寺院三类，其中小寺院占多数。大寺院如开元寺、南山寺（广法寺）、灵山寺，其僧人数量估计在100~300人（论证详后），中等寺院人数在30~100人，小寺院则在30人以下。其中中等寺院有一个现成个案，就是静乐禅院。现存开元寺大殿内的政和大铜钟，是当时静乐禅院募铸的，钟面刻有寺僧、善信的名字。其中出家僧人共37人，如果无误的话，这该是本寺僧人的总数。静乐禅院在当时潮汕寺院中并不很有名，但其僧人竟也有三十多人，所以我们推测这类中等寺院应该还有不少。如海阳县的资福禅院、光孝寺、董山院、龙潭寺，潮阳县的治平寺、千佛塔堂，揭阳县的双峰寺、宁福院等。

① 陈支平主编：《福建宗教史》，福州：福建教育出版社1996年版，第196页。
② 《永乐大典》卷7892引《临汀志》。
③ 黄干：《处士唐君焕文行状》，《勉斋集》卷37。
④ 吴潜：《奏论计亩官会一贯有九害》，《许国公奏议》卷2。
⑤ 何绵山：《佛教在福建》，《人海灯》1996年第2期。

四、寺院经济

宋代，潮汕不仅寺院众多，而且多数寺院尤其是大中型寺院都十分富有。其经济来源一般有田租、捐施、店铺出租、功德钱和做佛事。

首先是寺田。寺院田产来源途径主要有四：官民施田、皇帝赐田、历代僧人购置以及兼并废寺所属的田地。对于宋代寺院来说，第一项显得尤为紧要。宋代佛教提倡有为功德，在因果报应、福德思想的影响下，宰官、民众纷纷布施入寺，直接刺激了寺院物质经济的巨额增长。施田入寺，唐代潮汕已开此风气，至宋更甚。最典型的是，南宋朝开禧元年（1205），落籍潮州的福州人林绍坚一次施田 6 748 亩入开元寺赡僧祝圣，这是潮汕佛教史上所见最大的一宗施田；此项施田，与元代余英 1 300 多亩施田加在一起，就达 8 000 多亩，使开元寺成为潮汕地区最大地主。自宋代至明代中叶，开元寺寺院经济之富裕程度令人咋舌，在广东全省佛教寺院当中也是名列前茅。时潮州郡守赵思会奏闻朝廷，朝廷旨敕开元寺建祠祭祀。

林绍坚，字民望，原籍福州，宋绍兴甲戌进士，拜侍御史，历官银青光禄大夫。后移家来潮，置田 9 000 余亩，将其中 6 700 多亩施入开元寺。林绍坚也因此成为潮汕史上最大佛教檀越。①

其后林绍坚之孙林洪毅建少林寺，施田 466 余亩；又乾隆《潮州府志·寺观》中，所录宋代寺院如潮阳宝光寺，有邑人吴颜施田 460 亩；治平寺有邑人刘世荣施田 900 余亩；澄海龙潭寺田为邑人陈双桂、蔡丰湖所施，到明嘉靖年间尚有 475 亩②；揭阳双峰寺宋时有僧田 1 000 亩，“系海阳县龙溪都陈虞纯五世祖陈石璧施舍”③。

虽然我们无法完全了解宋代各个寺院接受信众施田的准确数目，但有一点可以确定，几乎每个寺院都有接受或多或少的施田，这些施田构成了寺院经济的重要组成部分，甚至成为寺院经济的支柱。寺田的多寡是衡量寺院大小的重要指标，这些拥有寺田数百亩以上的无一不是中等以上的寺院。

其次是捐款、捐物。如果说施田须有相当的经济能力才能实施的话，那么捐款捐物则是不论贫富，均可作为的，大到捐修寺院，小到捐佛像供养，在当时是非常普遍的。

开元寺与灵山寺在宋代都进行过大修，北宋康定年间（1040—1041），开元寺住持兼潮州僧正官的畅师本来只打算维修罗汉殿，不想捐款者“响者如应”，后来所捐款项大大超过所需之资，所以就来了个大规模维修；灵山寺则在北宋大中祥符五年（1012）由住持觉然主持维修，从房舍、佛殿、佛像到围墙，彻底翻修，所需款项也是远近信众踊跃捐输、“咸乐其事”的；又如绍兴四年（1134），潮阳善信范妙悟一次就舍钱百万，合其他信众捐钱三百万铸成资福禅院大铜钟；开元寺大殿石栏、丹墀、四角四座阿育王塔，天王殿和地藏阁等殿内巨型石柱等，多有诸如“×××舍钱××贯足，祈超生界（或乞平安）”之类特具宋代风格的刻字，至今犹存。这方面的资料非常丰富，也无须繁引。

---

① （清）张士琏：雍正《海阳县志》卷 7“人集人物·林绍坚”，潮州市志办公室 2002 年编印本。

② 嘉靖《潮州府志》卷 8“寺观”条与康熙《澄海县志》卷 18“寺观·龙潭寺”条。

③ （清）陈树芝：雍正《揭阳县志》卷 3“寺租”，潮州市地方志办公室 2003 年编印本，第 144 页。

由此我们可以想见，宋代那种浓厚的布施积德之风，造就了寺院物质经济的富有！据庆历三年（1043）《开元寺重修大殿记》载，“凡五百楹，为一郡之表”，咸淳五年（1269）林希逸《潮州开元寺法堂记》又载，“寺始甚雄，中有子院三十六”，那么，作为潮汕府首刹，开元寺规模之宏大、僧人众多、经济状况之良好是可以想象到的。房舍“凡五百楹”透露了其僧人人数肯定超过100人。而据许申《敕赐灵山开善禅院记》，景祐元年（1034）新修后的灵山寺“肯去支梧之宇，而俪之以精庐；革其黝晦之象，而饰之以金光。缭垣四百丈，周室百余间”，从其“周室百余间”来看，人数也应超过100人。广法寺为唐代古寺，其在开元年间就有大笔施田，经济状况不错，宣和元年（1119），诏天下建神霄宫，“州郡禅费，多以巨刹易其额”①，潮州即以广法寺改之。道教“宫”比“观”的等级高，看来广法寺有可能是仅次于开元寺的巨刹，不然没有那么“幸运”。由此我们推测，开元寺、灵山寺和广法寺这三座寺院，僧人应该都在100人以上。

潮州中等寺院的香火也十分兴旺。上面提到的资福禅院募铸的大铜钟，现挂于潮州东门城楼上，其规格比静乐禅院政和大铜钟更大一些，相信其寺院规模、人数比静乐禅院更有过之。光孝寺也是一座名刹，在南宋有一段时间因开元寺法堂被毁，祝圣之礼移于光孝寺，如果光孝寺不具有中等规模以上的话，恐怕是不能容纳参加祝祷活动那众多“行郡之簪缨、缁黄”② 的。董山寺，宝祐六年（1258）知州林光世调拨董山寺部分田租作为州学中的习乐生开支、廪食费用③，说明董山寺的经济状况也非同一般。

除官民信徒施田捐钱物外，有资料表明寺院及其僧徒也参与商业经济活动，以壮大寺院经济收入。如果一些寺院广有房舍，又地处都市、交通要道的话，就有可能出租为店铺，收取租金。如史载“开元寺等处房廊地租钱”④ 就透露了这方面的信息，又如南宋淳祐三年（1243），韩山书院在所购买的田产中的一项，就是“买僧有惠溪东田一石八斗，税钱一十贯足”⑤，这说明僧人不仅拥有私有田产，而且还自由买卖。虽然保存的资料甚少，却也能见出寺院僧人从事经济活动，在当时或也活跃。

从历史上看，北宋中后期至南宋是潮汕社会文化构建的最重要时期。随着本地区人口的持续增长和经济的巨大发展，无论是从寺院数量的增加、寺院经济的发达还是从僧尼数量的增长上，佛教的发展状况都与这一时期经济文化的发展成正比。

---

① 志磐：《佛祖统记》卷46，《大正藏》史传部1，第421页。

② 林希逸：《潮州开元寺法堂记》，《竹溪鬳斋十一稿续集》卷11，《四库全书存目丛书》，济南：齐鲁书社1997年版，第669页。

③ （明）解缙等编撰：《永乐大典》卷5343引《三阳志·祠庙》，潮州市地方志办公室·韩山师范学院图书馆2000年编印本，第86页。

④ （明）解缙等编撰：《永乐大典》卷5343引《三阳志·祠庙》，潮州市地方志办公室·韩山师范学院图书馆2000年编印本，第78页。

⑤ （明）解缙等编撰：《永乐大典》卷5343引《三阳志·祠庙》，潮州市地方志办公室·韩山师范学院图书馆2000年编印本，第91页。

第二节　宋代潮汕佛教的基本特点

日本学者把唐末以后的中国佛教史称为“近世佛教史”（牧田谛亮语），不过唐末五代为时甚短，真正形成中国世俗化特色佛教的时间应由宋代开始。日本研究宋代佛教史的权威高雄义坚认为，中国近世佛教的开始是由唐以前以哲理本位的学问佛教转换成实践佛教，最终成为中国独特的民众佛教①。纵观兴盛的潮汕宋代佛教，正是在实践的、民众化的层面上展开的。具体表现为：一方面，在官府的认可和利用下，佛教由偏于出世的面目变为积极入世，因果报应观念深入人心，大力提倡有为功德，满足信众“精神消费”的需求，由此创造出庞大的佛教经济、文化产业；另一方面，佛教在成为社会经济文化上的“创收大户”的同时，又反过来促进了社会经济文化的持续发展，形成了佛教与社会经济文化密切的互动关系。

一、都市佛教

寺院的兴衰成败受到众多因素的制约，如政治的影响、地理环境的作用、僧侣的能动因素以及宗教氛围的浓淡等，但佛教作为一种上层建筑，受经济基础的制约是最根本的因素。所以，一般而言，社会经济愈是发达的地区，寺庙就愈多愈大，宗教活动开展得愈好；反之，经济欠发达地区的佛教寺院则相对少些，宗教活动少些。宋朝人田锡所说的“民有余财方能施佛，财众有羡利方能植福”②，道出了这个朴素的道理。唐代的潮州，是南方最荒僻的州郡之一，人口稀少，经济发展迟缓，作为都市佛教的福德佛教因受到经济因素的制约尚未充分发展起来，故而寂寂无闻。进入宋代，情况就大为改观。随着宋代潮汕城市的逐步繁荣，城乡手工业和商业的发展，逐步密切了寺院经济同世俗化社会的联系。于是，新寺院主要创建在人口稠密的城市、集市、村落以及主要的交通要道上，显示了都市佛教的特质。

在上揭的宋代74座新建寺院中，有47座建在城市、市镇和交通要道上，占全部新建寺院的63.5%。其中，28座建在州治或县治中，18座以上建于较大的市集、乡镇上，如海阳县今属庵埠的灵和寺、云步的少林寺、观音净土堂、彩塘的善福古寺、凤塘的丰田寺、古巷的松溪堂、三山宝庆寺、金石的佚名寺，今属澄海境内的龙潭寺、董山寺、平峰寺，潮阳县沙陇镇的五皈寺等；至于潮阳的报德堂、饶平林姜寺、云盖寺和茅山庵（柘林寺）则建于交通要道或港口附近。南宋17座驿庵全部建在交通要道上。由此可见，除部分寺址无考的寺院外，大部分寺院都建在城市及交通要道等人烟密集的地方。这与唐代那种以崇尚避世、自修自悟为主的山林佛教大相异趣。

然而，称为都市佛教，不仅在其寺院设置的地理位置，更重要的是它的思想精神是积

---

① ［日］高雄义坚：《宋代佛教史研究·绪论》，《宋代佛教史研究·中国佛教史论集》（第47册），台北：华宇出版社1987年版，第12页。

② 田锡：《镇州龙兴寺铸像修阁碑》，（清）王昶辑：《金石萃编》卷125，北京：中国书店1985年版。

极入世的、世俗的，可与民众打成一片。这种思想精神成为民众精神生活乃至日常生活中的重要组成部分，这也即高雄义坚所谓的“民众佛教”。

二、福德报应观念的普及与强化

如果说唐代潮汕佛教是因为惠照、大颠带来了禅宗南宗薪火而陡然生色的话，那么，宋代佛教则走出了禅堂、山门，步入市井、民众，极力去迎合一般信徒的宗教情愫，表现出更多的现实人文关怀。从表面上看，潮汕宋代时所建的一些寺院仍挂着“禅院”匾额，这不过是徒有其表罢了，那种以自身力量追求禅悟、见性明心而达到解脱与清净的禅骨禅髓却流失了——宋代潮汕本地再未出现深有证悟的大师级禅师，就足以证明了这一点。从出家众到在家众，所言所行无非诵经、斋会、造像、放生、布施等有为事象，追求获取现实利益的有为功德，作为苦难人生中的精神寄托。这就导致了福德报应观念的普及与强化。

从僧人方面来说，僧人常常向信众灌输因果报应、福田功德思想，以期启发和加强信众的信仰心理。即所谓“瞿昙以祸福渺茫之说，恐动流俗”[①]，这从北宋潮州僧界最高领导——僧正官“畅师……又以金仙氏福报性学之说开导后人”[②]，即可窥见当时潮汕佛风之一斑。从俗家信众方面来说，则是虔诚信受“种福田”观念。所谓“种福田”，即社会大众对修行者的精进道业持肯定态度，相信他们的修行可为社会大众解脱人生痛苦，自己对其所作的财物布施等也可以从中增长相应功德。这种教说从佛教传入中国以后就开始流行，到宋代已经变成了与因果报应思想相互联系的最为典型的佛教思想，布施成为信众最为普遍的佛教实践行为。作为在家人，认为向寺院、僧人包括社会、他人作财物布施，捐输钱物、土地等，就可以增长功德，可以使自己在世时平安顺利，临终时可以借之超生净土、天界；功德甚至可以“转让”给他人，使在生的亲友平安、死去的亲友得以超生，如此等等。

以下着重分析两个个案，以见佛教是如何深入宋代潮汕民心的。

（一）刘氏子孙捐佛像分析

北宋神宗时，潮州刘氏一家，自治平三年（1066）至熙宁二年（1069）四年间三人（刘扶之母李氏、父刘用、刘扶本人）先后辞世，每死一人家人就雇请笔架山窑工匠周明塑造两尊释迦牟尼佛像供养，以祈生者平安、死者超生，一共塑了六尊。每一尊佛像座都刻有铭文，文繁不全引，姑录其中两篇铭文并加说明。从其时间先后次序看，第一尊铭文为：

潮州水东中窑甲弟子刘用同男扶、新妇陈氏十五娘，共发心塑造释迦牟尼像，永充供养。乞保合家人口平安。扶荐亡妣李氏一娘，乞超生界。治平三年丙午岁次九月三日。匠人周明。

---

① 陈余庆：《重修州学记》，（明）解缙等编撰：《永乐大典》卷5345，潮州市地方志办公室·韩山师范学院图书馆2000年编印本，第146页。

② 余靖：《开元寺记》，（清）吴颖编撰：顺治《潮州府志》卷12“古今文章·文部上”，广州：广东人民出版社1996年版。

最后一尊铭文为：

潮州水东中窑甲弟子刘文育，同妻陈三娘发心塑造释迦牟尼佛散施，永充供养。奉为亡考刘第七郎早超生界，延愿合家男女乞保平安。熙宁二年己酉岁八月十五日题。匠人周明。

第一尊说明死者是刘扶之母、刘用之妻，最后一尊说明死者是刘扶自己，就轮到其子刘文育（刘育）为其塑像供养了。这六尊佛像有四件至今仍完好，分别保存于中国历史博物馆和广东省博物馆。后两尊残件为近年所发现，铭文自残件录出①。这一个案，十分典型地反映了宋代潮民种福田做功德的观念。

（二）“劝首”分析

在这种强调福德报应、乐善好施的社会氛围中，还出现了一种专门倡导、劝进他人行善布施的带头人——“劝首”。这个名目屡屡在潮汕现存金石文字中出现，引人注目。劝首在其他地方写成“劝缘”、“缘首”等，说明这一名目的产生与寺院中专职的化缘僧职事有关，劝首是从化缘僧那里演化而来的。但劝首的身份和工作目的与化缘僧有所不同，劝首可以是僧人也可以是在家人，而化缘僧只能是出家人；化缘僧的工作是为寺院募化钱物，而劝首的对象既可以是佛寺也可以是社会公益慈善事业。这样，劝首的工作就不再仅限于佛门之内，而延伸扩大到社会和民生，起到了慈善救济事业带头人的作用。这也正是劝首的特殊意义。

需注意的是，这种把布施功德引向社会和他人的福德思想和实践，是宋代佛教的一个重大特色，也对明清以后的佛教文化产生了深远影响。它不仅与当时佛教的布施观念倾向有关，也与宋代潮汕仍处于一个大开发的环境有关，诸如水利、交通、聚落等生活生产的建设尚不完善，僧人以及信佛者有责任和义务参与到社会经济文化的建设中来。一时，佛教徒舍井、舍石座、造桥、修路蔚然成风。

劝首为僧人身份的，如1976年9月在今金石镇塔下村发现宋代石井栏一个，井栏上三面刻字，文曰：

角洲保住信女许七娘舍钱结砌石井一口，奉为考、妣、妹同资生界，次乞七娘洎兄许满、许□同祈平安者。政和丙申五月十四日砌。谨题。勾当蔡审、林琪。劝首沙门□觉。

可知这位信女许七娘是在僧人“□觉”的劝进下舍钱砌井的。又如揭阳市东山沟尾林村村口，有双板单孔石桥，桥边沿阴刻直行楷书：

岚头□林□娘同男郭□□舍石保平安。绍兴癸酉十二月化□（缘）僧□□立。②

很明显，这座桥是化缘僧人募化岚头村林氏母子建造的，这里的劝首直接就写作“化缘僧”了。

---

① 黄挺、马明达：《潮汕金石文征》，广州：广东人民出版社1999年版，第235～238页。

② 黄继文等：《揭阳县东山区志》，1987年，第94页。

劝首为俗家人身份的，可能由一些在社会上受人信赖的虔诚的信徒来担任。如《嘉定修路碑记》，其最后一行为“缘首庄盛陈仲庄荣干工庄连庄□”，缘首为俗家人无疑；天圣二年（1024）《买石座记》：

劝首林廷翰

清、赖裕，召众买石座三十个，与往来集善坐起，并□赖迁梁□……天圣二年□□□□谨题。①

又，开元寺天王殿内石柱第三横行从东到西第五柱刻有“劝首徐字政、妻赵氏、男阿应，舍钱乙百贯足”，殿内第四横行从东到西第七柱刻有“劝首（下阕）念四（上阕）者”的字样。与此两柱相邻的其他石柱也有类似的舍钱刻字，说明它们是两批次的分别在这两位劝首劝进下，善信舍钱捐输的，同时也说明俗家劝首不仅劝人施舍，本身也施舍，既是虔诚的信徒，本身又有一定的经济实力。

从上引资料我们又得知，某项捐输工程太大，就可能有很多劝首，分头进行多方募化。那么就可能再设立一个更高一级的劝首名目——都劝首。如上述的政和年间静乐禅院大铜钟（现存开元寺大殿）的劝募工程不仅有多个劝首，还有都劝首。铭文中的第6行“炉首黄欢，黄和”以及第12~13行“同劝信施当正当：陈□，王元振，张惠臣，李雍，洪稹，郭□，□□，□曾，□□，吴从长，陈木焘”，估计都属于劝首。而第14~16行则有“都劝首：住持传南宗沙门择兰/承议郎权通判潮州军州管勾学事兼管内劝农事赐绯鱼袋张齐/朝奉大夫权知潮州军州管勾学事兼管内劝农事赐紫金鱼袋朱彦说”。当然，这三位都劝首，一位是本寺住持，两位是潮州最高行政长官，实际上是不用干事的，不过是挂挂名而已。据此，上述庆历三年（1043）《开元寺重修大殿记》中的“畅师”在维修开元寺时也就是兼任都劝首。

当然，劝首这一名目并不为潮汕所独有，甚至这一名目也可能来自福建等地区。在宋代福建一些碑铭中，劝首一词也是非常常见的。如大中祥符元年（1008）福建泉州开元寺建佛顶尊胜陀罗尼经幢，僧宗美有《佛顶尊胜陀罗尼记》，其落款为：

都劝首僧元绍、惠宝、常基，闻同劝首申屠演、江嗣、石辅、杜迪、陈克明、江志□，劝首陈僧，都料匠陈削等。②

泉州天圣三年（1025）《承天寺陀罗尼经幢题刻》落款为：

劝首僧体明，同勾当李允成，都劝首马元项，都料匠陈将、苏积□。③

---

① 谢逸主编：《潮州市文物志》，1985年内刊本，第5~16页。

② 郑振满、［美］丁荷生编纂：《福建宗教碑铭汇编》（泉州分册上），福州：福建人民出版社2003年版，第11页。

③ 郑振满、［美］丁荷生编纂：《福建宗教碑铭汇编》（泉州分册上），福州：福建人民出版社2003年版，第12页。

潮汕有关劝首的碑刻中最早不超过北宋天圣年间，而上述泉州大中祥符年间即已有了，由此我们认为“劝首”名目也从福建传入。

“劝首”从寺院中的化缘僧职事中演化而来，是当时种福田做功德的观念催生的，劝首不再是寺院僧人的专门职事名称，而蜕变成追求有为功德的僧俗人等积极参与社会经济文化建设的重要角色，反映了当时的社会需求。宋代大峰祖师就是一位大劝首，他就是为民造桥的福德僧，劝首是当时佛教积极入世、慈悲济世菩萨精神的代名词，劝首是民众行善积德的代表。尽管“劝首”及与其相似的“劝缘”这个名称到元代石刻中还有，在明代以后文献中消失了，但类似于其的社会角色一直存在。直至近现代，在寺院重建或一些公益慈善事业的建设中，需募集资金时，总会有一些热心人出来充当带头人或牵线人，这些人其实就是劝首。宋代潮汕福德型佛教催生了劝进他人行善的带头人劝首及其所倡导的好善乐施之风，从而成为潮汕人的传统和良风美俗。从明清直至近代，在关键时刻往往有善人站出来，竭己所能，救人于危难之中；而近现代民间慈善机构——潮汕善堂的遍地开花，其崇奉的对象大都是大峰祖师，无疑也有这种福德型佛教传统的潜在传承和影响。可以说，宋代福德型佛教贯穿了整个潮汕文化的建构过程。

第三节　宋代潮汕佛教对社会经济文化的贡献

正如上文所说，宗教的兴衰成败也与政治背景的影响关系密切。宋代是佛教兴盛、世俗化的社会，同时又是儒家复兴的时代，尤其是南宋。那么，对于恪守儒家思想的士大夫来说，他们是怎样看待佛教的呢？赵宋王朝历代皇帝除宋徽宗外，基本都对佛教实行保护政策，再加上宋朝国力不很强盛，又一直存在北方民族入侵的威胁，国家不小部分的财政开支仰赖于佛教寺院，如向寺院普遍征收赋税和鬻卖度牒等，因此，士大夫不管信佛也好，排佛也好，都有一个共同特点，就是利用佛教。除去宋徽宗时代外，士大夫对佛教虽说有不满情绪，但毁佛排佛的事件极少发生，他们主要利用佛教为地方社会经济、文化建设出力。因为他们很清楚，不管如何，佛教的某些思想已成为当时社会意识形态的重要组成部分，善待佛教就是善待民意，利用佛教就是利用民心民力。这样，既使佛教在得到基本保护下继续繁荣，又促进了地方经济、文化建设的大力发展。

我们所看到的潮汕佛教，也是这种情形。佛教僧人在政策保护下、民众支持下，纷纷走出寺院，用现在的话来讲，不仅参与精神文明的建设，而且直接参与物质文明的建设，在双重建设当中都扮演了非常重要的角色。而深受福德思想影响的佛教善信们，也自发自觉地参与到各项社会公益事业建设中来。佛教以其福德报应观念为倡导，以积极入世的姿态介入社会经济文化建设的方方面面，取得了不能低估的成绩。

一、交通建设事业

僧人投身交通建设事业，主要表现为两个方面：驿庵的创设和造桥修路。

（一）驿庵的创设

潮州地处广府极东，为闽广两地交通之孔道，向有“广南闽峤”之称，又值经济起飞之时，本区陶瓷业、盐业和农业非常兴旺，交通也因此变得十分繁忙。但正如我们在前面所介绍的，潮汕地处丘陵地带，多山、多河流，气候炎热，夏季多台风，经济开发又较北方其他地区晚，人口稀密也不平均，所以入宋以后路政建设一直跟不上，在很大程度上抑制了本地区的经济发展。以潮州府为中心主要有三条路线：一是水路，即韩江航运，经梅州上溯至福建汀州，连接福建西南和江西赣南地区；二是“上路”，即由潮州、揭阳经梅州至循州，连接韩江水系与东江水系，有冷水11铺[①]；三是“下路”，自福建入汾水关经潮州、潮阳、揭阳出惠州海丰。上路途经崇山峻岭，瘴疠袭人，而下路平坦，人烟稠密，所以南来行人基本走下路。即使如此，也有诸多不便，其一，如开始时任当地保甲为“亭驿子”（亭驿的管理人），因过路官兵经常抢掠百姓鱼肉，一般人家不敢在路旁建房舍居住，所以保甲家与亭驿距离较远，有客路过时，就得延入家里服务，工作量大，而本地的土捕、弓手又亭驿敲诈勒索，民以为苦；其二，因上述原因，驿铺建置不健全，常常使行人无处投宿；其三，夏季桥道颓毁，横流暴涨，行人往往受阻；其四，因路旁无人居住，盗贼还会公然白昼剽劫[②]。商旅深以为患，对经济发展十分不利。为此，南宋绍兴二十九年（1159），运使林安宅大力整顿路政，先盖创驿铺，夹道植木，跨桥为梁，创造良好路况；然后罢去以百姓为亭驿子之制，董以兵士。抽调上路驿铺的铺兵，充实下路，并使铺兵与百姓相为依倚，共同居住于道旁。这样百姓既可做生意，又能使来往行人免于露宿、被劫之苦。这种做法取得了一定成效。

但这一措施实行不到三十年，即到绍熙二年（1191）之前，又“颓陋如故”[③]——大概是铺兵照料亭驿不周、继续欺压百姓，使百姓又陆续逃离吧。为了解决路政问题，一种新的路政制度在两浙及福建地区首先实施，这就是驿庵制度。洪迈《夷坚志》支癸卷四的“祖圆接待庵”条云：“二浙僧俗，多建接待庵，以供往来缁徒投宿，大抵若禅刹然”；刘克庄（1187—1269）在他所撰的《漳州鹤鸣庵》有云，在漳州、泉州等偏僻山区，由潮州到惠州和由漳州到潮州，一路上既无逆旅又无庵舍，行人视为畏途，乃于沿途修造十七所庵舍。[④]《漳州市志》也说：“宋代漳州淳熙末（约1186—1189），因路远驿疏，于南路设木棉铺庵、甘棠铺庵、横章铺庵、仙云驿庵、梅林庵、无象庵、黄堵庵、云霄庵、善护庵、大悲铺庵、半沙铺庵、临水庵、竹林庵共13庵；东路至同安县界设鹤鸣庵、通源庵、龙江庵、鱼孚庵共4庵，随铺立庵，以待过客。”[⑤]

福建籍、广东运使黄揄，受其故乡福建路政驿庵制度的启发，把道旁造庵以待行人的规划行文到潮州，知州张用成（常州人，1191—1192年任）即于绍熙二年（1191）在潮

---

① （明）解缙等编撰：《永乐大典》卷5343，《潮州府一·公署》引《三阳志·铺驿》，潮州市地方志办公室·韩山师范学院图书馆2000年编印本，第64页。

② 林安宅：《潮惠下路修驿植木记》，（明）解缙等编撰：《永乐大典》卷5343，潮州市地方志办公室·韩山师范学院图书馆2000年编印本，第153页。

③ 林安宅：《潮惠下路修驿植木记》，（明）解缙等编撰：《永乐大典》卷5343，潮州市地方志办公室·韩山师范学院图书馆2000年编印本，第65页。

④ 刘克庄：《后村大全集》（四部丛刊初编）卷89“漳州鹤鸣庵条”，第764页。

⑤ 漳州市地方志编委会编：《漳州市志》“驿铺”，北京：中国社会科学出版社1999年版。

阳的黄冈、新迳、北山创建了3座驿庵，“守以僧，给以田，环以民居”①，并给予住持僧以较大权力，如有“污败室庐、糜毁器用、暴横难禁者，僧得以闻于官而为之惩治”。这种做法着实有效。庆元四年（1198）知州林嘌如法炮制，又接连创设7座驿庵，其后继者知州曾噩、孙叔谨、陈炜与方淙等陆续创建、重修许多驿庵，一共有17座②。这样，驿庵与原有或新建的驿铺两相结合，形成了上接漳州南路，下连广南下路相互守望的庵、驿链，“自是潮、惠之间，驿、庵相望……因漳而潮，东驰南骛，惟适所安”③，一种新的交通路政制度形成了，并一直维持到南宋灭亡（共80多年），如果不是改朝换代，制度变更，估计还会运作更长时间。

这种驿庵有如下几个特点：一是由僧人住持，以僧人为主体，而不以兵士或百姓为主体，以出家人的戒行作为感召力和自身约束力，有效地避免了以往的弊端。二是驿庵是以庵养驿，以驿养庵，庵驿合一的官办庵舍。以庵养驿，是由地方官拨给田地作为驿庵接待行人的费用，为过往商旅提供食宿，确保官路交通安全和畅通；以驿养庵，僧人也从中得益，乐意住持。三是给守僧举报违法捣乱分子的权力，使僧管得好。四是以驿庵为中心形成民居，使驿庵用得久。毫无疑问，这种路政制度比以前的其他制度要优越得多。

其中尤为值得注意的是上述特点中的第四点，这种路政制度的创设居然带动了村落和地方经济建设。“守以僧，给以田，环以民居”，一方面，驿庵与民居相互依存，寺庵受民居的拱卫，安全得以保障；另一方面，守僧有田，必租给农民耕种，而农民既不必再受铺兵们的欺压，又有田地可供耕种，间或还以过往行人作为商贸对象进行贸易买卖。僧人和村民各得其所，一段时间以后，以驿庵为中心，就必然发展成真正的村落了。

以一个个驿庵为中心，自福建经潮至惠州海丰的下路线上，如同一串珍珠链一样，逐渐形成了一个个大大小小的乡村集落。这正是佛教僧人直接介入社会经济活动所产生的积极结果。在确保闽广交通畅通的同时，也有力促进了地方经济的发展，这种良好的“副产品”，或许路政制度设计者的官府包括参与者的僧人都没有想到吧！

（二）造桥修路

除了积极配合官府建设驿庵外，僧界以及深受佛教影响的善男信女们，本着慈悲济世的大乘入世精神，主动参与到社会公益事业中来，如舍井、修路、造桥等，在当时是十分常见的事。潮汕地处热带地区，多雨多河流，在那个交通极不发达的时代里，公益事业中的造桥修路，也就成为一项最重要的内容。因此保存下来的金石资料也较多。如天圣七年（1029）《建桥题记残刻》：

---

① （明）解缙等编撰：《永乐大典》卷5343，《潮州府一·公署》引《三阳志·铺驿》，潮州市地方志办公室·韩山师范学院图书馆2000年编印本，第65页。

② 据《永乐大典》卷5343《潮州府一·公署》统计。

③ （明）解缙等编撰：《永乐大典》卷5343，《潮州府一·公署》引《三阳志·铺驿》，潮州市地方志办公室·韩山师范学院图书馆2000年编印本，第65页。

郑二十六娘四百文，弟子严宾……谢□明，郑十二娘，郑二十六子十八郎，周显，谢二十四娘，□七娘……□□□众缘僧俗同□第□三……□恩□有□□……神咎舍财建□立宝□二□及石桥一座□翼□□因成赍福利。天圣七年己巳岁三月记。[①]

虽然题刻脱字不少，但仍能清楚地了解，这是僧俗弟子舍财建桥的意思。如上所引《买石座题记》及《揭阳东山区沟尾石桥题刻》等都是这种造桥修路的善举，记载这种善举的碑文保存下来不少。这些工程大小不一的善举，在经济起步和腾飞的两宋，想必不知凡几！不过在这方面最为典型并最广为人知的事例，当属大峰祖师建造和平桥（详见第四节）。

二、社会救济

宋代从京都到地方，都有由官方举办的各种公共救济机关，从收养弃儿、收容难民、医治病患，到寄棺安葬等，一应俱全，并多命僧人主其事。潮汕也不例外。《永乐大典》载：

养济院，开元院后之废庵也。庆元丁巳，陈公宏规修辟之，以处道途之病患及废疾无告者。官为置厝，给其钱米并疗治之费。后林公嘌每遇有死者，给钱一千，市棺以殡。公后与通判廖公德明营度小江之平峰寺侧，鼎创庵舍，分为左右，以处单寡，左以待有妻孥者。既拨公田，又益钱七百缗，增置以赡之，区处纤悉，登载于簿。[②]

又载：

安乐庐，在小江平峰寺侧，即庆元间林公嘌与廖公德明之所营创者。后廖公持节本路，得增广其规。岁久颓圮，故址仅存。绍定己丑，孙侯叔谨为之更创，以复其旧，益之以公田。嗣是修治不加，此庐复废。淳祐两年，陈侯圭鼎创，根据租输，拨钱四百贯省，买园岁收租钱四十贯，置厝支给往来病者粥食、汤药、裘粮之费，董以缁流。由是道途有疾病者，得此栖止而蒙周救惠焉。[③]

这两则资料反映了宋代官办救济机构与佛教的密切关系。作为宋代官方公共福利事业之一，养济院实为北宋神宗年间蔡京从京师推广到全国[④]，潮州养济院至南宋已成废庵，可见其本身一直是寺庵，为僧人所管领。从第一则资料看，养济院在知州林嘌任上

① 黄挺、马明达：《潮汕金石文征》，广州：广东人民出版社1999年版，第17页。

② （明）解缙等编撰：《永乐大典》卷5343，《潮州府一·公署·养济院》，潮州市地方志办公室·韩山师范学院图书馆2000年编印本，第67~68页。

③ （明）解缙等编撰：《永乐大典》卷5343，《潮州府一·公署·养济院》，潮州市地方志办公室·韩山师范学院图书馆2000年编印本，第68页。

④ 方豪：《宋代佛教对社会及文化之贡献》，《中国佛教史论集》（三），台北：大乘文化出版社1977年版，第48~49页。

（1197—1199）曾有一个很大的发展，当时原有寺庵不能容纳难民，才会移到平峰寺侧鼎创新庵舍，增加公田、月资等；其移于平峰寺侧，也有由平峰寺僧人代为管理的可能。从第二则资料可以得知，安乐庐作为公家出资举办的救济机构——免费病院，在南宋中期曾几度兴废，后来聘用僧人经营，并维持下来。之所以由僧人来经营，是因为其属于积善利生的而非营利性质的事业，由僧人来经手，既合乎佛家济世宗旨，又能避免官僚管理者对弱势群体利益的侵占、克扣、欺压等弊端，在经济问题上也相对稳妥些。

三、文教事业

从北宋开始，在生产发展、工商兴旺、人口繁衍的喜人形势下，许多治潮官师，高举尊韩的旗帜，大搞文教事业，文化教育和地方教化两手抓。由是科举鼎盛，登第者籍籍；风俗淳美，“潮民虽小民亦知礼义”①，“号称易治”②，使潮汕这个地处岭外的偏远小郡获得了“海滨邹鲁”的美称。其中诸多闽籍仕潮官师发挥了重要的作用，他们尊韩倡教，而且传播闽学，促进韩学与闽学在潮汕的交融，最终使中原儒家文化成为潮汕的主流文化③。这其中，也有佛教的重要影响。

首先，在地方教化方面，佛教一直积极参与地方教化活动。佛教传入中国，为了站稳自己的脚跟，在教义教理上与儒家虽然存在诸多分歧，但在维护君主专制国家方面是观点一致的，因此佛家一直积极吸收儒家的政治伦理思想，甚至把佛家“五戒”（戒杀、戒盗、戒邪、戒酒、戒妄）比附于儒家“五常”（仁义礼智信）④，甚至还出现中土伪经《提谓波利经》，此经因袭汉儒的阴阳五行和天人感应思路，建构了一个五戒、五常（五德）、五行、五方、五星、五藏相互比附的系统⑤，来为君主专制国家体制张目。统治阶级自然是认可和赞许这些做法的。因此，诸如此类的善恶报应观念、戒律观念、功德福田观念因为有利于政教，在六朝以后早已流行，作为儒家政教思想的重要补充，在地方教化方面起到了良好的作用。佛教传入潮州以后，做的也一直是地方教化工作。初唐的刺史、《冥报记》的作者唐临就很可能开始有意识地传播这类思想，并将其作为地方教化的重要手段。在儒家文化教育尚处于落后阶段的中唐以前，这种佛教思想在潮州可能非常普及。也正因如此，作为儒家思想的代表的韩愈在会见大颠、临别留衣以后，颇遭物议，还要为自己辩解非为“福田利益”，这从反面也可以看出唐代佛教在地方教化当中所起到的重要作用。这些佛家思想观念延续到宋代以后，成为地方教化的有力工具。

其次，在儒家文教事业的建设方面，佛教界也曾为之添砖加瓦。不管是积极主动的还是被动无奈的，都起到了一定的作用，作为对历史的整体观照，这是不能不提到的。

---

① 苏轼：《与吴子野论韩文公庙碑书》。

② 苏轼：《韩文公庙碑》。

③ 饶宗颐：《宋代莅潮官师与蜀学及闽学——韩公在潮州受高度崇敬之原因》，饶宗颐著，黄挺编：《饶宗颐潮汕地方史论集》，汕头：汕头大学出版社1996年版，第394页。

④ 颜之推：《颜氏家训·归心篇》。

⑤ 僧祐：《出三藏记集》卷5称此经为宋孝武帝时（454—464）北魏比丘昙靖撰。

第一，佛教出资助学。例如，上揭《永乐大典》谓：

维按旧图经云，建炎初，原有旨罢神霄宫，其宫故广法寺也。明年，方侯略即宫为学。四年，缁流请复旧刹，且愿增治故学。①

上面提到，北宋宣和年间，宋徽宗崇道排佛，有诏天下州府各建一所道教神霄宫，很多州府就把寺院改为宫观以塞职。南宋高宗建炎元年（1127）改排佛政策为复兴政策，从上条资料见知，第二年（1128）知州方略改宫为州学，以振兴儒家文教为事。到了建炎四年（1130），僧人请求恢复广法寺，作为补偿，僧人出资建州学。其实，就情理来说，神霄宫本来就是广法寺，不过是被官家强迫改为宫观，僧人收回自己的宗教活动场所本是理所当然的，所以，僧人出资建州学，完全可以看作其对潮州学校教育的支持。

第二，固定提供教育经费。如上揭《永乐大典》引《三阳志·学校》曾罗列北宋以来的学校经费来源，其中一条谓：

开元寺等房廊地租钱一百四十四贯八百一十六文足。

这条资料虽未说明什么年代，但它介于北宋元符年间与南宋淳熙年间两条官府拨田助学的资料之间，断为宋代是可以确定的。这说明，开元寺在宋代即有部分房廊出租，其中所得租金收入的一部分固定用于资助州学经费。

另一条性质类似的资料载，绍兴十四年（1144）有莆田人、教官删定林霆建学舍，课雅乐，诸生为之立祠于大成殿之东庑，宝祐六年（1258）其孙林光世知潮州，为林霆建删定林公祠于郡学仰韩堂之侧：

且捐俸市田隶于学，及董山院所拨园租岁入五百七十贯足，冷水坑田谷一百二十石，俾掌计者司其出入，以其余充习乐生徒二季廪食。②

看来这类资助并非自愿，而是属于官府指令性质的。作为当时的“创收大户”，相信寺院的此类捐赠应为数不少。

第三，寺院为科举考试提供场所。《三阳志·贡院》载：

试进士以来，辟贡院于城北之五里。建炎间，火为草寇。每遇宾兴，旋棘浮图居，为旬日计。历七八诏，迄无定所。③

---

①（明）解缙等编撰：《永乐大典》卷5343引《三阳志·学校》，潮州市地方志办公室·韩山师范学院图书馆2000年编印本，第73页。

②（明）解缙等编撰：《永乐大典》卷5343引《三阳志·祠庙》，潮州市地方志办公室·韩山师范学院图书馆2000年编印本，第86页。

③（明）解缙等编撰：《永乐大典》卷5343引《三阳志·贡院》，潮州市地方志办公室·韩山师范学院图书馆2000年编印本，第83页。

这是说南宋潮州贡院为兵燹废后，每逢科举考试时，只好借用寺院作考场。并且是在一个相当长的时间里，或借用这所寺院，或借用那所寺院，没有固定场所。

这些资料都是在《永乐大典·潮州府一》关于文化教育相关章节的记载中爬梳出来的，也就是说，记载佛教对文化教育的作用及功绩并非其编者本意，而是不得不提到的，这说明尚有不少诸如此类襄助文教事业的记载不为人所知。

在对这些片言只字的资料进行钩沉时，我们强烈地感受到，宋代潮汕科举之兴盛，与佛教界的贡献是分不开的！

此外，其他礼仪、节日活动，也多借用寺院来举行。如祝圣（祝祷皇帝万寿无疆的祈福仪式），自唐玄宗开始就在佛寺中举行，潮州除绍兴间曾一度移于光孝寺外，一直固定在开元寺法堂中举行①；而光孝寺则用以为宋徽宗追严之所②；《三阳志·坛场》在描述宋代各坛场时，也说到举行祭祀时常借用寺院：

郡之社稷坛，实处城南厢三阳门外之西。而风、雷、雨师坛，旧各在郡一方。坛惟凸土，门坛阙然。当其祀时，霡泥泥淖，则寓于浮图氏之舍。③

由上可知，宋代潮汕佛教为谋求自身的生存和发展，不得不从经济乃至文化上依附以儒家为代表的主流文化，在得到官府保护的同时，也竭力为地方经济文化的发展服务，并做出相当可观的贡献。

第四节　大峰与和平桥

佛家讲究诸恶莫做，诸善奉行，上行下化，普度众生。所以作为一个真正佛家弟子，大凡修桥补路、施茶施粥、施医赠药、收尸埋骨等善举善行，都会奋力争先，以庄严国土，利乐有情，充分体现佛教的无缘大慈、同体大悲的博爱精神。这种精神在历史上有许许多多如法实践的僧人，由于各种原因，他们诸多善行事迹未能具体记载下来，但他们身上所体现的佛教博爱精神永垂不朽！在我们今天的社会生活中，仍能看到他们的深刻影响。例如，南北宋之交建造潮阳和平桥的大峰祖师，就是这样的人物。

一、大峰里氏之蠡测

在潮汕大地上，有一条江，它发源于普宁大南山麓，流经池尾、流沙和潮阳的司马浦、和平等镇，出牛角石和莲花峰之间，最后注入海门湾，这就是潮汕四大江之一的练江。练江干流大部流经平原区，在20世纪50年代以前，海门湾拦海桥尚未建成，每当洪

---

① 黄卓越主编：《中国佛教大观》，哈尔滨：哈尔滨出版社1995年版，第85页。又林希逸《潮州开元寺法堂记》谓，南宋有一段时间因开元寺法堂被毁，祝圣之礼移于光孝寺，不久又移回开元寺。

② 志磐：《佛祖统记》卷48，《大正藏》第49册，第425页。

③ （明）解缙等编撰：《永乐大典》卷5343引《三阳志·坛场》，潮州市地方志办公室·韩山师范学院图书馆2000年编印本，第40页。

水暴发时，江水汇集快，排泄慢，极易泛滥成灾。

潮阳历史上处于连接揭阳与海阳的交通要衢，潮阳县西南的和平里，连接三县的公路从这里经过，而练江却在这里把公路割成两截。北宋政和六年（1116），一位名叫大峰的僧人，由福建来到潮阳，见练江深广，波涛湍急，岸边虽有渡船，每遇到洪水暴发时，不是无法过渡，就是有翻船落水的危险，当地居民以及行商旅客无不以江水阻隔为苦。他看在眼中，悲在心里，于是发下宏大誓愿，要在这里兴建一座石桥，以普度众生。

大峰何许人？20世纪50年代陈振泰发表于泰国华文报纸的《宋大峰祖师史话》称："高僧大峰，俗姓林，逸其名。以进士第，授浙江绍兴县令，弃官逃禅。"① 该文后来转载于泰国华侨报德善堂1958—1961年的堂务报告书上。20世纪80年代以后，潮阳和平报德善堂受其影响，又更具体化为："大峰者，来之闽地也，俗姓林，名灵噩。宋宝元二年（1039），诞于豪门，幼性聪颖……金榜题名，列位进士。"② 现在潮汕本土不少提到大峰的文章皆从此说。但是，现存最早记载大峰史实的是元代徐来《报德堂记》③，其籍贯、俗家姓名、生卒年以及出家因缘都付阙如，所以上述这些文字是非常可疑的。林悟殊先生认为，这些最初对大峰祖师姓名、里氏、生平的叙述，出自40年代盛行于潮汕的扶乩文字④。但也有可能出自海外善堂或德教会的乩文⑤。因此，以上关于大峰生平的叙述，只能看作是近现代以来潮汕及海外善堂对自身历史的重构和统一的一种叙事策略，不可作为信史。从较严谨的态度上说，在新资料被发现之前，《报德堂记》几乎可说是大峰史实的唯一依据。

那么大峰为何许人就没有半点线索吗？那又不见得。有关他俗家名为何，是否进士出身，当官与否等我们不得而知，不予置评，但其里氏我们还是可作合理推断的。徐来的《报德堂记》就提供了两点：一是大峰"始自闽来"，二是大峰在潮阳募化建桥之资归闽五年后，"师祖航海而来，糗粻木石工用毕至"。这说明大峰很可能来自福建或浙江沿海地带。那么哪个地方更有可能？有人说大峰是"浙江温州人"，据说2009年潮阳大峰风景区和报德古堂的理事们专程前往浙江温州实地考察，其结果不了了之⑥。照我们看来，自然是福建尤其是闽南地区更有可能。除了地理上其较浙江距潮汕地区为近外，闽南地区宋代移民潮汕者甚多，两地语言、习俗极相接近，大峰能在潮阳本地募化建桥资金，说明他不存在语言上的问题，民众信任度无疑也较高。当我们了解到宋代福建泉州地方佛教文化的基本情形后，或许我们有理由进一步推测，大峰可能来自福建泉州地区。

吴幼雄在《泉州宗教文化》一书中指出："宋代，泉州僧人造桥尤其突出，有利交通的发展，促进经济文化的交流，是造福千秋万代的公益事业，同时也是弘扬佛教思想文化

---

① 郑彝元主编：《宋大峰祖师传略》，曼谷：泰国华侨报德善堂出版社1993年版，第26页。

② 潮阳报德古堂：《宋大峰祖师传》，1991年内刊本。

③ （明）黄一龙、林大春修纂：隆庆《潮阳县志》卷15"文辞志"，潮州市地方志办公室2005年编印本。

④ 林悟殊：《泰国宋大峰祖师崇拜与华侨报德善堂研究》，台北：淑馨出版社1996年版，第30~39页。

⑤ 郑彝元主编：《宋大峰祖师传略》，曼谷：泰国华侨报德善堂出版社1993年版，第718页。

⑥ 郑少弟：《潮阳大峰祖师传说的民间叙事研究》，韩山师范学院中文系毕业论文，2007年（未刊）。

的一种手段。"[①] 书中还提到，宋代泉州10座著名大石桥的兴建与修建有7座与佛教僧人有关。笔者查阅《万历重修泉州府志》卷五"规制志·桥渡"条，得知作者所说属实。府志揭示，泉州地区桥梁多兴建于宋元，尤以南北宋之交所建为最，这与大峰建桥的时间相合，建桥者主要有三种人：地方官府、地方缙绅富户以及僧人，而以僧人建桥为人所瞩目。僧人建桥在当地是蔚然成风，空间上遍及各县，时间则从唐代延至明末。以南安县为例，在40座桥中，除十多座未提及建桥人外，僧人兴建或重建的就有14座，占已知建桥者的50%以上。令人称奇的是，有些僧人建桥非止一座，如宋代的清水大师、僧自云，元代的僧法助等，简直是"建桥专业户"。宋建隆间的清水大师在安溪、永春县一共建了3座桥梁，而元代僧人法助有过之而无不及，他在至元到大德约40年间，在郡城泉州、南安县、惠安县各地共兴建了5座、重修1座，可谓毕生以建桥为佛事。泉州宋元僧人建桥风之盛，由此可见一斑。

闽南泉州地区处于我国东南沿海，境内多江河山地，交通不便，自五代以来佛风鼎盛，出家僧人发扬"无缘大慈，同体大悲"的菩萨度世精神，有求必应，以修路造桥为佛事，也由此积累了相当丰富的建桥测量、规划、资金预算、组织施工等经验。这些因素从大峰祖师募化、建桥过程中都可以见出。综合以上各种情况，我们认为大峰很有可能来自泉州。

二、大峰造桥过程的分析

从《报德堂记》中的记载看，大峰是一个富有经验的桥梁建筑师，整个建桥工程他都了如指掌，并有条不紊地付诸实施。他的建桥过程共分为四个阶段：工程测量设计、资金预算与募化、组织人工和采购材料、具体施工。

首先他考察练江地形，研究江水流速、深浅，选定桥址；结合实际情况设计桥梁的基本形制，如长度、跨度、宽度、材质、桥墩形状等。这些属于桥梁工程学上的问题。

其次是资金预算，他要根据整个造桥工程量去研究和测算出所需木石材料、工量及工人数、工期等等各项费用，毫无疑问，这是一个相当庞大的数字。

虽然古代桥梁建筑过程未必有今天的建筑工程学那样严谨科学，但建造前期的准备工作是相当重要的，它需要相当的工程学和经济学上的知识。大峰在进行建桥的前期测量设计、资金预算时是"独运诸心，不喻于人"的，完全由个人独自进行，其工作量也是非常大的。但这些还算不上真正的困难，接下来的募集资金才是问题的关键所在。

在当时的历史条件下，要建造一座长三十丈、宽九尺，规模如此壮观的大桥，所需甚巨。而这些费用都是大峰单独一人，日复一日，年复一年，一斤一铢，一分一厘募化而来的。可想而知，这个过程有多么不易、多么艰辛！我们从大峰建桥全过程的各阶段时间分配之中就可以明白资金募集问题才是重中之重。大峰自政和六年（1116）到潮阳，至建炎丁未（1127）卒，共计12年时间，其中自政和六年至宣和五年（1123），为桥梁勘测设计与资金募化阶段，共7年整；若桥梁勘测设计为半年，则募化资金为6年半，然后大峰载钱回闽采买材料、组织人工4年多，实际建桥不到1年。资金募化所

---

① 吴幼雄：《泉州宗教文化》，福州：福建人民出版社1998年版，第48页。

占时间最长！可以说，没有坚忍不拔的意志，没有忍辱精进的精神，以及仁慈博大的爱心，是不可能做到这一点的。大乘菩萨行特点在于“六度”（持戒、布施、忍辱、精进、禅定、般若），而其中的“布施”和“忍辱”才是区别于小乘佛教的最为鲜明的特色，也是所谓“难行能行，难忍能忍”大乘精义之所在。在以往介绍大峰的一些文章中，人们大多只看到结果，而对其最艰巨的募化过程轻易忽略过去，这就未必能深刻体会大峰建桥的意义了。

最有意思的是，大峰在潮汕各地募化好造桥之资后，不是立即纠工造桥，而是于宣和五年（1123）忽然载钱不别而去，“人尽讶之”。其实这是既经济又文雅的写法，我们完全可以想象当大峰载着巨款突然失踪后，地方善信们真正的反应是怎样的：惊讶、失望、愤怒、谩骂甚至于诅咒，可能都会有，反正是十分强烈。其实，大峰不别而去是明智果断的做法，如果向善信们说明善款的起运及用途，如果善信们不理解，就不免多费口舌；而一旦走漏风声，难免有心存不善之徒见财起意。

大峰一别近5年。按理，建桥的材料采买和人工召集似不用这么长时间，所以我们推测，有可能在潮汕当地所募化的资金还远不够，他还要到福建等地继续募化。

这种背负着“卷款而逃”的巨大罪名，实则继续为筹集建桥资金而汲汲募化的情况，一直持续近5年，这是一种怎样的佛家坚忍精神！正因为如此，我们才说大峰是宋代潮汕最大的“劝首”。

大峰于建炎元年（1127）乘船航海，取道海门湾，回到和平里，他带来的是一个船队。大峰把工匠、粮食、木石建材等全部运来了。大峰下船后立即开工建桥，因为各项筹划完备周全，工程进展相当顺利。民间有个传说，说大峰建造桥墩时，到龙王庙和城隍庙烧了牒文，因此在七日内没有涨潮，桥墩很快就造好了。这个传说，自然是反映了民众对大峰慈悲济世的大雄大力的高度崇敬，而把他神化了；事实却反映出在当时的历史条件下，在一条水流湍急的大江上施工，工程居然能完成得这么快，大峰的筹措策划实在是非常高明的，这也再一次说明，他来自建桥工程先进地区——譬如福建泉州地区是毋庸置疑的。

当年十月就完成了十六间桥洞，只剩下南北接岸的两间还未完成，然而这时大峰却因操劳过度圆寂了。余下的两洞，在绍兴癸酉（1153）由乡人蔡贡元出资建成，这样，和平桥终于全部完工。

大峰所建成的和平桥的基本面貌如何？现录《潮阳文物志》中所描述文字如下：

原和平桥属石木结构，桥最高墩头为15米，最低为13米。墩基用松木条构筑，每条长2米，直径15~18厘米，横直叠成1米左右，然后在松木墩基上，垒叠石头，每块长为1.5米至2米，以菱形垒叠。桥面架以平板石，每孔5块石，每块石长7.5米至8米，宽0.9米，厚0.75米。桥面两边用三合土筑成栏墙，栏墙每隔4米左右有圆形栏柱，边成三合土栏杆。桥的东西两端用石板条砌成台阶，东面九级，西面七级。桥东面原有一栋用石头和三合土建成的城楼式驿馆。在高处向下看时，此桥是一直线建筑物，从水平侧面看去，桥孔之间的墩头都有错落，形成曲线，加上墩头采用菱形，这对涨落潮水的冲力起了分解的作用。[1]

潮阳和平里的乡民们，亲眼见这个外地和尚在江边考察研究，亲眼见他辛勤募化，亲眼见他督造大桥，也亲眼见他因劳累过度圆寂，无不为他这种慈悲济世的菩萨精神所感动！因此，大峰圆寂后，乡民们就把他葬在练江东岸中寨乡埔后山上，让大峰永远相伴他一手创建的大桥；当地民众还给他私谥了个“忠国大师”的号，所以此墓也称为“宋大峰忠国大师墓”。该墓宋代以来多次修葺，1979—1981 年间，再次修葺，并于南侧距墓葬 50 米处建一墓亭，内有“宋大峰忠国大师墓碑”，并刻有“洪武戊辰修，顺治戊戌年腊月法孙寂空、寂恩重修”字样。[2]

三、大峰精神的弘传

桥造好后，乡人为了永远念恩报德，还在桥边建起一座祠堂来祭祀他，名字就叫“报德堂”，堂上供奉大峰德相，供乡民拜祭。最迟在明代以后报德堂发展成寺院，有僧人住持。堂内现存有康熙庚戌年（1670）碑记及乾隆乙丑年（1745）碑记均可证实。此堂虽然代有隆替，却未完全湮没，一直维持到今天。现在于 324 国道和平路段北侧已建成大峰风景区，以大峰祖师亭为主轴线，建造了庞大的景观群，面积达 2.6 平方公里。今天的乡民隆重纪念大峰，永远怀念其恩德，也希望借此把大峰精神一代一代传承下去。

潮地“向来少高僧，四众难生敬”[3]，的确，在潮汕 1 500 多年的佛教史上，称得上高僧的也许不多，而唐代大颠与宋代大峰却广为潮人所知。他们分别代表了潮汕佛教文化的两大特质：一个在禅宗的明心见性修行上取得了最高成就，代表了佛家追求的智慧境界；一个在大乘菩萨行实践中取得令人惊叹的伟业，代表了佛家追求的慈悲境界。合起来就是佛家所谓的“智悲双运”的象征。大颠历来为知识阶层所欣赏，有关他的事迹及与韩愈的交往历来为士绅所题咏；正因为如此，清代理学家蓝鼎元在其治潮文集中多处对潮汕士大夫“群奉大颠为祖师”现象感到忿忿然，并大加抨击[4]；而大峰则为一般民众所顶礼膜拜，民间为他建堂祭祀，近代以来更成为潮汕善堂文化的精神领袖。也因为近现代潮汕善堂文化的兴盛和传播，大峰在民间的影响远远超过大颠。

大峰是外地人，但早已本土化，“潮阳大峰”就是他响亮的名号！作为真实的历史人物，大峰给我们留下的有关生平经历资料委实太少。不过我们不必为之感到遗憾，作为一个高僧的所作所为，尚德而不在名。大峰有没有更多的生平资料让我们为之立传并

---

① 倪俊庭等：《潮阳文物志》，1986 年内刊本，第 51 页。按：其实，在《潮阳文物志》编撰之前，和平桥已历经多次重修，以上的描述未必就是其原貌。远的且不说，如 1930 年已改建为公路桥，1992 年更再次重修（见《重修和平古桥记》碑，立于现和平桥头），成为一座两车道的水泥桥了。笔者偕内人沈静君到和平桥考察时，见到桥头一侧卧着一条桥面平板石，被作为栏杆用，其形制之巨，的确符合“石长 7.5 米至 8 米，宽 0.9 米，厚 0.75 米”的描述，想到这么一条重达万斤的巨石是如何从外地运到这里，又如何被架设到桥上的，内心十分震撼。

② 倪俊庭等：《潮阳文物志》，1986 年内刊本，第 51 页。

③ 潘耒：《竹林寺访宜白禅师》，（清）周硕勋修：乾隆《潮州府志》卷 42，潮州市地方志办公室 2002 年编印本，第 1093 页。

④ （清）蓝鼎元撰，郑焕隆编：《蓝鼎元论潮文集》，深圳：海天出版社 1993 年版，第 85、211、251、360 页。

不重要，重要的是他的慈悲精神与世长存，重要的是他的善举引起了潮人的感恩。而这种施愿者慈悲济世精神和受惠者的感恩心理，都已深深植入了潮人的心理结构之中，形成慈悲、同情、互助、报恩等潮人的慈善文化传统，代代相传，发扬光大。在天灾人祸来临时，人们的行善积德观念就会被极大地激发出来，也会自然而然地投身到慈善济世的具体行为中去。这从明清以来的潮汕僧俗善举、近代的善堂文化，以及现当代东南亚华侨的大峰祖师崇拜都得到了极好的证明。我们将在后面有关善堂文化的讨论中予以阐述，在此略过。

第五节 五代及两宋在外地弘法的潮州籍高僧

中国禅宗发展到五代及两宋达到了顶峰，禅宗大德层出不穷，从潮汕也走出不少追求明心见性的僧人。本地也有部分僧人像灵山大颠那样，隐迹山林，修行禅宗的最高见性境界，如潮阳金浦镇曾山古寺后有天然石室，石室内镌有“绍圣乙亥岁开”及“政和丙申岁重开，头陀德馨记”的字样，“头陀”为修行禅定、苦行的僧侣的别称，可推测为北宋僧人禅修之所。正如上文所述，虽然两宋寺院大都建筑在市镇及交通要道之上，但此类构筑于山林之中的禅洞、岩寺也有不少，必不乏一类遗世独立的僧人占山修行。但此类潜修禅迹往往缺乏记载，绝大部分湮没无闻了，现在只能据可考史料窥见当时潮汕僧人禅修盛况之一斑。唐代以后，五代及北宋潮汕地区就出现了四大禅宗高僧：招庆道匡、华严道隆、报本慧元和祐圣法宧，为中国禅宗增色不少。他们是在潮汕佛法哺育下成长的，是潮汕佛教的精英，也是潮汕佛教文化的骄傲。本节主要记叙前三位高僧。

一、泉州招庆院道匡禅师（？—925）

泉州招庆院是五代福建非常有名的大寺院，五代时有三大禅师先后住持此院，即慧棱、道匡以及为《祖堂集》写序的省僜。在《祖堂集》中，慧棱也被称为“招庆和尚”或“先招庆”，道匡为“中招庆”，省僜则为“福先招庆”或“后招庆”。省僜是保福从展的法嗣，与道匡同辈。而著名的禅籍《祖堂集》即是当时招庆院两位禅师静、筠编撰的。

大颠圆寂于唐长庆四年（824），过了二十年左右，佛教发生了一场大浩劫，这就是历史上的“会昌法难”。唐武宗崇信道教，极力排斥佛教，在道士赵归真、刘玄靖等的串唆下，在会昌五年（845）掀起一场声势浩大的灭佛运动，令佛教迅速衰落，元气大伤。不久后又因黄巢起义的战乱，佛教再度大受影响，一时无法缓过气来。只有到了五代，佛教才得再度抬头，尤其是在闽王王审知统治下的闽国（今福建）。

闽王王审知雅重佛法，他和儿子王延翰、王延钧在位时几次度僧，多达几万之众，如天成三年（928）“闽王延钧度民二万为僧，由是闽中多僧”[①]。“闽主曦城福州西郭以备建人。又度民为僧，民避重赋多为僧，凡度万一千人。”[②] 不仅大兴土木广造佛寺，

① 司马光：《资治通鉴》卷276，北京：中华书局1956年版，第9026页。
② 司马光：《资治通鉴》卷282，北京：中华书局1956年版，第9216页。

且从经济上大力支持佛教。因为统治者的重视和提倡，贵族、富豪及民众舍田入寺蔚然成风。王氏集团优礼僧寺，致使福建地区高僧云集，僧人众多，寺院经济实力雄厚，五代福建佛教出现极为发达的局面。潮汕在地域上比邻福建，在文化上又一脉相承，因而潮州和福建尤其是闽南在宗教文化上交流十分密切，潮汕僧人到福建参学，学有所成后受到礼遇并在彼弘法，也是十分自然的。道匡禅师就是活跃在这样一个历史舞台上的潮汕高僧。

道匡，现存的初期禅宗史籍《祖堂集》、《景德传灯录》及《五灯会元》均有传，内容互有参见，但并不完全相同。最早的《祖堂集·招庆和尚》载为："招庆和尚嗣长庆，在泉州。师讳道匡，汉国潮州人也。姓李。"据此我们可确定他为潮州人。

唐朝以后，中原政权由后梁取代。原唐朝广州节度使刘隐趁机占据岭南。后来刘隐把军事大权交给其子刘岩，刘岩带兵攻打南方各地。梁贞明三年（917）击退占据潮州的卢光睦（卢光稠弟），从此，刘岩脱离后梁称帝广州，国号"大越"，第二年改国号为"汉"（即十国中的南汉国），潮州隶属南汉。《祖堂集》是五代南唐保大十年（952）编撰的，其时潮州尚属南汉国，故称道匡为汉国潮州人。到了宋初编撰的《景德传灯录》卷21，就称为"泉州招庆院道匡禅师，潮州人"了。

无论是《祖堂集》还是《景德传灯录》，都主要记载道匡的上堂法语和师徒对机，有关道匡的生平史实的文字却很少，他是潮州哪个县、哪个都的，如何出家的等问题都付阙如。我们只知道他俗姓李，长成后出家，到福建泉州参学禅法，师事长庆慧棱禅师(854—932)。

长庆慧棱，杭州盐官人，为五代时最负盛名的大禅师之一。长庆慧棱当时住持泉州招庆院，参众1 500多人，盛况空前。道匡入室参侍，几年后终于大彻大悟，为了感恩，也为了磨炼自己，自愿做了寺里的"桶头"。"桶头"是寺里一种苦行职事，与"浴头"差不多，即管理浴桶，打扫浴室，为僧众沐浴服务。

道匡虽做桶头，服苦役，但也常常借日常生活一机一境，来启发、帮助师兄弟发悟，与禅徒对机酬答。这件事被大和尚知道后，大和尚就有意勘验他的悟境。一日，长庆慧棱遇见他，就呵斥道："你每天口里唠唠叨叨说些什么，工作不好好去做?!"（以下对话已以白话文作适当处理）

道匡对机道："一日不作，一日不食。"
长庆道："那么你就磨弓错箭去了?"
道匡道："专等尉迟来。"
长庆道："尉迟来了怎么样?"
道匡道："管教他筋骨遍地，眼睛突出!"①

道匡与大和尚打禅机时对答如流，长庆听了很满意，认为他的确彻悟了。从此道匡的声名逐渐传扬开来，后来长庆慧棱被闽王王审知礼请去住持福州长庆院，就向泉州刺史王

① （宋）释普济辑，宋俊红点校：《五灯会元》卷8，海口：海南出版社2011年版，第629页。

延彬推荐道匡接任招庆院住持。道匡没有辜负其师的信赖，接任后深得参禅衲子的皈依。慧棱移住长庆院后，参学衲子并未倾巢随去，而是“学众如故”①，多达1 500人转依道匡参禅。这说明道匡的证悟境界和开堂接众的手段是得到禅人们承认的。虽然在当时禅林里常有这样的事，一个如长庆慧棱一样的大禅师一旦调任，一寺禅众往往会跟他到另一寺院去参禅的。

道匡在同禅徒们的众多对机中，有两个最为出名的答语，日后成了成语，一是“宁可清贫，不作浊富”：

问：“如何是招庆家风?”师曰：“宁可清贫自乐，不作浊富多忧。”

二是“七颠八倒”，形容复杂难言：

问：“如何是佛法大意?”师曰：“七颠八倒。”②

道匡一生都在泉州招庆院当住持，一直到后唐同光三年（925）圆寂。他是长庆慧棱门下上首高足。因他禅宗造诣精深，且在弘传禅法上有巨大贡献，闽王赐他以紫方袍（唐宋时皇帝对有杰出贡献的僧道颁赐的代表最高荣誉的衣服），并赐号“法因大师”。道匡成为历史上潮汕僧人受到最高统治者赐号赐紫的第一人。从他听法悟道者很多，他的法嗣载入《五灯会元》就有七人：报恩宗显、龙光澄忙、永兴可休、太平清海、慈云慧深、兴阳道钦、保福清溪，各为一方宗主，弘传道匡禅法。

二、东京华严院道隆禅师（约990—1073）

华严道隆禅师，两次受北宋皇帝赐号，是一个知名度较高的临济宗高僧。在《禅林僧宝传》等多种禅籍中均有传。

（一）道隆的生卒年

在慧洪《禅林僧宝传》卷20“华严隆禅师”条中，道隆被记为“不知何许人”，但在时间更早的余靖（1000—1064）《东京左街永兴华严禅院记》③ 则明白记载：“师名道隆，潮州海阳人，俗姓黄氏，得心印于汝州琏禅师”，余靖不仅是道隆同时代人（道隆还健在，此篇《记》也是应道隆之请撰写的），又是韶州曲江人，与道隆同属广南路（即今天的广东），是大同乡，他的记载是非常可信的。但有关道隆其他信息如生卒年、何时出家、家庭状况等，各史料都未明确记载。我们只能依据《禅林僧宝传》的记载大致推算。《禅林僧宝传》结尾的赞语谓：

① （南唐）静、筠禅僧编，张华点校：《祖堂集》卷13，郑州：中州古籍出版社2001年版，第442页。
② （南唐）静、筠禅僧编，张华点校：《祖堂集》卷13，郑州：中州古籍出版社2001年版，第443页。
③ 余靖：《东京左街永兴华严禅院记》，《武溪集》卷9，《文渊阁四库全书》（第1089册），上海：上海古籍出版社1987年版，第79～80页。

（道隆）殁未五十年，丛林且不闻其名，况机缘语句乎？可为太息！予少时客华严，及见其檀越岑氏之子孙家藏隆偈稿并被遇之迹甚详。……

这里透露了两个重要信息：一是道隆的名声消失得很快，丛林无闻，以致在禅门典籍中失载；二是在慧洪作传时，道隆已圆寂近50年了。据日本禅史专家阿部肇一考证，《禅林僧宝传》撰于宣和五年（1123），成书于宣和六年（1124）[①]，从1123年往上逆推50年，道隆当圆寂于1073年以前；《禅林僧宝传》说他“殁时年八十余”，那么道隆的生卒年大致为990—1073年。

（二）道隆与宋仁宗

在各种禅宗史籍里，他的事迹是十分奇异的，以致他被载入明代朱棣的《神僧传》里。关于道隆神奇事迹的记载，始作俑者是道隆圆寂不到50年后撰出的慧洪《禅林僧宝传》。

慧洪在传中绘声绘色地说：道隆在临济宗高僧广慧元琏禅师（951—1036）座下开悟后，就云游四方，至和初年（1054）[②] 到了北宋都城东京，在景德寺挂单。东京十分繁华热闹，道隆每天早出晚归，到各处游览。看门的骂他不守规矩，他也不改。有一晚他又回来晚了，看门的一气之下不给开门，他只好睡在山门外。恰好这天晚上宋仁宗梦见自己到了景德寺，看见山门前有一条龙蟠在地上睡觉后就惊醒了。于是他立即派宦官到景德寺前察看。宦官见到有一僧人睡在那里，就把他摇醒，问了他的法名后，回禀宋仁宗。宋仁宗非常信佛，听了大喜：“这真是好兆头啊！”天明后就把道隆召至便殿问话，道隆都作了详细回答。仁宗很高兴，下圣旨让他住进大相国寺里。王公贵人见状都来巴结他。每天早上，道隆还未起床，客厅外就坐满了宾客。之后道隆与仁宗常以诗偈相答，有时被召入皇宫中谈禅说理，天晚了甚至留宿禁中。

这个神奇故事，自是慧洪道听途说来的。不过，前半部分虽是传说，后半部分却是真实的。也就是说，撇开宋仁宗梦龙而识道隆这一具传奇色彩的事件，道隆作为一个人格高标、文学和佛学修养浓厚的僧人而为仁宗所赏识，这一点倒是事实。这在与道隆同时代人、当时为谏官的余靖所写的《东京左街永兴华严禅院记》一文里，可以得到明确的印证。

据余靖《记》，康定元年（1040），道隆50岁左右，因学问和修养优、证悟境界甚深，被招住东京华严禅院。庆历二年（1042）宋仁宗写了一首《重阳颂》的偈子，派人送给道隆，请他批点。道隆用心笺注后进呈，宋仁宗阅罢大喜，觉得受益匪浅，于是特赐紫方袍以示恩宠。从此，仁宗所作禅偈，学佛心得等，都送来给道隆批点、唱和，君臣之间的联系愈来愈密切。庆历四年（1044）仁宗又作《大乘颂》送来给道隆唱和，道隆和了呈进，仁宗十分欣赏，赐道隆以“圆明大师”之号。

道隆来华严禅院住持时，华严禅院修建工程尚未竣工，佛像也未装塑。道隆到任后，

---

① ［日］阿部肇一著，关世谦译：《中国禅宗史》，台北：东大图书股份有限公司1988年版，第593页。

② 按：《禅林僧宝传》所载宋仁宗梦龙识道隆的传说荒诞不经，连其入京师时间都搞错。据余靖《记》，道隆于康定元年（1040）即住持东京华严禅院，怎么可能是至和初年（1054）才到东京景德寺挂单？后出的《五灯会元》等为突出道隆的神异均保留这一传说，在时间的记叙上都颠倒错乱，不可不辨。

道声渐播，很快劝化了两百万钱，亲自赶到杭州那边督造佛像，不久就装绘完毕，船载而归，然后安放、开光，佛像流光溢彩，禅院气象为之一新。仁宗大加赞赏，接连恩赐偈颂、御书、金帛、香药等，并频频召道隆进宫，在化城殿升座说法，为皇帝演说禅宗大义。因华严禅院离皇宫稍远，为方便道隆进宫，还在离皇宫较近的大相国寺里，为道隆专门拨出一所房舍，作为进宫、回寺时的落脚之地。因为皇帝恩宠有加，善男信女对道隆更加崇拜，所以纷纷出资修建寺院，两庑、钟楼、方丈、藏经阁、僧舍等，一一皆备，一所规模庞大的华严禅院终于全部建成竣工了。

此后仁宗累有恩赐，并在嘉祐二年（1057）再赐道隆以“明悟禅师”之号。一个僧人得到同一位皇帝的两次赐号，这在历史上是十分罕见的。

（三）道隆的真实为人

一个受到皇帝如此恩遇的僧人，会不会愈来愈自鸣得意、趾高气扬呢？与清初潮州高僧木陈道忞不同，道隆不愧为高僧，他对这一切采取不取不舍、不即不离的态度。一方面，他认为皇帝对自己的恩礼就是对佛的恩礼，所以对宋仁宗的恩遇并不全加排斥，“不依国主，则法事难立”这一道理他是非常懂得的；另一方面他对这种恩遇又不像一般人那样受宠若惊或炫耀于人，为了表明自己的超然心志，在皇祐二年（1050）宋仁宗召云门宗高僧大觉怀琏进殿演法后，即上疏乞请归隐山林：

> 臣本凡庸，混迹市里，夤缘佛法，依近天颜，出入禁廷，恩渥至厚。荐更岁籥，衰病相仍，未甘退于山林。坐贪蒙于雨露。因循至此，愧负在颜。恭惟皇帝陛下，天纵圣神，生知妙道，染为词翰，如日昭四下饰万物而臣蒙许赓和，似雾领略，才见一班，人虽不言，臣岂无怍。伏见僧怀琏，比自林薮，召至京师，议论得其渊源，词句特出流辈。禁林侍问、秘殿谈禅，臣所不如，举以自代。伏望圣慈许臣于庐山一小刹，养疴待尽。不胜犬马恋轩之情，取进止。①

但皇帝终未同意他的请求，命居华严禅院直至圆寂。但道隆从此不入东京城门，抱真守璞，与统治者保持一定距离。道隆这种识时通达的做法，赢得广大信众的钦仰，同时也为自己减少了因同行嫉妒等引起的麻烦。其为人正如《禅林僧宝传》中所说的“宽厚不矜伐，以真慈普敬行心”。

道隆80多岁安详坐化，正值盛暑，圆寂七日而肌肤不变，手足软和如生，所以没有火化，于华严禅院东侧肉身下葬并建塔祭祀。

三、湖州报本寺慧元禅师（1037—1091）

报本寺慧元禅师，为宋代临济宗黄龙派著名禅师之一，宋代禅籍及志书关于他的记载也非常多。惟白《建中靖国续灯录》卷12“湖州报本寺慧元禅师”载：

---

① 释慧洪：《禅林僧宝传》卷20，《文渊阁四库全书》（第1052册），上海：上海古籍出版社1987年，第730页。

潮州倪氏子。比试得度，游方参道，至南禅师法席，一言相契，侍奉七年。出世于苏台吴江圣寿，次迁昆山惠严城中万寿，后移报本。元丰中，一日，沐浴毕，升堂，告众云：五十五年梦幻身，东西南北孰相亲？白云散尽千山外，万里秋空片月新。言毕而逝。肉身不坏，见存本院。

短短一段话，就完整地交代了慧元的生平、出处，塑造出了一个证悟高深、令人景仰的高僧形象。尤其是慧元的那首圆寂偈，无论是从一个禅人高深证悟境界的显现上，还是从诗的空灵明澈的意境构造上，都不失为一首上乘的禅诗，为历代禅人广为传颂。

（一）参学与悟道

据《禅林僧宝传》可知，慧元是父母允许，童贞入道，出家于潮州城南精舍，这间接地反映了宋代潮州崇佛的浓厚风气。19 岁时他试经得度，成为比丘。成为比丘的慧元离开了依止师父，游方参学。他来到都城东京后，即前往依止自己的同乡前辈、早已闻名全国的华严道隆禅师。道隆见而异之，问：“上人齿少，自何至此，所求何事？”慧元回答道：“慧元自南海来，无他，来唯求佛法。”

慧元游方到京师，为的是参访高僧，大概早就听到同乡前辈华严道隆的名声，所以就去参访他。听了慧元的话，他笑了：“王城地面，熙熙攘攘，正是酒色的樊笼，名利的捷径，到处充满了巧取豪夺，尔虞我诈，远古以前大通智胜佛，十劫坐道场，佛法还不现前，这个地方哪里有什么佛法？要求佛法，佛法都在南方，你不如回到南方去！”（对话以白话文作适当处理）

道隆见慧元年纪还小，又是一棵成佛作祖的好苗子，怕他沾染上京都的不良习气，所以才拒绝他。而慧元参谒道隆，原本想跟随道隆参禅，既然同乡高僧这么说，也觉得很有道理，就离开了道隆，南下云游两湖、江浙等名山大川。所到之处参访善知识，但久无所省发。最后在黄檗山积翠庵（今福建福清市境内）参慧南禅师，才获得彻悟。这是他参学历史上一个重要的里程碑。

（二）慧元的弘法

慧元弘法的地域，基本是江浙交界一带，即江苏的吴江、昆山、苏州和浙江的湖州等地。即今太湖周围的东部和南部一带。有趣的是，黄龙慧南座下高足祖心、克文、常总等 36 位黄龙派高僧中，其弘法地域几乎集中于江西和湖南①，只有慧元开辟了江浙的弘法路线。

熙宁元年（1068），慧元 32 岁，首先开法于吴江圣寿寺。在这之前，他曾“寓黄州南峰兰若（与圣寿寺相距不远），高自标致，放怀泉石”②，徜徉于山水之间。可能因他的修证和为人为苏人所崇仰，才请开法的。慧元的弘法十分成功，“道化东吴，人归者如云”③。元丰二年（1079），又被苏州郡守请住昆山慧严院。昆山慧严院原本是律寺，郡守

---

① ［日］阿部肇一著，关世谦译：《中国禅宗史》，台北：东大图书股份有限公司 1988 年版，第 406 页。

② （宋）释晓莹：《罗湖野录》卷上，《文渊阁四库全书》（第 1052 册），上海：上海古籍出版社 1987 年版，第 893 页。

③ 释慧洪：《林间录》卷下，《文渊阁四库全书》（第 1052 册），上海：上海古籍出版社 1987 年版，第 771 页。

将其改为禅院，请慧元为第一任住持，可见慧元道誉之隆！

慧元初次当住持开法时，给他的恩师黄龙慧南写信汇报，慧南曾给他回过一封信，载在《黄龙南禅师书尺集》中："因今汝离黄檗，十有余年，一锡飘然，孤踪不定，虽知白而守黑，奈果熟而自香。缘在吴江，应时而出，宜遵圣寿规范，如说而行，勿效庸鄙之流。唐言自恣，凡百住持，必须谨护，此不尽书。"①

从这封信中，慧南禅师那种对徒弟谆谆告诫的关切之情和念念不忘的爱护之心，溢于言表，真是感人肺腑！

元祐四年（1089），在住持慧严院10年之后，慧元移住苏州承天万寿寺，这时禅师已经53岁。其道望之高，受人崇重的程度，从一则故事中即可见一斑：

元祐四年，住承天万寿寺，众益盛。躬自持钵至湖（州）。湖人曰："师到处为家，何苦独姑苏乎?"固留不使还。苏人闻之，争持棰杖哗入湖。曰："何为夺我邦善知识，政当见还，否则有死而已！"（慧）元怡然不郄情去留，曰："吾任缘耳。"相守弥月，苏人食尽乃去，竟为湖人所有。②

慧元移住苏州万寿寺，闻风而来的参学禅人太多，寺内粮食不足，慧元只好亲自到湖州去化缘，不想竟被湖人善信留住不放。这说明慧元在江浙一带的影响力之大；为了得到一个禅师的教化，苏州、湖州两地的善信竟然发生争夺，相持弥月，还差点火拼起来，这又是何等伟大的道德感召力量！这与东晋时大翻译家鸠摩罗什曾经发生的事，又何其相似！

慧元从此在湖州报本寺住持，所以灯录中均称为"报本慧元"。两年后，即元祐六年（1091）十一月十六日升座说偈谢世，《建中靖国续灯录》卷12说他"肉身不坏"，建塔于岘山（报本寺周围）之阳。后30年，宋徽宗政和年间，被谥为"证悟禅师"，塔名为"定应"，并在塔旁敕建了显化寺，以奉禅师香火。其法嗣《五灯会元》只录永安元正1人，明居顶《续传灯录》则录有8人。

（三）为人和禅风

慧元为人酷似其师慧南禅师，这一点为各僧传作者所公认。如慧洪《林间录》卷下谓：

报本元禅师孤硬风度甚高，威仪端重，危坐终日，南禅师之门弟子，能踪其行藏者，唯师而已。

《五灯会元》则说他"坐而不卧，余三十年"。其禅定功夫及证悟境界在宋代丛林中都是不多见的，自是非同小可！有一则慧元遇盗的故事，更可见慧元为人处世之旷达无碍：

---

① 《黄龙南禅师书尺集》，《禅学大成》（第4册），台北：中华佛教文化馆1981年影印本，第198页。

② 释慧洪：《禅林僧宝传》卷29，《文渊阁四库全书》（第1052册），上海：上海古籍出版社1987年版，第771页。

师道化东吴，人归之者如云。尝自乞食，舟载而还。夜有盗，舟人绝叫，白刃交错于前，师安坐自若，徐曰："所有尽以奉施，人命不可害也。"盗既去，达旦，人来视舟，意师死矣，而貌和神凝如它日，其临生死祸福，能脱然无累如此。①

故事发生于他住昆山慧严院时。而其师慧南也曾发生类似的事情：

南禅师住庐山归宗（寺），火一夕而烬。大众哗噪动山谷，而黄龙安坐如平时。桂林僧洪淮，欲掖之而走，顾见叱之。淮曰："和尚纵厌世间，慈明法道何所赖耶？"因徐整衣起，而火已及座榻矣。②

他们师徒两人在生死祸福脱然无累的境界上，完全是一致的。慧元证悟之深，不言而喻。

慧元不仅在人格境界上酷似其师，在禅风上也完全继承其师的衣钵。他开法昆山慧严院时，"追绎南公，凡见僧必首问：人人尽有生缘，作么生是上座生缘？次问：我手何似佛手，我脚何似驴脚？"③ 他也以"黄龙三关"语接引学人，并作有两偈以示对"黄龙三关"的体会：

相逢不免问生缘，一句当锋旨最玄。达摩少林遗只履，却登葱岭不虚传。

欲透宗门向上关，须明佛手与驴脚。真金不使假金妆，莫认醍醐为毒药。

由是可知，他对其师的言句并非鹦鹉学舌，而是真参实悟、活学活用的。

第六节　元代佛教及胆巴帝师的潮州行

一、元代佛教概况

至元十一年（1274），忽必烈发动灭宋战争，十三年（1276）宋亡。十四年元兵追击南宋残余势力至闽粤，进入潮州境内，自此至二十一年（1284）的八年间，潮州烽火连天，战乱频仍，陷入一场数百载未遇的兵祸之中。先是潮州知州、安抚使马发守土抗元，由于宋都统陈懿等兄弟五人投降元兵，加上部将黄虎子的叛卖，潮州城被攻破，马发自杀殉国，元将唆都下令屠城，然后北返福州，命陈氏五人"权知州事"。其次是漳州的陈吊眼率义军进攻潮州，但被陈氏集团击退，而潮州生灵又遭涂炭。至元十五年（1278）南宋

① 释慧洪：《林间录》卷下，《文渊阁四库全书》（第1052册），上海：上海古籍出版社1987年版，第857页。
② 释慧洪：《林间录》卷上，《文渊阁四库全书》（第1052册），上海：上海古籍出版社1987年版，第807页。
③（宋）释晓莹：《罗湖野录》卷上，《文渊阁四库全书》（第1052册），上海：上海古籍出版社1987年版，第893页。

宰相文天祥率军转战粤东，与元将张弘范激战潮州境内，文天祥终因势单力薄，兵败被俘。以俘获文天祥有功的陈懿被张弘范举荐为招讨使兼潮州路总管。由是起，元朝统治潮州共90年（1278—1368）。这以后的几年，粤东仍很不安定，山寨林立，互相攻掠，百姓颇受其苦。只有到了至元二十一年（1284）枢密副使月的迷失以广东宣慰使职位进驻潮州，讨平各山寨势力，潮州才由乱转治，逐步安定下来。

宋末元初的兵燹，给潮州带来了巨大的破坏，人口大减，地方经济文化建设遭到前所未有的损失。佛教界也难逃厄运，同样损失惨重，寺院大量被毁，僧尼逃亡。如建于南宋初年的揭阳双峰寺被烧成白地①，潮州城里的华严阁②、静乐寺等也彻底被毁。需说明的是，这些寺院被毁，大多不是蒙古大军所为，而是各山寨势力相互攻掠的结果。

（一）潮汕元建寺院

元朝统治者忽必烈也算是一位伟大的政治家，他即位后对各种宗教采取不偏不倚的宽容态度，对包括道教、基督教和伊斯兰教在内的各种宗教都很崇敬和尊重，并注意利用宗教为其统治服务。忽必烈本人未必是虔诚的佛教徒，但出于加强中原地区和西藏的联系，建立大一统国家的需要，他特别推崇喇嘛教，把喇嘛教定为国教，在大都设立“宣政院”，直接管辖“吐蕃之境”，把藏地纳入元朝统治之下。因为汉地佛教与喇嘛教有许多共同点，作为喇嘛教一般，也为忽必烈及其后继者所崇尚，给予相当的待遇。终元之世，元朝统治者大建佛寺，赐田赐钞，蠲除寺院赋税③。由是佛教在短期内就恢复了生机，继而有了更大的发展。

据各方志，有明确提到建于元代的寺院，如以下各表。

表9　海阳县元代的寺院

序号	寺名	年代
1	莲花寺	至元二十六年
2	宝积寺	至元二十六年
3	法光寺	大德年间
4	帝师殿	泰定五年
5	圆通寺	至正四年
6	法藏庵	至正年间
7	东林寺	

资料来源：雍正《海阳县志》。

① 程准：《揭阳双峰院记》，（明）解缙等编撰：《永乐大典》卷5345，潮州市地方志办公室·韩山师范学院图书馆2000年编印本，第171页。

② 迷失弥迩：《圆通阁记》，（明）解缙等编撰：《永乐大典》卷5345，潮州市地方志办公室·韩山师范学院图书馆2000年编印本，第175页。

③ 忽必烈曾谓：“自有天下，寺院田产，二税尽蠲免之，并令缁侣安心办道”，此后诸帝对待佛教，大部依世祖的范例办理。见志磐：《佛祖统纪》卷48。

表10　潮阳县元代的寺院

序号	寺名	年代	
1	福田院	中统年初	光绪《潮阳县志》
2	皇庆院	至元十七年	
3	花果院	大德四年	
4	莆田院	大德年间	
5	荆山院（今属惠来）	延祐三年	
6	归龙院（今属惠来）	延祐四年	
7	长美岩	至元年间	张维、姚奇丰：《潮阳石刻》，香港：天马出版社2008年版，第133页。
8	古雪岩	至正年间	同上

资料来源：隆庆《潮阳县志》。

揭阳县的情况有点特殊。在现存雍正《揭阳县志》中找不到明确说明的元建寺院，那是否说明元代揭阳没有创建寺院呢？其实不是。在此应作一些考证说明。

我们知道，明洪武二十四年（1391）命各州府县只许保留大寺院一所，僧众集中居住①，“务要三十人以上聚成一寺，二十人以下者听令归并成寺，其原非寺额创立庵堂寺院名色并行革去”②。在潮汕，这一宪令也得到实行，虽然可能不很彻底。这就导致当时的寺院合并，即把多个小寺院合并归入一两座大寺院中。雍正《潮阳县志》“双峰寺”条载：“……洪武壬申年（1392）并宁福、花果、丰化、宝福、双山、资福、福成诸寺。”“弥勒寺”条载：“弥勒寺在梅岗都，洪武壬申并观音、清泉、景青（应作‘星’）三寺归本寺。”③ 也就是说，明初的双峰寺及弥勒寺是由多个寺院合并而成的，这些被合并的寺院在元代以前就已存在。接下来的工作就是甄别这些寺院是宋建还是元建。据上文可知，除宁福寺（院）、双山（双峰寺旧址）为宋建以外，其余再也找不到足够证据证明其为宋建寺院，我们暂且把它们列为元建寺院。

据今人考证为元建寺院的有：紫峰寺，至正十一年（1351）建④；荔枝庵，泰定三年（1326）建⑤；韫玉寺，元代建⑥；2011年12月，在位于潮州市金石镇塔下村的西南面桑浦山半山腰上，发现一处“石佛”，其实是一处摩崖佛菩萨像群雕，石刻像分两行，共12个，每个40至50平方厘米，佛像右侧题款为“时大元壬辰年九月日开山　弘瑜立”，经笔者鉴定，此处石刻浮雕像为元代一位叫“弘瑜”的僧人所雕造。若结合周围环境来考

① （清）张廷玉等撰：《明史》第6册“职官志三”，北京：中华书局1974年版，第1818页。

② （明）葛寅亮：《金陵梵刹志》卷2“钦录集·洪武二十四年”，蓝吉富主编：《大藏经补编》第29册，台北：华宇出版社1985年版，第63页。

③ （清）陈树芝：雍正《揭阳县志》卷8“庙宇”，潮州市地方志办公室2003年编印本。

④ 揭阳梅云镇镇志编委会编：《梅云镇志》，长沙：湖南地图出版社1998年版，第350页。

⑤ 陈嘉顺、孙杜平：《〈潮汕金石文征·宋元卷〉补遗》，《地域文化的构造与播迁：第八届潮学国际研讨会论文集》，2009年，第73页。

⑥ 郑智勇：《桑浦山“韫玉岩”考》，见蔡汉铭编：《桑浦名刹韫玉寺》，北京：华夏出版社2008年版，第57页。

察，或可推断此处为元代一个出家人苦行禅修的岩窟。但此岩寺为何名，已不可考，在此暂不计入。

这样，揭阳县元建寺院共有花果寺、丰化寺、宝福寺、资福寺、福成寺、弥勒寺、观音寺、清泉寺、景星寺、紫峰寺、荔枝庵、韫玉寺等12座。

合并起来，元代潮汕三县共创建寺院27座。

表面上看起来新建寺院不多，但因元代国祚较短，正式统治潮汕地区仅90年，如以年平均创建寺院数量来算，这个数量不比宋代少。并且，这些寺院的创建时间大部分都非常集中，揭阳县各寺院创建具体年代无考，其余两县除福田院为中统初年所创外，大部分为元代中后期所建。其中潮阳皇庆院，隆庆潮阳县志载为至元十七年创，但从其院名“皇庆”来推测，似应为皇庆年间（1312—1313）创建，姑存疑。

（二）元代潮汕佛教特色

元代潮汕佛教的发展，其区别于宋代佛教的显著特点是，其一，与地方官吏的积极支持和保护密切相关，寺院主要是在地方官吏的直接参与、主持下修建的；其二，与宋代佛教相比，民众虽然延续唐宋以来的福德报应观念，寺院经济发达，但出家人那种济世利他精神再也见不到了。

元建寺院数量不少，这与蒙元政府崇信佛教的政策大势有关，除了由民间或出家人创建的寺院如花果寺、丰化寺、宝福寺、紫峰寺、荔枝庵、韫玉寺等由于资料所缺，创建时间、创建人不详以外，由官府主持修建的寺院主要集中在路治和县治，有宝积寺、帝师殿、圆通阁（大明堂）、华严阁以及揭阳双峰寺等。

宝积寺为帝师胆巴至元二十七年（1290）贬潮时所创。为潮汕地区最早的一座藏传佛教（即喇嘛教）寺院，具有特殊的文化意义，俟后详叙。

帝师殿的创建也与藏传佛教有关。帝师八思巴（1235或1239—1280）是藏传佛教萨迦派僧人，青海乌斯藏人。此派教主萨斯迦·班弥怛最先受蒙古统治者窝阔台征召，八思巴随行。后来教主圆寂后，八思巴继任教主。忽必烈未即位前即认识八思巴，非常崇敬他。当时，佛教与道教为争夺蒙古汗廷的信任，争夺权力和徒众，引起了一场激烈的论战。1258年，八思巴在忽必烈面前与道教首领辩论《老子化胡经》的真伪，驳倒了对方。中统元年（1260），忽必烈即帝位，封八思巴为国师，赐玉印，让他统领天下释教。至元元年（1264），立总制院管辖全国释教和吐蕃僧俗政务，以国师领之。八思巴回到乌思藏，设置宣慰司等官衙后，返回中都（燕京）。六年，八思巴创制成以藏文字母为基础的蒙古新字（后人称之“八思巴文”），八思巴升号为“皇天之下一人之上西天佛子大元帝师”，元世祖把乌思藏地区十三万户指定为八思巴的供养地。十一年，其弟亦邻真监藏嗣为帝师，八思巴本人返回萨斯迦，统治吐蕃。其后元仁宗又加封他为“开教宣文辅治大圣至德普觉真智佑国如意大宝法王”，备极崇重。

从八思巴开始，终元之世，历朝都以喇嘛为帝师，在新帝即位前，必先就帝师受戒。为表彰八思巴创制蒙古新字，更为表彰他为维护祖国统一所作的贡献，元代统治者诏天下各路创建帝师寺来纪念他。《元史·释老传》载，为帝师八思巴建庙通祀之诏颁于元英宗至治年间，“泰定元年，又以绘像十一，颁各行省，为之塑像云”，又据《元史·英宗本纪一》载，至治元年（1321）三月“建帝师八思巴寺于京师”。五月“毁上都回回寺，以其地营帝师殿"，说明诏建帝师寺于元代中期的至治元年就开始了。潮州创建帝殿过程具载林淳《创建帝师殿碑》[①]。从碑文来看，潮州有两次创建帝师的记录。"潮之前任守贰立殿于开元佛宇之后，规模未备，屋圮地偏，无以安其廊庑。"守贰即潮州路同知。据民国《潮州志·职官志一》考证，前任守贰指元英宗至治三年（1323）潮州路总管同知佟复。这说明潮州很快就响应最高统治者的诏命建立了帝师殿，但位置偏僻，道场狭小，潮州路总管府判官买住慨叹道："朝廷崇佛而尊帝师，今潮民未知所祀，师之德教，安能远被炎荒？"[②] 看来，当时帝师殿庙小菩萨小，初不为人所知。有鉴于此，泰定五年（1328），买住同其他官员"卜地于（开元）寺之南隅"重建帝师殿，山门、两庑、大殿等一般寺院形制初具规模，塑八思巴金像以祀，又配以胆巴和搠思剌像，八思巴、胆巴及其藏传佛教由此"大显于潮"，影响似乎扩大了。

湘子桥西城门在南宋时本建有圆通阁，元兵陷潮时被毁，后虽重建，又毁，至正五年（1345）潮州路同知张弼重建圆通阁，并于"阁之东"建华严阁，请南山寺住持礼翁善恭为开山[③]。

揭阳双峰寺毁于宋末兵火，其由官府重建的过程俱载上揭《双峰院记》，此略。

宋末元初潮州佛教虽然遭到巨大损失，但很快恢复了元气，而民间的福德报应观念依旧浓厚，施田、捐物现象略同宋代。如饶平《四面佛铭文》：

至和元年岁在戊辰九月主缘性空□□□有□信宁里董宅住□□□□宝塔一座祈求子孙远大。[④]

又如澄海《塔山寺石观音坐像铭文》：

李英昊舍观音佛入洞仙岩奏求子孙荣□，至元五年。[⑤]

前者语气与宋代金石资料文字几乎一样，不过是把"劝首"这一社会性词语换成了佛门内部用语"主缘"。这种用语同样出现在《潮州府署镇海楼钟款》中[⑥]，用语的置换从侧面意示了潮汕佛门公益慈善精神的丢失。而官吏们不仅主持修建寺院，也热心向寺院捐钱捐物，泰定三年（1326）灵山寺募得大钟一口，其布施者均为潮州路及潮阳县的官吏[⑦]。

---

① 林淳：《创建帝师殿碑》，（清）卢蔚猷修：光绪《海阳县志》卷31"金石略二"，潮州市地方志办公室2001年编印本，第307页。

② 林淳：《创建帝师殿碑》，（清）卢蔚猷修：光绪《海阳县志》卷31"金石略二"，潮州市地方志办公室2001年编印本，第307页。

③ 迷失弥迹：《圆通阁记》，（明）解缙等编撰：《永乐大典》卷5345，潮州市地方志办公室·韩山师范学院图书馆2000年编印本，第175页。

④ 《四面佛铭文》，黄挺、马明达：《潮汕金石文征》，广州：广东人民出版社1999年版，第278页。

⑤ 《塔山寺石观音坐像铭文》，黄挺、马明达：《潮汕金石文征》，广州：广东人民出版社1999年版，第294页。

⑥ 《潮州府署镇海楼钟款》，黄挺、马明达：《潮汕金石文征》，广州：广东人民出版社1999年版，第272页。

⑦ 《潮州府署镇海楼钟款》，黄挺、马明达：《潮汕金石文征》，广州：广东人民出版社1999年版，第272页。

寺院继续接受信众施田。例如，潮州西湖净慧禅寺有人施150石岁租的田产，相当于150亩[①]，南山寺也有陈媪施田[②]，潮阳治平寺至大二年则有刘世荣舍田790余亩，地园100余亩[③]，林绍坚后人林逊舍田250多亩入芒岭苦竹院[④]。其最大一宗是开元寺所接受的施田，饶平人、封川节度判官余英一次施田1 500多亩[⑤]。甚至还有皇帝赐田，如宝积寺有元世祖一次赐田2 000亩[⑥]。由是可见，元代官民延续了宋代崇佛之风，施田现象仍然非常普遍。

上述寺院的施田数有明文记载，还有一些寺院虽然没有明文记载，但通过分析也可能了解元创寺院接受施田现象之众多和普遍。如上揭海阳县法光寺、圆通寺和东林寺，三寺均创建于元代大德初年（1297）以后，法光寺和圆通寺的田亩在明嘉靖《潮州府志》载为1 492亩和1 130亩，东林寺在雍正《海阳县志》载为原有400余亩（雍正年间已寺废田无）。按一般理解，这些田亩应该是元代到明代晚期（嘉靖年以前）累积而成，其实非是。因为，明初洪武二十四年（1391）朝廷曾颁布法令，命各州府县只许保留大寺一所，僧众集中居住，实行寺院归并，如圆通寺和东林寺都在归并之列，其寺院可能被拆毁，田产被归并到某一大寺如开元寺之中（下有揭示）；在晚明嘉靖年间以后这些寺院既然不存在，自然不可能接受施田，只有到了嘉靖年间以前这些寺院又纷纷恢复，并重新拥有田产。所以上述寺院的田亩数基本是元代就有了的。由此看来，元代潮汕较大的寺院拥有1 000亩以上的田产并不少见，而这些田产除宝积寺外，几乎都来自民间施田。

元代佛教在官方的恩宠、民众的信施下，寺院经济更胜于前。寺院拥有大量资产，但我们在现存金石资料及文献中，很难找到有关寺院参与社会公益或救济事业等的记载。可以设想，出家众那种济世利他精神已经丢失了，这就为僧人纵欲腐化和寺院的最终衰败埋下了伏笔。

二、胆巴帝师与元代潮州藏传密宗的传播

元代至元二十六年（1289），又一位重量级人物被贬潮州，这便是胆巴帝师（1230—1303）。胆巴的到来，在当时的潮州掀起一股崇密热潮，促进了民族融合和民族文化间的交流，这在区域文化传播史上具有特殊的意义。

（一）胆巴其人

有关胆巴的生平，现存资料主要有念常《佛祖历代通载》（以下简称《通载》）卷22

---

① 《湖山净慧禅寺田产题记》，谢逸等：《潮州市文化志》，1985年内刊本，第5~21页。

② （元）释大䜣：《南山寺记》，释大䜣：《蒲室集》卷10，蓝吉富主编：《大藏经补编》（第24册），台北：华宇出版社1985年版，第307页。

③ （清）周恒重修：光绪《潮阳县志》卷8“寺观·治平寺”，潮阳县地方志编委会2000年编印本。

④ （清）张士琏：雍正《海阳县志》卷7“人集人物·林绍坚”，潮州市志办公室2002年编印本。

⑤ （清）卢蔚猷修：光绪《海阳县志》卷27“古迹略二·寺观·开元寺”条，潮州市地方志办公室2001年编印本，第267页。

⑥ （元）释念常：《佛祖历代通载》卷22“胆巴金刚上师”条，《大正新修大藏经》（第49卷），台北：佛陀教育基金会，第727页。

“胆巴金刚上师”条[①]、《元史》卷202“释老传”[②] 及赵孟頫著名楷书墨迹《胆巴碑》[③]。从中可知，胆巴是西藏甘突斯旦麻（今青海玉树自治州移多县）人，原名功嘉葛刺思，生于宋理宗嘉熙二年（1238）。幼时父母双亡，由叔父抚养成人。12岁那年，叔父就让他出家，跟随法王上师学习佛法，法王上师给他取名胆巴，意为“微妙”。这位法王上师在《通载》中被称为“绰理哲瓦”，在赵孟頫《胆巴碑》中称作“绰理哲哇”，他其实就是忽必烈未登极所景仰的萨迦派僧人萨迦班智达（1182—1251），即元代帝师八思巴（1235—1280）的叔父，八思巴10岁跟随其受戒出家，所以无论是从年纪还是从戒腊来说，胆巴都应是八思巴的同门师兄。

胆巴聪颖明悟，勤学苦修，24岁就为四众开讲《大喜乐本续》，条理清晰，义理解释透彻，声音洪亮，四众无不欢喜赞叹。法王又命他前往印度，参礼古达麻室利等不少密宗高僧。胆巴在印度所学为何？我们从《通载》等史籍中可以了解到，与八思巴的博学多识、显密兼通不同，胆巴更侧重于密宗法术一路的修持，在当时以神通、神异著名，而这也就是后来忽必烈崇信胆巴的主要原因。后来他也被列入明成祖朱棣编撰的《神僧传》里。

胆巴回藏后，法王已经入寂，师弟八思巴已受聘入元，被元世祖忽必烈拜为国师。经八思巴推荐，胆巴来到中原，也受到忽必烈特殊礼尊，下诏请胆巴住持山西五台山密宗寺院寿宁寺。至元七年（1270），继主大护国仁王寺。至元九年（1272）到中都（今北京），为皇帝、皇太后、诸王、将相、贵人等授戒，执弟子礼者不可胜计，深受朝廷上下高度崇重。

据《元史·奸臣传》[④] 载，至元中，丞相桑哥专权。桑哥原为八思巴的译史或侍从，为人狡黠豪横，又见识广博，通数国语言，深为元世祖宠爱，以至权势显赫，至元二十四年（1287）官至尚书右丞相。桑哥执政后推行不少财政措施，结党营私，贪赃受贿，被《元史》看作是与阿合马一样的“奸臣”。因桑哥曾是胆巴的戒弟子，胆巴曾多次对他当面斥责规诫。桑哥非但不自收敛，反而怀恨在心，在背后向世祖进谗言中伤胆巴，胆巴发觉后，知道桑哥断不能容下自己，就在至元十九年（1282）向世祖上表，力请西归。回到故乡后，胆巴在一个寺院住下来，勤奋修持，并向弟子演讲显密佛法，这样又过了六年。

然而权相桑哥仍不放过他，至元二十六年（1289）初，桑哥派使者传召胆巴回都，开始时把胆巴安置在圣安寺里，实际上把他软禁起来。四月，下旨谪胆巴于潮州路。

胆巴在当时声望很高，是仅次于八思巴的蕃僧，其时八思巴已圆寂，虽然因为桑哥进谗言而使忽必烈对胆巴产生误解，疏远胆巴，但许多王公大臣都是胆巴的戒弟子，所以桑哥对胆巴心怀嫉恨，也还不敢对胆巴下毒手。无可奈何之余，桑哥只能把胆巴流放到既远离西藏，又远离大都的南方潮州了。这样做既能孤立胆巴，又使胆巴不能向皇帝面陈内里，真是一箭双雕。

---

① （元）释念常：《佛祖历代通载》卷22“胆巴金刚上师”条，《大正新修大藏经》（第49卷），台北：佛陀教育基金会，第725页。

② （明）宋濂撰：《元史》卷202“释老传”，北京：中华书局2000年版，第3022页。

③ 《赵孟頫胆巴碑》，上海：上海书画出版社2008年影印本。

④ （明）宋濂撰：《元史》卷205“奸臣传”，北京：中华书局2000年版，第3058～3062页。

（二）胆巴在潮州

胆巴到潮州是至元二十六年（1289）八月，离开潮州的时间，《通载》却没有明确记载，只说他离潮时桑哥已伏诛。《元史·奸臣传》谓桑哥于至元二十八年（1291）七月伏诛，那么胆巴在潮州时间不到两年。

胆巴在潮州，实际上只做了两件事，一是为枢密副使月的迷失之妻治病；二是创建潮州宝积寺。而前者又是后者的直接原因。

元代统一中国后，潮州地方仍不太平，各路豪霸占山为王，山寨林立，互相攻掠，人民备受其苦。广东宣慰使月的迷失于至元二十一年（1284）来潮，经他对各山寨进行讨剿、招抚并用的政策，短时间内就取得了成效，使地方安定下来。为了加强对潮州的管理，元世祖又以月的迷失为枢密副使兼广东宣慰使的身份驻镇潮州，他在任期间，地方继续保持安定，又能注意擢拔人才为其所用，很有政声。

月的迷失的妻子得了一种怪病，昏迷在床很久了，医药针砭、求神拜佛等都用过了，就是治不好。胆巴到潮后，月的迷失听到他的名声，再三邀请，胆巴才到他家，用密宗法术治好他妻子的病。

在元代国师当中，胆巴尤以神异著称。胆巴专门祭奉密宗天神摩诃葛剌（也写作麻曷葛剌），摩诃葛剌是梵文“Mahākāla”的音译，意为“大黑天”，他的形象像个大黑人，在藏密中，大黑人既是护法神，同时也是密宗修法所依止的重要本尊。据说胆巴的祖上七世都对所祭奉修持的摩诃葛剌十分恭敬，所以神也随祷而应，成为胆巴的护法神。在元朝对南宋的襄阳之战以及破常州时，据说胆巴就曾用摩诃葛剌神助战，有功于国，元世祖因此当即下令各地建庙供养。在元代，藏传密宗及摩诃葛剌神一直得到皇朝的崇信膜拜，而胆巴则是祭祀摩诃葛剌的权威。他正是用这种法术给月的迷失的妻子治好病的。

胆巴到月的迷失家，首先将其家所供养的神像烧毁，然后把自己日常挂在脖子上的数珠放在患者身上加持。不久，妇人就惊叫一声苏醒过来，定神后说：“梦见自己被人缚在某个地方，拼命挣扎不得，突然间见一个大黑人到来，解放了我，才清醒过来。”妇人所见的大黑人正是摩诃葛剌神。在此之前月的迷失并不信佛，但从此就倾心佛教，成为一个虔诚信徒，对胆巴自然也是崇重有加了，驻潮大吏既然如此，可以想见，胆巴的法术是如何引起当地潮人的敬畏和崇拜了。

胆巴既然深得月的迷失的尊崇，他在潮州期间开展佛事活动也就顺利多了。在潮期间，胆巴升座说法，为众授戒等佛事，也应为意料中的事。由是潮人“倾心佛化”。在他赢得月的迷失的尊崇后，就对门人说出自己的心愿：“潮乃大颠韩子论道之处，宜建刹利生。”这个建议得到月的迷失的鼎力支持。

至元二十七年（1290），寺址选在城南外已废的宋净乐寺故基兴建。净乐寺在潮州南郊护城河外，面临河水，河内久已干涸。创建之始，不知道所需木材该要多少，然而据说五月某一天，大雨倾盆，护城河水暴涨，一夜之间就有很多优质桁梁木材随河水漂浮而来，堆拥在净乐寺外面。人们都大感惊异，都认为是胆巴作法役使鬼神运输来的，对胆巴更加敬畏了。月的迷失即动工兴建殿宇，很快就造好了。《通载》谓“殿宇既完，师手塑梵像，斋万僧以庆赞之”。既然殿中的佛像均由胆巴亲手塑成，必有胆巴所修持依止的摩诃葛剌神在内，同时也说明此寺当属藏式寺院。因为元朝下令修建的藏式寺院中都供奉有摩诃葛剌神，更不用说胆巴本人手塑的了。

权相桑哥劣迹显露，为元世祖所杀，胆巴被敕回大都。于是他向世祖说起在潮建刹之事，并请世祖赐额，世祖赐额为“宝积”，并赐田20顷，作为宝积寺香灯田。这是记载在《通载》卷22的史实，在方志中可以得到印证，在明嘉靖《潮州府志》[①]中，宝积寺的田产为22顷8亩。府志既未载明田亩来源，也未载是否有人施田，作为至元年间所建寺院，明末方志中所载田亩数竟达2 000多亩，其唯一的可能就是元代皇家赐田。宝积寺建成后，其寺院规模仅次于粤东首刹开元寺。

宝积寺虽毁于元末兵燹，但入明后又重修，清代也曾修整。1924年为潮梅护军使洪兆麟作官产拍卖，沦为林姓公祠，现也不存，其址现在潮州市南春中学内。[②]

大德七年（1303）夏，胆巴圆寂，世寿74岁，僧腊62岁。元仁宗皇庆年间（1312—1313）追号为“大觉普惠广照无上胆巴帝师”（赵孟頫《胆巴碑》）。胆巴在世时并未像八思巴那样被封为国师、帝师，这一称号是仁宗时追封的。

（三）元代藏传密教在潮州的传播

胆巴的潮州之行，虽然不到两年时间，却是佛教文化史上一件非常重要的事件。他把藏传密宗传入中国南方沿海地带，这在汉藏文化传播史上是值得一书的事。这么一个以神异著称的、闻名全国的金刚上师的到来，加之有驻潮大吏的推崇，并且创建了一所颇具规模的藏式佛寺，必在当时潮汕社会掀起一股藏传密宗的热潮，故史载潮人“倾心佛化”，藏密由此“大显于潮”。但因蒙元政权被推翻后，义军对诸如蒙元文化如帝师殿、宝积寺之类的遗留物及其宗教传承等加以摧毁消灭，而今资料所限，其盛况已无法进行整体描述。但有学者认为，现存开元寺至正年间的“铜云钣”[③]，可看作是元代潮州开元寺已受到藏传佛教密宗影响的实物见证，这与元初胆巴在潮州活动有关，这个论断是有道理的。我们将从以下几个侧面，来说明胆巴所带来的藏传佛教密宗，对潮人信仰产生的深切影响。

第一，胆巴寂后25年的泰定五年（1328），潮州路判官买住和同知宋用等，于潮州开元寺南隅，捐俸重修祭祀八思巴的帝师殿。《元史·释老传》载，元英宗至治年间（1321—1323），为表彰八思巴始创蒙古文字之功，诏告天下为帝师八思巴建庙祭祀。潮州在英宗时已建成帝师殿，但“规模未备，屋圮地偏”，不能“广师之德”，所以在泰定五年易地重修此殿，潮州路官吏林淳作了《创建帝师殿碑》记其事，谓重修后“且以其徒

---

① （明）郭春震：嘉靖《潮州府志·潮中杂记》卷8，潮州市地方志办公室2003年编印本，第123页。

② 释慧原：《潮州市佛教志·潮州开元寺志》，潮州开元寺1992年内刊本，第7页。

③ 开元寺铜云钣，一种寺院中作为传讯的打击乐器。现仍悬挂于潮州开元寺东廊下，作山字形云卷状，高1.37米，宽1.27米，缘厚0.06米，正面铸横书梵文六字大明咒，背面有铭文：“开元禅寺首座比丘普润募造铜钣法器，供养人天同圆种智。铭曰：

道以时鸣，警于朝夕。清净音闻，如夔拊石。

觉彼参玄，尽来知识。镇重禅林，有典有则。

至正六年丙戌上元谨书。

当代住持日岩　觉葵

前代住持简庵　福吉祥

前代住持端叟　惠中

胆巴、搠思剌并列于座，盖以传灯授业亦犹孔子之配颜孟……”① 搠思剌则不知其为何许人，虽然地方官吏不清楚他们两人的关系，行文出现谬误，碑文中以胆巴为八思巴之徒但以胆巴并列于座配祀，这说明胆巴圆寂20多年后仍受潮人崇拜。这种情况在其他地方的帝师殿估计是没有的。

第二，在上揭泰定五年（1328）《创建帝师殿碑》及至正六年（1346）《开元寺铜云钣铭》中，两次出现同一个僧人的名字：“福吉祥”。后者记载为“简庵福吉祥”，“简庵”是法号，“福吉祥”是法名。这是一个藏传佛教僧人常用的法名。在元代的中国北方也有汉族僧人名为“×吉祥”的，如钱大昕在《僧称“吉祥”》一文中所引元代《至元法宝勘同总录》一书的奉诏编修者共有15位沙门，都以“×吉祥”为名，如“庆吉祥”、“拣吉祥”等②；并且我们还得知，这个“×吉祥”的“×”，就是这位僧人原法名的最后一个字，如其中的“拣吉祥”就是大圣寿万安寺住持知拣，“演吉祥”为大崇国寺住持定演。

须知，“×吉祥”的法名并非一般汉族僧人所能拥有的，黄春和先生发现《全元文》中《磁州嘉福寺贤公讲主碑》中有一段记载，可以说明“吉祥”之号的来历：

至元二年，（道贤）同僧统洎诸名公入内殿祝圣寿。九年，圣旨集诸路僧受戒，僧受荐公召入万寿殿赞颂，称旨，蒙赐法衣一袭，受戒于国师，加号吉祥。

黄春和认为：“由此看来，‘吉祥’之号的确与藏传佛教有关，但应该是只有从国师受戒者方可得到这一称号。因此也可以说，凡带有‘吉祥’号的僧人皆可视为国师之戒弟子。”③ 由是可知，开元寺这个僧人“福吉祥”必受过藏传佛教国师或帝师的戒法并赐名，这在整个中国南方地区是极其稀罕的。那么他是受到谁的戒法及赐名呢？

元代藏传佛教虽然备受元廷崇重，但密宗僧人因政治需要、气候、生活习惯、语言交往等，基本活动于黄河以北，如大都、中都、洛阳、山西五台山等地大寺院。江南地区只有杭州设有释教总统所，由喇嘛僧统理，但并无国师或帝师之类的人统理。虽然不能排除福吉祥到北方求法受戒，但作为普通僧人要得到国师的慈悲摄受，机会是微乎其微的，于情于理最有可能就是从胆巴受戒。从时间上看，也恰好是胆巴来潮期间。至正六年（1346）铜云钣上的福吉祥，上距胆巴来潮的至元二十六年（1289）为57年，假定福吉祥从胆巴受戒为20岁，此时他应为77岁，若受戒时为25岁，此时也已82岁，是年高德勋、退院享清福了。所以其在铜云钣上被称为“前代住持”。

他当过开元寺住持，不仅可以从铜云钣“前代住持”这一称谓上得知，还可以从《创建帝师殿碑》中了解到，泰定五年（1328）官府重建帝师殿，“殿成，寺僧福吉祥、善恭，与潮民请予记之”。正是福吉祥和另一位僧人善恭向潮州路录事司录事林淳请记的，帝师殿所在地仍在开元寺属地之中，也由开元寺管领，“寺僧”即开元寺僧人。既然是由他出面请记，其地位就是开元寺住持了，所以到了至正六年可能已经退居，并被称为“前

① （清）卢蔚猷修：光绪《海阳县志》卷31，潮州市地方志办公室2001年编印本，第307页。

② 钱大昕：《十驾斋养新录》卷9。

③ 黄春和：《元代大圣寿万安寺知拣事迹考》，http：//www. fjdh. com/wumin/2009/04/23492468215. html。

代住持”。

有人可能会问，胆巴在世时并未被封为“帝师”，“帝师”之号是在其圆寂后的元仁宗皇庆年间（1312—1313）才追封的，那么福吉祥不可能是胆巴的戒弟子。其实，皇庆年间福吉祥方当40多岁，自己的授戒师胆巴被追封为帝师后，他自然会把原来的名号“简庵×福”正式改为“简庵福吉祥”，以示恩荣了。

综上所述，我们推断福吉祥极有可能是胆巴在潮州时的受戒弟子。由于戒师父胆巴的地位及影响，福吉祥得到官府的信任和支持，并当上开元寺住持。从时间跨度看，他当开元寺住持的时间相当长，很有可能超过20年。如果这一论断成立，说明胆巴在潮州时曾开坛授戒，播下了藏传佛教的种子；毫无疑问，以供奉摩诃葛剌神而以神异著称的胆巴及其藏传佛教，必在潮州军民间有相当的感召力；而作为开元寺住持的福吉祥，寿命又相当长，也当有许多受戒、传法弟子；胆巴又在潮州城南创建了藏传佛寺宝积寺，再加上泰定年间买住等人重建的帝师殿，八思巴、胆巴及其藏传佛教必“大显于潮”①，在元代中后期，藏传密教曾经流传于潮汕地区，并有相当的影响。而胆巴所建的宝积寺就极有可能由这些密宗徒裔所管领，成为潮汕藏传佛教的根据地。

也正因为宝积寺属藏密寺院，而钦赐田产又多，寺院富丽堂皇，可能引起起义军的愤恨，而付以一炬。

第三，帝师殿及宝积寺均毁于元末兵燹，入明后宝积寺得以重建，并成为禅宗道场，虽然岁月湮没了其原有的藏传佛教寺院的痕迹，但它毕竟留下了关于其创建者的信息——在宝积寺外，曾有一座鞋冢，这是专为纪念胆巴修建的。咸丰年间邑人林大川《韩江记》② 及光绪《海阳县志》都提到这座鞋冢。光绪《海阳县志》“胆巴”条谓“胆巴圆寂，仅乘只鞋，因以只鞋作冢云”③，这说明胆巴的神异事迹一直在潮州各地广为流传，在明清某个时期已进入潮州民间叙事文化。鞋冢什么时候修建，虽不得而知，但到清末还存在则是可以肯定的。这个民间传说自然谬误百出，因为胆巴不是在潮州圆寂的，而且圆寂后仅剩只履的传说是取菩提达摩“只履西归”的典故，属于张冠李戴；其根本因由或许在于民间认为胆巴与达摩是一类人物——西来的出家人、神异、灵魂不死。而这却反映了潮人对胆巴长久的追念，以及他所带来的藏密对潮汕文化的深远影响。

[本章小结]

宋代佛教积极入世，以菩萨普度众生的姿态介入社会生活的方方面面，其最大的亮点在于，在为社会经济文化建设做出了巨大贡献的同时，以大峰为首的宋代“劝首”们，其济世利生、热心公益慈善的菩萨精神，深深感召了潮人社会，受到后世潮人高度尊崇、继承和发扬光大。大乘佛教提倡教徒要“六度万行”，六度之第一度就是“布施”度，布施

---

① 林淳：《创建帝师殿碑》，（清）卢蔚猷修：光绪《海阳县志》，潮州市地方志办公室2001年编印本，第307页。

② 林大川著，彭妙艳点校：《韩江记》卷3，郑州：中州古籍出版社2000年版，第51～52页。

③ （清）卢蔚猷修：光绪《海阳县志》卷43，潮州市地方志办公室2001年编印本，第409页。

及其功德是大乘成就佛道的始基，布施的对象是芸芸众生，而非仅惠及佛门，所以福德佛教的理念和行为惠施了潮汕民众，从而在民众中间延续了好善乐施之风。从明末清初发展至今的潮汕善堂文化，赓续的主要就是大峰祖师的香火，在我们看来，潮汕善堂文化的中心理念，就是佛家对大悲愿心和布施功德的倡导。这是“大峰”们给后世潮汕文化留下的一笔宝贵的精神财富。从这种意义上言，宋代福德型佛教贯穿了整个潮汕文化的建构过程。

元代佛教在统治者的扶植下继续兴盛，藏传密宗曾在胆巴帝师贬潮时期一度流行于潮州地区，寺院主要是在地方官吏的直接参与、主持下修建的，寺院经济日益发达；与宋代佛教相比，民众崇佛之风依然浓厚，而出家人却失落了其济世利他的精神，为后世佛教的衰落埋下了伏笔。

第四章
明清的民俗佛教

相比于宋元的福德佛教，明清佛教的入世性更强。明初宗教管理政策制定的偏差导致寺院经济逐步衰落，寺院和僧人面临严重的生存压力；随着明太祖把“三教合一”作为官方的意识形态来提倡，加上民间信仰“淫祠化”现象进一步加剧，祠庙遍地开花，为了与之争夺信仰资源而自觉或自发地与之结合，佛教进一步丧失其宗教独立性，僧人失去了其宗教话语权力，而作为一个配角，以迎合、俯就庶民的宗教意识、现实利益、愿望追求等为能事。民俗佛教对潮汕文化的某些特质的形成产生了深远影响，这一点我们将在第六章集中探讨。本章先对明清潮汕佛门的基本情况作历时性的叙述，并在最后一节力图阐明民俗佛教的概念、产生的原因及基本表现。

第一节　明代佛教

明代潮汕佛教的基本特点是：明初的寺院合并导致寺产高度集中，寺院经济纷争日益激烈，诸多大寺院的庞大寺产屡遭僧人荡废、士民侵吞和官府打劫，佛教逐步走向衰落；大量小寺院主要由士绅创建于明代中叶尤其是晚明；佛教世俗化程度进一步加深，形成了以民间信仰和世俗情怀为主导的佛教，也即民俗佛教，佛教的本来面目发生了根本性的改变；造成这一切的根本原因，在于明代宗教政策的制定及其转变，以及社会文化发展所带来的思想观念的大改变。

一、明初寺院归并

明太祖朱元璋出身僧侣，对佛门状况非常熟悉，鉴于元朝过分崇奉佛教尤其是喇嘛教的流弊，其即位以后，对佛教基本采取既利用又整顿、重在控制的方针，陆续颁布了多项影响深远的宗教政策。其中之一是，洪武二十四年（1391），命各州府县只许保留大寺一所，僧众集中居住，限额府不得超过四十人，州不得超过三十人，县不得超过二十人。①

潮汕佛门在洪武二十四年曾遵照朝廷法令，实行了寺院归并，僧众集中居住。如揭阳双峰寺：

洪武壬申（1391）并宁福、花果、丰化、宝福、双山、资福、福成诸寺。②

弥勒寺：

弥勒寺在梅岗都，洪武壬申并观音、清泉、景青（应作“星”）三寺归本寺。③

---

①（清）张廷玉等：《明史》（第六册）“职官志三”，北京：中华书局1974年版，第1818页。

②（清）陈树芝：雍正《揭阳县志》卷8“庙宇”，潮州市地方志办公室2003年编印本，第414页。

③（清）陈树芝：雍正《揭阳县志》卷8“庙宇”，潮州市地方志办公室2003年编印本，第415页。

潮阳莲花院：

在竹山岭……至洪武初因并入灵山，遂废。[1]

潮阳县前代所创制的大多数寺院如资福寺、石塔寺、光华庵、普恩院、花果院、荆山院、莆田院、罗汉院等，在明隆庆县志中被列入“废寺”、“废庵”条，说明当时已废圮。这些庵寺兴废的原因不一，但可能大多都在明初寺院归并时废圮的；万历年间刘兴学的《重兴南山禅寺碑记》虽不完整，但透露了潮州南山寺在明初也曾被合并的信息：“……我国朝洪武年（下缺）创（下缺），寺废，其徒相继□守……”[2] 而潮州开元寺必曾兼并多个寺院，其庞大田产的其中一项的来源就是“废寺收入”。

但从资料上看，寺院归并实行得并不彻底。开元寺属于府一级大寺除外，每县保留的寺院非止一座，起码揭阳县就存有双峰寺和弥勒寺两座。而潮阳县除灵山寺外，治平寺及县治中的宝光寺（宋称千佛塔堂）也得以保留，隆庆县志“治平寺”条称：

在县南二里，地名白塔埔，宋治平元年僧清照开创。元末毁于兵。洪武、景泰、成化间僧直峰等相继修建，以为祝圣之所，后竟废圮。[3]

这里引人注意的有两点：其一，治平寺是在成化年后才废圮的，明代初中期仍在修建，说明它一直存在。其二，一所重要寺院若以作为祝圣之所的用途为借口也可以保留。这种现象可能发生在诸如揭阳县的弥勒寺等上。明吴万全《宝光寺吴公施田记》[4] 提到，宝光寺在宋代有吴氏父子施田 1 300 多亩，“明景泰间（1450—1457），田被僧废”，说明此寺到明中叶都是存在的；海阳县所保留的寺院应该包含法光寺，《海阳县志》“万寿宫”条谓：“初在云步法光寺，继移城西新桥头延寿寺，明末又移开元寺。”[5] 法光寺是元代大德年间建的，万寿宫初设于此；延寿寺是明末万历进士萧定建的，作为祝圣之所的万寿宫一直到了明末万历年间才移到延寿寺，那么这间接说明了明初到明中叶海阳县的祝圣之所尚设在法光寺。但是否尚保留其他寺院则不甚明了，考虑到出家人中包括男女两性，一县之中僧、尼寺院各留一所也说不定，资料无考，不敢臆断。

尽管如此，毫无疑问的是，明代早期的潮汕，从唐至元代累积起来的上百座寺院一下子缩减至寥寥几座，其中所产生的社会问题必然是非常复杂的，影响也是巨大的。如僧尼的安置、寺产的处理与管理、徭役税收、信徒的宗教需求的满足问题等，尤其是寺产的处理问题，如何若何？但以上问题几乎找不到史料记载。

---

① （明）黄一龙、林大春修纂：隆庆《潮阳县志》卷 10“坛庙志”，潮州市地方志办公室 2005 年编印本，第 98 页。
② （清）卢蔚猷修：光绪《海阳县志》卷 31“金石略二”，潮州市地方志办公室 2001 年编印本，第 328 页。
③ （明）黄一龙、林大春修纂：隆庆《潮阳县志》卷 10“坛庙志”，潮州市地方志办公室 2005 年编印本，第 97 页。
④ （清）吴万全：《宝光寺吴公施田记》，光绪《潮阳县志》卷 21“艺文”，潮州县地方志编委会 2000 年编印本。
⑤ （清）卢蔚猷修：光绪《海阳县志》卷 18“建置略二 · 廨署”，潮州市地方志办公室 2001 年编印本，第 141 页。

二、寺产的高度集中

寺院的归并，必然会导致原有僧尼的流离失所乃至还俗，并给僧尼的生活带来巨大的冲击，这些问题因为没有相关资料暂且不谈。寺院合并所导致最大的问题就是寺产尤其是田产的高度集中。明嘉靖《潮州府志》卷8“寺观”① 条载有潮汕各县寺院的地基面积及其田产，笔者整理如下列各表（按：仅开列属于现今潮汕三市的县）：

表11 海阳县寺院的地基面积及其田产

序号	寺院名称	地基（面积）	田亩数（包括田地塘等）	赋税
1	开元寺	222丈6尺	11 600	651石8斗
2	法光寺	91丈7尺	1 492	83石2斗
3	南山寺	70丈	3 511	162石3斗
4	大明堂	77丈5尺	1 130	60石9斗
5	龙潭寺	62丈	475	24石4斗
6	慈惠堂	28丈3尺	814	39石2斗
7	宁波寺	42丈6尺	1 430	67石1斗
8	光孝寺	50丈5尺	2 998	163石
9	地藏院	84丈	221	12石1斗
10	宝积寺	128丈	2 208	118石
11	三山宝庆寺	84丈	250	14石1斗
12	观音净土堂	66丈4尺	730	41石
13	松溪堂	12丈5尺	49	2石

表12 潮阳县寺院的地基面积及其田产

序号	寺院名称	地基（面积）	田亩数（包括田地塘等）	赋税
1	治平寺	不详	2 255	168石5斗
2	灵山寺	100丈	4 113	307石8斗
3	石塔寺	55丈	1 802	105石2斗

表13 揭阳县寺院的地基面积及其田产

序号	寺院名称	地基（面积）	田亩数（包括田地塘等）	赋税
1	双峰寺	不详	2 445	110石5斗

① （明）郭春震：嘉靖《潮州府志·潮中杂记》，潮州市地方志办公室2003年编印本，第123～124页。

表14　饶平县寺院的地基面积及其田产

序号	寺院名称	地基（面积）	田亩数（包括田地塘等）	赋税
1	董山寺	120丈	3 300	160石5斗
2	东林寺	72丈5尺	382	21石8斗
3	林姜寺	651丈7尺	397	22石6斗

表15　惠来县寺院的地基面积及其田产

序号	寺院名称	地基（面积）	田亩数（包括田地塘等）	赋税
1	清净寺	112丈	561	30石
2	赤山院	120丈	169	13石8斗

需说明的是，这是潮州知府郭春震在嘉靖二十六年（1547）修志时所开列的寺院名称、地基及其田亩数量，并不代表明初寺院的实际情况；并且，这里所开列的寺院也并非当时的全部，当时一些新建寺院就没有列入。但其所开列的寺院是当时经济实力最为雄厚的——其实，郭春震之所以开列这些寺院，其主要的用意不外是从税收上考虑的。

不过，我们仍然可以结合其他资料对这份寺院田产表进行分析，得出明代寺产高度集中及其原因这一重要信息。

这些表给人的第一印象就是，明末潮汕各寺院规模之大、田产之多！不少寺院田产都在数千亩以上。其实，除部分寺院如南山寺和宝积寺等外，不少寺院田产并非来自其本身的自然累积（如历代官民施田和寺僧购置等），而主要是明初寺院归并的结果。表中看到的诸如双峰寺、灵山寺等的田亩，除自身原来拥有的田产外，又再并入多个废寺田产，造成了寺产庞大的局面。如上揭“双峰寺”条载：

……洪武壬申并宁福、花果、丰化、宝福、双山、资福、福成诸寺，田地归本寺，号丛林。其官僧田地塘二十四顷四十五亩，带米一百一十石五斗零。

双峰寺归并前的田亩并没有这么多，“原额田一千余亩，系海阳县龙溪都陈虞纯五世祖陈石璧施舍”[①]，那么，其中就有一半以上田亩是兼并其他废寺的。民国《揭阳县志》卷2“弥勒寺”条：

在梅岗都，洪武二十五年归并观音、清泉、景星三寺共田地塘一十三顷二十二亩。[②]

不过弥勒寺在明代中期后就废圮，所以没有被列入嘉靖《潮州府志》。被归并寺院田产被集中并入归并寺院中，甚至有用材料也被拆卸用于扩大建造归并寺院，被归并的寺院随即废圮。类似的情况如潮阳灵山寺，隆庆潮阳县志中除莲花院明确记载因并入灵山寺而

① （清）陈树芝：雍正《揭阳县志》卷3“寺租”，潮州市地方志办公室2003年编印本，第144页。
② 民国《揭阳县志》卷2“庙宇”，1937年铅印本，第292页。

废，尚有莆田院“国初拆盖灵山驿”，也在被归并之列以外，其他虽未载明，但从潮阳县大量唐宋元寺院到明代即已湮没无闻来看，可推断出其中有不少寺院可能被归并到灵山寺，灵山寺嘉靖间4 000多亩田产多数来源这些废寺；开元寺其11 600多亩田产，除宋代林绍坚和元代余英合共施田8 100多亩外，其余3 500多亩“则属垂寺皇业及师祖创置并废寺收入”①。“垂寺皇业”是皇家赐田，这与“师祖创置”的两项田产，在开元寺的资料中从来没有明确记载，数目自然不会很多，其中占相当部分来自于被归并的寺院田产。至于归并了哪些寺院，除了龙潭寺一例以外，其他均无考。嘉庆《澄海县志》卷9“寺观·龙潭寺”条透露了其中的信息，在对其田亩、地点等作了记载后说“（寺田）历传四百余载，因本寺僧系开元寺派，每十四年更换住持，以致揭阳渔湖二百二十九亩之田，混换开元梅冈田一百亩，多寡不均……”② 从嘉庆上溯至洪武二十四年，正好四百来年，龙潭寺被归并后，晚明某一时间又重建并重新拥有原来的田产，但寺院住持仍由开元寺委派，年深月久，其原来的田产已与开元寺田产混杂在一起，发生经济纠纷，直至清康熙年间才提请官府勘定后勒石。明初龙潭寺所处地仍属海阳县，可推知龙潭寺曾被开元寺归并。所以，开元寺11 600多亩只是嘉靖年间的田亩数目，洪武初年归并时数目想必大得惊人！

从以上分析我们得到的基本信息就是，首先，在明初洪武年间寺院归并时，潮汕当时各县大寺院如开元寺、灵山寺、双峰寺等都曾大量兼并其他寺院土地，由此形成了寺田的高度集中这一奇特的现象，并且其时各归并寺院田亩数只有比以上各表所开列的只多不少。当然，我们不能说以上各表田产数量大的寺院均来自寺院归并，南山寺和宝积寺就不是这样。南山寺从唐初建寺，为有史记载以来潮汕地区年代最为古老的寺院，盛唐时即有信徒施田1 000多亩③，宋代和元代也陆续有施田的记载，故相信其嘉靖年间的3 511亩是其本身自然累积的结果，是从开元寺重新析出来的田亩；而宝积寺2 000多亩则几乎来自元世祖的皇家施田。

其次，以上各表仅是晚明一个特定时期的寺田数量，其实，在嘉靖间以前及以后，各寺的田亩均在不断变动之中。不少寺院田亩是在嘉靖二十六年以前已被寺僧荡废或被士民侵吞、又被官府清复后的实际田亩数量，这其中就包括开元寺在内的诸如灵山寺、南山寺、石塔寺等大寺院；另一些经济规模较小的寺院如上揭龙潭寺以及大明堂、慈惠堂、地藏院、三山宝庆院、观音净土堂等，明初可能均被大寺院如开元寺等归并，明中叶后因为鬻牒制度的实行、僧尼的激增，则有可能重新恢复为独立寺院，并重新拥有曾被归并的田产，因而在嘉靖府志中重又被列入寺观条。

寺院土地的高度集中、寺产的过于庞大、管理的不够完善，成为寺产迅速流失的重要因素。

三、明中叶后寺产大量流失

明中叶以后，潮汕寺院地基、田产开始大量流失，寺院经济急剧走下坡路。寺产流失

---

① （明）金一凤：《奉宪立碑》，释慧原：《潮州市佛教志·潮州开元寺志》，潮州开元寺1992年内刊本，第621页。

② （清）李书吉重修：嘉庆《澄海县志》卷9“寺观·龙潭寺”，上海：上海书店2011年版，第82页。

③ （元）释大䜣：《潮州南山寺记》载有：“（南山）寺建于唐初，始未有业产。开元二十二年（734），有揭阳冯氏女，以父母卒，无他昆季，终丧，持田券归于寺，得租千二百石有畸。……”（元）释大䜣：《蒲室集》卷10，蓝吉富主编：《大藏经补编》（第24册），台北：华宇出版社1986年版，第307页。

主要有三方面情况：僧人的荡废、士民的侵吞和官府的打劫。

(一) 僧人的荡废

明初洪武十五年（1382）诏禁寺田买卖[①]，所以在明代初中期一段时期内，即自洪武至宣德年间，寺田数量基本是维持不变的，明中叶以前寺产没有大量流失是可以确定的。但僧人因寺产之丰厚、待遇之优渥而日益荒淫腐败，已开始显露苗头。宣德八年（1433）广东按察司佥事曾鼎曾上奏：

僧道两家，各奉其教。既已出家，自当离俗。今广东、浙江、江西等处寺、观田地，多在邻近州县，顷亩动以千计，谓之“寄庄”。止纳秋粮，别无科差。而收养军民子弟以为行僮，及匿逃军民，代为耕作。田妇混进，无异俗居。[②]

他所说的现象也包括潮汕地区。如开元寺和光孝寺均有田产广大的“寄庄”（见上揭嘉靖《潮州府志》“寺观”条）。这条资料让我们了解到，早在宣德年间，因当时考试给牒制度较为严格，寺院僧人数额有限，寺院就变相地收养军民子弟为“行僮”——一种没有度牒和正式僧人身份的寺内行者，用于担任寺院内各种贱役，服侍寺院高层人物；又招收“匿逃军民”，让他们变成寺田的廉价劳动力，加强剥削；“寄庄”中男女混杂，乌烟瘴气。僧人的待遇过高，生活腐化，为以后寺产的荡废流失埋下了有力的伏笔。

洪武十七年（1384），朱元璋采纳了礼部尚书赵瑁建议，废除僧侣的免丁钱，规定每三年发度牒一次，并加考试，不通经典者淘汰[③]。这是为提高僧尼佛学素养，严肃佛门清规戒律，同时也是限制僧尼数量的正确举措。但到了明代中叶的景泰二年（1451），因国内财政困难而实行收费发牒制度，凡僧道纳米五石者才给予度牒，此后几乎都延用这一政策，不过从纳米改为纳银。这一制度带来了僧尼数量暴增、寺院激增、僧尼素质混滥、戒律败坏、寺产大量流失等严重的社会问题。

实行鬻牒制度，必然使大批毫无宗教信仰的民众涌入佛门，鱼目混珠，僧不像僧，寺不成寺。晚明湛然圆澄禅师（1561—1626）在《慨古录》中斥责道：“或为打劫事露为僧者，或牢狱脱逃而为僧者，或妻子斗气而为僧者，或负债无还而为僧者，或夫为僧而妻戴发者，谓之双修。……”[④] 这些出家动机不纯的僧人戒行污秽，劣迹斑斑，在《慨古录》中多有揭露，潮汕地方也不例外。虽然在潮汕明代典籍和方志中鲜有披露，却在有关寺院田产的流失中具体表现了出来。为什么这么说呢？明代潮汕多数寺产流失的年代正是在明中叶以后，这与鬻牒制度施行的时间正好相吻合。当然，明代寺产的流失原因是多方面的，如豪强的侵占、官府的剥削也是非常重要的原因（下文有揭示），但佛门内部这批“狮子身中虫”的贪婪腐化是主要原因。

---

① （明）葛寅亮：《金陵梵刹志》卷2“钦录集·洪武十五年”，蓝吉富主编：《大藏经补编》（第29册），台北：华宇出版社1986年版，第56页。

② 《明仁宗实录》卷100“三月甲寅朔”条，台北：“中央研究院”历史语言研究所1962年校印本，第2236页。

③ （明）葛寅亮：《金陵梵刹志》卷2“钦录集·洪武十六年”，蓝吉富主编：《大藏经补编》（第29册），台北：华宇出版社1986年版，第57页。

④ （明）湛然圆澄：《慨古录》，《卍续藏经》（第114册），台北：新文丰出版公司1975年影印本，第732页。

以揭阳双峰寺为例，明初因寺院归并，使双峰寺至嘉靖间尚拥有二十四顷四十五亩的田产，此前想必更多，“后被僧荡废；万历甲申僧法释逃，知县汪起凤追复田租四百余石，地塘五十余亩；天启二年，奉明文将寺前东隅大馆即旧府馆地四亩一分八厘，截卖助饷，为民居粮业；六年，僧妙通又以荡废逃；时汪任省藩，举人邢之桂以檀越裔赴，批知县冯元飈追究。众觉，仗义退还。明季本寺实存田地塘五顷七十七亩……”①，这说明嘉靖年间2 445亩田产至明朝末年仅剩577亩，双峰寺这一令人触目惊心的典型事例，生动地揭示了寺院田产屡次被寺僧荡废又屡次被官府追复，到头来寺田愈来愈少，丛林日渐衰微的过程。潮阳宝光寺，本有寺田1 300多亩。“明景泰间（1450—1456），田被僧废……追肃皇帝时，寺既倾，田鬻于官，尚存460亩无所丽，姑附灵山寺中，为主者所蚀久矣……”②宝光寺明中叶田为僧废，为官府清复，万历年间寺彻底废圮，部分田地被官府变卖，尚存460亩暂附灵山寺名下，却又被主事之僧侵蚀。类似的情况看来非常普遍，肯定也发生其他大寺院中。潮阳灵山寺，之前屡遭荡废又得清复且不说，嘉靖年间尚有4 100多亩田产，不过二十年，隆庆年间便成了“废寺”，从上述所引《宝光寺吴公施田记》的（灵山寺）“主者”僧的作为中，即可推知其本身田产主要是被这些寺僧荡废的。而开元寺田产最多，分布又广，情况可能更为严重，虽无田产被僧荡废的记录，但从乾隆年间惠潮分巡道楼俨以开元寺田全部充公的理由：“僧多无戒行”，“以有用之物力，供无厌之宴乐”③等来看，情况也是类似的。这种情况从明至清都是屡见不鲜的。

（二）士民的侵吞

翻开各府县志，我们可以了解到一个现象，明代中后期不仅仅佛寺产业大量流失，就是学田、祠庙田地产也一样大量流失，这其中必有一个深刻的社会原因，那就是社会思想观念的改变。明代中叶以后的潮汕，伴随着商业经济的发展、都市的建立，市民阶层也迅速壮大，资本主义因素开始萌芽，社会风气和思想观念也有了一个明显的转变。表现为唯利是图式的追求实际利益和“奢靡相高”的浮华习尚。弘治十三年（1500）撰成的《潮州府志》就讲到当时风俗：“士习浮夸，商竞刀锥，工趋淫巧。”④ 邑人、嘉靖十一年（1532）状元林大钦在列举了潮州士业、为民者、官守者等诸多的“风俗之衰”后，疾呼当时风俗之“所当革者”：“如造淫祠、搬杂剧、尚浮文、好靡丽、停丧赌博之类”⑤，也可从反面了解到潮汕地方风俗之衰到了什么程度。追慕浮华靡丽，必然导致急功近利行为。例如，妄图一夜暴富的赌博行为就风行于当时的潮汕，《潮汕史》中就举了一个“鸽变”的事例⑥，典型地反映了当时潮汕士民这种普遍的病态心理。

就佛教信仰来说，僧俗的观念也发生了根本的改变。僧人深受世风的影响，他们把佛

---

① （清）陈树芝：雍正《揭阳县志》卷8“庙宇”，潮州市地方志办公室2003年编印本，第414页。

② （清）吴万全：《宝光寺吴公施田记》，光绪《潮阳县志》卷21“艺文”，潮阳县地方志编委会2000年编印本。

③ （清）龚松林：《重修开元寺碑记》，雍正《海阳县志》卷10“文集”，潮州市地方志办公室2002缩印本，第358页。

④ （明）郭春震：嘉靖《潮州府志》卷8“附风俗考”，《潮州府志·潮中杂记》，潮州市地方志办公室2003年编印本，第127页。

⑤ （明）林大钦撰，黄挺校注：《林大钦集》，广州：广东人民出版社1995年版，第41页。

⑥ 黄挺、陈占山：《潮汕史》，广州：广东人民出版社2001年版，第353页。

祖放在一边，僧同于俗，追求享受，生活腐化，致使佛风浇漓，每况愈下，如上已有所揭示；而俗家众呢？唐宋元时期佛风鼎盛，生活中人们把佛、神放在第一位，他们慷慨地将自己的田产、房屋、钱财献给神灵，造成寺观经济极为发达的局面。到了明代以后，随着商品经济的发展，人们的现世主义和功利主义观念日益抬头，精神寄托变得务实，与其把一切希望和冀求寄托在来世的虚无缥缈上，倒不如争取把现世过得更好，宗教的神圣性和急公好义精神受到强烈的责疑，宗教信仰是手段而不是最终目的，现世利己主义才是目的。明惠来县教谕陈应梅曾感慨道："古崇尚浮屠，徼福者多舍身供祀，动逾千金；迩来见利则争，见锱铢不舍，未闻有慨然义施者。"[①] 其实这里说得有点偏颇了，明清时期不是没有施田和施钱现象，从现存下来的明清碑记中此类布施的记载也很常见，如在某一新寺院创建时也常有多人合力施田捐物。清代雍正年间任潮阳县令的蓝鼎元（1689—1733）在对潮州风俗进行概括时也提到："高堂无菽水之欢，而斋僧布施盈千累百；生死之交，一钱推刃，同胞骨肉，半亩讼庭；独舍田入寺，千顷不以为多；建刹泥金，万镒犹以为歉。"[②] 这段话也可用以说明明代风俗，从蓝县令这段文字透露出来的是，士民的信仰观念和布施观念已经扭曲了！其施田建刹表面上看是"种福田"，其实骨子里追求的是赤裸裸的现世利己主义，为了个人的现世利益来作布施，置他人甚至家人、人伦于不顾，这绝不是什么崇高的情怀，与佛家伦理也全然不合。进一步说，只要从这种现世利己主义精神出发，侵占寺产、庙产又有何不可？所以，总体看来，明代流失的寺产要比寺院接受布施的要多得多。士民从公私各方面侵吞寺产的行为非常普遍，这在明代以前是少有的。

如开元寺，关于士民侵吞寺产最早可以追溯到明代中叶。寺存弘治（1488—1505）残碑[③]中有"寺之土田，悉归势家吞并"的字样，说明开元寺田产曾全部被豪家侵吞。那么具体发生在什么时候？很有可能指的就是慧原法师《潮州开元寺志》中所提到的，明成化年间（1465—1487）开元寺住持云空，因寺产被豪势侵吞而赴京告状，始获归还一事[④]。开元寺作为府一级官寺，田产又多，分布亦广，尚且被士民全部侵吞，而且从寺僧赴京告状，地方官竟然无所作为来看，这绝不是潮汕寺院的孤例，一些规模较小的寺院境遇更是可想而知！不仅寺田被侵吞，连寺院房地产也被侵占。开元寺存天启六年（1626）《潮州府奉两院并各司道批允勒石严示禁革碑记》[⑤] 中，就详细记载了士民"强占寺地，起盖房屋，招赁民居，罔利肥己"之事。开元寺地处府城中心，周围街道通衢，商铺林立，历来是极佳的经商场所，一些胆大妄为的士民"始由一二作俑，终作十百效尤"，蚕食寺院周边房地产，之后竟连寺内主要建筑"诸天殿、轮藏阁、金刚座"也要占用，"寺前通衢"也"填作铺店"，闹得神怒佛怨。最后才由上级官府出面批示，立石禁革。但除了寺内佛殿得以清复之外，被侵占的寺院外围共三百五十间的房地产并未追回，官府"悯其迁徙之苦，仍与士民住坐"，批示被占房产权归开元寺，以出租形式每年收取房租。但让人意想

① （清）陈应梅：《城隍庙施田记》，雍正《惠来县志》卷 17 "艺文上"，潮州市地方志办公室 2007 年编印本，第 234 页。

② （清）蓝鼎元撰，郑焕隆编：《蓝鼎元论潮文集》，深圳：海天出版社 1993 年版，第 85 页。

③ 释慧原：《潮州市佛教志·潮州开元寺志》，潮州开元寺 1992 年内刊本，第 610 页。

④ 释慧原：《潮州市佛教志·潮州开元寺志》，潮州开元寺 1992 年内刊本，第 203 页。

⑤ 释慧原：《潮州市佛教志·潮州开元寺志》，潮州开元寺 1992 年内刊本，第 616 页。

不到的是，收上来的房租并不归开元寺，而是“以备协济凤城驿答应”，即挪作官府驿站的接待费了！官府在处理这一寺产被占的案情中仍不忘“揩油”，而开元寺也无可奈何——能把俗家人请出寺门外也算是“阿弥陀佛”了！开元寺、双峰寺等作为府县一级官寺，寺产被占，官府最后或许都会介入调查处理，虽然处理结果未必尽如人意。但其他小寺院就没有那么幸运了，诸如揭阳县的一些寺院如福田寺、苦竹院等，从方志中“久侵于民”、“久为民侵”[①] 的字样来看，不少寺院田产、房地产就是为士民侵占而最终废圮的。

（三）官府的打劫

明代佛门田产众多，是人见人馋的一块肥肉，内有僧人荡废，外有士民侵吞，官府也趁火打劫。从以上官府处理开元寺房产的案例即可见一斑。明初对僧尼实行免丁钱，寺田独立维持，“常住田地，虽有税粮，仍免杂派，僧人不许克当差役”[②]，虽有严格的政令，官府一般不敢轻易染指。但到明末，宗教政策变得面目全非，佛门戒纲松弛、生活腐败、混乱不堪，把柄自然落在官府手里，自然不忘从中分一杯羹。不少寺院的最终衰败，其实也与地方官的违规操作有关。其一，有的寺产被充作军饷。嘉靖《潮州府志》寺观“开元寺”条，在开列田产、税粮的数目后，又加上“除租谷食用当差外，余作军饷。本寺僧清健累奏勘免，他寺有军饷者同”。看来在嘉靖年间，潮汕各大寺院的田产收入被迫征作军饷，这是因为明末东南倭乱的四起，军费不足，地方官便向寺院摊派。福建寺院也有相同遭遇，嘉靖四十三年（1564），福建巡按谭纶向各寺院索取经费，其法称“寺租六四之法”，寺田收入四成归僧，六成入官充饷[③]。潮汕寺院军饷虽经开元寺僧清健奏免，但并非一了百了。如上揭双峰寺地在天启二年（1622）“奉明文将寺前东隅大馆即旧府馆地四亩一分八厘，截卖助饷”，说明官府仍然假借征饷名目变相侵吞寺产。其二，有的寺产被变卖。一些寺院因为某种原因，其寺产竟被官府部分甚至全部变卖，从此一蹶不振的现象，相信也为数不少。在此举两例略加说明。康熙《澄海县志》“资福寺”条谓：

有田土三十三顷，明嘉靖末奉例变卖。[④]

上揭吴万全《宝光寺吴公施田记》云：

明景泰间，田被僧废……迨肃皇帝时，寺既倾，田鬻于官。……

嘉靖中期偌大的香火旺盛的资福寺（即原饶平董山寺，嘉靖四十二年所在苏湾都划归澄海县，更名为资福寺），到嘉靖末，其全部寺田都被卖掉。钱到哪里去了呢？分给寺僧肯定是不可能的，唯一的答案就是入官。由此得知，这就是宋代拥有施田 1 300 多亩的宝光寺（也即宋代的千佛塔堂），为什么到嘉靖《潮州府志》竟然没有列入寺观条的原因！

---

① （清）陈树芝：雍正《揭阳县志》卷 8 “庙宇”，潮州市地方志办公室 2003 年编印本，第 414 ~ 415 页。

② （明）葛寅亮：《金陵梵刹志》卷2 “钦录集 · 洪武二十六年”，蓝吉富主编：《大藏经补编》（第29 册），台北：华宇出版社 1986 年版，第 65 页。

③ 江灿腾：《明清民国佛教思想史论》，北京：中国社会科学出版社 1996 年版，第 72 页。

④ （清）王岱：康熙《澄海县志》卷 18 “寺观”，潮州市地方志办公室 2004 年缩印本，第 155 页。

四、晚明小寺院的大兴建

明初对僧尼实行免丁钱，出家人的税役优免及衣食无忧的生活，对明朝军民百姓来说，是很令人羡慕的，但出家制度又甚严格，如此一来，私创寺院、私自剃度甚至自营经忏的僧人也应运而生①。明初至明中叶的军民们千方百计地想要挤进佛门，所以明代中叶一旦出家制度开禁，久已觊觎佛门生活的军民们，便手持纳米纳银换来的度牒，潮水般涌入佛门。原有的寺院容纳不下了，明初制定的府县一寺的律令也在无形中废止了，新建或重建的寺院就如雨后春笋般遍地冒出来了！

现在根据潮汕各县志记载，开列出明代新建寺院如下列各表格。

表 16　海阳县明代新建寺院

序号	寺庵名	创建年代	创建人
1	金山庵	宣德间	
2	弥陀寺	嘉靖间	
3	延寿寺	万历间	萧定
4	天湖寺	不详	崔道亮
5	海观寺	崇祯间	
6	观音堂	万历间	
7	三官堂	天启间	
8	凤春庵	万历间	
9	起云庵	万历间	
10	紫竹庵	万历间	唐伯元
11	古林庵	崇祯间	黄琮
12	长春庵	天启五年	黄琮

资料来源：光绪《海阳县志》卷 27“古迹略二·寺观”。

表 17　潮阳县明代新建寺院

序号	寺庵名	创建年代	创建人
1	观音阁	洪武二十八年	
2	青云禅林	嘉靖五年	僧信腾
3	宏恩寺	万历三十四年	周光镐
4	灵泉寺	天启四年	僧寂见
5	桑田屿脚庵	天启五年	林朝辅
6	转华庵	崇祯三年	林萃芳
7	六祖庵	崇祯十三年	李烋

资料来源：光绪《潮阳县志》卷 8“寺观”。

---

① 《明太宗实录》卷 80“永乐六年六月”条；卷 128“永乐十年五月”条；台北：“中央研究院”历史语言研究所 1962 年校印本，第 1066、1592 页。

表 18　揭阳县明代新建寺院

序号	寺庵名	创建年代	创建人
1	观音堂	万历间	潘应龙
2	圆照庵	崇祯辛未	宋兆褕
3	侣云庵	崇祯二年	冯元飚

资料来源：雍正《揭阳县志》卷8“庙宇”。

表 19　澄海县明代新建寺院

序号	寺庵名	创建年代	创建人
1	丹砂寺	成化间	
2	灵韩寺	万历间	僧韩阳、黄琮
3	一水庵	万历间	
4	神山寺	崇祯十一年	
5	灵聚庵	万历间	
6	东岳寺		
7	古新庵		
8	觉修寺		
9	大第庵		《县志》“寺观”载，后四寺为康熙三年拆毁后重建，故应为明建寺院

资料来源：康熙《澄海县志》卷18“寺观”。

表 20　惠来县明代新建寺院

序号	寺庵名	创建年代	创建人
1	榕石庵	崇祯十六年	沈惟煌
2	瞻云庵	崇祯间	生员詹起元建，县志卷六“选举”有崇祯十三年生员“詹道元”，应为同一人
3	永兴寺	崇祯间	方一凤

资料来源：雍正《惠来县志》卷3“庙宇寺观”。

表 21　普宁县明代新建寺院

序号	寺庵名	创建年代	创建人
1	南岩	天启间	僧大顶
2	隐陀庵	崇祯间	僧大顶

资料来源：乾隆《普宁县志》卷2“寺观”。

这仅是根据清代各方志所开列的明建寺院，实际上远远不止此数。如雍正《惠来县志》和康熙《饶平县志》，编写者囿于意识形态上的成见，对寺院条目的编写是极为粗疏和漫不经心的，仅仅记载了部分寺院名称及其地址，连寺院都收罗不全，各寺院的创建年代更不会加以考证。倒是现今的一些文史工作者，他们努力挖掘出其中部分寺院的史料，可以聊补志乘之阙。如惠来县、饶平县明建寺院，据今人考证，分别为 28 座①和 12 座②，此外《潮汕文物志》中所明确提到的明建寺院尚有今属饶平县的普陀岩、观海寺，汕头市的青云岩，普宁市的南岩、圆通庵，潮阳区的大北岩、小北岩等共 7 座③。尚有揭阳的古山寺④，潮阳经山古寺⑤，那么综合起来明建寺院起码在 85 座以上。

明代新建寺院有如下特点：

其一，除两座分别是明代宣德、成化间创建外，其他几乎为明末不到百年左右时间所建，而建于洪武年间的潮阳县观音阁可能不是正规寺院，而仅仅是供奉菩萨的楼阁；这正是明代中叶后僧尼增多、宗教政策废弛的后果。

其二，寺院除少量为僧人创建外，绝大多数为地方官或地方豪强所建。因为报建寺院的手续严格而烦琐，个人创建若没有相当的官场关系则非常困难。

其三，寺院规模都较小。这从名称上都可看得出来，新建寺院大多叫“庵”，庵本义指小草屋，所谓“结草为庵”，后来专指女出家众的住所，即尼庵，其实并不尽然。终明一代（也包括后来的清代）从法律上讲都不许民间私建寺院⑥，所以民间建寺时就打擦边球，报请官府批准时，明明是男众的住寺也称作庵，即所谓“寺则有敕赐不易建，庵则静室可以意为”⑦，地方官府一般也睁一只眼闭一只眼。如澄海灵聚庵，五代年间本名罗汉寺，后废，明万历间黄琮捐款重建，命为今名。这些新建寺庵地基很小，仅是几间房舍，住众也不多，往往一人到十几人，田产也不多，从方志中可了解到往往仅是几亩至几十亩，一般为创建者所置，有的寺院甚至没有田产。宋元以来那种大规模施田建寺的现象就见不到了，田产也不再是这些寺院的经济支柱，可以推断僧尼的主要收入来源是功德钱和应赴佛事。

寺庵规模小，没有了僧伽的相互监督和戒律的约束，就带来了僧人自律不严、受世俗的影响较为严重等问题，僧人饮酒吃肉，甚至娶妻生子的现象屡见不鲜；寺院经济不能独立，僧人忙于香花佛事，一切以世俗欲求为中心，个人修行也成了空话。这样，潮汕佛教从唐宋具有独立品格以僧人修行、教化为主导的山林佛教、福德佛教，转变为以民众世俗欲求为中心、民俗信仰意识为基础、三教合一为主导的民俗佛教。

---

① 张俊全：《惠来县佛教史略》，《惠来文史》1989 年第 2 辑，第 156 页。

② 陈梅湖：《饶平县志补订》卷 16“寺观”，饶平县地方志编纂委员会办公室 2009 年内刊本，第 474 页；饶平县宗教事务局编的《饶平名寺录》（1990 年内刊本），提及明建寺院 8 座，故共 12 座。

③ 陈历明主编：《潮汕文物志》，汕头市文管会办公室 1985 年内刊本，第 194 ~ 199 页。

④ 笔者田野调查所得。

⑤ 朱汉城：《潮阳文物志》，香港：天马出版社 2011 年版，第 479 页。

⑥ “凡寺观庵院，除现在处所外，不许私自创建安置。违者，杖一百，僧道发边远充军，尼僧女冠入官为奴。”沈之奇：《大清律辑注》，北京：法律出版社 2000 年版，第 550 页。

⑦ （清）王岱：《大第庵募疏》，康熙《澄海县志》卷 18“寺观”，潮州市地方志办公室 2004 年编印本，第 159 页。

五、士绅与佛教

（一）三教合一思想与明代佛教面貌

明代开国皇帝朱元璋鉴于元朝喇嘛教的流弊，着意推崇理学，以儒学作为统治的基本思想，他曾对臣下说："天下甫定，朕愿与诸儒讲明治道"①，科举考试也规定只能在四书五经中命题。他对佛教也非常了解，并力图把佛教也纳入统治教化的框架中。他写有不少有关佛教的论文，屡屡鼓吹三教合一的思想，在《问佛仙》文中说，儒、佛、道三教各有特点，不可轻易言"兴灭"，② 在《释道论》中又说，儒家"立纲常而治礼乐"，而佛道二教能化愚民，"暗理王纲，于国有补无亏"③；在《心经序》甚至说："昔佛在时，侍从听从者皆聪明之士，演说者乃三纲五常之性理也。既闻之后，人各获福。"④ 这种不顾事实的胡说乍看起来荒谬可笑，其实表明了明太祖力图把三纲五常纳入佛教教义，把佛教彻底改造成中国化的宗教的一种努力，目的是为其封建统治服务。这样，由朱元璋定调，其后宋濂、姚广孝甚至王阳明⑤等无不亦步亦趋，大力发挥三教合一思想，三教合一成了皇帝钦定的、官方意识形态和治国方略，这对士绅和庶民的思想影响深远。

明代士大夫对佛教的认识基本继承了宋儒的观点，却缺少了宋儒那种广涉佛教各宗，采取优胜劣汰理论的胸襟，他们对佛教的认识不出禅学和净土思想的范围，佛学素质并不高明。但其目的是明确的，一般都从政治需要出发，以儒家思想为主导（即以儒"治"天下），把佛道两教看作辅助王化的手段（即以佛道"化"天下）。明代潮汕大多寺院为士绅所建，乍看起来是佛教信仰氛围浓厚，其实其建寺的初衷是为王者之助，满足庶民的信仰需求，从而达到移风易俗的目的，并非为弘扬佛法、僧人修行所建。

需注意的是，朱元璋三教合一思想的原意是儒道佛不可偏废，即以儒家思想"治国"、佛道二教教义教理为"辅国"，并非要宗教场所和宗教神职人员的混滥，恰恰相反，朱元璋时期所制定的宗教政策是严厉打击这些混滥行为的⑥，但三教合一思想发展到明代中期以后变了味，彻底改变了明代中晚期后佛门面貌。士大夫不管信不信佛，大都对这种三教混滥采取了容忍、迁就、默许甚至是明目张胆的鼓励态度。其中最典型的表现莫过于对各种寺、祠、庵、庙的修建同等对待，或修建寺庵时同时供奉释迦、老子以及儒家先贤或文昌帝君像，体现了三教混融的特点。

即以潮州嘉靖状元林大钦（1511—1545）为例，他并不信佛，但作为阳明心学的追随

---

① （清）张廷玉等：《明史》卷2"太祖纪二"，北京：中华书局1974年版。

② （明）葛寅亮：《金陵梵刹志》卷1"御制集"，蓝吉富主编：《大藏经补编》（第29册），台北：华宇出版社1986年版，第37页。

③ （明）葛寅亮：《金陵梵刹志》卷1"御制集"，蓝吉富主编：《大藏经补编》（第29册），台北：华宇出版社1986年版，第28页。

④ （明）葛寅亮：《金陵梵刹志》卷1"御制集"，蓝吉富主编：《大藏经补编》（第29册），台北：华宇出版社1986年版，第36页。

⑤ 潘桂明：《中国居士佛教史》，北京：中国社会科学出版社2000年版，第760页。

⑥ 洪武二十四年（1391）发布《申明佛教榜册》谓："今天下之僧，多与俗混淆，尤不如俗者甚多，是等其教而败其行，令一出，……禅者禅，讲者讲，瑜伽者瑜伽，各承宗教派，聚众为寺……"见葛寅亮：《金陵梵刹志》卷2，蓝吉富主编：《大藏经补编》（第29册），台北：华宇出版社1986年版，第56页。

者，他对佛教尤其是禅宗思想并不排斥，对佛学义理有较为豁达的认识。他认为学佛可以“明心见性，远罪安身”，对“佛”的理解是：“古西方清净无欲之人也。其人爱恶无情，恩仇平等，佛性智慧，能生万法。”“任诚无欲，此心乃佛”显示了一定程度的崇重。他在谈到潮汕风俗时，对各种“风俗之衰”展开了激烈的批判，并提出自己的移风易俗的主张，指出“当兴者”有“建学校、择明师、表节义、崇德行、讲礼习乐之类”，“当革者”有“造淫祠、搬杂剧、尚浮文、好靡丽、停丧赌博之类”①，其中并未提及毁寺驱僧等排佛主张，倒是在他重修宝云岩时，“岩上新彩释迦、大士、伽蓝诸佛像，阁内塑文昌帝君、前贤昌黎伯，皆仍旧祀也”②。宝云岩据林大钦说是宋代先人的讲学之处，那么修葺时只要塑文昌帝君和韩愈像就得了，却新塑了佛菩萨像，这肯定不是为自己或家族邀福，而是随顺当时的风气，以三教合一思想教化乡民——虽然他也不敢肯定这种想法一定有效，“然欲以太古清净无为之化，以齐今日机械变诈之俗，亦诚难矣”。

而极力提倡程朱理学的“理学名卿”唐伯元（1540—1597），也在西湖山上建有紫竹庵③；尤其值得一提的是，万历年间，潮州知府徐一唯全面整治西湖山，把山冈上的乱坟堆迁走，并在宋代净慧寺原址重建寿安寺，以压“湖上妖氛”，唐伯元为此写了《寿安寺记》以志其事。建成的寿安寺中既有“曹溪殿”——供六祖慧能，又有“最经堂”——用以讲儒经。文中大谈儒佛互通之道：“安见清净寂灭之非吾礼乐文章也？吾儒谈尚之者过，而讳之者亦过也”，为什么？“治之者，以礼乐文章；化之者，以清净寂灭”④，二者虽有区别，但社会效果同归于一。这不啻为朱元璋或林大钦观点的翻版。崇祯年间揭阳知县冯元飏为其亡妾黄氏修建侣云庵，全庵四栋，“第一栋大门，第二栋祀玄帝……第三栋祀大士，旁列黄氏神主，第四栋僧房”⑤；明末隐士陈廷策（崇祯间拔贡）经营潮州西湖山，以南岩为中心，修缮和创辟了多种寺庙，祀西方大士及诸灵祇，“仑奂之盛，甲于东南，凡祷祀而求者，随至辄效，直欲与洛阳衡岳中分而帝矣”，诸如此类的做法很多。

由于最高统治者的指示、士绅的附随，三教合一思想最终落实到三教混滥交融，不分彼此的地步，极大改变了此前相对独立的佛门面貌。晚明以后，原本不属于正统道教的各路民间信仰，也借三教合一的思想和实践而纷纷加入其阵营，这就为民俗佛教的形成打开了大门，同时也导致潮汕晚明以后的佛教面貌成为佛教、儒教和民间信仰相糅合的民俗佛教。

（二）寺院的修建由士绅阶层主导

寺院的修建，应具体分为重修、重建和创建来分析。

关于重修和重建。方志中保留下来的碑记一般都是一些规模较大的寺院重修重建碑记，其主题大都为一些官吏歌功颂德，但其中也包含了丰富的社会内容。首先，修建工程都须得到官府批准和支持，方可进行。明初因寺院合并而毁圮的大量寺院，因为宗教政策的松弛，到了明代中叶以后才得以逐步重修与重建。重建者有的是寺僧，如万历年间重修

---

① （明）林大钦著，黄挺校注：《林大钦集》，广州：广东人民出版社1995年版，第41页。

② （明）林大钦著，黄挺校注：《林大钦集》，广州：广东人民出版社1995年版，第138页。

③ （清）张士琏：雍正《海阳县志》卷8“地集寺观”，潮州市地方志办公室2002年编印本，第232页。

④ （明）唐伯元：《寿安寺记》，饶锷：《潮州三山志》，潮州市地方志办公室2006年编印本，第400页。

⑤ （清）陈树芝：雍正《揭阳县志》卷8“庙宇”，潮州市地方志办公室2003年编印本，第416页。

潮州宝积寺的道裔，重建南山寺的如凤净珪①，得到批准后方能修建；更多的是乡绅和官府主导重修重建，如潮阳灵山寺，明正统、景泰、成化年间重修的是乡绅萧正四、庄懋、萧景砺、刘琪勇，万历二十三年（1595）知府徐一唯、崇祯六年（1633）知县杨灼等也参与重修工程②；宝光寺为知县杨灼重建③；潮州开元寺则有万历年间知府徐一唯重修④。潮州南山寺、宝积寺则有知府郭子章批准重修⑤；澄海龙潭寺万历三年（1575）有知县顾奕、万历十二年（1584）潮州府同知何敢复倡修，⑥ 丹砂寺为乡绅黄锦、陈良弼重修⑦，灵聚庵为乡绅黄琮重修，⑧ 都说明了这种情形。

其次，就连僧人用于修寺的化缘也须经官府批准。这些重修碑记年代都集中于明代中叶以后，正如上文所述，这正是寺产高度集中并大量流失的年代，寺院经济已经衰落不堪，无法独力承担寺院重修的费用。那么重修费用从何而来？从碑记中可见，经费来源主要有三，一是由财力雄厚的大施主独力或合力自愿捐施，如上述正统至成化年间重修灵山寺者；一是官吏们的捐俸，万历年间重建南山寺时，就有知府郭子章与郡丞、别驾及海阳、揭阳县令捐俸倡修；重修开元寺时则有徐一唯。如若工程太大，费用仍不够时，可由寺僧化缘。不过，明代的宗教政策规定，僧人是不允许随便化缘的，洪武二十七年制规："今后一切僧人敢有将手卷并白册，称为题疏，所以强求人为之者，拿获到官，谋首处斩，从者照刺充军"⑨，所以即便为重修寺院化缘，也必须得到官府批准。这在碑记中也反映出来了。如澄海龙潭寺，"万历三年（1575）知县顾奕令僧法流募化"重修⑩；潮州府重建南山寺时，郭子章"特命二僧董□修□好善果，铢储寸累，先后赎还寺业十之二三（下缺）经营鸠工储材（下缺）逞技能，间有善人信士，发愿施舍"⑪。正因为如此，和尚建寺化缘的态度也变得非常谦卑，《东里志》有一篇有关和尚化缘建庵的《募建鸿程新庵小引》⑫，其中有"纵明心见性，远逊尼山，而炼气养神，不减函谷"之语，"明心见性"本属佛家语，是佛教禅宗修行最高境界，在这里却被移赠儒家了，并自认为在这方面都低人一等，明代僧人在强势的官府士绅面前低三下四的态度，令人唏嘘。

关于创建。终明及清，寺院的创建都受到官府的严格控制。不过，在不同时间段情况有所不同。明中叶以前，因明初实行寺院归并，潮汕寺院只减不增；中叶以后，因为宗教

① （清）卢蔚猷修：光绪《海阳县志》卷31"金石略二"，潮州市地方志办公室2001年编印本，第328～329页。

② （清）周恒重修：光绪《潮阳县志》卷8"寺观·灵山寺"条，潮阳县地方志编委会2000年编印本。

③ （清）周恒重修：光绪《潮阳县志》卷8"寺观·宝光寺"条，潮阳县地方志编委会2000年编印本。

④ （明）刘兴学：《潮州府重修镇国开元禅寺记》，光绪《海阳县志》卷31"金石略二"，潮州市地方志办公室2001年编印本，第330页。

⑤ （明）郭子章：《游宝积新寺并序》及《题重建南山寺并序》，光绪《海阳县志》卷31"金石略二"，第328页。

⑥ （清）刘岱：康熙《澄海县志》卷18"寺观·龙潭寺"条，潮州市地方志办公室2004年编印本。

⑦ （清）刘岱：康熙《澄海县志》卷18"寺观·丹砂寺"条，潮州市地方志办公室2004年编印本。

⑧ （清）刘岱：康熙《澄海县志》卷18"寺观·灵聚庵"条，潮州市地方志办公室2004年编印本。

⑨ （明）葛寅亮：《金陵梵刹志》卷2"钦录集·洪武十五年"，蓝吉富主编：《大藏经补编》（第29册），台北：华宇出版社1986年版，第66页。

⑩ （清）刘岱：康熙《澄海县志》卷18"寺观·龙潭寺"条，潮州市地方志办公室2004年编印本。

⑪ （明）郭子章：《题重建南山寺并序》，光绪《海阳县志》卷31"金石略二"，潮州市地方志办公室2001年编印本，第328页。

⑫ （明）陈天资：《东里志》，汕头市地方志编委会·饶平县志地方志编委会办公室1990年编印本，第305页。

政策的弛废，寺院创建之风重又兴起。从上文各表中可知，文献中明确载明寺院创建人为士绅的有14座，僧人的有5座，可见大部分寺院均由士绅所建。这与宋代大都由僧人创建的情形大不相同。14座中创建人身份是本县知县的，如李烋、潘应龙、冯元飚等，本地著名宰官（包括致仕或家居）的，有黄琮、周光镐、宋兆禴、唐伯元、黄锦等；而澄海灵韩寺虽题为僧韩阳创，其实与黄琮有关（见下文）。可见建寺大权把持在士绅手里。这其中大部分称为庵，也就是规模较小的寺院。正如清康熙澄海知县王岱所言："寺则有敕赐不易建，庵则静室可以意为"，说明寺的报建手续，须得到朝廷恩准，而建庵可能只需报请府县一级批准就可以了。那么，寺的报建除非有充足的理由或在朝廷中有很大的靠山，否则不易通过批准。例如，万历明经、训导方一凤创建的惠来永兴寺，他报建的理由是为皇帝祝圣，因为嘉靖寇乱之后整个惠来县没有为皇帝祝寿的地方①，这理由是非常充足的；而澄海灵韩寺，县志中谓："明万历僧韩阳创建。乡布政使黄琮请藏经，并建经阁"②，这明显是黄琮在背后鼎力相助。除此之外，值得一提的是，黄琮利用其职务之便，尚建有古林庵、长寿寺等；至于惠来生员詹起元创建瞻云庵③，海阳进士萧定创建延寿寺④，则打着为佞佛母亲尽孝的旗号，理由似也充分。由是可知，官员、乡绅创建寺庵则有各种各样的途径和名目，而那些由僧人报建终获通过的寺庵，是多么不容易。

从上看出，不管是重修、重建还是创建，不管是决策、审批手续还是出资修建，官府士绅都是主动、主导性的一方，用今人的话说，就是掌握了话语权。相形之下，僧人的作用地位又如何呢？只要翻开这些碑记资料，我们看到的就是僧人"董其役"、"董其事"这样的字眼。林大钦重修宝云岩"命山僧光惠董其役"，郭子章重建南山寺"特命二僧董□修□"，萧景砺重修灵山寺"谋住持德辉而经理之"，方一凤创建永兴寺说："原本是役，僧明玺最有协赞劳"等。也就是说，士绅们为了获得创建寺庵的正当性，也需有僧人的参与。表面上看，寺院的修建一般会由僧俗双方合作完成，但僧人只是做事的、经理的，处于被动、从属的一方。政治和经济的因素决定了士绅的强势地位。由此我们可以得出结论，明代中叶后，寺庵的重建、创建工程，几乎完全掌握在士绅手里，佛教的发展走向也由士绅所主导。

（三）僧俗雇佣关系的形成

晚明以前，除宋代因路政建设之需，由官府创建的驿庵，以及个别高官所建的功德坟寺外，潮州寺院大都是由僧人创建的，极少由俗家士民创建；即便为俗家所建，也是捐建的，其寺院所有权及管理权属于僧人或僧团，不言自明。晚明以后情况变了，随着小寺院的大量兴建，如士民所建的寺院，且不论那些没有报请官府批准的私建寺院，就是经官府批建的寺院的所有权也大都掌握在士民个人或乡民集体手中。其性质也就是家庵，如同家祠、家庙一样。如潮阳宏恩寺，光绪《潮阳县志》谓："宏恩寺，在峡山恩波桥西。明万

---

① （明）方一凤：《永兴寺记》，雍正《惠来县志》卷17"艺文上"，潮州市地方志办公室2007年编印本，第229页。

② （清）王岱：康熙《澄海县志》卷18"寺观"，潮州市地方志办公室2004年编印本，第158页。

③ （明）梁廷佐：《瞻云庵记》，雍正《惠来县志》卷18"艺文中"，潮州市地方志办公室2007年编印本。

④ （清）张士琏：雍正《海阳县志》卷8"地集寺观"延寿寺条，潮州市地方志办公室2002年编印本，第232页。

历三十四年，邑人周光镐建”，又以小字注明“自塑像于寺中。今存”。[①] 周光镐正是潮阳峡山人，不管这一“自塑像”出于周本人的意思还是他的后代所为，都说明这个寺院就是一座家庵。而惠来瞻云庵，梁廷佐《瞻云庵记》写得更明白：“邑隐士詹云岛为其母林太君所建，以奉大士者也。”雍正《惠来县志》中说此庵为“生员詹起元建”，此人为崇祯十三年（1640）生员，是一孝子，其母长斋绣佛，为遂其母之志，建此庵供母奉佛。

不过，既然建的是寺庵，不论其出于何种目的，或为皇帝祝圣，或出于自身的宗教发心，或为家族、乡人祈福，甚至为了商业运营，想要做到香火旺盛和延续，必须要有僧人住持的打理。这样，由寺院创建者、所有权拥有者的俗家士民必然会雇用僧人作为经营者来住持寺院。僧俗雇佣关系也由此形成。

这种僧俗雇佣关系还可具体分为两种，一种是寺庵建好后，俗家士绅捐出一定量的田地，这些田地可能由僧人亲自打理，以其固定收入作为香火之资；如潮阳青云禅林，光绪《潮阳县志》谓：“明嘉靖五年僧信腾创。”其小字注云：“总兵汤宽捐东湖租十一石，监生纪时学捐岩前租八石为香灯之资”，[②] 如此之类的记载甚多，即属此种。另一种是由俗家提出某些较为明确的待遇条件（如确定的年工资和寺庵其他费用等），然后聘僧住持。这种情形一般是置办的香灯田较多（二十石以上），俗家不会把全部田亩收入算作守僧单资或由守僧支配。

我们主要考察第二种。如揭阳侣云庵，它是崇祯二年（1629）知县冯元飚为亡妾黄氏所建，也是家庵。方志中记载了这位知县捐俸购置香火田，坐落何地、田亩几何、带租多少、为谁耕作、收入在何人户头内等资料数据，交代得十分详细。其田地总产出为四十四石二斗五升。最后提到，田租由“每年守韩祠人仝韩祠首事诸家输收，内支二十四石给庵僧赡口；又支九石□粮并加派余租一十一石二斗五升供给昼夜香灯并清明一祭，三月二十七日一祭，七月十五日一祭，岁暮一祭，每年共四祭，俱用斋品编设”[③]。

也就是说，这些田亩并不交由僧人管理，只把其总收入中的二十四石作为庵僧的单资（年工资），其余的交由僧人置办岁时祭祀的物品。这就是待遇条件。值得注意的是，冯元飚并不把香火田的收租权直接交给庵僧，而是让“守韩祠人仝韩祠首事”去办，然后让他们把实物或租金转给庵僧。这是不是怕庵僧变卖或荡废田地呢？这是非常有可能的。这得到冯元飚信任的“守韩祠人仝韩祠首事”又是谁？原来，冯元飚同年还建了揭阳县韩祠，这韩祠自然是官祠，韩祠中有专门委派的守祠人，同样也置有香火田，其收入在“城都二图排僧鸣銮户下为甲首，甲名韩云”[④]。而侣云庵的收入也载入“城二图排僧鸣銮甲韩云户内”，可见其收租事正由这个僧人鸣銮俗家名为韩云的以及韩祠中守祠人去操办的。

万历年间方一凤所建的惠来永兴寺也是这样。他在建寺过程中得到一个叫明玺的僧人的协助，“原本是役，僧明玺最有协赞劳，留为本寺住持。仍施田租四十石，在寺门首；

---

① （清）周恒重修：光绪《潮阳县志》卷8“寺观·宏恩寺”，潮阳县地方志编委会2000年编印本。

② （清）周恒重修：光绪《潮阳县志》卷8“寺观·青云禅林”，潮阳县地方志编委会2000年编印本。

③ （清）陈树芝：雍正《揭阳县志》卷8“庙宇”，潮州市地方志办公室2003年编印本，第416页。

④ （清）陈树芝：雍正《揭阳县志》卷2“学校”，潮州市地方志办公室2003年编印本，第71页。

店租四两，即在寺前；以供香灯、僧粮之费”[①]，虽然《永兴寺记》中不好具体写明僧人单资多少，但相信与冯元飚的做法是一样的。

这种由俗家士绅鼎建寺庵，置田置铺，然后雇请僧人住持，讲明赡口条件，开出僧人口粮（即工资）及寺庵用费多少，以维持寺庵香火的制度，从晚明以来即有之，不仅寺庵，就是其他祠庙的做法也是这样。例如，万历三十二年任惠来知县的游之光，创建文昌阁，入清后，康熙二十六年知县张秉政改建为文昌祠[②]，雍正《惠来县志》中提到：“前后立田入阁，又新庵乡遍年乐捐油灯，雍正九年裁定，岁将租粟二十四石付僧守阁，租银一两买香油，输纳官祀昌粮米外，存留租银修理阁宇。”[③]

这种官府与文昌阁守阁僧之间的雇佣关系，与上述的士绅个人与寺庵僧的雇佣关系，性质完全一样。并且，由晚明入清，这种关系一直得到延续。我们甚至可以从以上两例有明确记载的崇祯二年揭阳侣云庵守庵僧，和雍正九年惠来文昌阁守阁僧的口粮定额，推断明清潮汕被官府雇用的僧人年收入单资一般为二十四石左右。这是一个值得注意的数据。

这种关系因为只依讲定的待遇条件支付僧人的年工资，并不把田地、铺店及其产出直接交给僧人管理，香火田与寺庵相分离，这样如遇到什么变故，僧人自行离开或俗家想另聘僧人时，田地、铺店能得以保存，寺庵也能得以维持下去。如果是第一种，田地、铺店及其收益由僧人亲自打理，则如果此僧品行不端，或与俗家有什么过节矛盾，那么田地、铺店及其收益等就可能被私自变卖、荡废。而且，按照一般逻辑，僧人亲自管理田地、铺店，更易为士民所侵吞，因为僧人毕竟处于弱势。那么，寺庵经济将一蹶不振，寺庵的香火势必难以维持下去。这在清代的寺庵祠庙碑记中屡见不鲜。

寺庵雇佣关系的形成，标志着一种不同于明中叶以前的、新的寺院经济制度的实行，并延续至清代。其实，清代诸如此类的记载更是不胜枚举，我们在下文叙述清代佛教时将不再就此进行考察。

当然，这种寺庵雇佣关系只存在于那些新建或重建的小寺院，并非包括开元寺在内的大寺院。但因小寺院之众多，其社会影响可能更大。在这些晚明新建的小寺庵中，僧俗关系被倒转。俗家士绅是寺庵所有人和雇佣者，僧人只是守庵人和经营者。寺庵所属性质决定了僧人的角色和地位，就是从属者和被雇用者的角色，唯唯诺诺，言听计从，一切由俗

---

① （明）方一凤：《永兴寺记》，雍正《惠来县志》卷17“艺文上”，潮州市地方志办公室2007年编印本，第229页。

② （清）张玿美修：雍正《惠来县志》卷8“学校”文昌阁条，潮州市地方志办公室2007年编印本，第134页。

③ （清）张玿美修：雍正《惠来县志》卷8“学校”文昌阁条，潮州市地方志办公室2007年编印本，第136页。

家人作主，僧人在这里不再拥有宗教话语主动权，社会地位明显下降，甚至沦为社会底层。①

有一例清乾隆年间的资料足以说明问题。澄海《神山观音堂碑记》中载，有一名叫希圣的僧人受女居士周郭氏雇用，为其创建的神山观音堂住持。可能这女居士常常对僧人啰唆，当面训诫，不得已，希圣只好立碑表决心，共列了五条堂规：

一吃素事佛，倘有肆酒茹荤及沉迷鸦片者逐。

一僧民各别，若有勾引良家及在外滋事者逐。

一品行廉洁，苟有聚集赌荡及狎泥不端者逐。

一空门严肃，如有典当祭器及失奉香灯者逐。

一庵唯有佛，或有私祀本主及污秽所堂者逐。

并说“（希）圣暨子及孙辈，如有违规干例者，一任周家革逐摈出。非曰苛也，所谓记禁未然之先，法施以然之后耳”②。这种语气有点像受聘的经理与老板的关系，工作做不好，任由老板炒掉自己。

如果说，寺院的修建创建已确立了士绅的强势地位，那么，在众多的小寺院住持和日常管理这一方面，僧俗雇佣关系再度强化了寺庵实际拥有者的权力，而受雇的出家人仰赖于人、低人一等的姿态也表露无遗。僧人的角色彻底走向职业化，甚至是地位低下的接受雇佣劳动的职业。那么，正如上述周光镐的宏恩寺，或像侣云庵那样，“第二栋祀玄帝……第三栋祀大士，旁列黄氏神主”，在寺院中供奉施主本人及祖先塑像牌位、各路神祇，就成了理所当然；若是乡间小寺，神佛杂糅，例以三牲同奉，情况必非常普遍，如在七月施孤法会上所供奉的那样。僧人们又能如何呢？如此，寺院性质是佛教寺院，还是家祠、神庙呢？僧人是主，是宾呢？答案是不难想到的。

---

① 王琛发表论文《随顺众生弘佛道——清末民初中国僧人住持南洋香火庙的“香烛偶”制度》（发表于欧亚大学、韩新传播学院、孝恩文化基金会联办“风从哪里来：台湾—东南亚文学文化研究的新思考”国际研讨会，2007年1月27—28日）提到了东南亚一带独特的“香烛偶”制度：“‘宝烛偶’或称‘香烛偶’，是一种承包制，是一种宗教事业经营制度，至今在新加坡与马来西亚两国尚未式微”，“庙宇的产业信托人或拥有人的职责是专心于庙产管理，日常的庙务及宗教事务则交由另一单位或个人承包经营；承包者为了交换得到双方议定时间内的经营权利，也必须交纳一份双方同意的固定数目基金给庙产管理单位，以便取得住持权，并以自负亏盈的形式在庙宇内售卖香烛金银纸等各种祭祀用品以及主持宗教仪式”。

我们认为明末出现的寺庵雇佣制度正是这种“香烛偶”制度的源头。当然，寺庵雇佣制度中的僧人只是寺庵祠庙的烧香人和管理人，主要是满足于修建庵庙的俗家士绅的宗教信仰，使庵庙及其宗教活动能够得到维持和正常运转。而“香烛偶”制度则是一种承包制，要求僧人及其所承包的庙堂不仅能够正常运转，并且有经济产出，这种制度就成为一种现代商业运作模式，僧人变成了商业经营者。在这里，僧人也是商人，他以宗教信仰作为一种商品，满足华人信众的宗教消费，并从中赚取利润，其宗教现代性更为明显。正因为早在明末时期，寺庵雇佣关系就在福建及潮汕等地出现，所以清末民初大陆僧人到南洋后，能够很快适应当地的特殊情况，并接受了这种“香烛偶”制度。“香烛偶”制度可以说是寺庵雇佣制度的新发展。

② 《神山观音堂碑记》，澄海县志文物馆编：《澄海县文物志》，1987年内刊本，第134页。

第二节　清代佛教

一、清代潮汕及佛教概况

入清之后，潮汕地区成为清兵与南明武装力量交锋的战场，战乱频仍，加上顺治十八年（1661）的海禁迁界带来的灾难，潮汕地区民不聊生，人口减少，社会经济出现大倒退。康熙二十三年（1684）以后，台湾归顺清朝，海界恢复，康熙帝施行了不少有效的农业政策，人民生活开始安定下来，农业经济得了恢复发展。雍乾年间，韩江三角洲水利设施进一步完善，农民进一步改进耕作技术，实行一年两熟、三熟及多种形式轮耕的耕作制度，即所谓的“种田如绣花”，提高土地利用率，经济作物诸如甘蔗、茶叶、柑橘种植面积继续扩大；随着农产品和手工业产品的商业化进一步提高，农村圩市得到广泛发展，潮阳县和揭阳县康熙年间各有城镇圩市5个，乾隆年间分别增至17个和26个①。与此同时，城市人口也迅速增长，乾隆年间，潮州府城成为广东仅次于广州的第二大城市②，潮州城“商贾辐辏，海船云集”，成为粤东的商贸中心，有力地带动了手工业和商业的巨大发展，当时全潮境内商贸港口从明朝的26个增加到33个③，其中澄海县的沙汕头（今汕头市），在嘉庆后逐渐发展为本区规模最大的一个海运贸易港。海运的日见发达，潮州帮商人迅速崛起，“康雍时，服贾极远，止及苏、松、乍埔、汀、赣、广、惠之间”，到嘉道年间，“则海帮遍历，而新加坡、暹罗尤多，列肆而居”④，走南闯北，活跃在国内外各商道上。潮汕文化开始显露出一定的海洋文化特征。乾隆后期，广东的吏治败坏，土地兼并严重，清朝统治由盛转衰；鸦片战争后中国进入半殖民地半封建社会，国家积贫积弱，全面走向衰败，社会矛盾日益突出，受广东“三合会”及太平天国运动的影响，潮汕地区也出现了多批次的反清武装，较著名的有道光二十四年（1844）的潮阳黄悟空，道光三十年（1850）的揭阳罗大纲（后参加太平军），咸丰四年（1854）的潮阳陈娘康、海阳吴忠恕、普宁许阿梅等，风起云涌，沉重打击了清政府的统治，对以后潮汕民主革命的兴起（如丁未黄冈起义）产生了积极影响。

清代潮汕佛教的发展状况是，明末清初与中国其他地方一样，不少士人逃禅出家；清初的海禁迁界对潮汕佛教造成巨大的损失，沿地一带寺院遭到毁灭性的打击；康熙年间解除海禁后佛教重新焕发生机，随着商品经济和内外贸易活动的空前活跃所带来的不确定因素的增加，宗教活动的开展也空前活跃，小型佛教寺院陆续鼎建，其数量较前代有过之而无不及。但寺院遇到的经济纷争也更激烈，大寺院的规模和田产进一步流失、萎缩，宋代以来那种大型寺院的盛况已不复见。佛教进一步走向与民间信仰相融合的民俗佛教。

---

① 蒋祖缘、方志钦主编：《简明广东史》，广州：广东人民出版社1987年版，第342页。

② 乾隆《新会县志》卷3有谓：“粤东城之大者，自省会外，潮郡为大，……他郡县皆不及。”

③ 黄挺：《潮汕古代商贸港口研究》，《潮学研究》1994年第1期。

④ （清）卢蔚猷修：光绪《海阳县志》卷7“舆地志略六·风俗”，潮州市地方志办公室2001年编印本，第59页。

二、木陈道忞之应召入宫

活跃在明末清初的木陈道忞，是一位具有全国性影响的潮州籍高僧。他在当时的禅宗门内享有十分崇高的地位，但又因为身为明朝遗老，奉清顺治皇帝征召入宫而备受后人的非难，是一位颇富争议的历史人物。现代中外学界已有多篇颇具分量的论文探讨过其人其事①，如此众多知名学者都论及木陈道忞及其著作，这说明“木陈现象”自现代以来持续受到学术界的关注，具有特殊的历史价值。

经众多名家的挖掘爬梳，道忞的生平脉络已比较完整、清楚。所以本节分两部分来写，一是综合前人资料，简明扼要介绍其生平；二是围绕其为何应召入宫这一众说纷纭的问题，发表一点个人意见。

（一）道忞的生平

出家 道忞（1596—1674），字木陈，号山翁，俗姓林名莅，潮州府海阳县大埔湖寮（现大埔县湖寮镇）人。20岁考取秀才，却于次年，即万历四十四年（1616）投庐山开先寺若昧智明禅师出家。家人听说后到处寻找，在师父的劝说下，道忞只好归省亲人，后秉父志成亲，生得一子。当年却再次回到庐山落发。

道忞年少即举秀才，聪明颖悟，按说科举仕途无量，又为何年纪轻轻就出了家？史载有两种说法，一是《续指月录》卷19本传谓：“幼有宿慧，因读大慧杲录，忽忆前身云水参方，历历可见，即日走匡庐开先，投明法师薙染”；二是《北游集》卷3其本人对顺治皇帝的回答：“道忞因见目连传，痛念生死，遂发心修行。”姜伯勤先生则认为，道忞“没有走入仕途，或许与其时时局已十分动荡有关”，② 似乎语焉不详。一个年轻人，未必对时局有十分清醒的认识，也不至于因感于时局而出家。况在道忞出家前后，大埔乃至潮汕士子都一如既往地参加科举，并无什么波动，其出家毋宁是个人一时的激发和感悟。正如其《随年自谱》中说，18岁时“偶闻目连传，知有生死事，惕然于中，即日屏荤茹素，思求出离之道”，21岁时又受文友欧阳文漾的劝谕后，才发心出家的③。《目连传》作为痛说生死轮回的佛教故事，宋代以来早已进入中国各种文艺形式，流传甚广，感人至深。一个聪明颖悟的年轻人容易受到感发，由此决意出家修行也合情合理。

道忞在庐山开先寺剃度后，历参明代著名禅宗大德，如憨山德清大师、隐元隆琦禅师

---

① 现代著名史学家陈垣先生，在抗战时期留在北平，为了高扬“民族不屈之精神”，除有专篇论文《汤若望与木陈道忞》外，在其《清初僧诤记》、《明季滇黔佛教考》书也多提及道忞；对道忞的晚节进行批判；饶宗颐先生早年从大埔学者温克中处录得道忞自著其45岁前生平的《山翁忞禅师随年自谱》（见《饶宗颐二十世纪学术文集》第7册，第380页）；又于1986年发表《清初僧道忞及其〈布水台集〉》，对其晚节深表惋惜，但对其在文集中保留早年的“血性文字”，仍赞叹其不失为“血性中人”；姜伯勤1994年发表《论木陈道忞》，除赞同饶先生的意见外，还对道忞的身世、交往、入宫、学养等作进一步的考证，认为在道忞的文化活动背后有“与韩愈相联系的一个丰厚的潮州人文传统”（《潮学研究》第1期）；日本著名中国史专家荒木见悟有《禅与名教——木陈道忞之变节》（《闽南佛学》1999年第2期），从名教与佛教的关系论述道忞变节的深刻原因；最新研究成果有美国华裔学者谢正光《新君旧主与遗臣——读木陈道忞〈北游集〉》（《中国社会科学》2009第3期），则利用道忞著作为基本史料，探讨明清之际若干人物之关系，重新评价明末太监曹化淳的历史作用。

② 姜伯勤：《论木陈道忞》，《潮学研究》1994年第1期。

③ 饶宗颐：《饶宗颐二十世纪学术文集》（第7册），台北：新文丰出版公司2003年版，第382页。

和无念深有和尚等，并从憨山大师纳戒。崇祯元年（1628），往浙江嘉兴金粟山广慧寺参密云圆悟禅师，不久获得证悟。而后担任圆悟的书记凡 14 年，是《密云悟和尚年谱》的编者。

弘法　密云圆悟禅师（1566—1642）是有明一代最伟大的禅师之一，万历四十六年（1618）接换有正传禅师衣钵，开法于江苏龙池禹门院，天启四年（1624）移住金粟寺，机辩雷奔，禅风远播，衲子如归，常住达 1 000 多人。其嗣法弟子各为一方宗主者有 12 人，最著者有木陈道忞、费隐通容、汉月法藏、破山海明、五峰如学、石车通云等。明崇祯十五年（1642），圆悟于天童寺圆寂，道忞继席，其时禅宗门内兴起法脉之论争。道忞的同门费隐通容撰《五灯严统》25 卷，前 20 卷与宋道原《五灯会元》相同，仅将《会元》所称为出于青原法脉的云门、法眼二宗，改为南岳下几世；又列明代曹洞宗高僧无明慧经、无异元来等于“未详法嗣”一栏中，谓之“五灯严统”。这一做法遭到不少禅师的反对，如曹洞宗高僧觉浪道盛、远门净柱等都著文反驳，箬庵通问、退翁弘储等往复调解，掀起一场不小的法脉之论争。道忞在这场论争中，表现出一个大禅师容纳各家的大气魄。他在上堂时说：

昨晚南岳（意指通融）与匡庐（意指道盛）两山争论佛法。一山道：南岳让和尚，乃曹溪嫡子，一山道：青原思大师，实宝林正宗，一山道：庐陵米价传千古，一山道：砖镜磨穿古佛心。互相竞争不已。罗浮山闻得出来，约住云：莫争莫争，饶你青原思大师、南岳一和尚，少不得从我岭南者里去。山僧蓦头与罗浮山一棒。天台山合掌道：善哉！和尚打者一棒，不妨透顶透底，畅快煞人。山僧遂与震威一喝：咄，缩头去！于是四山各各愣佁而退。①

道忞继席天童寺第 2 个年头（1644），清兵入关，天下易主。顺治三年（1646）他退居五磊寺，顺治十四年（1657）再主天童。在这期间，他先后住持台州广润寺、越州大能仁寺、吴兴道场寺、青州法庆寺等名山大刹，道风远播。他的同门觉浪道盛把他与其师圆悟禅师并列为中兴临济宗的一代宗匠。道忞有嗣法弟子多人，其中以山晓本皙和旅庵本月最为著名。两人后来随道忞入京赴阙，道忞辞帝出京时，两人奉命留京开法。

道忞虽为禅门高僧，却未能忘情世事。明亡后，作为遗老，他对故国念念不忘，与其他遗民一样，表现出强烈的忠君思想和民族气节。崇祯帝在北京煤山上吊身死，他曾写下《烈皇帝荐严疏》以悼念。后来这篇文章还被顺治帝读到，顺治不以为忤，甚至与他讨论起崇祯帝的谥号来。自崇祯帝身死直至顺治十六年（1659）道忞入京面见顺治，他常在崇祯帝去世周年的上堂说法，不避时讳地发表悼念演说。在他的诗文集《布水台集》中，有多首诗文表达了其故国之思。其还与一些反清复明的志士相往来，如黄毓祺（介子）等。②

入宫　顺治十六年（1659），道忞受召入宫。顺治帝为何会征召道忞入宫？这得从头

① 《续指目录》卷 19“宁波童山翁木陈道忞禅师”，《卍新纂续藏经》（第 84 册），台北：新文丰出版公司 1977 年版，第 1579 页。

② 饶宗颐：《清初僧道忞及其〈布水如集〉》，《饶宗颐二十世纪学术文集》（第 7 册），台北：新文丰出版公司 2003 年，第 370 页。

说起。从大的方面说，当时的政治局面已基本稳定，清朝统治者把佛教变成收揽民心的一个手段，笼络知识分子和宗教人士自然而然地成为其维持统治的需要。另一个更为直接的原因就是与顺治帝本人耽于禅学有关。

在北京城南有一座明嘉靖年间建的海会寺，顺治十三年（1656）寺宇颓废，善信为了重兴该寺，请临济高僧憨璞性聪为住持。后来，该寺宗风大振，禅众如趋。顺治偶尔到南苑打猎，到该寺歇脚，见到性聪禅师，交谈之下为性聪的佛理禅义所吸引，由是归心禅宗。以后顺治常召性聪入宫，询问佛法大意，受了不少启发，顺治还让性聪推介一些禅门大佬。玉林通琇、木陈道忞、茆溪行森、玄水超杲等先后被召入宫。当时顺治十分年轻，只有21岁到24岁（顺治十四年至十七年）。

顺治对佛法十分虔诚。凡请禅师上堂说法，都依当时禅林规矩，亲自礼请，亲临听法，禅师说毕下座后，顺治还要亲自到禅师下榻处谢法，对这些禅师十分恭敬。他让玉林通琇禅师为他起个法名，声明要用比较丑的字眼，通琇写了十几个名字进览，顺治挑选了“痴”字，并依通琇、道忞的龙池幻有祖派法卷，顺治既尊通琇为师，字辈为“行”字，所以顺治的法名为行痴。以后凡请说戒、问法以及写御札时，都自称“弟子行痴”，其玺章中也有痴道人字样。他曾对道忞说：“希望老和尚不要把我看成皇帝，应该像对待门弟子旅庵本月那样对待我。”

木陈道忞于顺治十六年（1659）三月被召，九月至京，时年64岁。九月十七日到天津时，顺治派车马迎接，十分隆重。觐见万善殿，顺治传谕免礼赐座，慰劳叙阔后，宣谕道忞在万善殿、悯忠寺和广济寺三处结冬。待道忞安顿好后，顺治不是宣召道忞前来问法，而是亲加优礼，带领学士王熙、冯博、曹本荣，状元孙承恩、徐元文，到道忞丈室问法，以示对道忞的尊崇。

道忞既富于宗门经验，又老于世故，深得顺治的心，顺治越来越热心参禅，道忞也随时加以引导。如顺治问“要如何做功夫，才能体会禅道”时，在座的玉林通琇的弟子茆溪行森回答要“放下一切，闭门静坐，饥来吃饭，困来睡眠，像一个死人那样才能参悟禅道”。

道忞当即反驳：“你说的方法对我们禅和子来说，才能实行，皇上日理万机，如果一日不励精图治，那么政务就要荒废了！”

顺治接着问：“那么到底要怎样用心才行?”

道忞答道：“古德说：‘只要能于心无事，于事无心，则虚而灵，寂而妙。’皇上遇到一切大小事务，不妨随时应付，事完后再反观刚才所酬应的，到底是从什么地方起心动念？又从什么地方消失？时刻提醒，恋恋不舍，自然打成一片，做到事事无碍。”

顺治说：“这样用功的话，恐怕断断续续，怎么办?”

道忞说：“参禅无别诀，只要生死切。皇上果真对生死大事看得迫切时，参禅必会专注。如孝子失去父母一样，想要不哀痛是不可能的。”

顺治归心禅宗，十分虔诚，在他与通琇、道忞的交谈中屡次提到出家的意愿。有一次，顺治感慨地对道忞说：“我想我前身的确是个出家人，我现在每当到寺院看到僧家明窗净几，就低回不忍离开。如果不是挂念皇太后一个人的话，我真的想跟老和尚你出家去。”

道忞忙劝道："剃发出家，只是小乘声闻之机，至于大乘菩萨境界则不然。菩萨境界可以示现为天王、人王、神王，或诸宰辅官吏，保持国土，护卫生民，实行大悲大愿。如果只图清净无为、自私自利，就是修行多劫，也达不到诸佛境界。所以，希望皇上不要萌生出家修行的念头。"

但是顺治出家的念头并未就此断绝。在道忞离京不久，在顺治的要求下，留在宫里的茆溪行森真的为顺治剃了发，以致再次进宫的玉林国师大为震怒，要随来的弟子们堆起木柴烧了茆溪行森，后来顺治答应不出家，并为行森说情，通琇才罢休。

顺治对道忞一直敬重，而道忞对顺治一些不良行为也敢于劝谏。如顺治年轻气盛、性情暴躁，不时鞭打左右。道忞进言说："参禅学道之人，不可任情喜怒。傅大士说：'心性虽空，贪嗔体实。'普贤也说：'我未见一法，有大过患如嗔的。'所以说一念嗔心起，百万障门开，讲的就是这个道理。"

顺治为自己辩解："我遇境逢缘，不能即起觉照，所以还无法控制情绪波动，但事情过后也忘记了，不再记怀。"

道忞说："能这样自然不错，但你身为皇帝，所谓'天子一怒，伏尸百万'，等你过后不再记怀它，已经迟了。"

顺治点头说："知道了。"

后来宦官李国柱高兴地向道忞说："自老和尚向皇帝进言后，皇上如今不但不打人，就连骂人也很少见了。皇上还说您胸怀平坦，最为慈和乐易啊！"

道忞自顺治十六年九月至京、翌年五月出京还山的期间，被赐"弘觉禅师"号，并颁银印。出京时顺治躬送道忞出北苑口，并差使臣刘之武代送还山。其所受恩礼之优渥，只有玉林通琇和汤若望可以比肩。道忞回寺后，顺治还写有书信前来问候，其中有手书唐代诗人岑参诗一首：

洞房昨夜春风起，遥忆美人湘江水。
枕上片时春梦中，行尽江南数千里。

顺治以古代情诗来寄托对一个老和尚的思念，也算是别具一格了。

道忞还山后一直住持天童寺，康熙十三年（1674）圆寂，终年79岁。

（二）道忞为何应召入宫

正如研究者所指出的，道忞在入京前是一个遗民意识非常深厚的人，诗文集中也有不少早年的"血性文字"，他还与一些反清复明志士相往来，为什么这样的人还会应召入宫？让人十分不解。潮汕籍的学者们本着乡邦感情为其"变节"感到非常惋惜（如邑人大埔学者温廷敬和饶宗颐先生）。

如何解释这一巨大的人格反差？

个中原因可能很复杂，但主要的应该有三个方面：第一，与其忠君思想有关；第二，与护法意识有关；第三，与其借以扩大个人影响力，一掌江南佛教话语霸权有关。

与忠君思想有关，看似非常矛盾。日本学者荒木见悟根据道忞的众多诗文、书信资料，对道忞入宫前后思想转变的逻辑进行细致的分析[①]后认为，首先道忞从最初的悲愤逐渐转到对明朝灭亡缘由的思考上，最终归为佛教因果报应论，是因为道忞认为明亡是有很多原因的："皆由我辈往昔纵贪嗔痴，恣无明焰，不自净其心之过耳。"[②] 如大臣的贪腐、李自成的起义等，渐渐不再谴责新朝。其次，随着王朝交替逐渐趋于平静，动乱期被破坏了的佛寺逐渐得到复兴，僧侣生活与课业逐日安定下来，道忞也逐渐默认了现状，从观念上转为儒家命定论，正如他在诗中所言：

瀛国为僧全后尼，
大元于宋岂偏私。
兴亡自古有天命，
斩艾徒多曷尔为？[③]

诗中所说的大元可以说是大清，而宋可以说是明，即以宋元来比附明清的关系，"兴亡自古有天命"则从儒家的命定论来看待王朝更替，从中可以看到道忞对清王朝的统治已经采取完全容忍的态度了。最后，也是最重要的，就是道忞超越了传统的名教与佛法一体化的观念。本来个人的信仰也应遵循名教，佛教徒也是臣子，前朝灭亡了要有殉节意识，做到恪职尽忠，但上述报应论和命定论两种观点冲淡了其遗民意识，最终将名教与佛法割裂开来，使其超越民族和家国观念，以"弃俗为僧，当遵佛制，彼朝政得失，岂我辈所宜言者"[④] 来为自己入宫行为的正当性作辩护。道忞撰有《从周录》，在其《序》中抨击伯夷叔齐拒食周粟为"祈博誉名"，宣布自己"从周"了，甚至为顺治唱赞歌："况承愿示生，奠安海宇，光显吾宗之佛心天子，奈何不怀德畏威，而贰尔心"[⑤]，也就是说，王朝更替，与佛教、佛教徒无关，不管谁当了君主，作为佛教徒都要尽忠。

与护法意识有关，从佛教方面来说则较好理解。顺治作为当世之君，既然笃信佛教、乐于参禅，何不投其所好？教内也有云："不依国主，则法事难立"，争取帝王作为佛法的外护，光大佛门，本就很难，何况遭遇的是信佛之君，何况是信佛之君亲召入宫说法？这种机缘简直是旷世难遇！所以道忞在顺治召他入宫时，想必是喜出望外的。《北游集》曾记载顺治所言，崇祯帝本人就不信佛，把宫中所供奉的佛菩萨像令人以绳索捆扎后拖出，极度亵渎神明，"若我朝于三宝，决不敢少有轻忽也"。道忞欣喜合十："国家尊崇象教，使忞与天下缁侣得安泉石，真殚躬莫报皇恩矣。"[⑥] 所以他要阿谀顺治为"人中天子法中王"[⑦]，他要阻止顺治的出家——"使无佛心天子，则我法危亡若朝露矣"[⑧]，要是接任的皇帝不信佛或排毁佛教可就不好办了。这都是不难理解的。

---

① ［日］荒木见悟：《禅与名教——木陈道忞之变节》，《闽南佛学》1999 年第 2 期。
② （清）木陈道忞：《复包兄元儒林居士》，《百城集》卷 32。
③ （清）木陈道忞：《北游集》卷 2，《杂咏》第三首，《明版嘉兴大藏经》，台北：新文丰出版公司 1987 年版。
④ （清）木陈道忞：《布水台集》卷 25，《明版嘉兴大藏经》，台北：新文丰出版公司 1987 年版。
⑤ 陈垣：《清初僧诤记》，北京：中华书局 1962 年版，第 77 ~ 78 页。
⑥ （清）木陈道忞：《北游集》卷 3，《明版嘉兴大藏经》，台北：新文丰出版公司 1987 年版。
⑦ （清）木陈道忞：《北游集》卷 1，《明版嘉兴大藏经》，台北：新文丰出版公司 1987 年版。
⑧ （清）木陈道忞：《宝奎说》，《布水台集》卷 20，《明版嘉兴大藏经》，台北：新文丰出版公司 1987 年版。

如果说道忞入宫以求得皇帝作为佛法的外护，尚且是出于佛教集体利益的话，那么，这里还有个人利益夹杂其中，那就是借以扩大个人影响力，一掌江南佛教话语霸权。明末清初，中国东南宗门内部派系林立，纷诤不已，这其实也是时局板荡、人心所向的反映，陈垣先生《清初僧诤记》揭示的就是这一情况。在“济洞之诤”、“天童派之诤”、“ 新旧势力之诤” 这三大纷争当中，都可看到道忞的身影。济洞之诤由道忞的师兄费隐通容发起，道忞推波助澜，妄改原有的禅宗传法世系，“以此而分优劣”,[①] “自誉为正传”[②]，从而挑起曹洞和临济两家多人的论争，是为贬低他人、争取自身的法脉正统之争；天童派内部派别之争，则分为两阶段，前阶段是费隐通容不满木陈道忞继其师圆悟后任天童住持，又代师传法，认为这是“滥法系”、“贬纪纲” 的做法，号召同门摒斥道忞，并从圆悟门人中削去其名，这就关乎道忞如何立身宗门的大问题；后阶段则是道忞入宫回山后与师兄汉月法藏的法嗣、自己的法侄继起弘储的法源之诤，缘起于继起住持海盐金粟寺时，撤在寺内纪念师祖密云圆悟的匾额“密云弥布”，另挂“亲闻室”匾，以纪念自己的师父汉月法藏，而疏远师祖圆悟，这种“欺祖逆天”[③] 的做法引起道忞的极端愤怒，由是兴起笔舌之诤；新旧势力之诤则是道忞回山后作为新朝派与同属新朝派的玉林之诤及与故国派的具德弘礼、继起弘储等人之诤，以确立自己在东南宗门内的威权。

道忞“好诤”，这是《清初僧诤记》给我们留下的深刻印象。道忞并非一个四大皆空的和尚，他好名，其名闻欲非常强烈。他入宫回山时，一副挟天子以自重的国师（其实并非国师）作派，就很令人厌恶：“由京国抵吴越，水程四千有奇，官舟所过，瞻敬皈依者倾市井。” 如果说这还是其门人编写的话语，那么他本人所作的一首诗就颇能见出其时的洋洋自得：“远涉关河道，惊闻耸百城。聚观如堵立，稽首若潮砰。由上尊崇意，发渠向慕情。乃知君子德，风动小人倾。”[④] 道忞归山后的第二年，《北游集》便问世了。这正是在教派之间势力竞争激化之时刊行的，这也正可借以夸耀自己受到皇上恩宠[⑤]。名正则言顺，入宫受到皇帝的尊崇即有了本钱，他对蘗庵（出家前名熊开元）、继起、具德等遗民的攻击火力甚足。他本人本已不再遵循名教，做了贰臣，却又要求教内之人遵循名教，自相矛盾却振振有词。他对继起撤下金粟寺中的“密云弥布” 匾大加训斥，在一封信中开头就说：“夫自有天在以来，便有纲常名教；自有生人以来，便有父子翁孙。”[⑥] 这种言行不一的表现真让人感到滑稽。他自视甚高，在康熙元年（1662）给当时名满天下的律宗高僧见月读体和尚祝寿时说：“夫天之生吾二人者非无意，而吾二人之同生于此时者亦非偶然，余之所以祝和尚者有深意焉！法运凌替，非余则谁为破魔兵而正法统？非和尚则谁能秉佛制而饬僧纪？”[⑦] 直把自己和见月读体相并列，视为当时禅宗与律宗领袖[⑧]。其妄图掌握江

---

① 陈垣：《清初僧诤记》，北京：中华书局 1962 年版，第 14 页。

② 陈垣：《清初僧诤记》，北京：中华书局 1962 年版，第 13 页。

③ （清）木陈道忞：《复灵岩储侄禅师书》，《布水台集》卷 20，《明版嘉兴大藏经》，台北：新文丰出版公司 1987 年版。

④ 陈垣：《清初僧诤记》，北京：中华书局 1962 年版，第 67 ~ 68 页。

⑤ ［日］荒木见悟：《禅与名教——木陈道忞之变节》，《闽南佛学》1999 年第 2 期。

⑥ 《复静香周居士》，木陈道忞：《布水台集》卷 22，《明版嘉兴大藏经》，台北：新文丰出版公司 1987 年版。

⑦ 《见翁大和尚七十寿序》，陈垣：《明季滇黔佛教考》，北京：中华书局 1989 年版，第 23 页。

⑧ 姜伯勤：《论木陈道忞》，《潮学研究》1994 年第 1 期。

南佛教话语霸权之心昭然若揭。很明显，这位年少时即举秀才，儒家功名思想深入骨髓的和尚，几经禅门的磨炼，名闻之心却一直未泯。自其入主天童至入宫前即好诤，贬驳诸方，争法统，争住持威权，但他也因受到多方围攻而壮志郁郁未申；应召入宫使他的名闻欲和威权欲得到了极大的满足，回山后愈加炽烈，掌打遗臣，谩骂诸方，甚至到了指斥一切、目空一切的地步。

若论当时应召入宫的和尚，并非道忞一人，何以大家只把矛头对准道忞？主要就是道忞身上的分别心、是非心、名闻欲太过强烈，投靠新朝后那种洋洋自得和仗势欺人的姿态实在令人嫌恶。道忞的诸多作为难以获得人们的认同，我们何必为之感到“惋惜”！

三、罗万杰与明末清初遗民之逃禅

明末清初，岭南地区作为南明政权与清王朝对抗的主要地区，也是“三藩之乱”的主要地区之一，局势极其动荡不安，到后来南明政权节节败退，大势渐去，士大夫阶层面临多项生存态度的选择，有的抗击清军，成就忠烈；有的出仕为官，成为贰臣；有的隐居园林，做了隐士；甚或遁入空门，当了和尚。除了第二种是投降以外，第一、三、四种都可看作殉节或殉难的形式，只不过是有激越和温和表现的不同而已。在岭南地区，士大夫逃禅现象非常普遍，这是通过社会角色的强制改变，来更明确地宣示自己对清朝统治者的不合作态度。封建士大夫自小被灌输了忠、孝、家、国等积极进取的儒家人生观和价值观，本图在立功、立名等上有所建树，在那个国破家亡、山河变色的关口，逃禅为僧实属一种无奈的人生抉择，虽然坚守了儒家的忠义气节，内心却也充满了巨大的苦痛，充满了悲壮的崇高精神。明末名臣罗万杰在为其姻亲、同属逃禅遗民的孙耀祖（详见下文）作祭文时说道：“以逃禅佞佛当苍梧鼎湖之悲，以钟鱼梵呗当黍离麦秀之谣，以衲子田夫当新亭对泣之侣。其一段隐忠苦志，翁自知之，而不欲人知之，予亦心喻之，而不对翁明言之。”① 这一段话，非常直白地道出了罗万杰本人以及所有逃禅者的心声。

（一）罗万杰之逃禅

粤东遗民逃禅者最有名的当属罗万杰。罗万杰作为明末名臣，面对清兵入境，散家财以组义军，积极准备抗清，未果，即痛哭祝发入山，以衲衣青灯度过余生。清初著名诗人沈德潜把罗万杰与熊开元、方以智、金堡等人相并列，视为明末清初逃禅遗民的代表②，可见罗万杰在当时的影响和地位。

罗万杰（1613—1680），字贞卿，号庸庵，揭阳蓝田都（今梅州市丰顺县汤南隆烟永丰村）人。入乾隆《潮州府志》卷28“人物·名臣”传和雍正《揭阳县志》卷6“人物·贤品”传。他22岁时考中进士，初授吏部行人司“行人”。在职期间，曾两次奉使封吉荆二藩；27岁时崇祯皇帝召对金銮殿，问修炼储备四事，罗万杰详陈己见，切中时弊，升任吏部清吏司主事。他协助吏部尚书郑三俊，整顿冗员，力澄铨政，因此触犯权臣，仅任事一年，便以母亡丁忧归里。

---

① 温廷敬：《明季潮州忠逸传》卷2“孙耀祖”条，汕头：补读书庐1933年版。

② 沈德潜为罗万杰《瞻六堂集》题词，《潮州耆旧集》卷35，饶锷、饶宗颐：《潮州艺文志》，上海：上海古籍出版社1994，第484页。

在罗万杰归家守孝期间，崇祯十七年（1644），李自成破北京，清兵入关，明亡。顺治二年（1645），清兵南下江南，败扬州，入苏州，一路势如破竹。面对清兵压境，南明抗清力量内部却并不团结；马士英、史可法等遗臣，拥福王即位南京，改元弘光，是为南明。不久后郑芝龙、郑鸿逵与福建巡抚张肯堂、巡按御史吴春枝、礼部尚书黄道周等，又拥立唐王称帝于福州，改元隆武。抗清力量分散，缺乏统一有效的指挥，加上郑芝龙降清，南明武装无法抵御清兵的进攻，局势乱作一团。潮汕地区也是兵荒马乱，揭阳人刘公显率军攻揭阳，顺治三年（1646）揭阳城破，纵兵大肆杀掠，罗万杰面对局势忧心忡忡，却无能为力，只有回到蓝田都老家避乱。

罗万杰毕竟是深受家国天下观念教导的忠臣志士，一腔热血仍在，不会坐视山河变色而无所作为。顺治五年（1648），罗万杰与谢元汴、黄锦、郭之奇等结陶社，积极以谋匡复；顺治七年（1650），南明永历帝下诏征召罗万杰为都察院右佥都御史，他不愿与掌权的马士英、阮大铖等奸党共事，辞不赴职。顺治八年（1651）在家乡尽出家资，有意与李士淳（1585—1665）、赖其肖（1613—?）、谢元汴（生卒不详）募兵勤王，准备起事，未果①。清兵急剧推进，顺治十年（1653）潮州城被攻陷，惨遭屠城，死者十万，潮州镇总兵郝尚久自杀。罗万杰见大势已去，无奈遣散将士，痛哭入揭阳黄岐山崇光岩隐居②。《入山寄诸眷属》一诗，典型地反映了其时的绝望心理：

几年尘土混衣冠，火宅栖迟梦已阑。
破釜昔曾闻项籍，携铛今窃效陈抟。
孤踪冷比飞鸿爪，玄志迅如落涧湍。
从此黄岐峰顶月，清宵应各照团圞。

顺治十二年（1655）罗万杰回蓝田都老家，遁居于逸老庵，这是他为自己修建的一座小庵堂。约顺治十三年（1656），离家往大埔县兰砂甲坎厦双髻山，购大埔罗明宇别业，改造为庵，匾为“语石庵”，在此住持约十年，写有不少诗文，《山居杂诗》十一首即为此时所写，其中二首曰：

万山深处一闲人，手葺蓬茅老此身。
淡粥盈壶斋满钵，家风不改旧清贫。

吟残半偈剔残缸，兀兀睡魔未肯降。
榾柮一炉香一炷，卧听微雨打寒窗。③

表面看来，此时罗万杰俨然一僧，与青灯古佛相伴，诵经焚修，与僧人明度、大开、

① 孙淑彦：《罗万杰先生年谱》，香港：香港中国文艺出版社 2010 年版，第 118 页。
② 孙淑彦：《罗万杰先生年谱》，香港：香港中国文艺出版社 2010 年版，第 129 页。
③ 孙淑彦：《罗万杰先生年谱》，香港：香港中国文艺出版社 2010 年版，第 141 页。

语山等往来，不再以世事为念，其实体现出的是一种对时世的有心匡复、无力回天的绝望感。

大埔湖寮双髻山原有当地处士黄一渊别业，罗万杰与其姻亲友人吴六奇（1607—1665）、李士淳、孙耀祖及当地女居士罗八姑等多人，募资扩建为磐湖庵①。康熙五年（1666），随着磐湖庵的落成，罗万杰入住此庵并终老于此，林栖谷汲，日习枯禅，与黄一渊及语山和尚等，相与参禅酬唱。清康熙十八年（1679）卒，葬于揭阳县缶灶村。遗命墓碑不书名字，只题“龙山樵夫之墓”，墓志铭云：“岐山之阳，榕水之旁。瘗玉佳城，遗蜕仙藏。高节峰峙，贞名流长。樵夫姓字，千载有光。”乡人私谥为“文节先生”。有《瞻六堂集》二卷存世。

清朝统治局面稳定后，康熙九年（1670）下诏搜求明朝遗臣，揭阳县令龚元英劝罗万杰出山，罗婉拒之，作诗二首以答：

竹马迎来冬日温，条风远拂陇头村。
首阳亦属周疆里，敢道食薇不是恩。

一扫浮氛今已清，几家鸡犬月中行。
道人只合孤峰顶，卧听康衢击壤声。

诗中既表达了其不事二主的遗民气节，同时也可见随新朝统治渐趋温和，其寄望新朝继续发展生产，善待民生之心。

纵观罗万杰一生，早年于吏治锐于进取，以图有所作为；中年思挽大明江山于颓势，未果即祝发出家；晚年不问世事，却聘新朝，卒成采薇之志，于忠义于气节，不改初衷，始终一贯，令人敬佩赞叹。他与同时期大埔名僧木陈道忞那种初尚有故君宗国之思，“及一奉新朝宠召，优以殊礼，即顿易其素”② 之为人，恰好形成鲜明的对照！

（二）其他遗民之逃禅

语山，乾隆《潮州府志》卷30“人物·释”有传，民国《大埔县志》卷30“人物·方外”有传，谓其为潮郡人，避难祝发为僧，于磐湖庵五里外得西华山，构精舍一所，与罗比邻而居，潜修净业，终生足迹不入城市。与人交谈不涉禅宗宗旨，只以儒家典籍相商。平生不喜剃度法嗣，有幼孤者愿出家，只令其采薪灌园，课以识字，长大后即遣还俗。语山为僧70年，一夕趺坐而逝，世寿90。

语山和尚若不是与罗万杰为同道的话，可能在历史中已找不到他的名字了。作为明末名臣的罗万杰，声名显赫，与熊开元、金堡等一样，他的逃禅自然会在历史中留下印迹，而像语山这样未必有功名宦绩的读书人的逃禅，可能为数更多，但大多都湮没在历史长河中了。学者温廷敬（1869—1954），撰有《明季潮州忠逸传》（下简称《温传》）③ 一书，

① 孙淑彦：《罗万杰先生年谱》，香港：香港中国文艺出版社2010年版，第160页。
② 温廷敬：《弘觉禅师诗文钞序》，饶锷、饶宗颐：《潮州艺文志》，上海：上海古籍出版社1994年版，第540页。
③ 温廷敬：《明季潮州忠逸传》，汕头：补读书庐1933年版。

共6卷，本书对粤东明末清初义不事清的遗民作了极为详尽的记载，是研究广东明清之际遗民的重要资料。其中就搜罗有多位逃禅遗民，现主要根据此书并综合其他材料介绍。

吴元昌，字子玄，海阳人，入《温传》卷1。元昌母亲事佛，自幼深受影响，中秀才后，逢浙江海盐金粟禅寺高僧达宗上人游潮州，得悟宗门直指见性之法。甲申（1644）明亡后吴元昌日以泪洗面，悲伤过度，身患疾病，第二年海阳名诗人陈衍虞（1599—1688）在客店中遇到他时，身体已非常虚弱，咳嗽，说话声很小，中夜起身喃喃念佛。但一谈到国破家亡之事，就“眉张发竖，目眦欲裂”。顺治三年（1646），清兵陷福建，吴元昌闻之脱却诸生服，祝发为僧，不久后死节于福建漳州。

孙耀祖，字承发，号戒庵，揭阳人，崇祯十五年壬午举人。入《温传》卷2，传中基本就是抄录了罗万杰在明亡后二十余年孙耀祖逝世时为他所作的祭文。从祭文可知，他与罗万杰同年考上秀才，但科场不顺，直至崇祯末年方考上举人，进京会试时李自成开始进攻北京，国家板荡，京师戒严，会场改期，孙耀祖慨然于国运沧桑，从此绝意仕进。回乡后自建一庵，是为揭阳渔湖京冈竹坞庵，长斋佛前，日与田僧野叟焚修功课。他是罗万杰的姻亲，女儿嫁给罗万杰的长子，罗万杰居大埔磐湖庵，孙耀祖常去看望他，但两人相见绝口不谈国事，只以佛法相商。

林佳相，字子枝，海阳人，入《温传》卷4。与孙耀祖一样科场不顺，也是崇祯十五年壬午举人。他做秀才时已对阳明心学和佛法都很有会心，与吴元昌结为禅友。国变后“益绝意进取，结庐隐居，竞浮屠学，萧然有世外之志，士论高之”。

傅天佑，字道星，海阳人，与孙耀祖、林佳相及陈衍虞、郭辅畿、谢元汴等为同科举人，其才情为同辈所激赏，《温传》卷2附传于“洪梦栋”条。明亡后其精神可能深受打击，传中谓其“携家遍历各处，或僧服，自号僧成龙，或官服，自号某官，踪迹不常”。陈衍虞《苏何庵逢傅道星》诗有“半著乌纱半袈裟，非僧非俗狂如故。莽莽言如河汉发，几许风月受唐突”之语，这种类似精神分裂的状态，为其忠于前朝的遗民而郁郁不得志的写照。

陈廷策，字颖夫，一字觐墀，海阳人，明经，为明末清初海阳名诗人陈衍虞之父，淡泊仕进。乾隆府志有传，入《温传》卷4，为诸生三十余年，崇祯癸未督学曾化龙拔贡置明经。国亡后不复出，一心修造潮州西湖山，把西湖山打造成一个集寺、庵、观、庙、岩、洞等为一体的祭祀群，供民众进香、游乐，并委任僧人统理全山。本人则在山中读书、讲学、作诗，乐在其中。湖山题壁诗有“平泉绿野自名庄，一壑翛然与世忘。物外烟霞容我老，山中岁序为谁长”① 之句。他未必算是逃禅者，却是融佛、儒两家特色为一体的隐士。

上列几位逃禅遗民，除语山外，其余似未真正履行出家的正规手续，自剃自度，外佛内儒，笑傲新朝。除此之外，方志中，尚有雪丹、超雪、净慧、德薪、振济、雪惟等僧人，虽未明确点明，但从其遭遇、诗文中推测，很可能也属此类逃禅遗民。

雪丹，浙江仁和人，民国《大埔县志》卷30有传。甲申（1644）之变后，因其父作为武将战死和对国家前途感到绝望，弃家为僧。顺治间自江西龙虎山来大埔县三河坝南安寺驻锡。他是一个诗僧，大埔志录其诗3首，清新俊逸，富有禅机，同时也表达了一个遗民不问世事的志向。如《上佛顶山复题偈》：

---

① （清）陈珏编：《古瀛诗苑》卷1，潮州市饶宗颐学术馆1997年影印本，第19页。

今日移来佛顶岗，疏疏空里雨花香。
摘来几个黄梅子，世上酸甜点不尝。

超雪，康熙年间潮州僧人，字宜白，生卒年不详，陈光烈《南澳县志补订》有传。祖籍福州，后来先辈移居潮州。他曾经游历福建多个地方，晚归潮州，潮州总兵马三奇非常敬重他，为他在西湖葫芦山后创建竹林寺，供他安度晚年。超雪通经史，工诗词，也是当时的草书家①，是一个文化修养相当高的僧人。名诗人潘耒、孟亮揆、陈王猷等曾与之过从唱和。其诗作现存不多，陈珏编《古瀛诗苑》存诗5首。从他本人及他人的赠诗中，可看出他是一位韬光晦迹的诗僧。其《秋怀》一诗之起句“比来秋寂寞，高枕菊花前”暗示他洁身自好，不同流俗；潘耒说他“师为印心人，索居离斗诤。不矜舌澜翻，所喜脊孤硬”②，正是他逃禅后独善其身但又不亢不卑的处世态度的写照。

德薪，海阳人，字起南，俗姓陈，明末清初潮州名诗人陈衍虞的族子。明末陈廷策家族似为信佛世家，自廷策、衍虞至陈珏等都曾修建寺庙，诗文中也有佞佛意向，但真正出家的只有德薪。光绪《海阳县志》有传，陈衍虞有为德薪的《义安弘释录》所作的序，序中简介德薪此书的写作经过。有意味的是，无论传、序都对其生平语焉不详，陈序谓其“少为书生，便作出世想，苦空三十余年，回潮扫墓，驻锡西郊”。对他出家前做些什么，为何出家等都未交代，这情况与上文的超雪一样，逃禅遗民的身份在当时毕竟是有所忌讳的。德薪回潮后在西关外建华严庵安禅，他也是诗僧，乾隆府志录存诗两首，潘耒来潮时也曾拜访他，并写有长诗《华严庵访南禅师》以赠，说他：“本是儒家流，学佛得心髓……一锡遍天涯，白头归故里。”③ 并对其禅门造诣大加推崇。潘耒作为清初著名学者兼诗人，目光甚高，对佛门状况也极为熟谙，却对潮州这两位僧人尊崇备至，可见二僧非庸常之辈。

净慧，康熙间潮州别峰寺僧，不详俗名。雍正《海阳县志》录有其诗一首《重登别峰访来子禅兄》：

十年曾采别峰薇，一夕闲敲旧竹扉。
自别烟萝存梦想，比来泉石觉光辉。
花开径曲春仍在，雨洗山容翠入微。
野鸟有知情更切，声声长绕故人飞。④

这是一首写景抒情诗，写了作者曾在潮州意溪橡埔村别峰寺出家为僧，并住了10年，

---

① （清）张士琏：雍正《海阳县志》卷8“地集寺观·竹林寺”，潮州市地方志办公室2007年编印本。

② （清）潘耒：《竹林寺访宜白禅师》，光绪《海阳县志》卷27“古迹略二·竹林寺附”，潮州市地方志办公室2001年编印本。

③ （清）潘耒：《华严庵访南禅师》，光绪《海阳县志》卷27“华严庵附”，潮州市地方志办公室2001年编印本。

④ 雍正《海阳县志》卷12“文集·诗”；光绪《海阳县志》卷27“古迹略二·天湖寺”条也著录，但没有题目，且文字略有不同，如“十年曾采”之“曾”讹为“僧”，当录自雍正县志而有错讹，故应以雍正县志为准。天湖寺即别峰寺。

现已在他处住持，一日重回故寺探望同参来子禅师的情景。来子禅师是明末清初驻锡别峰寺著名禅宗高僧，既然净慧是他的师弟，自然也有相当的造诣。此诗情景交融，洋溢着一种重回故里的愉悦心情，反衬出其对“世情”已有了相当超然的态度，已习惯于为僧生涯，心境恬淡祥和了。诗第一句引商朝伯夷、叔齐采薇首阳山，不食周粟的典故自况，含蓄地透露出作者系明朝遗民，明亡后托身空门，义不事清，保持气节之举。

振济，光绪《海阳县志》有传：“振济，康熙时人，修行于河内桂坑之东山庵。素不识字，将圆寂日，忽吟一绝云：寄迹韩江六十秋，弥陀接引往西游。白云作地青天路，恭别檀那勿苦留。”[①] 既然是“寄迹”，可见他并非本地人，在此荒僻的山寺独自修行，若“素不识字”，又如何作得这格律妥帖的诗？这都说明此僧“藏”得很深。遗民逃禅的苦痛，或尽在此诗中了。

四、海禁迁界对潮汕佛门的影响

清初，郑成功的海上武装以金门、厦门一带为基地，坚持反清斗争，攻克闽南沿海地区，势力甚至扩至潮汕惠州沿海一带。顺治十三年（1656）清廷颁布禁海令：第一，严禁江南、浙江、福建、广东、山东等地商民船只出海贸易；第二，禁止外国商船来华贸易。[②]厉行禁海后，郑成功仍派遣商人潜入内地进行秘密贸易，并大举北伐。为预防、孤立乃至消灭这支抗清队伍，顺治十七年（1660）福建总督李率泰奏迁同安、海澄两县沿海居民，是为迁界之始[③]。康熙元年（1662），广东在“东起饶平大城所上里尾，西讫钦州防城”沿边划界[④]，沿线构筑73个墩台，派重兵防守，在界外地区不准人民居住，房屋全部拆毁，田地不准耕种，不准出海捕鱼，凡越出界者立斩。康熙三年（1664），潮汕沿海50里内全部成为无人区，如“海阳迁去龙溪、上莆、东莆、南桂四都，秋溪、江东、水南三都之半；潮阳迁去直浦、竹山、招收、沙浦、隆井五都，附郭、峡山、举练三都之半；揭阳迁去地美一都，桃山半都；饶平迁去隆眼、宣化、信宁三都；惠来迁去大坭、隆井二都，惠来、西头、龙溪三都之半；澄海迁去上外、中外、下外、蓬洲、鳄浦、鮀江六都，仅存苏湾一都”[⑤]。康熙五年（1666），澄海干脆撤销县建制，并入海阳县；南澳岛居民全部迁入揭阳县等地；以今天潮汕三市总面积来衡量，界外面积约占三分之一。

被迁入内地的沿海居民，其境况之悲惨令人触目惊心。他们失去了家园，失去了港口，失去了谋生的土地和渔场，“少者转徙他邦，老者死填沟壑，甚而掺掺女手，执钵街衢，青青子矜，混迹佣竖；一二壮悍者，白日袖刃夺食”[⑥]。或捐妻鬻子，“或合家饮毒，或尽帑投河”[⑦]，哀鸿遍野，酿成清初广东一场惨绝人寰的大悲剧。

潮汕佛教也在这场灾难中损失惨重。明代中后期，潮汕人口的分布是“东部的海阳、

---

① （清）卢蔚猷修：光绪《海阳县志》卷43“列传”12，潮州市地方志办公室2001年编印本。

② 《顺治实录》卷102。

③ 饶宗颐著，黄挺编：《饶宗颐潮汕地方史论集》，汕头：汕头大学出版社1996年版，第307页。

④ （清）阮元等撰：道光《广东通志》卷123，上海：上海古籍出版社1990年版。

⑤ （清）周硕勋修：乾隆《潮州府志》卷36“兵防”，潮州市地方志办公室2001年编印本，第842页上。

⑥ （清）张士琏修：雍正《海阳县志》卷2“地集都图·迁界始末”，潮州市地方志办公室2002年编印本，第47页。

⑦ （明）屈大均：《广东新语》卷2“迁海”条。

饶平、澄海、揭阳等县人口仍然远比西部的潮阳、普宁、惠来等县密集”[①]；由于东部沿海地区地处韩江、榕江、练江三角洲平原，农业、渔业、海上贸易日渐发达，再加上沿海居民那种对航海的天气、海流等不确定因素的敬畏，造成了强烈的宗教情怀，包括寺院在内的各种祠庙最为密集，香火旺盛。随着迁界令的执行，各种祠庙均被舍弃或拆毁，僧人流离失所。究竟有多少寺院被毁，已无法进行精确的统计，但我们可以作一大略的估计：除地处内陆的普宁县不受影响外，其他县的损失大小不一：揭阳县的部分，海阳县、潮阳县的过半，惠来县、饶平县的大部，澄海县几乎全部，以及南澳岛上的全部寺院皆遭到毁弃。

以惠来县为例，以现在深汕高速为界（约为当时迁界令的界线）以北，地处丘陵地带，土地贫瘠，人烟稀少，其最为富庶地区正处于界外沿海地区，而其绝大部分寺院就建在这一带。从雍正年间县令张玿美编撰的《惠来县志》中，我们所能看到的寺院寥寥无几，仅有10座，其中明代建造的“榕石庵”已标明“寇乱颓圮”，永福寺则为复界后所建。若据今人所考明建寺院为28座[②]的话，那么惠来全境寺院的绝大部分遭到毁弃。康熙八年（1669）复界，到《惠来县志》修撰时（1731）时已过了60多年，寺院建设尚未恢复元气。

饶平县情况亦然。康熙二十五年（1686）刘抃《饶平县志》“寺院”条载有寺院24座，其中5座标明“废”，而太平寺、乐天庵等为复界后所建，著名的隆福寺也正在“募缘重建”，所能载入的多为当时地处内陆的县治三饶镇附近寺院，靠近海岸的寺院绝大部分未得到复建。至于隶属于饶平县的南澳岛寺院，则全部被毁弃。

作为一个建立才100年的濒海县于明嘉靖四十二年（1563）建县，澄海于康熙三年（1664）开始迁界，县内几成无人区，到康熙五年（1666）撤销县建制，康熙八年（1669）才复界并恢复县建制。可以说，澄海在这次海禁迁界中遭受灭顶之灾。康熙《澄海县志》，正是在复界后不久由知县王岱编撰的，《澄海县志》中虽然极力掩盖和消弭灾难痕迹，却处处都可看到海禁迁界所造成的严重影响。以佛教为例，其卷18“寺观”条列寺院21座，其中除部分标为“今毁”（不明是否迁界时拆毁）外，其余都标明康熙三年或五年“迁斥拆毁”、“康熙八年展复重建”等字样。作为一县之长的王岱，为民众发展生产安居乐业而极力奔走呼号，作了种种努力。其时王岱自己的县治所“槎枒堂”尚且“上漏下湿”，破败不堪，安身难牢[③]，自己却捐俸助修多座寺院，热衷于为龙潭寺等多座寺院作《募疏》（一种为寺院修建募化善款的特殊文体），还赠诗与塔山寺僧照唐、证果寺僧石年等，以期扩大寺院影响，早日重建。其为复兴澄海佛教可谓不遗余力，贡献多矣！其目的无非如他所说：“倘能如佛除此杀机、贪念，何至有兵刀、水火、十恶、五刑？世界皆归清净矣！此英雄不能救，惟佛能救之也。”[④] 借佛教以安抚民心，劝善惩恶，重整社会秩序，王岱可谓用心良苦，而澄海寺院的修建也在他的直接关照下得到了迅速的复兴。

---

① 黄挺、杜经国：《潮汕地区人口的发展（明）》，《潮学研究》1995年第4期。
② 张俊全：《惠来县佛教史略》，《惠来文史》1989年第2辑，第156页。
③ （清）王岱：《大第庵募疏》，康熙《澄海县志》卷18“寺观”，潮州市地方志办公室2004年编印本，第159页。
④ （清）王岱：《龙潭寺疏》，康熙《澄海县志》卷18“寺观”，潮州市地方志办公室2004年编印本，第155页。

王岱，湘潭人，康熙二十二年（1683）至三十一年（1692）任职澄海。乾隆《潮州府志》卷33“宦迹”有传。谓其“下车日，四境荒残，学宫、祠宇及堤岸、津梁久废，岱以次修之。邑志毁于兵燹，旁搜博采，手辑成书。居官廉介，人不敢干以私……”他为澄海的复兴胼手胝足，兢兢业业，并死于任上，可谓鞠躬尽瘁，死而后已。他逝世以后，澄海人民非常感念其恩德，立“王（岱）公祠”纪念他。他既是澄海吏治史上一个清正有为的能吏，为澄海清初复界后百废俱兴做出了重大贡献，使澄海县复界后各业得以在潮汕诸县中率先复兴，同时也是佛门的大护法，有必要书上一笔。

五、寺产的流失与寺院经济的进一步衰落

明清以来，随着人口压力的增长、土地资源的紧张，以及现世个人主义和功利主义观念的抬头、宗教信仰的异化等因素的影响，不独寺院为然，其他各种神庙的经济纠纷也日益严重。住持者私相传递、典当买卖、荡废庙产，佃户霸占庙田或拖欠、拒绝纳租等现象，也发生在其他各种神庙上。诸如此类记载是非常普遍的。随举数例，典当买卖、荡废庙产者如澄海县《同敬社碑记》，说的是关圣大帝庙“庙内及福藏寺祭田十亩实八亩并祭铺二间，为前寺僧盗典在外”，所以信众团体“同敬社”组织捐款赎回寺产①；拖欠、拒绝纳租者如《樟林风伯庙庙田碑》，这是道光年间澄海县令专为樟林风伯庙田收租事而立的，这些田产不少是官府捐赠的，澄海县令自然不敢掉以轻心，为防微杜渐，详细开列了风伯庙各项田亩、收入，责成“佃户人等届时自赴风伯庙完纳，交司事收执，永为香灯祭祀之需”，警告“各佃户也不得拖欠租艮，致于究处”。② 又如《澄海禁示碑》也有“各佃户敢有抗租距镇者，该僧人即行禀请押狱究追，尚毋有违”③的字样。

诸如此类的碑刻内容不少，但毕竟我们探讨的是佛教，故仍然以佛教寺院为研究对象。乾隆《潮州府志》“寺观”条谓：“潮之名僧仙逸，每留其踪，而香灯自守，后嗣不肖者辄亦荡废，又往往为豪右并夺，可不登籍而稽之欤”④，这说明以下所载寺观，不少是因为僧人荡废和豪右并夺而不存在了，不过是为了“登籍而稽”而已。这种寺产纷争以及寺产流失的情形，方志仅是约略提及，却在保存下来的碑记里有较为详细具体的记载。在现存潮汕寺院碑记里，主要内容有两类，一类是重修寺院，另一类是记载香灯田（包括铺房产）。香灯田碑有的是寺院自行立碑的，有的是官府核准后勒石的，前者一般是寺院置办寺田或接受施田时，对寺田的拥有者、用途、数量、地点四至，以及田租税收等进行详细的记载和认定；后者则往往是寺产发生经济纠纷，打完官司后由官府批准立石的判词。从这些郑重地以石碑形式来“宣示主权”，而且记载颇为详细的香灯田碑记里，我们可以感受到，清代寺院的经济纠纷有多么激烈！

由于各种原因，现存清代寺院碑记也不多，如澄海区寺院碑记现存五六通，多数为各

---

① 《同敬社碑记》，田野调查资料。吴榕青先生提供。

② 清道光七年（1827）《樟林风伯庙庙田碑》，规格：170 厘米×51 厘米，位置：东里镇樟林苏北中学旧校舍，已收藏县博物馆。吴榕青先生提供。

③ 道光七年《特授澄海县志正堂城隍庙碑》。田野调查资料。吴榕青先生提供。

④ （清）周硕勋修：乾隆《潮州府志》卷15“寺观”，潮州市地方志办公室2001年编印本，第178页。

种神庙碑记；其他县市也保存一些寺院碑记，但数量都不大。潮州市湘桥区（即潮州市区及意溪镇）保存略多一些，现在我们所能见到的寺院碑记共有24通，其中属于香灯田（包括铺房产）碑有12通，涉及经济纠纷的有10通，其中开元寺就占8通。开元寺作为潮汕第一大寺，寺产最多，又因为保存资料较多，其经济纠纷也就具有代表性，可概其余。以下我们就以开元寺为个案，集中考察清代潮汕寺院经济纠纷的基本情形。

开元寺从宋代林绍坚施田以来，可能一直就是潮汕地区最大的“地主”，经过自然累积和明初寺院合并，至明嘉靖二十六年（1547）寺田竟达11 600亩，是明文记载田亩数量的最高峰。但据寺存康熙三十五年（1696）《奉宪立碑》可知，开元寺当时寺田仅存6 700亩，比嘉靖二十六年已少了5 000亩以上。这一百多年里寺田流失是多么的惊人！但这仅存的寺田仍在继续流失中。现存清代碑记共18通，有关经济纠纷的占8通，从对这些碑记的释读中，我们可以了解到，其寺田流失主要原因有四：豪右佃农匿占寺田、林（绍坚）氏裔孙勒占施田、官府以寺田充公和寺僧变公田为私田。

（一）豪右佃农匿占寺田

寺存另一块与上揭《奉宪立碑》几乎同时的碑记《奉巡抚都察院朱批布政司呈祥准豁免寺田现役集差不许里民扳扯并令清查影占具报碑记》（两通碑记均为海阳县令金一凤所立）碑文虽已被磨灭大半，无法完整释读，但从题目中“并令清查影占具报”及残篇中“据寺僧宗和等开报势占田地”、“问明造报交还寺僧收租输〇课粮”、“批审追〇势佃影占亩数□名”，并开列出影占寺田者部分姓名“黄瑞峰〇林□丰……余……”、“……田地……陈……”等断文残句里仍可看出，开元寺田大量为豪右所侵吞，并被县令金一凤清复。雍正六年（1728）开元寺田被充公后，官府按月给僧众发给香灯口粮，经济十分拮据，乾隆元年（1736）开元寺改为十方丛林，开堂接众，入不敷出，于是有开元寺原管田租的旧僧维从，查知在海阳和揭阳两县尚有被佃农匿占的田亩，赴官告状。乾隆四年（1739）为当时的惠潮嘉兵备庞屿分檄行查归寺，共计“田壹仟贰佰亩玖分肆厘，园一百二十一亩四分九厘五毫，田种伍石肆斗肆升柒合五勺肆杪，岁计收租谷壹仟贰佰壹拾捌石零玖升叁合，租银柒拾捌两柒钱贰分叁毫肆丝肆忽”①，这说明康熙三十五年（1696）至乾隆五年（1740）这近五十年间，豪右佃农匿占寺田之事从来就没有间断过。从碑文记载可以揣摩，当时被匿占的田亩远不止被查出归寺的数目。

（二）林氏裔孙勒占施田

开元寺绝大部分田地是南宋林绍坚和元代余英布施的。林氏有此善举，到了清代，其裔孙的思想境界就未必有那么崇高了，寺存康熙三十五年（1696）《奉宪立碑》记载了一则林氏裔孙勒占施田之事。林余两各施田入寺，开元寺不忘报本，每年向两氏子孙交纳祭银八两，作为两氏子孙祭祀祖先费用。并在寺每值林余两人忌辰设供。时有林氏裔孙林晋卿借办祭为由，收回施田110亩，此事为其同族的林振生所知，就向官府告状，说林晋卿这种做法是“欺旨占田酷僧”。林晋卿说林绍坚施田比余英多，有7 000多亩，而岁纳祭银与余氏子孙一样，不公平，所以要收回部分施田办祭。县令金一凤认为，开元现存寺田

---

① 寺存乾隆二十七年（1762）《造缴租册》碑记。

才 6 700 多亩，林氏怎有可能施田 7 000 多亩？认为林氏施田为 1 370 亩为确。判定林余子孙同纳祭银八两不变，勒令林晋卿退回所占施田。乾隆元年（1736），尚有一名叫林仕珂的人，冒认林绍坚为先祖，“串僧短减寺产、祭仪”，为官府清查核实，祭银仍由林氏裔孙领取①。乾隆《潮州府志》林绍坚条载：“……孙逊元，皇庆解元，至正壬午割田二百五十余亩入芒岭苦竹院，为绍坚守墓之资；孙崇明，万历贡生，分先世所施开元寺田九百余亩入万寿宫为香火。”② 看来，围绕林氏的施田，由元及清，其裔孙一直都在打主意。从其祖施田入寺，到明清子孙则变成巧立名目勒占施田，渐悖乃祖佞佛之初心，“一代不如一代”，非常典型地反映了人们佛教信仰和福田观念的淡薄，务实主义的抬头。

（三）官府以寺田充公

明清开元寺田共有三次充公，第一次在明代中叶被征为军饷，第二次是雍正五年（1727），第三次是乾隆十五年（1750）。雍正五年（1727），时任惠潮嘉分巡道的楼俨，“恶其（指开元寺僧众）以有用之物力，供无厌之宴乐也，请诸上宪厘之以充公帑”③。从此，开元寺僧众按月领取香灯口粮。乾隆元年朝廷淘汰劣僧，开元寺改为十方丛林，延请曹洞宗高僧密因古如开堂说法，本寺“人多粮少，饘粥不敷”，经济十分拮据，故有上述重查海揭两县豪强佃农匿寺田之事。未有资料显示，为楼俨充公的寺田重新归还，所以开元寺除官府按月供给的口粮之外，只剩下被重新清查出来的 1 000 多亩田产了。

时隔不久，开元寺田再次被充公。“……至乾隆十五年（1750）庚午，大方伯吴公谦志，清查通省寺租提解充公，开元寺亦在提解之列。自是供佛饭僧，岁有定额。”④ 此次充公，可能是连同上述剩下的 1 000 多亩都一齐上缴。“自是供佛饭僧，岁有定额”这句话，似乎是说开元寺从此就只靠吃供应粮过活了。因为彻底没有寺田，嘉庆年间一些寺内的重要执事才又陆续出资金购置民田入寺，但那已是零敲碎打，不成气候了。⑤

如果说豪右佃农侵占寺田只是“蚕食”的话，那么官府就是“鲸吞”了，开元寺经济由此彻底破产。

（四）寺僧变公田为私田

与来自世俗的侵吞寺产不同，这类寺产的流失原因则与寺院内部组织、制度的致命缺陷有关。开元寺在乾隆元年以前属于子孙丛林，也如世俗大家庭一样，寺院分派为多个房头，各个房头收徒传继，是为子孙私承制度。如寺存雍正二年（1724）《檀荫千载》碑文中最后署名为“开元寺住持僧宗和暨合寺僧众　建惠　元就　开腾　维善　开朝　广辉　开耀　维辅　宗乘　宗叶”，这些僧人即是各房头的代表，都是兼有寺中重要执职的大和尚，寺院经济及一切事务均由他们共同把持。开元寺的庞大公共田产不是登记在一个人名下，而是分别存下多个房头大和尚的名下，用来收租缴税的。如乾隆五年（1740）被惠潮嘉兵备庞屿清查出来的海揭两县被佃农匿占田亩即开列在这些房头大和尚名下，如“海阳

---

① 寺存乾隆元年（1736）《奉宪勒石碑记》。

② （清）周硕勋修：乾隆《潮州府志》卷 33“侨寓·林绍坚”，潮州市地方志办公室 2001 年编印本，第 820 页。

③ 寺存雍正龚松林《重修开元寺碑记》。

④ （清）周硕勋修：乾隆《潮州府志》卷 15“寺观·开元寺”，潮州市地方志办公室 2001 年编印本，第 179 页。

⑤ 寺存嘉庆二年（1797）《崇行堂碑记》。

县闲嘉户：田地共二百七十二亩四分，租二百二十二石八斗，租银五两八钱八分；僧亮铎户：……”[①] 文繁不引，其中就有上述宗和、建惠、宗乘等人户头下的田亩。这些公产田亩既然登记在这些房头大和尚名下，他们就有权支配寺产，并私相传递，最终公产沦为私产。这里，寺存同治三年（1864）的《奉宪准勒石田碑记》就提供了一个典型案例。

碑载乾隆年间潮阳释道怀到寺担任执事，开元寺以意溪和云梯的两庄田租，共八十九石七斗二升作为其衣单费（相当于其年薪）。道怀死后，这些田亩就由其弟子继承，传至同治年间在道怀的曾孙奇珍手里，奇珍临死时愿意把这两庄田租交回寺院，他的弟子通达却“捏词图占”。状告开元寺，要求继承这些田亩，为海阳县所驳回，并准立石垂示。

开元寺把公产中的田地拨为僧人的衣单费，这是公产转为私产的第一步，而这些田地在其人死后并未收回，而是私相传递给子孙，这就彻底变为了私产。寺僧可任意而为，最终使庞大的寺产被瓜分、肢解，挥霍殆尽。这种“不如法”的寺产继承制度，也为某些僧人所指责，认为是寺院经济衰落的主要原因，如寺存嘉庆二年（1797）的《崇行堂碑记》就提到：“向有寺产万余，因房头僧众传接，住持乏人，以致倾废。”

清代潮州开元寺田产经过各种激烈纷争，最终几乎全部流失，这其中既有官的因素也有民的因素，既有内的因素也有外的因素，各种因素的合力作用使开元寺田产经济最终破产。作为一府的官寺、大寺，其田产经济的结局是如此，那么其他寺院也不外如此。通过开元寺经济纠纷这一典型个案的分析，我们可以清晰地了解到清代寺院经济的衰落过程，以及明清以后“民俗佛教”形成的重要原因。

第三节 宗派传承

佛教在中国长期的发展过程中，衍生出各种宗派，唐代“八宗一教”的成立标志着中国佛教发展达到全盛时期。各种宗派因观点、方法、门风的差别又有门派之异，如禅宗即有“五家七宗”之别。禅宗是中国人开创的一个佛教派别，为了显示自宗的正统性，声称其为祖佛相传，以心传心，故十分重视法脉传承。禅宗在唐宋时期的传承是传法，一个禅人在一位禅师座下开悟，他所领略的禅心祖意若与其师相符，禅师就为他印证并传法，成为禅师的法嗣。所以传法其实是禅的精神思想的继承，这种传法具有非常积极的意义和价值，它使得中国禅宗宗师们得以继续弘扬禅心禅髓，脉脉相传，代代发展壮大。但到了元代以后，禅门日见衰落，开悟的禅僧日渐稀少，宗派传承也就变味了，所谓宗派传承不再是精神思想内容的传承，而仅仅是形式上的传承。一个人在某个和尚那里披剃出家，就算是这个和尚所在宗派的徒子徒孙；或者为了某种功利目的又再得到一份另一门派的传法文本——“法卷”，就算是接过另一个门派的传承。其实，这都不是唐宋时期那种真正意义上的传法。我们今天研究佛门内部的宗派传承，主要是为了了解某一宗派在潮汕地区的生存和发展，进一步窥探佛门作为一个社会集团特殊的内部组织结构。

潮汕佛教宗派世系传承，考虑到本地偏离文化传播中心地带，文化开发较慢，佛教义

① 寺存乾隆二十七年（1762）《造缴租册碑记》。

学研究不兴这一特点，流传于潮汕地区的佛教宗派主要是注重实修的禅宗。有唐代潮阳一带寺院就是惠照、大颠领军的禅宗道场，唐宋两代不少寺院多称禅院，如资福禅院、静乐禅院等，灵山寺长庆二年诏赐“护国禅院”，宋天圣七年改为“开善禅院”，均属禅宗道场；如现存开元寺大殿内政和大铜钟，原来属于静乐禅院的，其铭文内有“都劝首　住持传南宗　沙门　择兰”字样，择兰属于禅宗一系僧人无疑；开元寺宋代以后一直属于禅宗寺院，据咸淳五年（1269）《开元寺法堂记》：“斯堂也，上下二百年，始废于绍兴，而赵侯复之，再废于壬戌，而林侯复之……”可知法堂早在北宋初年就存在，而法堂正是唐宋禅宗寺院的主体建筑。元代开元寺称为“开元禅寺”（见寺存元代铜云板《铭》），明初分天下寺院为禅、讲、教三类，开元寺称“开元镇国禅寺”；双峰寺及灵山寺也应属于此类禅寺。所以，从唐代中叶开始，禅宗的宏传几乎贯穿了一千多年潮汕佛教史。

正如上一章所述，因胆巴帝师来潮，元代在潮州府城如开元寺、宝积寺等寺院应有短期的密宗传承，但缺乏详细资料，暂不讨论。

清代以前潮汕禅宗具体门派的传承不明朗，也无从讨论；清代以后，潮汕禅宗主要有三大门派流传，这就是慧原法师在《潮州市佛教志·潮州开元寺志》所提到的曹洞宗、临济宗普陀山伴山庵分派以及临济宗黄檗派[①]。从这三大门派的传承，可以清晰了解到清代以来潮汕佛门来自三地二方向的影响，即粤西、福建、江浙。

一、曹洞宗华首分派

（一）基本情况

曹洞宗华首分派来自粤西。潮汕曹洞宗传承可追溯到乾隆元年（1736）。潮州开元寺本属临济宗，乾隆元年朝廷淘汰天下僧道，整肃清规，“道宪庞，俯念道场陵替，酌议列宪，将寺仍为接众丛林，延请罗浮密因和尚开堂说戒”[②]。说的是当时的惠潮嘉分巡道庞屿，为了整饬房头林立、内部虚耗的开元寺，把其从子孙丛林改为十方丛林，并延请高僧密因古如为住持，开堂说戒。曹洞宗传承到明末，广东的一支即是著名的宗宝道独禅师，他开创了罗浮山华首台道场，他的座下出了清初广东禅师中影响最大的天然函昰禅师，天然和尚有十大弟子，其中之一是尘异今但，密因古如即是今但禅师的高足。曹洞宗本来宏传于粤北与粤中地区，自此也流传到粤东潮汕地区，曹洞宗几乎遍及广东全境，成为清初岭南影响最大的禅宗门派。开元寺经密因和尚的改造和整顿后，面貌产生很大的改变，成为岭东佛教道风最为整肃的寺院，并在清代产生了一批有戒行有作为的高僧大德，对潮汕佛教产生了深远的影响。乾隆十四年（1749）退院回罗浮山，其法嗣后有二：传修、传恩。传修（静会）继任开元寺住持，为清代初期潮汕最有影响的僧人（详见下文）。开元寺从密因和尚接任起直至1933年的两百年间成为曹洞宗寺院。

由此，开元寺就产生了一个独特的门派传承现象，这就是十方传法制度。所谓“十方”丛林，除个人资产外，一切大宗寺产归常住；寺院可以接待任何外来僧人挂单、任职，一切食住支出由常住支出；这就有别于以往世俗家庭般的子孙丛林制度；所谓“传

---

① 释慧原：《潮州市佛教志·潮州开元寺志》，潮州开元寺1992年内刊本，第341页。

② 寺存嘉庆二年（1797）《崇行堂碑记》。

法”，凡住开元寺僧人，不论何宗派，须接承曹洞宗法系后方有资格接任开元寺住持。继任住持者尚须系本寺法派而曾任为监院者，经大众推举，方能继任。每届三年，连选得连任。新旧交卸于夏历正月十五日①。

接法后由师父为其再起一个法名，以明曹洞宗世系。例如：

密因古如和尚，密因（剃度宗派之字），古如（曹洞宗之名）。

演余福来宗接和尚，演余（剃度宗派之名），福来（剃度宗派之字），宗接（曹洞宗之名）。

其曹洞宗法名也有规定，这就是由道独禅师所续的演派偈每一个字作为法名的头一个字来排序，以明辈分：

道函今古传心法，默契相应达本宗。
森罗敷演谈真谛，祖印亲承永绍隆。

如道独、函昰、今但、传修等。

开元寺内现保存有一份当年1919年宗怡光宗耀和尚传法《法卷》，原件竖排，现横排抄列如下：

正　　　　法
眼　　　　藏

从上
诸祖载之传灯藏之梓籍今就罗浮华首题起
第一世祖宗宝空隐道独禅师
第二世祖雷峰天然函昰禅师
第三世祖佛首尘异今但禅师
第四世祖开元密因古如禅师
第五世祖开元德耀传恩禅师
第六世祖开元道昆心隐禅师
第七世祖开元妙谛法言禅师
第八世祖开元绍法默圆禅师
第九世祖开元达昭契盈禅师
第十世祖开元守持相乘禅师
第十一世祖开元离俗应僧禅师
第十二世祖开元传祜达明禅师
第十三世祖开元莲禅本茂禅师
偈曰：
妙性天然本来真，竖穷横遍贯古今。
灵明非空亦非有，直下承当达圣心。

① 释慧原：《潮州市佛教志·潮州开元寺志》，潮州开元寺1992年内刊本，第247页。

嘱咐
纯寂常禅人心心相印永远
流芳
传曹洞正宗四十六世开元寺
怡光宗耀老人手书
时
民国八年岁次己未
佛圣诞日
今将
道祖法派开列
道函今古传心法，默契相应达本宗。
森罗敷演谈真谛，祖印亲承永绍隆。①

这是怡光宗耀法师给弟子纯寂森常传接曹洞宗的《法卷》。相当于传法与接法的凭据。怡光法师剃度宗派本属临济宗黄檗派，纯寂是他的剃度弟子，两人都驻锡开元寺，时怡光任开元寺监院职，已接承曹洞宗的法脉，为了弟子日后有更大的发展，怡光也为剃度弟子传承曹洞《法卷》。据慧原法师的研究，认为其中“传曹洞正宗四十六世开元寺怡光宗耀老人”应为“第十四世”，而怡光法师却从六祖慧能为第一世算起，于理不合。其中“第五世祖开元德耀传恩”，说明怡光是今但禅师在开元寺留下两个法嗣之一传恩一系的徒孙。怡光宗耀并未担任过开元寺住持，纯寂森常则于1936年担任住持。

十方传法制虽较子孙相承制进步，部分体现了佛陀制戒时的寺院公有、常住平等等观念，但其选举住持仅限于开元寺曹洞宗法系的僧众，这种一宗独大的做法排斥了更大范围的人才选拔。打个不恰当的比方，就像族内通婚一样久而久之不利家族兴旺一样。所以，到了1933年春，随着形势的发展，开元寺顺应由太虚大师倡导的近代中国佛教制度改革的呼声，改十方传法制为十方选贤制②，可以由常住全体职事及大众开会选举十方有道有学的大德任开元寺住持，突破宗派的限制，这在寺院人事组织结构上是一大进步。1939年，非曹洞宗裔的续量根宽和尚入住开元寺，开元寺从此不再标榜为曹洞宗寺院。但曹洞宗原有的法脉在本地的传承并未中断，而是不绝如缕地传承到20世纪八九十年代。

潮州开元寺曹洞宗法脉传承的重要意义在于，由明末传承至岭南的著名的曹洞宗法脉，在粤北、粤中等地却迅速式微，“至天然函昰圆寂前后，‘十今’（按即函昰禅师十大今字辈的弟子）也逐渐凋残，古字辈还算可以维持，到了传字辈就有点后继无人了。华首系赖潮一隅，至今尚存”。开元寺作为曹洞宗寺院传承竟达两百年，为广东曹洞宗传承最久的寺院。所以有学者认为，开元寺是与海云寺、海幢寺、别传寺并列为岭南曹洞宗“四山”之一。③

---

① 释慧原：《潮州市佛教志·潮州开元寺志》，潮州开元寺1992年内刊本，第344～346页。
② 释慧原：《潮州市佛教志·潮州开元寺志》，潮州开元寺1992年内刊本，第239页。
③ 李君明、仇江：《岭南佛门瑰宝——〈开元寺传灯录〉》，《广东佛教》2007年第1期。

原属曹洞宗寺院的尚有潮安县庵埠镇的灵和寺、广严庵、宝庆寺、景韩寺、凤栖寺①以及龙潭寺（今属汕头市澄海区，已废）。由于曹洞宗的传承与开元寺尤其是十方传法制联系得过于紧密，通俗点说，接曹洞宗的传承不过是为了当上开元寺住持，这就局限了它的更大范围的发展，故其影响多在今潮州市和汕头澄海区较为狭小的范围。

（二）清初一代高僧静会传修（1686—1780）

潮州开元寺藏经楼内，珍藏有一部乾隆皇帝钦赐的雍正版大藏经，这就是世称“龙藏”的开元寺镇寺之宝。在全国现存的龙藏中，据说开元寺这部经保存最为完好，因而十分珍贵。80年代以来，从中央到地方各级电视台多次到开元寺拍摄文化专题片，这部龙藏都是被着重介绍的对象，以彰显作为历史文化名城潮州深厚的文化底蕴。

这部龙藏是开元寺和尚上京奏请而来的。开元寺既是潮州地区佛教活动的中心，历来又是官府宣讲律令以及朔望祝圣的场所，所以具有鲜明的官寺性质，是为“镇国禅寺”；既然为一个地区的大刹，就不能没有皇帝钦赐的藏经作为镇寺之宝，这在全国佛教名刹来说都是一样的。那么这部龙藏又是谁奏请来的呢？这就是静会和尚。

静会传修是清代早期潮汕本地赫赫有名的高僧，其名字屡见于乾隆《潮州府志》和光绪《海阳县志》，被慧原法师《两志》列入“人物·建树”篇中。他早年修菩萨行，修桥补路，掩骼埋胔，闻名遐迩，备受赞叹；中年协助密因和尚整顿开元寺僧伽，使粤东首刹开元寺道风为之一变，僧才辈出；晚年又不顾年纪老迈，风餐露宿，进京请藏，其为法忘躯的精神令人崇敬，以致后世流传很多关于他与乾隆皇帝的神奇传说。

1. 勤修菩萨行

静会，普宁县人，俗姓韩，世称韩和尚，传修是他接法曹洞宗罗浮山华首分派的法名。生于康熙二十五年（1686）二月十五日。生具善根，童贞出家于潮阳县文照堂，剃度名静会。文照堂原名为文照庵，在县治中宝光寺东，为康熙十八年（1679）知县徐而泰所创建②。文照堂可谓是佛门中一块风水宝地，清代多名高僧曾在这里出家剃度，如这里以后诞生包括静会在内7位开元寺方丈③。静会成年后行脚参学，其时盛极一时的粤西曹洞宗丹霞天然禅师（1608—1685）一派虽已走向全面衰落，但仍有个别高僧宏化于粤中、粤北，静会前往依止的罗浮山华首台高僧密因古如禅师，古如为天然禅师的十大弟子中的第九弟子今但禅师④的法嗣。静会在古如禅师座下领受了禅门钳锤，数年后得法，法名为传修，为曹洞宗第三十二世，华首分派（以宗宝道独禅师为一世）第五世。

静会得法于密因古如禅师的重要意义在于，由宗宝道独禅师传宗的岭南曹洞宗于明末清初光耀于粤北、粤中，三传之后即告式微，而由潮汕僧人静会赓续香火，传薪于潮汕大地，并在因缘遇合之际，礼请密因和尚来潮弘法，使曹洞宗一脉在潮汕得以流传至今，延绵不绝。

得法后静会回到潮阳，任文照堂住持。

---

① 景韩寺和凤栖寺为庄万翔先生考证而得。见庄万翔：《潮州寺庵摭拾（二）》，《人海灯》2005年第3期。

② （清）周硕勋修：乾隆《潮州府志》卷15“寺观·文照堂”，潮州市地方志办公室2001年编印本。

③ 释慧原：《潮州市佛教志·潮州开元寺志》，潮州开元寺1992年内刊本，第377~382页。

④ 汪宗衍：《天然和尚年谱》，澳门：于今书屋1942年版，第79页。

静会任文照堂住持期间，勤修菩萨行，本着佛家无缘大慈同体大悲的精神，向芸芸众生伸出与愿之手，扶危济困，恤死扶伤，积极参与慈济事业，于是道望愈来愈高。雍正四年至雍正五年（1726—1727），“（潮阳）淫雨害稼，斗米银五钱，彗星见；五年丁未大饥，斗米银六七钱，疠疫，死者无算”①。静会尽寺中所有储积，设厂施粥，救活不少乡民；又组织队伍掩骼埋胔，不遗余力。静会的所作所为，不仅赢得各乡民的衷心敬爱，还博得官府的赠匾表彰。有一大吏闻其名赠匾“宝筏真宗”，潮州知府李濂也因静会赈饥有功，题文照堂下院（在举练都草尾村）为“静隐”堂②。这些赠匾自然是来自于官府的荣誉，且按下不谈，最有意思的是静会的急公好义之所为，竟然还博得当时潮阳县令蓝鼎元（雍正六年任）的大加赞赏。蓝鼎元在前面已有过介绍，他是程朱理学的身体力行者，也是一个坚定的排佛人士，他在文章中骂佛骂僧较之于他的偶像韩愈有过之而无不及。文照堂左近有一祭祀唐代张巡、许远的双忠祠，无人住持，静会早晚兼奉香火，又恐以后难以为继，经他热心地多方奔走，募化富户捐赀置产，为岁时香灯之费，并请蓝县令书石。蓝鼎元为之写了《文光双忠祠祀田记》③，蓝鼎元从地方教化的角度鼓吹一番之后，继而称赞道：“静会为棉阳好义僧，赈饥埋胔，不惮烦劳，庶乎韩公所谓‘颇聪明，识道理’者。”与他所崇拜的唐代韩愈一样，对僧人素无好感的清代理学人士蓝鼎元竟又折服于另一个潮州高僧！不过，为了避免“蹈韩愈大颠故事，贻后世不白之讥”，他不敢与静会相从过密，但他在言议中对静会非常钦佩，仅此一端即可见出静会和尚在清初佛门中的崇高地位。

静会的菩萨行实践不是一时一地的，而是持之以恒的，修建潮阳望上桥一事就能说明问题。而此时静会已离开潮阳来到潮州开元寺了。光绪《潮阳县志》谓：

望上桥，在井、峡两都接壤，中隔一水，名新港，阔20余丈，乃郡邑省会往来通衢。乾隆四年，邑举人郑万铨、监生郑象德偕僧静会建④。

此事在清乾隆二十三年（1758）任潮阳县令孙炜《建望上桥记》及郑安道《重建望上桥记》⑤中均有详细记载，监生郑锦山（即上揭郑象德，家巨富，好善好施，《潮阳县志》有传）与静会共倡修桥，“向义捐赀，竭诚募化”，用银900余两，成桥五洲；建成后不久（1753）为洪水所圮，为郑锦山之孙郑成高修葺；乾隆二十二年（1757）又圮，静会再度偕乡里善士募化重修。静会发扬宋代大峰精神，修桥补路，造福乡民，所作的菩萨行实践肯定非常多，但大多已在历史中湮没无闻了，只有一鳞半爪的事迹通过记载方才保存下来，让我们看到一个高僧伟岸的身影。

2. 协助整顿开元寺僧伽

乾隆元年（1736），佛教界发生了一件大事，乾隆皇帝登极，下令“沙汰僧道”，即

---

①（清）周硕勋修：乾隆《潮州府志》卷11“灾祥·潮阳县”，潮州市地方志办公室2001年编印本，第107页。

②（清）周硕勋修：乾隆《潮州府志》卷15“寺观”，潮州市地方志办公室2001年编印本，第180页下。

③（清）蓝鼎元撰，郑焕隆编：《蓝鼎元论潮文集》，深圳：海天出版社1993年版，第540页。

④（清）周恒重修：光绪《潮阳县志》卷4“乡都·津梁”，潮阳县地方志编委会2000年编印本。

⑤（清）周恒重修：光绪《潮阳县志》卷21“艺文中”，潮阳县地方志编委会2000年编印本。

整顿清查僧道，对于一些表现优良的僧道重新发给度牒，而表现低劣的则勒令还俗。“道宪庞（屿），俯念（开元寺）道场陵替，酌议列宪，将寺仍为接众丛林，延请罗浮密因和尚开堂说戒。”① 意即当时惠潮嘉道宪庞屿，为配合朝廷意旨，对粤东首刹开元寺严加整饬，淘汰寺内一批荒淫无耻的寄生虫，留下一些比较正派的僧人。正本清源之后，为使开元寺的佛教事业从此走上正轨，庞屿又下令改革寺院规制，即废除开元寺原有的弊端丛生的子孙丛林制，而改为较为进步的传法丛林制。为使改制得以落实，则需一个优秀正派、年富力强的僧人来管理寺院，静会和尚在潮阳之作为有目共睹，道声日隆，庞屿即出面礼请静会为监院，其时静会已 50 岁。为了更好地整肃道风，重新树立粤东首刹的崇高形象，静会建议延请其师密因古如禅师住持开元寺，为庞屿及寺内两序大众所采纳。

密因古如禅师入住开元寺后，一切均按照正规丛林的禅宗规制开展佛事活动，包括僧人挂单、朝暮课诵、上堂说法、传戒参学等，都制定了一系列的严格规定。要求僧人严持戒律，积极修学。开元寺一时道风丕振，四方衲子纷纷前来皈依参学，出现了僧多粥少的局面。

上文中，我们介绍了明清以来寺院经济状况，其中对开元寺的田产经济问题作了着重介绍，开元寺从宋代以来积累了大量田产，经济实力雄厚，但也因为子孙私传制、僧人的贪腐、官府的染指等弊端，田产被大量虚耗，尤其到了雍正五年（1727），时任惠潮嘉分巡道的楼俨，“恶其（指开元寺僧众）以有用之物力，供无厌之宴乐也，请诸上宪厘之以充公帑”②。也就是说，其时开元寺田地已全部充公，僧众按月领取香灯口粮。一旦往来参学挂单的人多，粮食就会发生困难。为了保证道粮充足，静会和尚经过细致调研，发现仍有部分以前被豪强匿占的田亩，即于乾隆五年（1740）呈准庞屿，收回在海阳、揭阳两县 1 500 多亩③，归回开元寺自己支配，为寺院的振兴奠定了物质基础。

在师徒二人的密切配合和住持管理下，开元寺道风整肃，一时中兴。乾隆二年（1737）庞屿赠匾额“宝镜三昧”（现挂于开元寺祖堂）给密因方丈，以示表彰。而寺院建设也有了一个较大的发展。乾隆六年（1741）在密因等人的劝募下，有善信 60 多人捐资重饰全寺诸佛菩萨金像④；后来在静会住持开元寺时，开元寺又先后得到大量捐助，修建了祖堂、崇行堂、方丈、五观堂、法堂、地藏阁等殿宇⑤，使开元寺得到进一步修缮，扩大了建筑规模，能够吸引更多的云水僧前来挂单参学。

乾隆十四年（1749），密因古如禅师退院归山，静会继主法席，一直到圆寂，时间超过 30 年。他对寺院的严格管理一如从前，开元寺衲子如归。乾隆十八年（1753）镇粤将军锡特库赠静会额“法海津济”⑥，以示崇重。

乾隆三十年（1765），静会和尚为严肃僧家戒律，进一步完善寺院清规，特订立了开元寺“同住规约”，制成横匾悬挂于藏经楼下东檐内，以此警众。据慧原法师回忆，1933 年开元寺创立岭东佛学院，此匾依诸方丛林惯例，移挂于客堂厅内，新中国成立后，几经

---

① 开元寺存《崇行堂碑记》。

② 寺存雍正龚松林：《重修开元寺碑记》。

③ 寺存乾隆《造缴租册》碑。

④ 寺存《庄严开元寺丛林全堂佛像金身记》，木碑，在藏经楼下西檐内壁。

⑤ 参见《崇行堂碑记》、方丈厅匾等。

⑥ 现挂方丈厅内。木刻，董百振重书。

迁变，匾额就散佚了。匾有序言，并附戒条30多条，《开元寺志》撷存其中16条[①]，让我们感到心惊的是规约过于严厉，规约中绝大部分与四大戒毫不沾边的犯戒也被划归“出院”之列。可见当时潮汕佛风日下，人心浇漓，僧人戒律到了何等弛废的地步！严厉的规约自然对开元寺道风建设起到良好作用。

3. 晋京请藏

乾隆三十年（1765），静会和尚还做了他一生中的最后一件大事，那就是前面提到的晋京请藏。此时他已是80岁高龄的老人了。他“念岭南未赐藏，发愿躬赴请领，以镇山门”[②]。能够奏请到龙藏，这不仅是一种荣誉，也是一座寺院成为真正名刹的象征，在当时的佛教徒的心目中是十分重要的。于是偕同法侄道昆心隐跋山涉水，风餐露宿，千里迢迢到达北京，向朝廷奏请宝藏。静会这种以偌大年纪而万里取经的坚忍精神感动了乾隆皇帝，于是谕准静会请回“龙藏”。

龙藏是清代唯一的一部官修大藏经，由雍正和乾隆两代皇帝敕命编修，自雍正十一年（1733）编修，至乾隆三年（1738）完成。全藏724函，共收经1 669部，7 250卷，7 600多万字，为佛门中至高无上的“法宝”。封建社会中，由皇帝颁赐藏给一所寺院那是莫大的荣耀！国内名山巨刹都以得到龙藏为荣，而对一般寺院来说是想都不敢想的事。就是有资格申请藏经的寺院，也因藏经数量有限——自乾隆年间至清末共印制132部，而申请寺院众多，申请中还要经过许多程序——需要王公大臣联名发起，并且通过僧录司面陈皇帝，经皇帝批准方能请到藏经。所以也有不少寺院最终不能如愿以偿。有的大寺院住持因等待时间太久，最后客死京城；有的甚至要费尽心机去打通关节；静会和尚作为一个边郡寺院的住持进京竟请得宝藏，简直就是一个奇迹！潮汕老百姓在无限感佩之余，还演绎出有关他与乾隆皇帝的传说。

传说静会在京期间，颇受王公大臣的推重，恰好这时大内闹鬼，搅得皇帝后妃们都寝食难安。王公大臣于是推荐静会禳解，静会推辞说：“贫僧老朽一躯，百无一能，只会诵经而已。”但毕竟拗不过王公的要求，只得入宫，静会只是端坐诵经一堂，从此以后果然不再闹鬼了。皇帝大喜，不仅答应了静会的请藏，而且在大殿上召见了他，静会讷于言语，皇帝笑着拍了拍静会的肩膀说：“真是个老实和尚。”后人为静会绘像时，在袈裟披肩处画一龙爪，以示恩荣。据说这画像一直珍藏在潮阳曹美村（即上揭草尾村）文照堂，土地改革时失落。[③] 有关静会与乾隆的传说一直流传到今天，并且衍生出多个版本，其中很多都踵事增华，虽未必属实，却也反映了潮汕人对静会和尚的崇拜。

静会的一生，对潮汕佛门的贡献不仅表现在请回一部龙藏，作为当年粤东首刹开元寺改革者和管理者以及寺院制度的重订者，他从根本上改变了开元寺的寺貌道风。从他那时开始直至现代近两百年间，开元寺作为曹洞宗寺院，道风一直都是相当不错的，出现了不少高僧大德，同时它又是潮汕地区所有出家人受戒的戒坛，对潮汕佛教和僧人面貌产生了不小的影响；他所建立的延用至新中国成立前的开元寺“同住规约”，无疑对开元寺僧人严持戒律起

---

① 释慧原：《潮州市佛教志·潮州开元寺志》，潮州开元寺1992年内刊本，第348～349页。

② 寺存《钦赐宝藏》碑。

③ 释慧原：《潮州市佛教志·潮州开元寺志》，潮州开元寺1992年内刊本，第806页。

到十分重要的指导和约束作用。再有就是他在任期修建了多处殿堂，扩大了建筑规模。静会本人持戒精严，慈悲接物，对外受到官府、信徒的普遍崇敬，起到出家人的表率作用，改变了俗家人对僧人的观感。他一生法缘之盛，清代潮汕僧人无出其右，据开元寺原住持慧原法师的统计，在其住持开元法席时，得王公大臣赠联、额、碑者，数量就达13件[①]。

静会于乾隆四十五年（1780）四月十三日圆寂于任上。终年95岁，世传百岁。

二、临济宗黄檗派

（一）基本情况

临济宗黄檗派与福建佛教有关。“黄檗”一词的称谓来自于福建福清市黄檗山万福寺。黄檗山万福寺始建于唐贞元五年（789），与大颠禅师回潮开创潮阳一带寺院时间相当，至今已有1 200多年的历史。寺初名“般若堂”，正干禅师建。唐宪宗年间（806—820），自幼出家于此的禅门高僧希运禅师（今福建省福清市人），倡“心即是佛，无心是道”之说，自此黄檗宗风流播于江南。明末临济宗高僧密云圆悟、费隐通容和隐元隆琦师徒三代于崇祯三年（1630）、崇祯六年（1633）、崇祯十年（1637）分别被请为黄檗山住持，尤其隐元隆琦在任期间，重建寺宇，整顿禅门清规，十方禅徒闻风而至，使万福寺成为我国东南一大禅寺。清顺治十一年（1654），63岁高龄的隐元隆琦禅师应日本佛教界之再三邀请，率领弟子三十余人东渡日本弘法，开创日本临济宗黄檗派，与日本原有的临济、曹洞二宗三足鼎立，成为日本禅宗三大主流派别之一。福清万福寺因而被尊为“黄檗宗”祖庭。康熙十二年（1673），隐元圆寂于日本黄檗山万福寺松隐堂，被日本后水尾法皇追封为“大光普照国师”，受到中日两国佛教弟子的尊崇。

经由明末清初三代临济高僧的经营，禅风整肃，黄檗山万福寺业已与曹洞宗的鼓山涌泉寺相并列，成为福建最有名的禅宗重镇，学人多至万福寺受戒学禅，裔孙遍及福建全境，甚至流播到台湾[②]。“黄檗”虽未形成宗派，却是福建最有影响的大寺之一，那么潮汕佛教受其浸染也就不足为奇了。据林俊聪《天南法乳》载，潮汕黄檗派首位传承人仁智禅师（1812—1902），南澳县云澳区茎园乡人，16岁到雄镇关出家，其后到江浙一带参学，道光年间（1821—1850）回南澳开创叠石岩后，座下子孙辈出。而仁智当初的皈依师父即是福建籍的和尚（南澳岛其时分属广东福建两省）。林著中没有点明此和尚属于哪个派系，只说仁智从此“成为黄檗派的子孙”[③]。这说明此福建和尚即从万福寺受戒学禅，而潮汕仁智一系据此自称为“临济宗黄檗派”。

从仁智及其徒子徒孙的剃度传承的法名来看，仁智一系来自黄檗山是确有根据的。首先介绍一下黄檗山万福寺一系宗派传承。据《黄檗山志》载，其传承分传法和剃度两种，现附演派偈如下：

其一，黄檗传法法派。

---

① 释慧原：《潮州市佛教志·潮州开元寺志》，潮州开元寺1992年内刊本，第807页。

② 释慧严：《明末清初闽台佛教的互动》，《中华佛学学报》1996年第9期。

③ 林俊聪：《天南法乳》，北京：中国广播电视出版社1991年版，第5页。

(1) 明第一代黄檗开法圆悟密云祖师源流法派。
祖道戒定宗　方广正圆通
行超明实际　了达悟真空
(2) 清第四十代住持开法达光道暹禅师续立法派。
三味原无相　一秉妙厥中
现前机用大　豁露本来衷

其二，黄檗剃度宗派。

(1) 明第一代黄檗开山赐紫正圆中天祖师剃度宗派。
祖法志怀　德行圆融　福慧善果　正觉兴隆
性道元净　衍如真通　宏仁广智　明本绍宗
(2) 明第三代重兴主持开法隆琦隐元祖师续派。
一心自达　超悟玄中　永彻上乘　大显主翁①

与开元寺曹洞宗传承有点不同的是，潮汕仁智一系，未闻有上述第一种的传法法系，仅有剃度传承，这也说明仁智的剃度师仅是一受戒学禅于万福寺的普通和尚，并未接过万福寺的传法。而潮汕仁智一系的剃度传承的法名（即内字）则从上述“明本绍宗”算起。仁智为“本”字辈，其徒莲禅为“绍”字辈，怡光则为“宗”字辈。纯寂为“一”字辈。也就是说，莲禅的内字应为“绍茂”（《天南法乳》中仅作“绍”），上引《法卷》中的第十三世祖“莲禅本茂”则是莲禅接过曹洞宗法脉后，其曹洞宗的内字“绍茂”改为“本茂”了。

最有意思的是，道光年间才开始传承的仁智一系，在最初的传承中声名未彰，所以从仁智本人开始，多代弟子纷纷驻锡开元寺，并都接受过曹洞宗法卷，成为曹洞宗的传弟子。仁智本人在《开元寺传灯录》载为：

> 第四十四世祖仁智达开禅师，南澳雄镇关，开元寺教授，传嗣……②

根据上述资料可知，仁智接曹洞宗法脉的法名为“达开”，那么按照其他后来的黄檗宗弟子接曹洞宗法卷传承时的惯例，都将其法名中的第一个字也即黄檗派辈分字，如上述“明本绍宗”句的“绍”、“宗”改为曹洞宗辈分字“默契相应达本宗”句中的“本”、“宗”，那么，可逆推知仁智在黄檗宗的法名应为“本开”（《天南法乳》中法名仅有“本”字）。仁智本人都接受曹洞宗的传承，其后代弟子自然上行下效。这说明黄檗宗僧人在最初传承之时影响未彰，只能依附于开元寺僧团以寻求发展，这真是非常高明的生存发展策略。后来，其

① 隐元隆琦原本、性幽独往等编订续修：《黄檗山志》，蓝吉富主编：《大藏经补编》（第29册），台北：华宇出版社1986年版，第763页上。

② 庄万翔：《新发现有关潮州黄檗宗的资料》，《人海灯》2004年第3期。

子孙在民国时期果然当上了开元寺的监院甚至住持，影响方才逐渐扩大。

仁智一系从民国初年开始在潮汕发展并至非常兴盛，宗裔兴旺，迄今传承达10代以上，遍及海内外，据九十年代初定根法师所言，出家徒裔共有400人左右[①]，在家信众不计其数。从清末迄今产生多位高僧大德，如怡光（1874—1930）、纯信（1891—1976）、纯果（1915—1992），以及当代潮汕著名的“五定”：定因（1918—?）、定持（1921—1999）、定然（1915—1997）、定根（1915—2003）、定会（莲舟）。其法脉传承在林俊聪《天南法乳》的《仁智法脉表》中有较详细的记叙。影响范围主要在今汕头、澄海、潮州、饶平等县市。

（二）潮汕黄檗派开山仁智禅师

在潮汕，对于佛教徒来说，鲜有不知南澳叠石岩的，因为大家都知道那是潮汕临济宗黄檗派的祖庭。叠石岩开山祖师仁智禅师，在潮汕近代僧界来说，是一位相当了不起的高僧。1944年冬，《饶平县志补订》、《南澳县志》的编者，潮汕乡邦硕彦陈沅[②]，在南澳云雾山中进行志乘田野调查时，手书“天南法乳”四字于叠石岩上（今存），以表对开山仁智禅师的敬仰之情。

有关仁智的史实，最早见载于陈梅湖的《南澳县志》。1991年林俊聪出版的《天南法乳》一书，对仁智史迹及其法脉传承作了比较系统的梳理。同时期饶平县宗教事务局编印的《饶平名寺录》（内部发行）也对仁智及部分徒裔作了介绍。但关于仁智的生平事迹记载尚有许多不清楚的地方，各书也多有出入，笔者只能综合各种资料，择其善者而从之。

1. 仁智的师承问题

仁智，南澳区云澳镇茬园乡人。俗姓蔡，名隆。据说很小的时候就断荤茹素了。这对于生活在海岛上的长年以海腥为食的人来说，能做到这一点，似乎只能以“生具宿根”来解释了。16岁时他就跑到南澳雄镇关出了家，他的剃度师据说是福建人，但姓甚名谁，法名、派系为何，已不可考。《天南法乳》说他拜师之后即为黄檗宗的子孙，结论似嫌含糊轻率。出家后到福州鼓山涌泉寺受戒。据庄万翔先生考证，仁智于道光年间（1821—1850）来潮州开元寺参学，说明仁智在受戒后不久即来到开元寺。当时的开元寺属曹洞宗寺院，如果想在寺中任职事甚至当选住持，就得接过寺中曹洞宗僧人的法卷传承，成为曹洞宗裔孙。仁智显然想有所作为，不以当一个寺院“清众”为足，所以他拜寺中现育应垣禅师（同治三年任开元寺住持）为师，并接了应垣的曹洞宗法脉传承，内字为曹洞宗法名“达开”，即仁智达开[③]。

从禅宗史角度来说，一个僧人的师承关系非常重要，这有点像一个自然人的姓氏和血亲关系。所以历史上关于一个僧人师承关系的探讨往往会引起很大的争论。在这里，我们并不怀疑仁智为福建黄檗派的徒裔，上文曾对黄檗宗的辈分诗进行分析，潮汕仁智一系从其弟子莲禅开始，剃度传承脉络是很清楚的。我们关注的是，仁智本人与福建黄檗派的师承关系，迄今尚未有明确的资料予以确定。因为林俊聪书中未能做到这一点，今人庄万翔

① 林俊聪：《天南法乳》，北京：中国广播电视出版社1991年版，第173页。
② 陈沅，字梅湖，号光烈（1885—1958）。
③ 庄万翔：《新发现有关潮州黄檗宗的资料》，《人海灯》2004年第3期。

于是猜测“因其（指仁智）本人是在福建鼓山受戒，鼓山与福清黄檗山近在咫尺，当时有可能接触交往或参拜黄檗派僧人，抑或其在开元寺之传法师现育应垣禅师，本属黄檗宗，因而造就仁智禅师在道光末年从开元寺返南澳创寺立宗之举”①，这个看法似嫌“添足”。潮汕黄檗宗的师徒传承关系未闻有传法法系，仅有剃度传承。即其徒裔的法名均是以其剃度宗派诗中的“宏仁广智，明本绍宗，一心自达……”往下接续的，如仁智为“本”字辈，其徒莲禅为“绍”字辈，怡光则为“宗”字辈，纯寂为“一”字辈。这说明，潮汕人只要在黄檗派僧人那里出家，除了外字之外，师父给他起的法名，就以辈分诗中取一个字作为法名的开头一字，以说明这个僧人是在黄檗宗僧人那里出家的，仅此而已。所以，仁智作为黄檗宗徒裔，与其出家雄镇关时剃度师的宗派有关，与他出家后参拜何人何派无关。但正是仁智这个雄镇关剃度师父其名其派无考，着实令人遗憾。

综上所述，我们的意见是，福建本地并无“黄檗宗”这一称号，“黄檗宗”是日本佛教禅宗的派别称谓，是为纪念明代黄檗山隐元禅师传去的禅法而起的。潮汕僧人自称的“黄檗宗”其实是后人起的，是为了显示与潮汕的临济宗和曹洞宗的区别而起的名称。仁智的师父应该来自福清黄檗山万福寺，这为其历代徒子徒孙们所得知，但在仁智、莲禅等上几辈并无“黄檗宗”的叫法，这种叫法是剃度于仁智一系的僧团发展壮大时，如起码要到怡光、纯信等辈在开元寺当上住持，或在民国的潮汕佛教界产生比较大的影响时，为了认祖归宗，以示区别才有的叫法。这种叫法有点像慧能的徒裔自称为禅宗南宗，而以示与北宗相区别的情形。仁智仅是从一个普通的黄檗山僧人剃度，并无接法，所以潮汕黄檗宗只是剃度派别，没有接法派别。

2. 创建叠石岩

大概在道光中后期（约1835年以后），仁智离开开元寺到江浙一带参学。其时禅门业已凋敝不堪，只有扬州高旻寺、镇江金山寺、宁波天童寺、常州天宁寺等为数不多的寺院依然道风不坠，维持禅宗门庭。仁智想必坐过不少禅堂，禅功日进。约道光二十五年（1845），33岁的仁智回到南澳雄镇关，经过在江浙一带禅堂的历练，早已明白禅门向上一路的追求目标和方法，不再以做一个寻常粥饭僧或应赴僧为事。为了追求向上一路，效仿唐宋以来前辈高僧的做法，便在距离雄镇关西侧约2公里的云雾山岭后，找到一个岩洞，作了简单的改建后住了下来，并坚持刻苦潜修，这个岩洞就是叠石岩。

叠石岩位于险峻的山岭之腰，坐东北面西南，周围怪石嶙峋，林木低矮稀疏，中有两块巨石相叠在一起，故称为叠石岩。叠石坡下近百米处，有一天然石洞，洞外巨石相夹如门，洞内可容数人，旁有一眼清泉汩汩流出。出洞后即可见到云澳山海，海面上波光粼粼，白帆点点，视野极为开阔。加之人迹罕至，可谓一处潜修的好去处。这种不与人接、草衣木食、独自修行的法门称为头陀苦行，没有一定的毅力和克期取证的修行目标，一般人是做不到的。

仁智在此日复一日地独自修行，其高标绝世的人格、艰苦卓绝的精神渐为人知，名声传出南澳岛外。约1856年，俗名余春霖的饶平黄冈人在此投仁智出家，这就是仁智的首徒高足莲禅，其后陆续还有一些人也随仁智出家，仁智因而有了自家血脉。

---

① 庄万翔：《新发现有关潮州黄檗宗的资料》，《人海灯》2004年第3期。

仁智经过长期的潜修，有了一定的定境和悟境，但他不以此为满足，约1860年，他离开此地，再次到江浙一带参学访道。

3. 任显亲寺方丈

此次参学，时间应该非常长，仁智究竟走过哪些寺院，亲近过哪些高僧大德，其悟境如何，在其间有无回过南澳叠石岩等，乏于资料，无从得知。我们所能知道的是，他在光绪十六年（1890）之前，曾在镇江金山江天禅寺做过首座和尚。金山寺禅堂里走出近代多名禅门龙象，如箬庵通问、大定密源、金山法忍等，能够在金山做首座和尚，其修为不用说是很了不起的。仁智正是在金山寺首座的任上被聘为宜兴显亲寺住持的。

江苏宜兴显亲寺，原址位于今宜兴城区龙背山森林公园景区内。显亲寺，原名光孝寺，宋建中靖国元年（1101）皇上赐名显亲寺，明代正统年间曾改名镇邑寺，为明代著名临济宗两大老龙池正传、密云圜悟禅师的出家处。抗战时遭日军焚毁，而今只留下一座桥，故名显亲桥以资纪念。

光绪十六年（1890），当代禅宗泰斗虚云和尚到显亲寺亲近仁智，而《天南法乳》和《饶平名寺录》均作1864年，不知何据？再有，均谓虚云和尚当过仁智的侍者，也似非是。当时虚云年届51岁，早过了当侍者的年纪了。《虚云老和尚年谱法汇（增订本）》仅谓："到宜兴，礼仁智和尚。时修显亲寺。是密祖出家处，在此过夏。到句容礼法忍和尚，助其修赤山，住此过冬。"① 未言当其侍者，时间不超过半年。仁智当时忙于修寺，宾主之间也许少有针锋相投的机会，所以一心以参悟为事的虚云和尚半年后就离开了。

4. 对机刘东生

现在又有一个问题来了。首先，据《天南法乳》，仁智于光绪八年（1882）回到南澳叠石岩，自此之后在此弘法收徒直至圆寂。但《虚云年谱》已明确记载，1890年仁智尚在显亲寺与虚云和尚见面，可见《天南》所载为非。其次，《天南》说1890年秋天仁智与刘东生以诗相酬，这在时间上与《虚云年谱》有矛盾，又该作何解释？

只有两种解释。一是《天南》再次弄错时间，二是仁智于当年秋天，在虚云和尚离开显亲寺后也离开并回到叠石岩，不久即与刘东生结识。

我们宁愿持第二种解释。为什么？潮州府海防同知刘传林（字东生）光绪十六年（1890）任，光绪十八年（1892）即调任佛山同知②，那么仁智与刘东生的交往只能发生于1892年之前。

仁智于光绪十六年（1890）回到南澳叠石岩并在此隐修至终。其时已是年近八秩的老人了。所谓年高德重，信众望风皈依且不说，连官府也来拜候他。时任海防同知的刘传林，久仰大名，进山过访，与仁智相与论道，深相契合，从此常有诗作往来酬唱，结成忘年之交。刘东生有《宿仁智叠石岩山洞中》一诗，描写了当时叠石岩的风景，高度赞叹了高僧仁智的禅者风神。

鬼持玉斧疏遥空，龙天绀碧吹和风。

---

① 岑学吕编：《虚云老和尚年谱法汇（增订本）》，台北：修元禅院1997年倡印本，第45页。

② 陈梅湖：《南澳县志》卷4"职官"，2007年内刊本，第53页下。

神瀵五色涌椒洞，老禅针钵称能工。

三昧水蒸虚堂湿，桃花问法偎烟立。
卧游飞锡遍诸天，梦回纸隙黄绵塞。[①]

前一首前两句描写叠石岩的独特风光；第三句把洞中清泉比作《列子·汤问》中的饮了能解渴疗饥，令人心气平和的神水——“神瀵”（按：此泉长流至今，清冽甘甜）；第四句写仁智的禅机精湛，修为老到，“针钵”全称为针钵相投，为禅门惯用语，喻的是对机合辙，心心相印。第二首续写仁智日常起居和禅定功夫，其中透露了山洞外有仁智栽下的桃花，把桃花拟人化为问法的弟子。正是这株桃花，为后来那个著名的“仁智东生诗话”故事增添了不少色彩。

刘东生看来非常崇仰仁智，曾不止一次过访。据说他们曾同游叠石岩前的果老山，游完山后，还摩崖石刻“光绪十六年，刘东生、僧仁智谈道于此”[②]，以示纪念。刘东生回来后意犹未尽，又写了一首《偕僧仁智游果老山》[③]，诗中也提到镌石题名之事。不过现在石刻已经找不到了，据说石刻毁于1960年前后。

所谓“好高人愈妒，过洁世同嫌”，仁智戒行精严，吸引了大批信众，连官府也尊敬他，这与一些六根不净的僧人形成了鲜明的对比。这些人自然会对仁智产生不满，进而嫉妒他、诽谤他。据说，在距仁智的叠石岩不到一里的地方，有一女居士也在那里结庵修行，大概是因为敬仰仁智常来亲近仁智学佛、照顾仁智的起居之类，所以有人写信给刘东生，诬蔑仁智与她不清不楚，借以打击他、陷害他。这封信大概写得有形有影，连刘东生也将信将疑，还写信委婉地讽劝仁智，信中有“未知门外桃花几时红”之句。仁智当然明白信中之意，也就淡然一笑作偈回复，这就是著名的《答刘东生偈》：

为问桃花几时红，不知春夏共秋冬。
终日山中觅鸟迹，竟夕海底探鱼踪。
兔角弯弯挑水月，龟毛直直系秋风。
两头泥牛斗落海，一拳打破太虚空。[④]

刘东生看了，当即明白仁智的高洁操行，谣言不攻自破。

此诗是否真的与这个故事有关，只有姑妄听之。其实，单就本诗的内容来说，很明显是在写自己参禅悟道的过程。仁智一心参禅，不问寒暑，悟道之后，空间上不问东南西北，时间上不问过去现在未来，一切不黏不着，哪管桃花几时开谢？尾联更是禅门悟道偈中的惯用语，“两头泥牛”喻二元对待之心，泥牛“斗落海”即成乌有，喻物我、是非、善恶之心泯合为一，化二元为一元；“打破太虚空”即所谓“虚空粉碎，大地平沉”，虚

① 陈梅湖：《南澳县志》卷22“艺文下”，2007年内刊本，第374页下。
② 陈梅湖：《南澳县志》卷19“金石”，2007年内刊本，第301页。
③ 陈梅湖：《南澳县志》，2007年内刊本，第53页下。
④ 陈梅湖：《南澳县志》卷9“人物·仁智”，2007年内刊本，第163页。

云和尚悟到诗中也有“虚空粉碎也，狂心当下息”之句①，这是禅人大彻大悟境界的典型感受。仁智从诗中所透露出来的甚深悟境，在晚清以来的禅林里，也是不多见的，虚云和尚曾题《宜兴显亲寺仁智和尚真赞》一首，也高度赞叹仁智的悟境②。

仁智一生的诗偈及与刘东生的酬答诗现已无存，倘若此诗真为仁智所写，那么这应是已知的仁智的唯一传世之作。

至于《天南法乳》中围绕此诗所写另一版本的故事，活灵活现，就更加“戏剧”化了，只好当文学创作来看了罢。

纵观仁智的为人，可以如此来总结：严持戒律，精进修行，悟境深湛。由仁智创立的潮汕黄檗宗也以严师为榜样，得以迅速发展。在一百多年里，据说徒裔已有400多人，不仅成为潮汕佛门的一大派别，并且繁衍到福建、江西、香港以及泰国、新加坡等地。不仅如此，其派下高僧辈出，都能传承仁智的处世为人，作缁流的楷模。其中为潮汕地区及海外佛门津津乐道的高僧就有：怡光、澄舟、纯密、纯保、纯信、纯果以及当代潮汕“五定”（定因、定会、定持、定然、定根）等。潮汕黄檗派能有今天，作为开山的仁智在常寂光中是足可欣慰的。

三、普陀山伴山庵分派

普陀山伴山庵分派法脉源于浙江普陀山。潮汕临济宗普陀山伴山庵分派首位传承人化能心澄，潮阳市人，生于道光二十八年（1848），于光绪四年（1878）到浙江普陀山伴山庵皈依立山满圆禅师披剃，成为临济宗裔。于光绪十年（1884）回到潮阳谷饶开创“资生堂”道场，有徒开振、开然、开春等12人③，其后门徒各化一方，枝繁叶茂，迄今传承10代左右，共有徒裔800余人，为近现代潮汕最大的禅门宗派。释智楠《临济后裔——化能一脉》一书附有《化能后裔一览表》，颇为详尽，可参看。

普陀山是浙东海岛，也是我国著名的观世音菩萨道场。南宋以来曹洞、临济诸高僧相继驻锡普陀，遂为禅宗重镇，明清以来禅风尤其鼎盛，海内佛徒云集修行。岛上有普济寺、法雨寺、慧济寺诸大禅寺以及八十八处精蓝，伴山庵就是其中之一。伴山庵“亦名伴云，僧真觉创。清康熙间，右璇玑重建。民国九年，嗣孙开如，念祖庭日益倾颓，同侄了清，重为建造”④。清末临济高僧立山满圆任法雨寺住持，道望高一时，他住持伴山庵后，徒众日多，潮汕僧人先后皈依其出家的就有十多人。

清末普济寺曾为临济宗续演内字派偈32字：

心源广续，本觉昌隆，能仁圣果，常演宽宏，惟传法印，证悟会融，坚持戒定，永纪祖宗。

此属内字偈。伴山庵更演外字派偈60字：

---

① 岑学吕编：《虚云老和尚年谱法汇（增订本）》，台北：修元禅院1997年倡印本，第48页。

② 岑学吕编：《虚云老和尚年谱法汇（增订本）》，台北：修元禅院1997年倡印本，第904页。

③ 释智楠：《临济后裔——化能一脉》，2002年内部刊物，第119页。但其中关于化能生年作“同治年间（公元一八四八年）”，1848年应为道光二十八年，应予纠正。

④ 许止净述、王亨彦辑：《普陀洛迦新志》卷5“梵刹·精蓝”，“伴山庵”条，第29页。

普山涌（永）莲花（化），开了根又新，光耀如旭（晓）日，香洁遍微（泥）恒（洹），优昙长发现，寂照继传灯，圆明澄觉海，定慧湛清碧，温良恭谦让，宗律教净密，大乘真实道，万法总归一。

如化能心澄，其法名（即内字）心澄即是“心源广续”中的“心”字辈，其外字化能即是“普山涌（永）莲花（化）”的“化”字辈。如今其裔孙外字已排到“旭”字辈后了，也就是说，与潮汕黄檗宗一样，迄今传承10代以上。

化能一派临济宗裔，从清末迄今在潮汕花繁子实，子孙遍及海内外，高僧辈出，在广东佛教界有相当的影响。其最有名者有曾任开元寺方丈的精光罗园、根宽续量（开元寺1933年改为十方选贤制后首位方丈）、又智罗融以及根造、根通、根明、又琼（尼）、新成等。而“新”、“光”、“耀”字辈僧人更是当今潮汕乃至广东佛教界的中坚力量，并为世人所熟知，毋庸赘述。

今资生堂旧址，化能当时所挖掘的古井、所募化的大磬仍存，化能画像也保存至今，惜有关化能心澄个人生平及资生堂的创建等史料，已在“文革”期间被毁，我们无从得知更为详细的情形。

第四节　明清民俗佛教的典型表现

一、概念的界定

佛教传入中国的过程，“既是佛教中国化的过程，同时也是中国佛教化的过程”①。同理，佛教参与地方文化的建构过程，实际是一种双向运动的过程，即佛教的地方化与地方的佛教化。佛教的地方化是就佛教本身而言，而地方的佛教化则是就文化而言的。本节论述的是前者。

我们把明清以来的潮汕佛教定性为“民俗佛教”，“民俗佛教”一词本为日本学者创造，中村元等《中国佛教发展史》② 首先把五代以后的中国佛教作为该书的第二篇，并用“中国民俗的佛教”来描述五代以后中国佛教的基本特质；牧田谛亮根据对宋代以来的泗州大圣、布袋和尚以及水陆法会等民间佛教信仰现象的研究，说明佛教中的人物、仪式等逐步转变为民间信仰对象，成为民俗佛教的形态，他说：“宋代以后，经过了三教合一的试炼，儒佛混融思想，佛教已与中国社会同化，与原来印度佛教大异其趣，成为祖先崇拜，延寿增福，现世利益的民俗佛教。”③ 也就是说，日本学者“民俗佛教”的概念相当于我们以上所说的“福德佛教”；而我们现在使用“民俗佛教”这一概念，其内涵已经有

---

① 苏渊雷为魏承思《中国佛教文化论稿》所作序言。

② ［日］中村元等著，余万居译：《中国佛教发展史》，台北：天华出版公司1984年版。

③ ［日］牧田谛亮著，索文林译：《中国近代佛教史研究》，台北：华宇出版社1985年版，第206页。

了进一步的扩展，即明清的佛教无论是“僧侣的佛教”与“在家人的佛教”，还是知识阶级与庶民阶级的佛教，除了其为了满足中国人“祖先崇拜，延寿增福，现世利益”的宗旨进一步得到强化外，一向操控在僧人手中的宗教话语权也彻底转到了俗人这一边。

“民俗佛教”可以说是“福德佛教”的异化或特化，它可以从僧侣的佛教与在家人的佛教两方面展开论述。本节探讨的是“僧侣的佛教”，即就寺院和僧侣佛教而言的。从这一角度上说，明清以来佛教不同于宋代佛教的最大特色在于寺院的功能及其僧人的角色、职志上都发生了重大的变化，表现为以迎合、俯就庶民的宗教意识、现实利益、愿望追求等为能事，如寺院兼祀三教诸神、僧人住的祠庙等现象，即为前代所无，从而使宋代以前尚维持的宗教的独立性、超越性宗教品格最终丧失，而与中国民间思想观念、民间信仰、民间习俗混融合一，成为名副其实的“民俗的”佛教。

“在家人的佛教”，主要指的是俗家人的佛教观念、行为及其所衍生的各种文化事相，也就是“佛教民俗”。这是潮汕文化重要的组成部分。鉴于其文化事相的繁多驳杂，我们将在第六章予以集中论述。

二、民俗佛教构建的成因

众所周知，区域文化与中国整体文化之间的关系，既有共性，又有特殊性，民俗佛教也一样。民俗佛教是明清时期中国各地共有的基本特色，但在不同的区域又有其地域特色，所以它的成立也就有一些特殊的原因。

（1）民俗佛教的形成有赖于民间信仰的丰厚基础。潮汕明清以来的民间信仰，除本土孕育外，大都通过福建移入；从时间上说大多成立于宋代。

潮汕地处中国东南一隅，开发较晚，属中原汉人移民目的地。通观潮汕地区，与福建闽南地区接壤，历史上潮汕除本地土著外，汉人移民多从福建地区迁入，故其信仰对象、方式、氛围非常类似。唐代以前潮汕仍属荒陬之地，原有浓厚的闽越族先民的民间信仰，即“信巫鬼、重淫祀”之风，加之环境的险恶、移民的艰辛等因素，培育了多样性的民间信仰土壤。宋元以后，因为江西及福建生民繁盛，人多地少，地处中国东南一隅的潮汕才成为移民地，从而得到较大的开发。因此，大部分民间信仰于此时从福建闽南地区随着移民一起流入本区，其时闽越族的祀蛇习俗发育成龙王信仰，方才真正成为本区具有广泛影响的民间信仰[①]；从外传入的天后、玄帝、五显、保生大帝等这些明清时期具有代表性的信仰几乎都成立于宋元时期，本地除三山国王崇拜诞生于隋代以外，其余的诸如大峰（建造潮阳和平桥而闻名的闽僧）、雨仙、大忠（文天祥崇拜）、双忠（张巡、许远崇拜）等崇拜均成立于宋代。其中天后信仰来源于福建湄州岛，五显信仰源于安徽经由福建传入，玄帝虽来自中国北方，但在福建、潮汕尤为兴盛，大忠、双忠情况也一样；至于大峰、雨仙、三山国王信仰则属本区土生土长的信仰。关帝信仰虽形成于唐，至宋真宗赵恒于大中祥符七年（1014）下令修建关帝庙，方广为流传；而关帝和玄帝信仰在潮汕的流传更与明

① 庄义青：《宋代的潮州》，广州：中山大学出版社1997年版，第56页。

代海防有关①。文昌帝君则是元明以后，随着科举制度的规模化和制度化而遍行天下。这些民间信仰，既然传入或在本地诞生的时间基本在宋元时期，那么它们的传播和发展就需要一个过程，大多数要到明代以后方能发育成熟和定型，并拥有大量信众。

（2）明清以后民间信仰的“淫祠化”促使佛教的全面民俗化。潮汕宗教形态中最具影响力的当属佛教。佛教在南朝刘宋大明年间（457—464）即已传入本区，历史悠久，唐代以来的大颠崇拜，因大颠与韩愈的交往而闻名遐迩，更是确立了佛教信仰的强势地位。唐宋庶民的佛教信仰是由僧人所主导、提倡的，僧人是信仰主体，佛教的福田观念是由僧人引导庶民来实践佛教某些诸如因果善恶此类的教义的。例如，灵山大颠的开堂说法、领众参禅，宋代开元寺畅师②、潮阳大峰等僧人的募化功德，都起到了引领庶民信仰实践的作用。虽然，从宋代开始，一些著名佛教人物在民间显现出神灵化的迹象，如后世所称大颠墓塔为舌镜塔的神奇传说，就源自宋代许申所作的《重修灵山开善禅院碑记》中的记载，而大峰圆寂后，元代乡人建报德堂崇祀；但总的来说佛教寺院机构维持了独立地位，与其他庙观、神灵泾渭分明，尚未与其他庙观、神灵浑然融合，这一融合情势到明代以后才有。

明清以后，上述潮汕民间诸神崇拜已非常热闹，再加上注生娘娘、七圣夫人、花公花妈等等级较低的神明信仰的陆续出现，林林总总，蔚为大观。对于一般老百姓来说，光宗耀祖，财运亨通，多子多福，健康长寿，才是人生的最大价值利益和追求，他们为了这些现实利益而信佛，见佛就磕头，逢庙便烧香：这种现世利益的追求正是他们信仰行为真实写照。信佛信神信鬼本身不是目的，而不过是保佑自己获得各种现世利益的工具或手段而已。他们所理解的神佛关系就是佛与神同，神佛不分；以潮州地方为例，西湖山原有宋建净慧寺，久圮，明万历年间，民众在其原址上重建寺院，以镇压湖上妖气，并更名为“寿安寺”：

> 父老……白太守（潮州知府徐一唯，万历十八年任）曰：“神一也，可以祠亦可以寺，寺守以僧，祠守以役，僧易而役难，从其易便。维兹北去数百武，有岩名寿安，莫知所始，意者待今日乎？请仍寺之，而更其名，以明君侯之赐。”③

这一则资料之典型意义就在于，它质朴地道出了明代以后庶民真正的宗教信仰诉求。在信仰泛化的庶民看来，佛教与其他民间信仰并无本质的区别，一个处所既可以建为祠也可建为寺，祠或寺都是用来保佑庶民获得现世利益的，祠、寺性质一样，神佛性质无别，至于守寺祠者差役可以，和尚也得，但要找差役难，从方便上就叫寺吧。

祠庙多，名头多，信众广泛，形成民众信仰的淫祠化现象。如祠庙，在明清潮汕地区，无论哪个区域，都拥有众多的庙宇，就以雍正《海阳县志》所列举的庙宇为例，海阳

---

① 陈守继：《玄武山史话》，香港：成达出版部2001年版，第8～10页。玄武山是明代陆丰县碣石卫的“后主”，玄武庙为总兵侯继高建造；同样的情形也发生在广东极东端的南澳岛上，作为海防重地的南澳，其关帝庙也由侯继高所建，真武庙由另一副总兵杨大勋所建。见乾隆《南澳志》卷7“祠祀”关帝庙及真武庙条。

② （宋）余靖：《开元寺记》，顺治《潮州府志》卷12“古今文章”上帙，广州：广东人民出版社1996年版，第1349页。

③ （明）唐伯元：《寿安寺记》，饶锷：《潮州三山志》，潮州地方志办公室2006年编印本，第401页。

县共有：坛4座，祠30座，庙18座，寺庵49座，观1座。[①] 这样，祠庙与寺观的比例达到1∶1。其实这些能列入县志的均属较大的庙宇，乡村中大量的小庙宇尚未计入在内。这种热闹情形，以至雍正潮阳县令蓝鼎元（1680—1733）作为福建漳浦人尚有“潮俗多淫祠”[②]、“鬼怪盛而淫邪兴，庙祀多而迎神赛会一年且居其半”[③] 之叹。佛教面对兴盛异常的民间信仰，为了与之争夺信仰资源，取得生存空间，就只有走与之相融合的道路。

（3）明清佛教由于教团内部的腐败，僧人素质低下，教团地位衰退，信仰的主导权转到庶民这边，其实僧人的所作所为不过是迎合庶民的信仰诉求。这样，佛教与广泛的庶民信仰的融合也就具有深厚的基础。

（4）与明代中叶以后的寺院经济崩溃有关。明初洪武年间颁布多项加强控制宗教的政策，其中的实行寺院、田地产合并运动，直接导致寺产过分集中庞大，加之管理不谨，而致使寺产的大量流失，僧人失去稳定而可观的收入来源。另外，晚明以来大多小寺院为士绅所建，僧人受俗家之聘住持寺庵，因而也难于维持宗教品格独立，不得不俯就迎合庶民信仰欲求。

（5）潮汕民俗佛教与中国其他地区一样，其成立还在于其共同的根本原因，这就是明初以来“三教合一”观念的真正落实和实践，这在上文已经述及，不再赘言。

至此，由社会经济文化的发展所带来的思想观念改变，民间信仰发展的丰厚基础，佛门整体品格的下降，统治者的宗教政策的影响，以及三教合一思想的广泛流行的合力作用，明代潮汕佛教完成了它性质的根本转变，从唐宋具有独立品格以僧人修行、教化为主导的山林佛教、福德佛教，转变为以民众世俗欲求为中心、民俗信仰为基础、三教合一为主导的民俗佛教。

三、民俗佛教的基本表现

这种民俗佛教从佛教本身即寺院及僧人角度来描述，其最典型的表现特征有三：一是寺祠不分家，兼祀三教诸神；二是僧人住持祠庙，模糊宗教角色；三是僧人兼做红白佛事。以下分别论列。

（一）寺、祠不分家，兼祀三教神祇

这个问题可以分为三个方面来论述。

1. 寺、祠互换

庶民既然认为“神一也，可以祠亦可以寺”，那么一个寺院改建或改额为祠庙，或者一个祠庙改建或改额成寺院，也就不足为奇了。祠庙换成寺庵的，如澄海县南塘古刹：“在城外烟墩头，原名福德神庙，祀福德神，左右为僧房，乾隆二十七年壬午守备许建德帅僧静林重募建，中设佛像，旁仍祀福德神”[④]；古葵庵：“本程洋岗里社，祀三山国王，在城东北十二里。”乾隆二十八年始建为庵。南澳岛深澳镇城北外，明代建有海神庙，明

---

① 据雍正《海阳县志》卷3“祠祀”、卷8“寺观”统计。

② （清）蓝鼎元撰，郑焕隆校注：《蓝鼎元论潮文集》，深圳：海天出版社1993年版，第179页。

③ （清）蓝鼎元撰，郑焕隆校注：《蓝鼎元论潮文集》，深圳：海天出版社1993年版，第86页。

④ （清）李书吉重修：嘉庆《澄海县志》卷9“寺观·南塘古刹”，上海：上海书店2011年版。

末改为潮音寺①。

寺庵换成祠庙的，如上述潮州西湖山寿安寺，在宋代为净慧寺，明代万历年间重建为寿安寺，此后又圮，清末庶民又在原址上建九天娘娘宫，据说香火颇盛②。

更有寺庵反复互换的，如潮州湘子桥头原有宁波寺，这是潮州自宋代以来一处重要的宗教建筑。据学者考证，宁波寺的前身可能是南宋宝祐二年（1254）建的驿庵济川庵，元明后驿庵废，易为宁波祠，祀宁波神——取江定波宁，桥梁坚固，确保过往平安畅通之意。明末清初又重改为宁波寺，请僧住持，并设有大雄宝殿③。

潮州《万寿庵碑记》所载一事很有意思。说的是广东潮镇中军□左营游击陈某因顺治年间奉旨海禁迁界，有一座玄帝古庙也在其中。此前有民众在苏某领导下抗拒迁界，陈某奉檄征讨镇压，他曾祈祷于玄帝古庙，希冀得胜，而后镇压成功，他认为神佛有灵，故不忍拆毁。为了答谢神恩，迁神像至潮州府城金山麓，易名为万寿庵，前座祀玄天上帝，后座供观音准提④。为什么不依旧称玄帝庙？其原因不得而知，但至少在当时人们看来，庵、庙的性质是一样的，庵、庙互换极为平常。寺、祠虽可以互换，但总的来说，祠庙改换为寺庵的居多。如果把范围扩大，则甚至有书院改为寺院的，如海阳县海观寺，明崇祯间由原海观书院改额，甘露寺则由玉简书院改建而成⑤。

为什么祠庙改额成寺庵的状况居多？这与僧人的大举进驻有关。僧人作为专职的神职人员，为各种寺庵包括祠庙招聘住持，住持祠庙久了，甚或由僧人募修募建，就会发挥其自主权，从而改变原来祠庙的性质。

2. 寺、祠、观并立不悖

一个地方寺院、道观、祠庙相互依傍，比肩而立，满足信众的不同信仰需要和功利目的，也是三教合一、神佛和睦共处的典型表现之一。这在全国都是普遍现象，福建、广东地区最为典型。其实也可以从这些宗教集团利益上去理解，既然庶民的信仰是实利的，广泛而不专一的，那么宗教建筑建立在一起，岂不是香火更加旺盛？所以，寺、观、祠等建在一起，可以起到一种利益均沾的作用。

如揭阳雷神庙：

> 在解元坊，康熙初知县胡鹤翥创建。……庙后建龙起禅院，供佛。⑥

元真庙：

> 祀北帝之神，在魁元坊。左边建庵一栋，供佛。⑦

---

① 陈光烈：《饶平县志补订》卷16“寺观·潮音寺”，饶平县地方志编纂委员会办公室2009年内刊本，第473页上。

② 饶锷：《潮州三山志》，潮州地方志办公室2006年编印本，第305页。

③ 庄万翔：《潮州宁波寺有大雄宝殿》，《人海灯》2009年第3期。

④ 《万寿庵碑记》，清康熙碑记，碑存潮州市区金山麓万寿庵内，碑高188厘米，宽94厘米。

⑤ （清）卢蔚猷修：光绪《海阳县志》卷27“古迹略二”，潮州市地方志办公室2001年编印本，第269页。

⑥ （清）刘业勤：乾隆《揭阳县志》卷2“庙宇”、“寺观”，民国二十六年。

⑦ （清）刘业勤：乾隆《揭阳县志》卷2“庙宇”、“寺观”，民国二十六年。

普宁县云石岩，清初上有大士阁、十王殿、北帝楼[①]；普宁盘龙阁，清光绪年间建，上庵为佛殿，下庵为玄天上帝庙；揭阳县双峰寺周边有遗爱祠、潘侯祠、五侯祠等多座祠庙[②]；诸如此类寺、庙比肩而立的情形不胜枚举。以下仅举三个最具代表的例子以概一般。

（1）澄海区苏湾程洋岗。据风水家说很有灵气，“非大建庙宇不足以当之”[③]，所以明成化年间就先有道教“紫霄楼”的兴建，传武当山香火，祀北极真武大帝[④]。明崇祯后紫霄楼易名丹砂寺，则转为佛寺。入清后毁于兵火，顺治十七年（1660）僧得源重建，康熙五年（1666）禁海迁界又毁，康熙十九年（1680）僧如广募乡贤杨锺岳复建，并以旧有的玄帝楼（其前身即紫霄楼）改为文昌祠，祭祀主文人运程的文昌帝君，与佛殿对峙而立，澄海县令王岱扁以额“文章司命”，再把玄帝楼中的神像移到观音殿，成为集儒、释、道于一身的佛教寺院，“三教合一”的思想在一寺之内得到最为完整的体现。这种神像设置格局维持到今天。现今山门以内前座为文昌殿，第二进即中座为佛殿，供奉释迦牟尼佛和十八罗汉等像；后座是紫霄楼，供奉玄天上帝。[⑤]

（2）潮州西湖山。作为潮州府城最大的游览胜地，一个面积不到两三平方公里的小山丘，西湖山上，宋代以来都是寺观祠庙挨个儿挤在一起，热热闹闹的。查饶锷《西湖山志》可知，明清两代起码有寿安寺、竹林寺、延寿寺、法藏庵等十多座寺院，以及三官堂、关帝庙、北帝庙、吕仙洞、华仙庙、文昌祠等十多座祠庙[⑥]，真可谓寺庙相倚、神佛相亲的一大奇观，令人叹为观止！（笔者按：新中国成立后西湖山被改建成人民公园，以上寺庙群建筑基本不复存在了。）

（3）潮阳区东山曲水流名胜。东山可谓汕头市潮阳区一块风水宝地，曲水流胜地自唐宋即修建有超真观、桐荫寺、灵威庙等寺观，元明清代陆续修建了大忠祠、双忠祠、东岳庙、灵济宫、棉安善堂等寺庙（寺观代有兴替，有些庙堂现为其他寺庙所代替）。“文革”期间诸寺庙曾遭受毁灭性破坏，改革开放后又陆续恢复旧观。现如今自山下依次为法容庵、华严寺、天地坛、紫峰善堂、城隍庙、东岳庙、观音阁、大圣庙、双忠祠、灵济宫、桐荫古寺、棉安善堂、慈恩寺等，摩肩接踵，神佛和谐。东山曲水流是潮汕现存最大、最为完整的寺庙群落，他处罕见，在这里可以清晰地触摸到当地民众的信仰脉搏，极具文化、旅游和科研价值。

3. 寺院兼祀诸神

明以后佛教与民间信仰达到了水乳交融的地步，呈现出极大的兼容性，其更为明显的特色在于寺院内供奉三教各种诸神。因为一些实际的原因，寺祠互换和寺祠并立或者情有可原，而在寺院中供奉其他神明，这就涉及信仰对象的根本问题了。对佛教来说，这是“不如法”的，在其他国家地区或对其他宗教来说更是不可想象的。但是中国人那种实利主义思想和泛宗教信仰的心理特征，决定了佛教逐步放弃自身的独立品格，转而迎合庶民

① （清）黄大卿：《重修云石岩北帝楼引》，乾隆《普宁县志》卷10，潮州地方志办公室2007年编印本，第416页。
② （清）刘业勤：乾隆《揭阳县志》卷2“庙宇”、“寺观”，民国二十六年。
③ （清）杨锺岳：《文昌祠记》，清康熙碑记，碑存澄海区程洋岗丹砂古寺内。
④ （明）陈良弼：《紫霄楼记》，明崇祯十六年（1643）碑记，碑存澄海区程洋岗丹砂古寺内。
⑤ （清）王岱：康熙《澄海县志》卷18“寺观·丹砂寺”，潮州地方志办公室2004年编印本，第158页。
⑥ 饶锷：《潮州三山志》，潮州地方志办公室2006年编印本，第303～316页。

的信仰心理，为的是与其他神庙争夺信众和宗教资源，寺院兼祀其他神明就是这样一种典型表现。

上述明代以后的南塘古刹、宁波寺、万寿庵、丹砂寺等都有兼祀他神现象，方志中所在多有，如揭阳侣云庵：

第一栋大门，第二栋祀玄帝，……第三栋祀大士。①

潮州庆喜庵：

庵内正中供奉华光大帝（火神爷）和田大元帅（唐时著名乐师）；左右座还设娘宫；后面是斋堂，奉拜大峰祖师。②

潮州庵埠镇九槽庵：

庵三进，……庵中兼祀三山国王、城隍、玄天上帝、天后圣母、土地神等。③

浮洋镇大庵：

前座原供奉玄天上帝，后座供奉释迦牟尼佛，十八罗汉，佛前右侧供奉大颠祖师木像。④

明清寺院兼祀诸神属全国性现象，这是佛教迎合庶民信仰祈求的基本策略，不足为奇，无烦赘述。

（二）僧人住持祠庙，模糊宗教角色

僧人入住世俗祠庙，明清以来成为普遍现象，也是佛教进一步民俗化的一大表征。

佛制规定，僧人为了住持正法，教化众生，应住寺院、精舍，但有时为了个人精进修持，个别也可住在林下岩间。这种情况在宋代以后发生了改变。宋代佛教世俗化程度加深，僧人在政策保护下、民众的支持下，纷纷走出寺院，以积极入世的姿态介入各项社会慈善公益事业建设中，如住持政府开办的庵驿、养济院、安乐庐、漏泽园等⑤，这些还可以看作是与中国大乘佛教慈悲济世宗旨相符的举动，无可厚非，更何况这是政府信任委托的行为。但明代以后僧人住持祠庙显然与此大有区别。祠庙不是社会慈善公益机构，而是中国古代鬼神、圣贤等的崇拜场所，即佛教所认为的“外道”崇拜场所，与佛教修行宗旨格格不入；而僧人住持也不是政府行为，而是个人行为，僧人自愿沦为神祠的看守者和烧

---

① （清）陈树芝：雍正《揭阳县志》卷8“庙宇·侣云庵”，潮州市地方志办公室2003年编印本，第416页。
② 黄梅岑：《潮州街道掌故》，广州：广东旅游出版社1991年版，第111页。
③ 释慧原：《潮州市佛教志·潮州开元寺志》，潮州开元寺1992年内刊本，第36页。
④ 释慧原：《潮州市佛教志·潮州开元寺志》，潮州开元寺1992年内刊本，第22页。
⑤ 郑群辉：《佛教与宋代潮州社会》，《潮学研究》2000年第8期。

香人。而更令人意想不到的是，祠庙也因僧人的入住而或多或少地改变了其性质。

僧人之所以住持祠庙，除了上述民俗佛教形成的原因外，主要与明代以来寺院经济崩溃以及道教的式微有关。明代以来经过洪武年间的寺院合并，大小寺院寺产又屡遭荡废，僧人流离失所，安身无着，不得已受人之聘而住持祠庙。祠庙可分为两类，一类是官祠，即由官府修建、祭祀的祠庙。它又可按祭祀对象分为两种，一种是祭祀历代为地方作出贡献的儒学名贤、忠臣孝子等，如潮州韩文公祠、大忠祠、忠贤祠等；另一种是祭祀官府曾认可、敕封的神灵，在各方志“祠庙”中只要有附注为“大祀”、“中祀”、“群祀”的均属官庙，如灵威庙、文昌祠、真武庙、关帝庙等。另一类是私祠，往往是某一家族独建，或由村民合建的祠庙，如天妃庙、真君庙、吕祖庙、火神庙等，主要拜祭能保佑一方子民的神祇。但无论官祠、私祠，为维持岁时荐享香灯之费，作久远计，一般都薄有庙产，这对于僧人来说颇有吸引力。

本区道教势力自唐代以来就远逊于佛教，以今潮州市区域为例，潮州所建道观最早为宋政和年间的玄妙观[①]，最晚为明天启所建的三官堂[②]等，仅 11 座，道士自然也相对较少；明嘉靖年间，郡城尚有道纪司和玄妙观，清顺治年间二者均废。这说明明末清初，郡城已很少有出家道士了，民国以后出家道士基本绝迹，只有与俗人无异的有家室的“火居道士”（也称“西公”、“斋公”），专以为人打醮为生。[③] 明代以后祠庙遍地开花，却少有道士住持打理，这从上引唐伯元文中“僧易而役难，从其易便”便可看出。这就导致僧人堂而皇之大举入住祠庙，“鸠占鹊巢”了。

我们在潮汕各府县方志中，找到了从明崇祯到清光绪年间 20 多例僧人住持各种祠庙的记载，可见僧人住持祠庙是极为普遍的现象。此问题另拟文专述，为节省篇幅，就不一一列举了，在此仅摘录其中有趣而典型的两例加以说明。

其一发生在潮阳大忠祠。上面提到的清雍正年间潮阳县令蓝鼎元，作为一个“辟异端，斥佛老”的程朱理学信徒，到任后一日游潮阳大忠祠，见祭祀文天祥的大忠祠由僧人住持时，就火了，尤其是在看到僧人竟把文丞相像移到后座，而把佛像放在祠堂的前座供奉时，他不由得大怒：“僧可杖也！汝潜移佛像踞忠臣宅，是陷佛于不道也。且春秋有司致礼，俎豆以羊豕，佛其安坐而飨之乎？”即刻命人撤去佛像，移文丞相像于中堂[④]。蓝鼎元的话提醒了我们，僧人守祠，往往都会供奉佛像，当庶民或官府以荤腥给神灵上供时，主张不杀生的佛菩萨也势必同享供品。这不仅荒诞不经，而且严重背离了佛教教义。而祠庙性质也在不知不觉中发生了改变。这种不伦不类的现象在当时想必十分常见，庶民也是见惯不怪，只有较有头脑的士大夫不满而已。佛教的民俗化程度之深，可想而知。

其二发生在著名的潮州韩山韩文公祠。饶宗颐先生《潮州韩文公祠沿革考》[⑤] 考证康熙五年（1666）为韩祠住僧之始。康熙三十四年（1695）知府张克嶷谒韩祠，“有僧来

---

① 释慧原：《潮州市佛教志·潮州开元寺志》，潮州开元寺 1992 年内刊本，第 41 页。
② 释慧原：《潮州市佛教志·潮州开元寺志》，潮州开元寺 1992 年内刊本，第 42～44 页。
③ 释慧原：《潮州市佛教志·潮州开元寺志》，潮州开元寺 1992 年内刊本，第 41 页。
④ 郑焕隆校注：《蓝鼎元论潮文集》，深圳：海天出版社 1993 年版，第 396 页。
⑤ 黄挺编：《饶宗颐潮汕地方史论集》，汕头：汕头大学出版社 1996 年版，第 204 页。

迎，询为守祠者，笑曰：‘昌黎有灵，岂能容此。’立驱之。”① 细想一下也的确滑稽——反佛斗士的祠堂竟为僧人所据。但方志又谓“祠初招僧典守。康熙年间，知府张克嶷易为民人。嗣以不谨，逐去，仍属之僧。”② 看来，张知府开始时认为僧人典守韩祠不合儒道，易为民人，但后来证明行不通，一般民人无法像无家无室的僧人那样恪尽职守，无奈之下仍旧招僧人典守。这说明僧人典守祠庙有其一定的合理性，也是当时的一种无奈选择。为什么？除了一些道风谨严的寺院僧人把了生脱死作为修行目标外，一般僧人只把出家当作一种谋生职业，随着当时寺庵经济崩溃，僧人不易找到一个安身之所。既然受人之聘，反而谨小慎微，只要有一安身之所、一食之足，管理起来也就尽心尽职，维持祠堂庄严威仪。而易为民则不然，若用人不谨，久之散漫随便，不仅不能庄严祭礼祠仪，可能连祠产家底都会被盗当、荡废殆尽。

从这次驱僧事件之后，官府也不得不接受僧人住持的现实，韩文公祠一直由僧人管理。方志谓：“继而僧于祠中奉大士像，塑望妇女焚香络绎。知府周硕勋、运同马兆登、知县金绅佥议建小庵于山麓，徙大士像居之。”③ 并重修韩祠，这一年为乾隆二十四年(1759)。有意思的是与潮阳大忠祠一样，僧人守祠久之，也把韩祠当作佛堂，供起观音像来了。而善男信女们不管三七二十一，尽情拜佛烧香，邀佛保佑，把韩文公祠当作观音堂。祠内自是香火缭绕，却冷落了主祭的韩文公。这种现象自然不能为儒家士夫们所容忍，所以周知府就想了个两全其美的办法，在祠左另建一小庵，把祠内大士像移入，庵祠分开，既照顾了民众的信仰，又维持了祠堂的庄严，各得其所。但“庵虽徙仍在韩祠左”，韩文公祠似仍由僧人住持管理。光绪十三年（1887），湖广总督张之洞巡潮，命知府方功惠大修韩祠，并把大士庵移到韩祠界外的山坡上④。自此后韩祠方才真正脱离僧人管理。可见，从康熙五年（1666）至光绪十三年（1887），韩文公祠由僧人典守，共延续了221年。

连供奉“反佛斗士”韩愈的潮州韩文公祠这样的大型官祠尚且招僧典守，潮汕各地大大小小各种祠庙的大致情况，就可想而知了。

（三）僧人兼做红白佛事等俗务

明代以来，为满足庶民的愿望，也为自己取得经济利益，不少僧尼兼职为庶民解签、算卦、业医、拉媒、说宝卷等，业已成风。这些非“正命”的职志不仅为佛家戒律所禁止，也有碍僧人修行，僧人还不敢明目张胆去做，而为庶民做功德佛事却是明代官府律条所允许的，也是历来佛家所提倡的，僧人们自是有恃无恐。明嘉靖《潮州府志》中有“其在细民者，火葬饭佛”的记载⑤，透露了潮汕明清以来的丧葬习俗与佛教的深刻联系，这就是火葬和延僧超度亡者。

佛教传入中土后，火葬作为僧尼圆寂后的葬丧方式而被延用，后来逐渐流行于民间，潮汕地区火葬习俗可追溯至南朝年间，一直流行至清代雍正年间，在广东地区被革除的时

---

① （清）周硕勋修：乾隆《潮州府志》卷33“宦迹”，潮州地方志办公室2001年编印本，第816页。
② （清）周硕勋修：乾隆《潮州府志》卷25“祀典”，潮州地方志办公室2001年编印本，第446页。
③ （清）周硕勋修：乾隆《潮州府志》卷12“风俗”，潮州地方志办公室2001年编印本，第134页。
④ （清）卢蔚猷修：光绪《海阳县志》卷29“建置略四”，潮州市地方志办公室2001年编印本，第181页。
⑤ 郭子章：《潮州府志·潮中杂纪》，潮州地方志办公室2003年编印本，第127页。

间较其他地区为晚。所谓“饭佛”，也称作功德，潮俗又称“弄铃”、“做亡斋”，即“请僧尼至家（或诣庵寺）诵经礼忏超度亡者”①，这种习俗甚至流传至今。

诸如以上提到的火葬及做亡斋习俗，我们将在第六章第一节“佛化葬俗”详论，在此从略。

四、潮汕民俗佛教与周边客家地区的比较

岭南地区佛教的世俗化与民俗化，宋代以来一些文献记载常被人所征用，造成的现象是，让人觉得程度上较北方为深。它表现为不少僧人没有度牒，不守戒律，饮酒吃肉，拥有妻室。

例如，周去非在《岭外代答》中云：

南中州县，有寺观而无僧道，人贫不能得度牒，有祠部牒者无几，余皆童行，以供应圣节为名，判公凭于州县，权行剃发戴冠，遂为真僧道。如出公据，其说谓被盗，遭火失去度牒，官为给据为凭，遂以剃戴。②

上文说的是岭南僧人不少并无真正度牒，只不过是官府因为应付塑望祝圣，需要僧人主事，所以“权行发戴冠”充为僧人，甚至必要时官府还主动给出度牒。这样的僧人自是有名无实。那么僧不像僧、寺不成寺的现象自然不可避免。

《太平广记》“南中僧”条载：

南人率不信释氏，虽有一二佛寺，吏课其为僧，以督责释之土田及施财。间有一二僧，喜拥妇食肉，但居其家，不能少解佛事，土人以女配僧，呼之为“师郎”。③

又庄绰《鸡肋编》说：

广南风俗，市井坐估，多僧人为之，率皆致富。又例有室家，故其妇女多嫁于僧。欲落发则行定，既剃度乃成礼。……尝有富家嫁女，大会宾客，有一北人在坐，久之迎婿始来，喧呼“王郎至矣”，视之，乃一僧也。④

以上所载“妇女多嫁于僧”，僧人“拥妇食肉”的情形，在潮汕地区实际上不能说没有，只是在潮汕历代史料文献中并没有明文记载。我们在第三章探讨宋代潮汕佛教时已讲到，宋代尤其是南宋，潮汕经福建、江西移民的大规模开发，经济腾飞，已非边鄙落后州郡可比，而是呈现出“潮阳山水东南奇，鱼盐城郭民熙熙”的“上州”大郡之气象，僧道也已被纳入官府严格管理范围，上述僧俗不分、僧同于俗的现象在潮汕未必多见。

---

① 释慧原：《潮州市佛教志·潮州开元寺志》，潮州开元寺1992年内刊本，第982页。
② （宋）周去非：《岭外代答》卷3，《四库全书存目丛书》（第589册），济南：齐鲁书社1997年版，第420页。
③ （宋）李昉等编：《太平广记》卷483，北京：中华书局1995年版，第3982页。
④ （宋）庄绰：《鸡肋编》卷中，《四库全书存目丛书》（第1039册），济南：齐鲁书社1997年版，第172页。

明代以来，粤东梅州、兴宁等一带客家人聚居地，有些佛教现象，与上揭宋代广南地区相承，佛教世俗化和民俗化的脚步，似较潮汕更快更远。嘉靖《兴宁县志》中谓：

旧《志》：凡庵寺，田中五六楹，中不盈丈，农人供小浮屠，祈报于此，无一僧，亦风俗俭啬之验也。贫民年十五髡首，于家应募、设斋、醮圣。三十留发，娶妇生子，袭于僧，奕世相承。唯此梵宇三间，左右翼以廊庑，三四僧。①

这里讲的是兴宁一些起造在田园间的庵寺，很小，供佛像，但无僧人住持。至于僧人，往往是因为穷困，少年就剃发，学习做一些佛事科仪，其实并无履行正式的出家手续，不是真正的出家人。30 岁后蓄发娶妻生子，把房屋改为小寺庵，做佛事科仪成为家族传承。在潮汕，明代至民国以前的僧人不守戒律，甚至饮酒吃肉、娶妻生子的现象肯定也有不少，但那都是背着人的；而像上揭这种明目张胆假冒僧人身份披佛衣、吃佛饭的非僧非俗现象，若笔者非不谙世故孤陋寡闻的话，则决计没有，起码在方志或其他文献中没有出现过。

到了崇祯《兴宁县志》中，我们看到了“乡花僧”一词：

隆、万间，亲丧七日，请乡花僧祀佛，设斋筵。宾朋咸集，包半礼，赠丧主，曰看斋。甚至有落六道之说，曰：天道地道人道佛道鬼道畜道。随亡者生辰算之，落天人佛，则谓亡人有福；落地与畜，则谓亡人有罪。繇是落地道者，打地轮；落畜道者，斩畜；男妇皆然。更有打沙云者，专为妇人而设，以曲米播水，孝子孝女向沙墩跪饮，曰缴血碗，以报母恩。三事皆请一人为赦官，一和尚妆天王，一和尚作目莲，交相舞于庭求赏。迩来朋友家知礼义者，一切除之。惟择日、开吊、止吊而已。极愚蠢之夫犹有行焉。又有惑于佛家忏悔之说者，请素僧诵经拜忏，谓可以度亡人之厄。是与请乡花僧，不过百步五十步之异也。②

我们同意一些学者的分析，此“乡花僧”即是后来的“香花僧”的前身或讹传③。“乡”与“香”在客家话中同音，“乡花僧”即“香花僧”，完全说得过去。这里把“乡花僧”与“素僧”对举，“素僧”即吃素之僧也，是为经过正式手续出家的僧人，则“乡花僧”即是与上揭资料中兴宁县贫人少年私剃，“于家应募、设斋、醮圣”，专为民间做追荐佛事，有家室妻子的“僧人”一脉相承。不过在嘉靖年间这类“僧人”还没有正式名目。所以“香花僧”的历史，我们认为可上推至嘉靖年间甚至之前，并不待明末清初的何南风而后有。正是这类以俗家人假冒僧人身份而专为丧家做追荐佛事的传统，才会产生“香花僧”这种名僧实俗的职业和名目。香花佛事科仪有可能在明末清初时期传入潮汕，

---

① （清）吴悌修：嘉靖《兴宁县志》卷2“地理部上”，《天一阁藏明代方志选刊续编》，上海书店影印本，第1056页。

② （明）刘熙祚修：崇祯《兴宁县志》卷1“地纪·风俗”，台北：学生书局1973年版，第314～315页。

③ 谭翼辉：《粤东的香花和尚与香花佛事科仪传统》，谭伟伦编：《民间佛教研究》，北京：中华书局2007年版，第120页。

成为潮汕各寺庵僧人普度、为亡家做追荐佛事的节目；但像兴宁梅州那种专以做追荐佛事为职业的“香花和尚”，在潮汕除了大埔、丰顺等客家聚居县外，在潮语区的其他地方极少见到，甚至并没有这个名目。作为其佛事科仪所用的音乐唱腔“香花板”则用“本地板”代替。清同光年间，潮汕善堂兴起后，香花佛事则大部分转为善堂专职人员所承担。

[本章小结]

明太祖朱元璋所颁布的多种宗教政策，其用意自然是为其政治统治服务，事实上有些政策对佛教本身的发展也是有益的，如三教合一思想、严格出家制度、沙汰不合格的僧尼、限制寺院建造的数量、对僧尼实行免丁钱等。但是随着明代中叶以后的国力逐步衰弱而实行鬻牒制度，僧尼素质混滥，寺院及其田产的合并所带来的寺产的高度集中，因僧尼的私欲而遭大量荡废；明代商品经济的发展，现世功利主义的抬头，带动了士民侵吞寺产；明末的东南倭乱，也授官府以向寺院摊派军饷的口实，多种因素的共同作用导致佛教寺院田产经济破产，从唐宋以后所维持的寺院、僧团的独立性、超越性的宗教品格逐步丧失；潮汕佛教为了自身的生存，就不得不向日益强大的民间思想观念、民间信仰低头，并与之混融，于是形成了以民众世俗欲求为中心，民俗信仰意识为基础的三教合一的民俗佛教。晚明以来的潮汕，以士绅力量为主导的大量小寺院的兴建和重建，形成了寺庵的僧俗雇佣关系，大量僧人还入住世俗祠庙，沦为守祠人，至此士民完全掌握了宗教话语的主导权，僧人的角色、职志日益卑俗，地位日趋低下。

也正是在这种语境下，潮汕佛教民俗文化得以更为蓬勃的开展。明代民间形成了素食之风，入清后发展成独特的素食文化；创立于清初的善堂，既是对以大峰为代表的宋代慈善精神的遥承，也是在清初僧俗慈善义举的背景下成立的，至晚清同光年间而大盛，日后发展成佛儒道合一、组织和信仰合一的善堂文化，流风所及，深刻影响了海外华人社会；此外，佛化俗语进一步富赡，功德佛事的日益盛行，清代以后的七月普度转而为民间白衣主导启建，佛教音乐如禅和板也流入民间，丰富了地方音乐艺术，如是等等，进一步丰富了潮汕文化的内容。这些内容，我们将会在第六章中详细加以探讨。

第五章
近代的东密

近代以来的潮汕佛教，随着半封建半殖民地程度的加深，积重难返，凋敝衰落。佛门内外的有识之士看在眼里，忧在心头，酝酿各种改革行动，采取各项措施，力求挽救佛教之日益沉溺，但无论是措施还是效果，都不尽如人意。其中以王弘愿发起倡导的东密居士佛教运动尤其引人注目，其在近代中国佛教史上产生了很大的影响。

第一节　民国潮汕佛教概观

一、近代中国社会巨变与潮汕佛门

中国近代佛教，自其外部而言，经过了太平天国和义和团运动的打击、20 世纪二三十年代多次的庙产兴学，以及现代科学、西方宗教等的猛烈冲击，气运极其衰微，经济上，晚明以来各地寺田、寺产被侵吞的现象层出不穷，传统寺院经济至此几乎彻底解体，僧尼生活日益艰难；自其内部而言，因清代雍正年间（1723—1735）宣布实行“摊丁入亩”，因而没有必要花力气去阻止为了逃避人头税和徭役而出家的人数，僧尼的出家度牒制基本被废，遁入空门的人数激增，出家人的素质一代不如一代。江南佛教在遭受太平天国的毁灭性破坏之后，寺院内的佛教典籍几乎荡然无存；僧伽戒律极度废弛，吃肉喝酒已为常事，有的甚至娶妻生子，非僧非俗，贻人讥评；僧人文化水平极其低下，民国时期，汉地僧尼虽有 70 万之多，但 90% 以上为农民出身，不少人都是因饥荒、战乱、破产而遁入佛门，僧人大都不知佛法为何物，甚至连出家多年的僧人都不会背《楞严咒》，真所谓“座上常有东坡客，寺中愧无佛印僧”（饶平隆福寺内楹联，广东文史馆馆长郑衡所题）；僧团组织腐朽不堪，寺院房头林立，追名逐利，互相攻讦；悲天悯人的崇高情怀化为乌有，堪为人天师表的高僧大德凤毛麟角，所谓“名僧风范，酷似俗流”，“在京的和尚出京的官”，失去了作为出家人的身份。

在潮汕，有个很耐人寻味的俗语，叫做“十个回匠（和尚），九个破相”，意指出家当和尚的大多是歪瓜裂枣，形容难看。这暗示着一个人不到万不得已是不会出家的，出家者往往是身体缺陷、家计艰难等各种现实所迫。佛门广大，菩萨闻声救苦，自然不忍拒绝这类弱势群体，但这从一个侧面反映了清代以来出家众的素质之低下，寺院基本成为生活中残弱者生存的庇护之所。民国以来，佛风零落，每况愈下，潮汕佛教与中国其他地方佛教一样，持续走下坡路，信仰产生极大的危机，佛教与道教、民间信仰混融在一起，几乎沦为一般愚夫愚妇追求现世利益、消灾植福、祛病送死的道具，已不再具有佛教的真义，而一般人也无法真正了解和信仰佛教。

那么，当时潮汕佛门的具体面貌情况如何？在这里，我们先以 30 年代中期的澄海佛教为个案，来略加描述。①

（1）**寺院**。当时“澄海佛教的寺院大小不下百数十座”，寺院不少；这些寺院分为大

---

① 蔚云：《澄海佛教素描》，《人海灯》1936 年第 3 卷第 11 期。以下所引用《人海灯》资料均来源于达诠主编（民国）《人海灯》合订本，上海：中西书局 2011 年版。

寺与小庙两类，大寺如城中的龙潭寺和竺隐寺，其规模足可住一两百人，但其实“僧人无多”，非常寥落，估计也只有十来人，至于乡间小庙则“到处皆是，但因为很多没有僧人主持，不是荒芜倾圮，便是外道藏踪。……每一个寺院内部的杂供鬼蛇神，不无使人陷入混沌状态而杂加以认识”。乡间庵寺众多，大多乏人住持管理，有人打理的庵寺，佛教与其他宗教信仰混合，成为儒、佛、民间信仰三者合一的民俗佛教，面目模糊。

（2）**寺产**。“除在城区龙潭寺颇有数十亩田外，其余无论大小，都没有什么寺产可言，所有收入，全靠经忏挣扎。”因土劣的侵占及佃户的抗租、短租，龙潭寺就这数十亩田一年的收入也所剩无几。龙潭寺为宋建寺院，自宋及明初原是海阳县一座大寺，为澄海建县以后最大寺院，明嘉靖年间尚有 475 亩田产[①]，这还是明初寺院并归后重又发还的田亩数，也就是说，明代以前的田产远不止此数，而今仅剩下区区几十亩。这说明至民国时期，潮汕寺院田产丧失殆尽了，僧人的经济来源几乎依靠为俗家做佛事。

（3）**僧人**。“每一个僧伽不是吸大烟，就是饮酒吃肉。”僧人不守戒律，僧不像僧，除了念诵经忏外，没有任何佛学修养可言，普遍得不到俗家人的尊重，唯有一从四川来驻锡于朝峰庵的“净德和尚”是例外；尼众情况是“虽然有几家小庙尼姑，但大概都是过的混沌生活”，这“混沌生活”一词意指尼姑过的不僧不俗、亦僧亦俗的生活。

（4）**居士**。在家居士“很活跃”，文章作者估计“平均每一个家庭总有二人信佛”，且有护法的热心，但也有不少白衣也唱起香花板，替人超度亡灵。

（5）**佛教团体**。有县佛教会和居士林两类，前者大约成立于 20 年代末期，由僧俗两家合办，日常事务主要也还是做经忏；居士林全县“不下十数个”，每个居士林“林员差不多都是三十人”，居士运动非常热闹。这条数据正好与另一篇文章相印证[②]。林员几乎是清一色的男性。

上述就是民国澄海佛教的基本轮廓，而潮州佛教的状况也差不多。文献载，“民国十三年甲子（1924）五月，潮梅护军使洪兆麟以辖内庵寺作官产拍卖，以充军饷。城中除开元寺之外，其他庵寺无一幸免，其有施主出资照价赎买者，则另领官给契据，僧尼仍旧居住（如府仓内‘古大士庵’、北门‘慧清庵’等），否则另迁他处（如西门水关脚‘文殊庵’、南春路尾‘宝积寺’等），闻广州‘无着庵’住持云：当年亦以五千元向官赎买，是知省中亦有此风矣”[③]。民国以来全省寺院除各地大寺院如广州六榕寺、韶关南华寺、潮州开元寺等外，都曾被政府公卖过，寺产几乎全部流失，僧人大量还俗，寺院任其荒芜，而在江浙一带寺院僧多粥少的情况下，广东及潮汕一带往往是“一座旷大寺院而见其阒无人迹”[④]。潮州佛教景况之凋零，可想而知。

开元寺作为岭东首刹，1924 年虽然最终免遭拍卖，但寺中大部分殿宇长年为各军、政、商、学机关占用。到了 1932 年 12 月，竺摩法师随太虚法师来潮汕弘法，触目所见的是：

---

① 郭春震、郭子章：《潮州府志·潮中杂纪》，潮州市地方志办公室 2003 年影印本，第 123 页。

② 林桂苑：《澄海佛教批评》，《人海灯》1934 年第 2 卷第 3、4 期。

③ 释慧原：《潮州市佛教志·潮州开元寺志》，潮州开元寺 1992 年内刊本，第 207 页。

④ 释通一：《华南佛教之将来》，《人海灯》1934 年第 2 卷第 1 期。

寺（开元寺）为古刹丛林，地面极大，惜乏人振兴，处处颓墙败瓦，呈现衰落现象，即稍好如藏经楼等，因空无一物，时被军队来住，且潮安总商会、公安局机关，皆设立其中，今寺中有佛教会设立，并设有觉世学校，惜无佛学课程及佛学教授为憾[①]。

当时潮州城中不少寺院被拍卖又无力赎回，僧人除了还俗外，可能剩下的都被集中到开元寺。这样，开元寺僧人的居住条件是非常迫狭的。

民国末期，潮州佛教有一个奇特的现象非常值得注意：出家女众比男众多，尼庵比僧寺多（仅限有出家人住持的寺庵）。

以如今的潮州市（包括湘桥区及潮安县）为例，有数据表明，新中国成立前夕市区有男僧67人，绝大部分集中于开元寺，女僧232人，分布于近20所尼庵里；潮安县乡镇有男僧12人，女僧55人；综合起来男僧79人，女僧287人，男寺12所，尼庵24所。[②] 这些女尼除了极少数出于信仰，甘愿出家为尼外，大多数女尼都是出于各种天灾人祸而无奈走进尼庵的。有的因为瘟疫流行，家破人亡为老尼抱养进庵，有的被认定为命带克星，克父克母，被送进尼庵，有的被贫家卖入尼庵[③]等。这些女尼的面貌如何，时人有一段描写可窥其大概：

岭东一带比邱尼，既不受戒，服式亦复离奇，着中衫，头扎黑布，严格言之，诚不能予以比邱尼之佳号[④]。

着装几乎与俗人无异，似不剃发，也不受戒，不受戒则不能真正获得僧格，实质就是一俗家众，这说明潮州女尼与澄海女尼一样，过的正是上述的“混沌生活”。当然，这里面还包括一类富贵人家一些不愿出嫁，或婚姻生活不如意，甘愿独身修行的女性，她们是俗称“斋姨”、“斋嬷”的修行者，有点像《红楼梦》中的妙玉。这类人数量也不少。家人为她们购置房产作为尼庵，或在家中腾出房舍作为其修行之所，吃素念佛独身，不受戒甚至不剃发。

这一时期，潮汕地区除了少数有信仰的年轻僧人，如怡光、宽鉴、纯密、纯信、慧原、定持、定然、定因等先后外出参学，有一定的佛法修持和知识修养，日后成为接续潮汕佛门慧命的主干力量外，绝大多数僧人都目不识丁，只能口念弥陀，做做佛事，随缘度日。即使潮汕最大寺院开元寺中的僧人也是如此。20世纪初著名的潮州学密居士王弘愿居士写有《赠怡光法师序》[⑤] 一文，其中说道：“大教东来，大乘尤盛，入清以后，黯然潜辉，……今之寺殿，金容敛辉，今之僧徒，玄籍无字，”除一二僧人如怡光法师外，其他都未能入他法眼。1934年开元寺住持福来和尚说道：欲“求一、二能深明妙谛切解真

---

① 守志（竺摩）：《太虚大师潮汕弘法一周记》，《海潮音》1933年第14卷，第65页。

② 释慧原：《潮州市佛教志·潮州开元寺志》，潮州开元寺1992年内刊本，第47～49页。

③ 蔡泽民：《潮州风情录》，北京：中国民间文艺出版社1988年版，第176页。

④ 释通一：《华南佛教之将来》，《人海灯》1934年第2卷第1期。

⑤ 释慧原：《潮州市佛教志·潮州开元寺志》，潮州开元寺1992年内刊本，第692页。《赠怡光法师序》写于1918年。

理者，实不啻凤毛麟角”，“僧纲不振，人心涣散，足以教法宗风，日见萎靡，几于奄奄一息，病莫能兴”。①

民国期间出家佛教之凋敝衰落，已如上述，与之形成鲜明对比的是，居士佛教运动的开展却是蓬勃有生气。20世纪20年代，潮汕各地已有各种念佛社及居士林出现，如创立于1926年的潮州“震旦密教重兴会”、1929年的潮州“诚益友念佛会”、1934年的“汕头密教重兴会”、1934年“浮洋佛教会”、1936年的庵埠“净宗念佛社”、1939年的潮州“净宗念佛会”② 等，这些仅仅是其中的荦荦大者。其实，各地的居士林林林总总，为数众多，已经难以考证，也无法列举，如上面提到澄海县居士林团体就有10多个。潮汕居士佛教之兴盛可见一斑。这些居士佛教团体，规模较大的普遍设有佛经流通处，有自己的居士林办有林刊，宣扬佛教教义。除了集众念佛诵经、食斋放生外，还与当时盛行于潮汕的善堂类似，会定期不定期地举行一些救困扶危等善事活动。而由王弘愿居士所领导的东密运动开展得更是如火如荼，蔓延至潮州、汕头、澄海等地，他所创立的潮州、汕头两地的“密教重兴会”也是当时潮汕最具影响的居士佛教团体。1935年有岭东佛学院学僧到汕头参学，把所见汕头佛教状况写成调查报告，认为汕头佛教可分为“真和尚派”、“伪和尚派”和“所谓居士派”三派，其中“伪和尚派”指的就是王弘愿的东密，因为王弘愿“以白衣的身份登大宝座，替人家作法”，“许多三戒具足的僧伽而皈依白衣”并且还得到一张皈依证书——比丘竟做了居士的皈依弟子！调查报告的作者最后不无讽刺地写道：“现在的佛教，可算是居士的佛教！”③

居士佛教的兴盛，反衬出当时出家佛教之衰落，不能以正法启信世人，僧人都浑浑噩噩，醉生梦死。

就教外而言，西方宗教如基督教趁虚而入，各种各样的民间宗教也纷纷勃兴，严重挤占佛教等正统宗教的生存空间。第二次鸦片战争后，从1860年起，汕头辟为通商口岸，基督教随西方殖民主义者纷纷涌入，落地生根，依据其传教的热忱、教义的晓畅，以及多采取灵活的诸如医学传教、教育传教等传教方式，实行救困扶危，开办学校，建造医院等服务民生的措施，逐渐赢得中下层人士的好感，信徒日益增多，教堂如雨后春笋般建立起来④，与佛、道两教鼎足抗衡。这种外来异质文化的迅猛渗透，引起秉持中国传统文化思想的知识分子及正统宗教人士的深深忧虑，苦思拯救良策；元明以来，随着佛、道两教走下坡路，白莲教、八卦教、罗教、白阳教、先天道、一贯道等十几种新兴民间宗教先后兴起，并一直流传至近代。这些宗教往往杂糅了儒、佛、道思想，多以秘密结社的形式与政治势力和黑社会相勾结，在民间迅速发展，与佛、道两教争夺信徒，极大地挤占了佛、道两教的生存空间。在潮汕地区，清末民初以来最有影响的民间宗教是先天道、一贯道与天恩道，不少善堂、善社正是这些民间宗教设立的⑤。

在时代发生巨变，佛教几乎到了生死存亡的关捩点上，以太虚大师为首的教内有识人

---

① 《潮州福来和尚来书》，《海潮音》1934年第15卷，第127页。

② 释慧原：《潮州市佛教志·潮州开元寺志》，潮州开元寺1992年内刊本，第38～39页。

③ 隆祥：《汕头的佛教》，《人海灯》1935年第2卷第20期。

④ 胡卫清：《近代潮汕地区基督教传播初探》，《潮学研究》2001年第9期，第147～174页。

⑤ 王琳乾、邓特主编：《汕头市志》（第四册），北京：新华出版社1999年版，第614页。

士，竖起了宗教改革运动的大旗。近代潮汕部分佛门缁素，尤其是作为粤东历史最悠久、规模最大的寺院的开元寺，僧人们在目睹佛教现状的衰败、信徒的流失以及政府部门对寺产的豪夺挤占，构成其宗教的生存空间的硬件（田产、房产等）和软件（佛事、信徒等）资产均遭到严重侵害，甚至连日常起居都没有立锥之地的时候，不得不开始正视现实，采取各种措施自救。这个“自救”概念正是当时的僧人提出的：“潮州开元寺成立佛学院，便是僧伽中觉悟分子自救运动之表现。”[①] 他们或外出参学，寻求佛法妙谛，继后开示辅导信众，挽救颓风，例如，20 世纪初开元寺怡光法师在寺讲经及率众念佛；或积极邀请外地高僧莅潮弘法，酝酿有限度的宗教改革，如开元寺智臻、精光、福来邀请太虚法师前来弘法，创办佛学院并对寺院规制进行改革；或以个人的极限修持为号召，企图重新召唤僧人及信众对佛法的正信，如 1937 年智诚法师闭关血写华严经等。

二、太虚大师与岭东佛学院的创办

1932 年 12 月 10 日，应潮州开元寺暨汕头岭东佛教委员会等的邀请，近代著名高僧太虚大师由厦门南普陀寺抵汕弘法，所到之处盛况空前。在汕头讲经三天后，13 日乘火车抵潮州，潮城万人空巷热烈欢迎，大师驻锡开元寺，并在寺内及省立第四中学（即金山中学）等处开讲《心经大意》、《佛法与救国》、《十善道业经大意》和《阿弥陀佛经讲要》等，15 日由智臻老和尚陪同参观叩齿庵等城内外名胜古迹，并题诗两首。是次开元寺恳请法师于寺内主办岭东佛学院，担任院长，培育僧才，弘传佛法，大师承允并命门人大醒负责开办事宜。16 日回汕头，翌日乘船回厦门[②]。大师在潮汕逗留一周，给潮人带来了佛门新风，也为现代潮汕僧伽教育机构的建立打下了基础。

太虚法师虽挂名佛学院院长，但因弘法事忙，此后佛学院从筹备到开办，法师均未参与，而是交由门人大醒、寄尘等办理。岭东佛学院的创办，标志着继武昌佛学院、厦门闽南佛学院等后，在太虚大师旗帜下的又一所新式僧伽教育机构的成立，它是尝试改革潮汕传统寺院制度的一项新成果，也是潮汕佛门在新形势下自我调适、自我拯救的结果。

近代中国佛门高僧太虚法师，之所以有潮汕弘法、办学之行，对于法师而言，自然是为了宣讲佛法，唤起民众对佛法的热情和正信，以及推广新式僧伽教育。但对于邀请者的开元寺长老们来说，除了弘法育才外，更想借重太虚法师的影响力，解决潮安县各军政机关长期占用开元寺的这一头痛问题。这一隐情，有学者已经注意到了。[③]

上文曾说到，20 年代中期后，开元寺陆续为潮安县公安分局、消防队、商会、报馆、学校等机构占去了大半面积，就连寺院的主体建筑如大殿、藏经楼等，也为军队所进驻，僧人的居住、生活区域不仅非常窘迫，而且寺内喧杂不堪，根本无法开展正常的佛事活动。这种“鸠占鹊巢”的行径长期困扰寺中大老和两序大众，但僧家作为弱势群体，投诉无门，欲哭无泪，他们虽然于 1924 年挂出“岭东佛学院筹备处”[④] 的牌子，企图以举办

---

① 释通一：《华南佛教之将来》，《人海灯》1934 年第 2 卷第 1 期。

② 释印顺：《太虚大师年谱》，台北：正闻出版社 1991 年版，第 351 ~ 353 页；释慧原：《潮州市佛教志 · 潮州开元寺志》，潮州开元寺 1992 年内刊本，第 331 页。

③ 马木池：《从岭东佛学院的创办看近代潮汕佛教面对的问题》，《潮学研究》2008 年第 14 期。

④ 释慧原：《潮州市佛教志 · 潮州开元寺志》，潮州开元寺 1992 年内刊本，第 208 页。

佛学院为由赶出这些“入侵者”，却始终毫无效果。1932 年毕业于闽南佛学院的开元寺僧人澄泓回寺，与住持精光、福来和尚，退居住持智臻和尚等商邀太虚来潮弘法，并创立岭东佛学院，培育僧才，大家一拍即合，并得到全寺僧众的共同支持①。僧众之所以齐心协力，主要源于他们对那些“占巢者”已忍无可忍，意在借太虚的人脉和力量予以“请出”。1932 年冬天，以开元寺为主要代表，邀请太虚法师来潮弘法后，太虚法师果然致函时任中山大学校长的国民党元老邹鲁陈情，邹鲁则致函时任第三军军长、广东东区绥靖委员李扬敬给以整顿、维助②。1933 年 10 月，李扬敬贴出布告：

国民革命军陆军第三军司令部布告事，现据太虚法师函称，开元寺内组设岭东佛学院，今已成立，唯寺中警商学机关逼处，颇不敷用，拟酌商迁让，并祈出示布告，嗣后军队等勿再占驻等情前来。据此，除令潮安县长转警商学机关自行迁移外，合行布告仰军警商学等各机关，嗣后勿得再行占驻为要，切切此布。③

布告贴出后，驻开元寺大殿、藏经楼的军队全部撤出，潮安县政府也随之清出所占天王殿、观音阁等殿宇④，但依然有一部分机关因为各种原因无法完全搬离开元寺。这从在 1933 年 10 月潮州开元寺写给太虚大师的信函中也可以得知：

此次岭东佛学院得以成立，皆大师指示之功！以后尚望不时指示，俾岭东佛教日见振起也！李军长接尊示后，越三日即发布告保护，并通令县府转知寺内警商学各机关择地迁徙，足见大师对于岭东佛化及僧教育十分注及。但对于寺内警商学应如何进行？请为赐示！

开元整委会，根宽、纯寂、智臻、福来、从礼等同顶礼。⑤

这说明，仍然有部分机关无法完全搬出安置，直到两年后还是这样：“现县商会、工商学校、商报社、公安分局均借附设其中之一部”⑥，但不管如何，可想见这些单位所占面积必当缩小。对于开元寺而言，这已经够好的了，这既为岭东佛学院的创办腾出了空间，也终于还给了开元寺僧人的生活、弘法大部分空间。

以上情况说明，残酷的社会现实逼迫着这些长老们作出改革姿态，当不改革就连立足之地都没有的时候，他们就只好拥护改革了。这正是作为传统古刹的长老们为什么要创办新式佛学机构，并聘太虚法师为佛学院院长之主要原因。

这种改革新举措并非他们打心底里情愿的。当寺内大部分殿宇收回后，利益得到了，而佛学院的举办又需寺院长期的财政支持，而寺院力有未逮，这就发生了寺院常住与佛学

---

① 释法幢：《由中国僧人集团讲学精神之检讨说到岭东佛学院筹备之经过》，《人海灯》1933 年复刊号。

② 《佛教新闻・邹鲁先生之热心护教》，《人海灯》1933 年复刊号。

③ 《佛教新闻・各机关不得占驻开元寺之先声》，《人海灯》1933 年复刊号。

④ 释慧原：《潮州市佛教志・潮州开元寺志》，潮州开元寺 1992 年内刊本，第 332 页。

⑤ 《海潮音》第 15 卷第 2 号“新闻舆通讯・各处致本社社长太虚大师函”，1934 年 2 月。

⑥ 谢雪影主编：《潮梅现象》，汕头：时事通讯社 1935 年版，第 177 页。

院之间各种各样的尖锐矛盾，这种矛盾发展到后来就是佛学院只举办一期，为期两年，即到1935年夏就停办了。但不论怎样，岭院也为中国现代僧伽教育尽了一份心力，培育了一些优秀僧才，其中就包括日后成为开元寺住持的慧原法师、潮阳大北岩住持心印法师和潮阳灵山寺住持新（心）曦法师。

岭东佛学院共有教职工14位，开元寺礼请太虚大师为名义上的佛学院院长，礼请其高足大醒法师为开元寺出山首座兼佛学院教务长，但大醒法师只在前期代拟了一个整理方案，并无直接参与创办事宜及教务工作，后又因转往武昌弘法，改为寄尘法师代理。法师中有日后在潮州庵埠灵和寺闭关刺舌血书写华严经的著名高僧智诚；初招学僧20人，多数来自江浙一带，学僧根据文化程度学为甲乙两班，甲班程度相当于初中，乙班同于高小。后来一些学僧因事退学，又续招学僧，主要来自潮汕本地，前后共招43人，最后毕业18人；[①] 学制为两年，课程设置为内外学兼修，主要有内学类的《佛学概论》、《百法》、《唯识》、《心地观经》、《俱舍论》、《佛史》、《戒本》、《沙弥律》等，外学类有《国文》、《作文》、《历史》、《地理》、《算术》、《艺术》、《日文》等。这种新式僧伽教育的课程设置模式基本沿用至今。

佛学院的开办，为粤东古刹迎来了新气象，其时开元寺寺僧近百人，朝气蓬勃，被认为是“自乾隆密（因）祖中兴以后，未有若是之盛者”[②]。

开元寺创办了岭东佛学院，还意外地催生了另一改革的附产品，那就是《人海灯》杂志。这一民国时期的重要佛学期刊，是不能不提到的。《人海灯》杂志原为1933年福建厦门南普陀闽南佛学院编辑，作为《厦门日报》的副刊不定期出版的，岭院成立后的1933年12月，改由院方独立出版，故其第1卷第1期注为“复刊号”，为半月刊。杂志内容“以关于佛学论文，人生问题研究，佛教文艺，书报批评，创作翻译及有关于佛化作品等为主，文言白话，均受欢迎”[③]，由岭院教务长寄尘及通一法师担任编务。

《人海灯》的编辑来自太虚大师闽南佛学院的骨干老师，深受太虚思想影响，他们所编发的作品，尽管现在看来，佛学理论水平并不很高，但他们以建立人间佛教为旗帜，关心时代、宗教的热点问题，观点鲜明，嬉笑怒骂，对教内外一切假恶丑现象都敢于揭露和批判，文风又泼辣大胆，虽触动和得罪过不少人，但也产生了一定影响。需注意的是，在《人海灯》不少刊期上所发表的文章并不是杂乱无章、漫无目的的，而是有系列性、有针对性的，有的论题往往一再被讨论，如“中国佛教与现代僧伽”（从第3期连载至第9期）、“中日佛教关系问题”（第9期、第11期、第14期、第15期、第16期等），如“僧青年问题”（第18、19期合刊）等。无疑，这些文章在当时来说，非常有力度，对现代僧团的重新构建，对于认清中日佛教关系等敏感问题，作出了明晰的评判，具有深刻的现实意义。有的文章还因为大胆揭露教内的弊端，甚至触怒了开元寺长老们，如在第2卷第3和第4期（1934年12月）合刊，其刊首有“太平”（即主编通一法师）所写的《尽情暴露》一文，说到本寺长老们看到刊物对教内稍作评论时，“马上喊：‘反了！反了！要得

---

① 《岭东佛学院全体同学一览表》，释慧原：《潮州市佛教志·潮州开元寺志》，潮州开元寺1992年内刊本，第318页。

② 释慧原：《潮州市佛教志·潮州开元寺志》，潮州开元寺1992年内刊本，第314页。

③ 《本刊征文简例》，《人海灯》1933年复刊号。

佛法具，除非僧赞僧。这批青年气浮的人，公开我们的秘密，真是地狱种子！'”作者秉着佛教舆论界的“天职”进行回击，认为不应为教内的假恶丑回护，不应为教内的一切唱赞歌，而是“可赞者赞，可斥者斥”。这从一个侧面说明，当时的新与旧之间、长老与青年之间、寺院常住与佛学院之间的矛盾，已经非常尖锐了。

1935 年夏，因岭院停办，《人海灯》杂志也无以为继，主编通一法师受聘香港东莲觉苑，杂志也由东莲觉苑接办；1937 年 6 月再迁至浙江宁波慈北鹤鸣声金仙寺，由芝峰法师任主编，出了 3 期以后，因抗战烽火再次停办。这是后话。

与创办岭东佛学院相配套的是，1933 年春季，两百年来一直作为曹洞宗传法制寺院的开元寺，顺应由太虚大师倡导的近代中国佛教制度改革的呼声，改十方传法制为十方选贤制①，并订立《开元寺常住规约大纲》，以取代乾隆三十年（1765）静会和尚订立的《同住规约》，其中第一条就是：

> 常住住持自民国廿二年春季改为十方选贤制，每一任任职三年，由常住全体职事及大众代表开会选举十方有道有学之大德任之，其职权统理全寺僧众修学、弘化等一切事宜。②

从清代乾隆年间之后，规定开元寺的住持只能在曹洞宗法派中选任，一个大德高僧，不管多有威望、多有境界、多有能力，如果没有接受过开元寺曹洞宗法派的“法卷”，就没有可能成为开元寺住持，这是十方传法制。而十方选贤制规定，住持由常住全体职事及大众开会选任，不论任何宗派。这种突破宗派限制的规定，在寺院人事组织结构上称得上是一大进步。那么当年具体实施了没有呢？并没有。1936 年福来和尚任满后，接任者为纯寂森常和尚，纯寂本是潮汕临济宗黄檗派，却接了曹洞宗的法卷，为“森”字辈，取了曹洞宗法名“森常”，可见当时仍然沿用传法制。直到 1939 年抗战期间，续量根宽和尚才就任采用十方选贤制后的第一任住持③。这说明在传统古老的寺院中，要进行哪怕是一定限度的改革，都是步履艰难的。

但不管如何，改革的春风已经吹进古寺。1933 年秋，岭东佛学院创办后，开元寺又在一些政府机构搬迁后的殿宇中设通俗演讲所、素食处、佛经流通处、民众阅览处④，更令寺容寺貌焕然一新，时人甚至称开元寺为“全省丛林之冠”⑤。

附：新时期改革开放之初，潮州开元寺在全国寺院率先进行大重建，主事者即为慧原法师。他于 1982 年至 1987 年荣任开元寺住持，经法师多方奔走，联系香港定因法师、邑人李嘉诚、庄静庵等筹集经费，全面修缮寺内建筑，整顿僧团，使开元寺成为我国第一批重点开放寺院。这是一项非常了不起的成就。令人更为合十赞叹的是法师并不居功恋栈，而是于 1988 年功成身退，闭门谢客，倾力写作潮汕佛教文化巨著《潮州市佛教志·潮州

---

① 释慧原：《潮州市佛教志·潮州开元寺志》，潮州开元寺 1992 年内刊本，第 349 页。
② 释慧原：《潮州市佛教志·潮州开元寺志》，潮州开元寺 1992 年内刊本，第 349～350 页。
③ 释慧原：《潮州市佛教志·潮州开元寺志》，潮州开元寺 1992 年内刊本，第 387 页。
④ 释慧原：《潮州市佛教志·潮州开元寺志》，潮州开元寺 1992 年内刊本，第 332 页。
⑤ 释大本：《两年来之开元寺》，《人海灯》1935 年第 2 卷第 12 期。

开元寺志》，并于1992年出版。他于1996年3月23日安详舍报，为潮汕佛门及开元寺留下丰富的有形和无形财产。1991年，定然法师（1915—1997）接任开元寺住持，其最值得称道的功绩就是复办岭东佛学院及院刊《人海灯》，并于1997年2月建成相对独立的佛学院教学楼。佛学院目前运作良好，为粤东乃至全国培育了大批僧才。

三、智诚法师刺血写经

智诚法师（1908—1994）因为岭东佛学院停办，离开开元寺，1936年，庵埠林氏以林少梅为首等十多位善信联名聘任法师任灵和寺住持。第二年，法师发愿在该寺闭“般若关”，为期三年，研读《般若经》、《华严经》等经，并刺舌血书写《华严经》，从而成就一项现代佛门的罕见壮举！

智诚法师俗名周文龙，号少培，江苏泰县人，从小善根深植，聪敏过人，7岁出家，16岁到宝华隆昌寺受具足戒后入宝华山律宗佛学院，后入宁波观宗寺弘法社和闽南佛学院参学，学业大进，为人深受谛闲、印光和太虚诸近代高僧器重，在诸大老的言传身教下，打下了精英佛教僧人的根基。1933年受太虚大师的委派，到岭东佛学院担任监学及公民教师。住持灵和寺后第二年即闭关，据说他闭关不久，因感古代经疏中所谓“若不刺血写经，不称佛子”之句，自忖自入佛门十几年，还不能算作真佛子，心生惭愧，遂在关中效仿古德行为，闭关刺舌血书写《华严经》。

所谓“闭关”，也称“坐关”，指僧人独居一处，静修佛法，不与任何人交往，在关中坐禅、读经、忏悔、写作等，满一定期限才外出。闭关人往往定有克期取证的某一目标以期圆满达成，在我国藏传佛教、汉传佛教，乃至道教修行中都有实行，是一种精进修行的方法。远的不说，在现代佛门中，最出名的闭关就是印光和太虚大师的闭关。印光大师于1893年33岁闭关阅藏，隐居山林20余年；太虚大师于1907—1908年（19岁）和1914（25岁）—1917年两次闭关阅藏、坐禅，并在关中大彻大悟。两位大师一生在弘法利生上所取得的巨大成就都与闭关密切相关。作为深受印光和太虚器重的学生①，智诚闭关行动受到师尊的影响是肯定的。

智诚和尚于1937年农历二月十九日闭关，四月初八开始刺血写经。刺血写经的基本过程，是令人肃然起敬而艰苦卓绝的，已有多人提到。今据其剃度徒、汕头佛教协会会长法性法师所作的描述如下：

上人准备了必备的一些物品：利刀一支，洗净消毒；小茶杯二个，作盛血用；镜子一面，刺血时照面用，以免伤及口唇；痰盂一个，刺血后吐涎水用；白面巾一条，拭舌头涎水用。刺血时间规定在上午八时正。因上午血清，下午血浊。早餐后血脉大旺，利于取血。刺血之前，上人先向佛像顶礼三拜，念佛围绕写经桌十二圈，然后跪在佛前默默祷告：“弟子行菩萨行，刺舌血书写法宝，求佛加被，使弟子法行早日圆成。”默念毕，开始刺血。先将舌头伸出，用面巾拭去舌头涎水，上下齿咬紧舌头，用利刀在舌头上轻划一下，约一米粒深许，让鲜血滴在茶杯里。用刀时，在舌头上不可划得太深，深则心跳伤

---

① 释法性:《三年般若心参透，一部华严血写成》，《人海灯》2004年第1期。

神，血流不止；又不可划得太浅，浅则血流不下。

……暑天时，血易变坏，臭血不可书写经典。上午用一杯，存一杯置冰中，留下午用，不致变坏。因血经空气容易凝结，书写前必用竹片挑去血筋，否则血筋缚笔，不能书写。书写时，身着袈裟正坐，字字端楷，一笔不苟，日写千字，无错漏增减，校对严谨。……①

但当写到十几万字时，写好的血经逐渐变黑。法师不得其解，遂写信向印光大师请教，得知食物含盐太多，于是改变饮食，食物不再放盐，这十几万字的经文也焚去重写。历经30多个月的精进书写，于1940年农历二月十九日出关时，完成这部80卷共70多万字的血书《大方广华严经》。该经现保存于开元寺藏经楼，与清乾隆《龙藏》一起，是至高无上的镇寺之宝。

刺血写经，不仅书写作为法宝的佛经，更是一种对佛经的庄严供养，同时又是佛子为法献身、信佛虔诚、意志坚韧的最佳体现。在末法之中，佛风浇漓，世风日下的潮汕佛门，智诚法师以一种比较极端的方式，圆成自己作为佛教徒的僧格，阐释了信仰的崇高含义，同时也矫正了世人对佛教的低俗看法，从而唤起世人对佛法的崇敬。②

四、虚云老和尚莅潮弘法

1946年9月，由潮汕军政要人香翰屏、刘侯武、翁照垣等人发起，在潮州开元寺为在抗日战争中死难的军民启建为期七日的水陆道场，礼请一代禅宗高僧虚云和尚主法，老和尚欣然应允。饶宗颐先生为此特撰文登报，极表欢迎。9月底，在潮汕籍弟子宽鉴和开元寺僧的陪同下，虚云和尚偕同三侍者来到汕头市岭东佛教会，并作开示。10月2日，由开元寺住持又智陪同，虚云和尚抵达潮州开元寺，寺门内外张灯结彩，诸山长老、缙绅名流、四方善信，云集于寺，恭迎老和尚的到来。在以后的数天，老和尚授受信众排队皈依，据说多达万人，场面非常壮观。

为了表示对老和尚的最高崇重，开元寺两序大众公推老和尚兼任潮州开元镇国禅寺方丈，老和尚慈悲摄受，并作诗两首回应。③

10月11日开始，老和尚主持启建“法界凡圣水陆道场”七昼夜。此前潮汕缁素闻风不断到开元寺登记。慧原法师担任内坛正表，想到因清寒无力出资者不少，于是向当事建议第六、第七天免费义荐，一时四方赞叹，登记超荐者激增。当时西门外有一寒家来寺登记，并说，她的亡亲在她昨夜梦中要她来开元寺法会超荐，她告诉亡亲无力超荐，亡者便

---

① 释法性：《三年般若心参透，一部华严血写成》，《人海灯》2004年第1期。

② 新中国成立后，智诚法师历任汕头佛教协会会长，广东省佛教协会副会长、名誉会长，潮州开元寺、苏州承天寺、庵埠灵和寺住持，全国佛教协会理事、名誉理事等职，并曾被荣选为汕头市第六届人大代表、市第六届政协常委、第五届广东政协委员等。法师终其一生，在内则发扬百丈禅师农禅并重的精神，不当佛门寄生虫，1962年就在其圆觉精舍开办酱油作坊，自食其力，1982年又与居士们开办素饼部和素菜馆，是为汕头市第一家素菜馆；在外则终生好善乐施，热心于慈善公益事业，赢得僧俗大众的共同崇仰。法师于1994年4月29日舍报于汕头市圆觉精舍，前来追悼的信众不计其数；5月3日法师的法体被运送到潮阳大北岩火化，数以千计的信众冒雨排成长长的两列，打着挽幛，口唱弥陀，护送法师缓缓前行，码头的渡船也自愿为法师鸣笛以示哀悼。

③《虚云老和尚年谱法汇增订本》，台北修元禅院1997年倡印本，第911页。

告诉她这两日有免费超荐，并叫她从速前来登记。天明后，她在江边洗衣服，经询问果有此事，故前来报名。一时间，法会中都为虚云老和尚主荐的道场冥阳感通之神异，感到惊奇不已①。

法会圆满结束之夕，寺中盛列华灯仪仗，鼓乐喧天，队伍千余人往韩江边送圣，群众夹道观看，摩肩接踵，水泄不通，老和尚由两童子提幡灯旁护前行。一些虔诚善信为了获福，总要挤到老和尚身边跪地顶礼，老和尚十分慈悲，往往都要停下脚步，为其摩项祝福，场面感人至深！

法会之后，暂设在开元寺的省立潮州金山中学师生特请老和尚开讲《心经》，因老和尚讲的一口湖南话，就由慧原法师担任翻译。老和尚虽然年纪已达107岁了，但趺坐台上，腰板笔直，瞑目说法，不用借助扩音器，声音洪亮，整个寺院都听得见，一连数小时都不喝水，其精湛的修为可见一斑，一些听过讲座的老金中学生至今仍津津乐道。

和尚深入浅出，阐发幽微，令听众大获法益，欢喜称赞。会后金山中学师生特请和尚赋诗一首，以作纪念，和尚欣然应允，这是《潮州金山学校讲心经众学生请题偈》②，诗曰：

般若不属有无言，万象森罗一体圆。
动止不昧当前鉴，迥出中流两岸边。
溪声说法听者听，猿鸟唱和玄中玄。
触处逍遥触处是，桥头湘子亦灵源。

因开元寺从清初以来一直为曹洞宗寺院，所以老和尚在诗中主要阐述了曹洞宗“无情说法”与“触类是道”的宗旨，即便是热闹嘈杂如当时的湘子桥头，也是修行人清净心灵的体现。一切无非是法的映现，表达了一个禅人心物不二、圆融无碍的精湛悟境。老和尚圆满结束在潮州开元寺水陆法会，回到汕头后，又接受揭阳佛教会的盛情邀请，到揭阳双峰寺为数以千计的信众授皈依，并为县府官员和大众作开示。之后再回汕头取道海路赴香港。

现代中国禅宗泰斗虚云老和尚，不顾年纪老迈，亲莅潮汕三地弘法做道场，既令罹难于八年抗战的英魂得以安息，更令广大潮汕僧俗普沾法益，广种福田，使遭受过巨大战争创伤的心灵得到极大的慰藉。其无量功德和无量事迹，一直为潮人信众广为传颂。

第二节　东密的兴起及传播

探讨潮汕民国佛教，我们的关注点主要集中在当时的居士佛教运动。与出家佛教相比，当时的居士佛教运动要热闹得多，影响也要大得多。

在20世纪20至30年代，我国佛教界出现了一种奇特现象，即日本密宗突然大盛。

① 释慧原：《潮州市佛教志·潮州开元寺志》，潮州开元寺1992年内刊本，第225页。

② 《虚云老和尚年谱法汇增订本》，台北修元禅院1997年倡印本，第884页。

诚如太虚法师（1890—1947）当时所言："近数年来……密宗亦应时崛然兴起。先则京也、粤也、鄂也、湘也、蜀也，密风密雨，栉沐已久。今则江浙，亦莫不披靡其风化焉。"[①] 20年代初，日本真言宗（以下简称"东密"）随着东渡学密僧的归来，纷纷为各地居士开坛灌顶，盛极一时。其中有一个典型例子，即可说明当时东密狂潮来势之凶猛。1922年由太虚法师创办的武昌佛学院，其时业已成为全国佛教弘化中心，武院师资力量雄厚，集中了全国优秀的学僧，进行严格的佛法教理训练，成绩斐然。1923年太虚的弟子大勇学法归来后，次年春在院内传法灌顶达十次；继而持松法师又在院内开坛灌顶，院内多数学僧如大刚、超一、观空、法尊、法舫，武院院董李隐尘、陈元白、赵南山等，以及在家居士数百人，纷纷结印持咒，入坛学法。太虚法师本想以佛学院为根据地，深入进行佛教改革，不料院董们迷于印咒，藉词经济不甫，不愿继续支持，几使武院关门大吉。武昌佛学院是近代太虚大师精心打造，并进行佛教改革和教育的基地，是一块精英佛教分子培养的实验田，竟然几乎被东密狂潮冲垮。所谓"精英佛教"分子尚且如此，一般善男信女对"大众佛教"的狂热情形，更是不可想象了！

这一崇密潮流的出现，其原因自然与当时的社会大背景有关，其中的直接原因是当时的居士佛教运动，其首推者就是潮州学佛居士王弘愿。

一、近代中国居士佛教的兴起

研究中国近代史的学者都注意到一个现象，就是晚清以来佛学的复兴，佛教及其研究重新进入中国近代学人的关注视野。从宏观而言，这与中国近代知识人在面对西风东渐——西洋思想文化的入侵时产生的文化困境，并企图从困境中寻找出路有关。

鸦片战争之后，裹挟了实用技术和强盛国力的西方思想汹涌而来的，诸如科学和哲学等，中国文化人一时难以理解和接受，不知所措，唯有转而从自己的知识背景中寻找资源，当他们发现佛教与西学颇有相通之处，如佛家唯识学与心理学，佛家因明学与逻辑学，佛经中的夸张想象描写与生物学的细菌、天文学的宇宙无限、星球无数的时候，仿佛就找到了一支理解西方文化的金钥匙，有学者称这种以佛教去理解西方科学和哲学的方法，就像魏晋时期中国文人以中国固有思想去解释佛教的方法"格义"。[②] 进而，有些留学东洋或愿意接受新思想洗礼的知识人，又受到日本佛教的近代转型的影响，对佛教的兴趣大增，他们希望从佛教和佛经中发现救国救世的真理。事实上，其中一些人也真的经过出洋或不出洋的学习和思考，开出以佛教救国作为救国良方之一，如杨文会、康有为、梁启超、谭嗣同、章太炎、蔡元培、欧阳竟无、吕澂等人。在这些人当中，有的并不信仰佛教，而是希图从佛教中发现救国救世的真理，如上揭康、梁、谭、章、蔡等，有的后来真正成为佛教徒，走上了弘扬佛法、振兴佛法的道路，如杨、欧阳、吕等，他们是近代居士佛教的代表，与前者不同，他们的所作所为直接介入佛教界，对近代中国佛教界产生了深远的影响。不过他们两者相似的地方是都对佛教感兴趣，并自觉不自觉地参与建设了各种佛教文化事业，如佛学研究和发表文章，创办刻经处，刊刻、编印、传播佛教经典，建立

---

① 太虚：《中国现时密宗复兴之趋势》，《海潮音》1925年第6卷第8期。

② 葛兆光：《西潮又东风——晚清民初思想、宗教与学术十讲》，上海：上海古籍出版社2006年版，第85页。

佛学院或佛教研究机构，发行刊物，举办各类讲经活动，或形成各种慈善机构等，扩大了佛教在民众中的影响。中国近代在僧团佛教极度凋敝的情况下，居士佛教以其宗教热忱积极推动佛教的复兴，自杨文会居士（1837—1911）同治五年（1866）在南京创办金陵刻经处起，居士佛教对中国社会的影响之大之广、成绩之高，远远超过僧团佛教。

孤处于中国东南沿海一隅的潮州学佛居士王弘愿，他对当时的佛教界困境和居士佛教开展的大势也有大致的了解，作为深受传统文化影响又具有近代学术视野的知识人士，其向佛之热心不甘居于人后，由他翻译日本僧人权田雷斧的《密教纲要》一书，刮起了一场影响全国佛教界的崇密风暴。

二、王弘愿与《密教纲要》

日本密宗分东密和台密两种。史载唐开元年间（713—741）印度高僧善无畏、金刚智和不空“开元三大士”把密宗传入中土，曾兴盛一时。后因唐武宗灭法一蹶不振，北宋时尚有余绪，南宋作为一个宗派不复存在，只留下“瑜伽焰口施食法”及一些诸如准提、大悲神咒在寺院法事、课诵之中。日本僧人最澄（767—822）和空海（774—835）于唐贞元二十年（804）同时入唐求法，最澄先到台州从僧人道邃、行满学习天台宗教义，第二年到越州从善无畏再传弟子顺晓修密并接受灌顶，最后于当年回国，开创日本天台宗，由于其天台宗教义中糅合密宗成分，后经弟子圆仁、安然、圆珍等人的发展，成为“台密”。空海则从不空弟子惠果那里得其薪传，于元和元年（806）学成而归，他先以日本平安北部的高雄山寺（后来受赐为“东寺”）为中心传教，他所创立的真言宗遂被称作“东密”。其后在高野山建立寺院作为其密宗道场，由是密宗盛行于日本流传至今。可见，无论是台密还是东密，其实就是唐代密宗，所以今人也把日本密宗称为“唐密”。

日本东密后来分裂成两派，部分僧人以丰山为根本道场，成立东密新义派，而以原高野山为东密古义派。王弘愿所译传的《密教纲要》是丰山派管长（全宗派最高首领）权田雷斧的著作。

我国近代佛教界凋敝已极，尤其是经过太平天国的摧毁后，佛教经籍所剩无几，于是先有杨文会的东瀛求法，他与日本学者南条文雄结识，并托他搜寻到数百种隋唐佛学典籍邮回国刊印研究，并以此为基础展开近代佛教复兴大业。其后陆续有梁启超、章太炎、丁福保等人东渡日本，他们或避难，或留学，或考察，或取经，极大地丰富了中日佛教文化交流，佛学研习风气初开，但都未着重留意到日本密宗。若论真正东渡学习密宗者，则当推桂伯华（1861—1915）。桂伯华曾随康有为、梁启超从事变法活动，戊戌变法失败后，隐居匿迹，晨夕诵读《金刚经》。后赴南京从杨文会研习佛学数年，曾欲剃度未果。1910年东渡日本于高野山学密宗。期间与《民报》主编章太炎等相过从，宣传佛学。但他于1915年在日本病逝，未能把他的学习成果带回国内，对国内佛教界并未造成任何影响。

清末废除科举后，潮州金山书院改为新式的中学堂，王弘愿作为前清的饱学秀才，在此任教八年，并曾自学日文，他能直接阅读日本著作，所以其对西方新学有相当的涉猎；后又任汕头《汉潮日报》主笔。汕头于1861年开埠，其时已为中国东南沿海一大通商口岸，对外贸易兴盛，西方宗教与文化大举进入，如在汕头乃至潮汕各地创立基督教堂，编印宣传教义的书籍和刊物，组织教会活动，开办医院、学校等，进行文化渗透。王弘愿作为报社的主笔，耳闻目睹，作为以儒文化为本位思想的他肯定深受刺激，同时也对时局有了更广阔更深刻的了解。由此可知，王弘愿出身于旧式科举，跻身教育界，又曾涉足报界，与梁启超、章太炎、丁福保、桂伯华这批人有着颇为相似的人生经历和知识背景，是一个新旧学兼有并得风气之先的知识人士。与梁启超等人一样，因为一时对西方科学、哲学、宗教的涌入无法理解接受，一方面只能把日本当作学习西洋文化的窗口，通过日本翻译的西方著作来汲取西方思想，为了学习的方便，王弘愿自学了日文；另一方面，在儒家固有思想中又找不到与西方文化相对应的资源，只有转而从佛经中寻求帮助，我们相信作为报人的王弘愿，在这方面必受章太炎、梁启超、蔡元培等先行者思想的影响，如梁启超鼓吹"孔教是教育之教，佛教才是宗教之教"、"佛教是智信而非迷信，是兼善而非独善，是入世而非出世，是无量而非有限，是平等而非差别，是自力而非他力"的《论佛教与群治之关系》①，蔡元培鼓吹"国无教，则人近禽兽而国亡"，中国之所以衰落，就是因为傅奕、韩愈等儒家采取反佛的姿态，宋明儒又以浅陋的见识来理解佛教，致使中国思想文化日逐衰落等论调的《佛教护国论》②。这些文章、思想势必对王弘愿产生极大的触动。王弘愿四十岁（1916）改"王慕韩"为"王弘愿"，以一反佛崇韩人士一变为佞佛居士，从此皈心佛教，常向潮州开元寺监院怡光法师请益和借阅经籍（王弘愿《赠怡光法师序》），对时下政治尤其是佛教境况充满忧患意识，因此在他阅读日人著作时非常留心其中佛教著述，当他读到日僧权田雷斧《密教纲要》时，为唐密至今仍在日本得以很好的保存和传承而欣喜异常，动笔翻译公之同好，希望有益于启悟有情众生(《密教纲要序》)。1918 年 5 月，上下两册共 6 万多字的《密教纲要》出版了。

《密教纲要》一书在国内僧侣两界激起强烈反响是于 1920 年在当时全国影响力最大的佛教杂志《海潮音》上连载以后。在太虚的支持下，王弘愿又陆续从日文著作翻译出《曼荼罗通解》和《大日经住心品疏续弦秘曲》等密宗书籍，同时自撰了《日本密教高祖弘法大师传》、《慧果阿阇黎传》和《密教的数息观》等一系列介绍日本真言宗的书籍和文章，分别刊载于《海潮音》和《世界佛教居士林林刊》等杂志上。太虚大师在与王弘愿通信时曾提到："以近年闻密教之风而兴起者，多得力于居士所译雷斧诸书者，而雷斧于日本密教之学者中，洵亦一代泰斗"③，对王弘愿弘传东密的功绩作了肯定，也说明王弘愿就是中国近代东密思潮的首推者。时人在传统禅宗已告式微，念佛流行，而僧人忙于为俗人超度拜忏，昧昧愦愦中度日的情况下，早已酝酿了一股除旧革新的风波，以太虚为首的僧界改革派高举"八宗并举"的大旗，正在寻觅一条佛教新出路，力图重新建构或复兴中国佛教。此书之出，仿佛为迷茫中的僧界重新找到了一条学佛成佛、续佛慧命的新坦途，于是直接点燃了中国近代僧人东渡求法的热情。太虚门下以及新派僧人很快作出反应，东渡学密一时成为时尚之举。

1921 年，潮州开元寺僧人纯密率先东渡。继之者有 1922 年冬大勇、持松东渡；1923 年显荫、又应东渡；1924 年谈玄东渡；1925 年曼殊揭谛东渡；其后尚有慧刚、海印诸师。

---

① 葛懋春等编：《梁启超哲学思想论文选》，北京：北京大学出版社 1984 年版，第 145 ~ 147 页。

② 高平叔编：《蔡元培全集》（第一卷），北京：中华书局 1984 年版，第 105 页。

③《太虚大师全书》第 17 编，"杂藏·酬对"，香港佛经流通处"太虚大师全书影印委员会"1994 年印行本，第 127 页。

其中纯密、大勇、持松均到高野山学习东密①，谈玄则兼学东密和台密，一人获得东密和台密两大支流密法灌顶。这些学密僧陆续归国后，纷纷受到各地迎请开坛灌顶，讲经说法。一时，东密犹如燎原之火，在华北、华中、华南、华东迅速蔓延开来。

王弘愿的译作《密教纲要》的出版，使之成为我国近代弘扬东密的第一人。这一界定，从上述当时僧界领袖太虚大师的表述中“以近年闻密教之风而兴起者，多得力于居士所译雷斧诸书者”以及王弘愿自己所说的“大勇与吾书，谓吾国佛教，感于《纲要》一书，有重兴之象，而已亦激发之一人也”② 就可看出。

在笔者1995年发表《王弘愿与东密》前，在佛学界似未明确作出这一界定，例如，台湾东初法师的《中国近代佛教史》③，以及陈兵、邓子美《二十世纪中国佛教》④ 等出版物都未作出过。而专研中国居士佛教的潘桂明《中国居士佛教史》⑤ 竟连王弘愿的名字都未提及，这不能不说是一大缺失。

事实上，不仅近代僧人东渡学密的热情是为王的译作所引燃，而且我国近代最早的东渡求法者的潮州僧人纯密，也是在王弘愿劝导和鼓励下成行的。(后文将详细论述)

三、东密在广东

20世纪20年代，随着东渡学法僧归国弘法，各地开坛灌顶活动如火如荼地进行着，而潮汕地区乃至广东省，由于王弘愿的鼓吹，自然也就成了东密弘传的重镇，至今尚有余绪。

(一) 纯密与潮州“苏悉地园”⑥

纯密是我国近代东渡学法的第一人。纯密（1901—1970），潮州像伙巷陈氏子，民国八年（1919），年19，于南澳县叠石岩，礼潮州黄檗宗怡光法师出家，是为潮汕临济宗黄檗派弟子。翌年受戒于普陀山法雨寺了清和尚。其家世与王弘愿居士有戚谊，得王弘愿居士之鼓励，于民国十年（1921）往日本，学东密于高野山，1922年冬得宝寿院主高冈澄心大阿阇梨传授两部大法灌顶职位。1923年得天德院主金山穆韶大阿阇梨重授传法灌顶阿阇梨职位，兼授秘密灌顶并悉昙章、两部各尊仪轨等法。1924年春归国，驻锡开元寺，潮汕各地信众闻风纷纷前来接受灌顶，盛况空前。其中有李穆圃、陈侣豪、罗懋勋、方养秋、刘传秋居士等名流缙绅。1927年应邀赴暹罗（泰国），1929年赴新加坡弘法灌顶，把东密佛法的影响扩大至东南亚一带⑦。

1934年，纯密再次前往日本东京，购买密宗金刚界、胎藏界全部经像、法器，虽然经像法器业已完备，但所驻锡的开元寺毕竟不属密宗寺院，其弘法灌顶活动受到限制，为了

---

① 持松1926年再到日本京都比睿山延历寺，习台密仪规，是也兼修台密。

② 王弘愿：《附日本权田大僧正八秩开七寿文》。

③ 释东初：《中国近代佛教史》，台北：东初出版社1989年版。

④ 陈兵、邓子美：《二十世纪中国佛教》，北京：民族出版社2000年版。

⑤ 潘桂明：《中国居士佛教史》，北京：中国社会科学出版社2000年版。

⑥ 苏悉地（梵语 susiddhi）：意译作妙成就，密教主张依诵持真言等，得以完成究极、殊胜之妙果。依苏悉地羯罗经所修之法，称为苏悉地法；依此经所修之灌顶，则称苏悉地灌顶。一般以金刚、胎藏两部为二，苏悉地法则以两部不二为旨趣之最深秘法。

⑦ 释慧原：《潮州市佛教志·潮州开元寺志》，潮州开元寺1992年内刊本，第262页。

能够专门弘传东密，需要建立一个密宗道场。于是在1936年，纯密在信众的支持下，买下了潮州城内金山脚下七星桥原万寿庵（当时已废）的一部分，改建为密宗道场，命名为“苏悉地园”①。这是广东省乃至全国唯一由僧人建立的专弘东密的寺院。纯密在此安坛灌顶，直至“文革”前，前后达三十年之久（50年代初期一段时间曾驻军）。

1941年续量根宽和尚在开元寺住持任上圆寂，因处于抗战时期，潮城又属沦陷区，开元寺没有循例进行住持选举，而是由纯密代理住持一职，直至四年任满。

1966年“文革”发生后，与开元寺其他僧人一样受到不公正待遇，被遣返还俗，苏悉地园被占用为学校、工厂，所有法器、经像被破坏殆尽。1970年又因事入狱，在狱病危被遣回家休养，数日后圆寂，世寿71，戒腊51。

纯密的弘法范围基本限于潮州本土，虽然在全国范围来说声名不彰，但他采买经像，建立东密正规道场，却比大勇、持松等人的弘密工作做得更为扎实，从而具有较长的生命力。从20年代至60年代，在潮汕地区专弘东密，具有一定的影响。

附：潮州苏悉地园现已重建为开放寺院，有僧人住持，寺内也供有纯密牌位。但寺僧不是密宗僧人，寺院也不属于东密寺院，也未开展东密特有的宗教活动。在潮州市范围内，笔者多方打听寻访，无论是在俗家众还是出家众，都未见东密传人及宗教活动。由此可知，东密的传承在潮州市已彻底绝迹。

（二）王弘愿的“震旦密教重兴会”

据《圆五居士文集》卷上《震旦密教重兴纪盛》中可知，应王弘愿等人的邀请，1924年从6月7日起至14日，日本真言宗丰山派管长、大僧正权田雷斧一行12人访华，于潮州开元寺共举行了五次灌顶法会，入坛接受灌顶者有僧俗近百人。其中为王弘愿、慧刚等四人授传法灌顶，唯独王弘愿获得金刚界和胎藏界两部传法灌顶，并得“遍照金刚”密号，绍真言宗第四十九世传灯大阿阇黎职位，成为东密的正宗传人。王弘愿又经两年四度的加行，于1926年前往日本松原山拜谒权田雷斧，依止学习密法，并到其他一些地方参学。有了这些显赫资历后，王弘愿在弘密活动上自然当仁不让，归国后，在潮安居士吴子寿、黄虞石等人帮助下，于自己的居住处（今潮州城内义安路新街头）圆五居，创立了专门弘传密宗的佛教居士团体——“震旦密教重兴会”。公开招募会员，开坛灌顶，讲演教义，甚至招收僧人为弟子，为其灌顶，受其供养；潮州本地、周边地区如揭阳、汕头、梅州、惠州乃至广州的善男信女如蚁附膻，纷纷前来灌顶请益；王在当东密导师的同时，又于1926年创办双月刊《密教讲习录》，得同邑王少瑜、李裕甫居士、安南黄大度居士、广州陆无为居士等的赞助，此刊发行竟达八年，出版一直至1933年才停办。王把自己的翻译和著作通过这个刊物传播到全国各地，甚至越南等东南亚一带。作为佛教刊物，在全国来说除了《海潮音》外，《密教讲习录》的寿命是最长的，自然产生过相当的影响，如远在陕西的信众就发函来请益。后来，他又创立“潮安刻经处”，刊印密教经论。王弘愿

① 见《本市七星桥苏悉地园住持纯密报告》，1952—1953年潮州市（镇）政府第167号卷16档案，潮州市档案馆藏。

是当代翻译和著述密教经籍最多的人，在他生命的最后十年，通过刊行《密教讲习录》和刊刻密教经论，兢兢业业，把日本东密的佛学典籍，较完整地移植回国。从佛教史意义上说，若不计其影响的正负面，这也是值得一书的事。

王弘愿除了在潮汕本地，还到过广州和香港等地弘法。1928 年、1932 年和 1933 年王弘愿三度在广州六榕寺解行精舍开坛灌顶，前来灌顶的有缁素信众、地方显达名流，受法颇众，盛况空前。王弘愿出版了《广州灌顶记》以志其事。在此期间，他被中山大学延请为该校文学院佛学讲师，专讲因明性相，并主修《广东通志·宗教志》。

（三）冯宝瑛在广州弘法

冯宝瑛（1887—1978），法号达庵，原籍惠州，后迁居广州。毕业于广东高等学堂数学系，毕业后，历任惠州中学和廉州（合浦）中学数学教师、广东省省立甲种工业学院数学系教授、福建漳州煤炭局局长、报社主编等职。36 岁开始学佛，初习净土及禅宗，嗣后由禅入密。

王弘愿刊行《密教讲习录》时，冯曾向该刊投稿，得王赞赏，遂随王学密。1927 年，冯先在香港受黎乙真胎藏界学法灌顶；1932 年，王弘愿在广州六榕寺解行精舍弘法时，冯与赵公璧、汪彦平等得胎藏界、金刚界两部灌顶；1936 年冯 50 岁时到潮州再得王弘愿授予金、胎两界传法灌顶，成为王弘愿传法弟子。

1929 年，六榕寺主持铁禅，与赵公璧、胡毅生、梁季宽等在白云山麓创立广州佛教解行学社。后经铁禅同意，将六榕寺北堂及炼石堂废址，划给解行学社建成解行精舍，设密坛院修习密法[①]。1932 年后，冯达庵即在六榕寺大梅堂及解行精舍等处进行弘法灌顶，成为东密在广州方向传承、发展的主要代表。其中解行精舍设有学佛部、佛学部、佛事部，皆有专人负责，并建立灌顶坛、护摩坛、藏经阁、狮子堂、弥勒堂、龙华堂、社园、客堂、宿舍、斋厨等，机构齐备，为当时广州东密最著名的坛场。日寇侵华期间，解行精舍被迫解散，冯隐居惠州西湖畔潜修。抗战胜利后，冯重返广州芳草街住所弘法。1946 年冬，应广东佛教协会之邀，在解行精舍演讲《佛教源流》，共六讲，历时月余。新中国成立后，冯达庵停止了一切公开的佛教活动，而对社会人士及其弟子的私人问学请益，仍很诚恳地接待。例如，60 年代初尚有广西人（居住在广州）唐普式、程志行、谢荣芬、杨容甫，惠州人杨佛兴，香港张国权、邬道友（未知真名）等，经常向其请益。“文革”期间，冯受到不公正待遇，1968 年被扣在学校，1969 年退职疏散到始兴县做公社社员，1978 年 9 月 22 日在家中圆寂，世寿 92。弟子中较知名者有唐普式和杨佛兴，现在广州等地仍有东密活动的余绪。

冯达庵显密兼修，著作很多，主要有《佛法要论》、《佛学起源》、《佛法源流》、《禅宗六祖大鉴禅师传》、《天眼通原理》、《他心通原理》、《宿命通原理》、《禅观随笔》、《惠州西湖佛化史》、《般若波罗蜜多心经广义》、《金刚般若波罗蜜经广义》、《金刚经提纲》、《学密须知》、《佛教真面目》、《法华特论》、《八识规矩颂详释》、《人死问题》等。[②]

---

① 余庆绵：《广州六榕寺志》，1999 年内刊本，第 206 页。

② 资料来源：www. tangmi. com；冯达庵：《真言四十九世先师王大阿阇黎传》，http: //www. fjdh. com/wumin/HTML/89341. html；易楚熹：《杨佛兴其人其事》；唐普式：《唐密与广东》，《广东佛教》1992 年第 3 期。

（四）汕头的“密教重兴会”暨“遍照寺”

1926年王弘愿在潮州建立震旦密教重兴会，潮汕不少知名人士如杜腾英、王净心、王少瑜（如）、黄焕章等都接受了灌顶，跟随王弘愿学密。1934年4月23日，由王少瑜（如）、王净心、杜腾英、陈少文、范家驹、方养秋、黄焕章等居士发起建立了“汕头市密教重兴会”。会址设在升平路13号，会员近200人，有《汕头密教重兴会章程》，“以研究佛学，阐扬密教真言宗为宗旨，几一切非关佛教之事，概不参与”，设立董事会机构，选举王净心为董事长，邓介卿、郑笃生为副董事长，礼王弘愿为导师。董事会下设交际股、文书股、总务股、财务股、演讲股、会计股，各股正副主任各一人，会员组成除受过密教灌顶者外，凡信佛四众、操行纯洁者由本会会员介绍并经董事会会议通过，交纳会员基金2元，方可入会。其经费来源分常年费和特别捐，常年费由会员每年认捐3元，特别费则由经济较富裕的会员、善信另外认捐。①

汕头密教重兴会成立后，王弘愿到会开坛灌顶多次，多方支持指导，法会活动开展非常活跃，是为东密在汕头的主要道场。在会员的支持下，又发行《世灯》月刊，刊载会员文章及王弘愿著述多种。不久后会址迁至中马路志成街10号。1939年6月，日本军队侵占汕头，道场再迁至同平路。其后不久会员星散，会务几乎停顿。

在日军占领潮汕期间，日本东密僧人在潮汕活动异常活跃。1942年，曾于1924年随权田雷斧来潮的丰山派僧人户川宪戒再次来潮弘法，住开元寺不俗精舍，后移居诸天阁楼上，组织“潮安县密教重兴会”，楼下开办日语学校。在一年多的时间里，往来于潮州、汕头、庵埠一带弘传密教，于汕头则在“汕头密教重兴会”落脚。1943年返日。同年丰山派大本山护国寺贯主佐佐木教纯代理大僧正，又率巡锡团一行十余人先到汕头弘法，后又到潮州开元寺藏经楼下开坛灌顶，并在大殿升座说法。

另据陈光烈后人的回忆，辛亥革命老人陈光烈，在抗战时期受命打入汕头日伪政权，完成任务后，为保持自己的民族气节，于1942年决心避开这危险又有辱声誉之差事，于1942年皈依户川宪戒，后由户川宪戒请佐佐木教纯为其灌顶，并任汕头市密教重兴会董事长。这说明在抗日期间，汕头市密教重兴会并未完全中断活动②。

潮汕光复后，1947年，由旅港真言宗居士林暨汕在港诸会友集资，买地基于汕头饶平路15号，由黄焕章居士组织会员兴建遍照寺，同年落成，入宅安坛，面积占地2 000多平方米。成为潮汕乃至全国首座由在家居士创立的东密寺院，可与纯密在潮州建立的“苏悉地园”互为犄角。由此可见，东密在潮汕仍具有相当的影响力。

新中国成立后，汕头密教重兴会领导机构照常供职办事，与当时的岭东佛教会、汕头佛教居士林并称为佛教三大机构；1955年9月，三大机构合并为汕头市佛教协会，会员693人，会长为叶心斋居士，密教重兴会的黄焕章为四个副会长之一。1966年“文革”开始，密教重兴会坛场被学校占用，经像法器丧失殆尽，活动方告停止。改革开放以后，汕

---

① 汕头市佛教协会史料组编：《汕头市佛教事略》，1964年版。原件为汕头市宗教局85全宗，1965年83号卷，汕头市档案馆藏，馆藏号为F1·2159。

② 陈端度：《一位辛亥革命老人的传奇人生》，http：//www. shanxiql. com/list. asp？id＝6216。

头、澄海等地仍有硕果仅存的东密老居士零星活动，但影响已很小了①。

第三节　白衣阿阇黎王弘愿

研究中国近现代佛教史，王弘愿这个人物是无法绕过的，作为我国近代弘扬东密（日本密宗）的第一人，在中国现代佛教崇密怪剧中，他是主角之一。对于东密在中国现当代的基本情况，我们已在上面作过宏观的描述，在此还有必要对王弘愿个人的生平、基本思想进行补充介绍。

一、王弘愿的生平事迹

纵观王弘愿的一生，1924年接受传法灌顶是其人生转折点，由此大致分为两个时期。

（一）王弘愿前期的主要活动

王弘愿（1876—1937），原名师愈，号慕韩，信佛改名弘愿，号圆五居士，潮州府城人。他聪明颖悟，于光绪二十四年（1898）考取秀才，翌年又考列优行补禀膳生。他1929年出版《圆五居文集》，在其《序》中对自己的生平进行概括性的描述，下面主要以其《序》文为经，结合其他相关资料为纬叙述。《序》中说他“幼年喜文事，精研于韩、欧、骚、《选》、枚、马、迁、固之著书，盖未尝一日离也”，他不仅对韩愈文章深有造诣，对韩愈的为人尤为钦服，故考取秀才后就以“慕韩”为号。晚清变法后，废除科举，潮州金山书院改为中学堂，提倡新式教育，王弘愿任教八年。其时“欧学东来”，他如饥似渴，恶补西方文化知识，“凡科哲算诸译籍，颇涉其藩”，并“以自力学日本文法，能阅译东邻籍”，即通过自学掌握日本语文，能直接阅读翻译日文原著，因而知识结构得到很大的更新，文化视野较一般人开阔。他是饶宗颐先生在金山中学堂读一年级时的国文老师，是对饶老的文学和佛学研究取向均深有启迪的老师②。民国初年任校长，不久辞职，与潮州举人谢安臣同主汕头《汉潮日报》笔政，后重回金山中学任教，并任该校名誉顾问。

在王弘愿任金山中学堂校长期间，发生一件大事，“有某司令者，拟变该校校产以充军费，先严（王弘愿）以性命力争，乃得保全”③，王弘愿文集中有《与某君书》一文就是写给此“某司令者”。从文中得知，事情原委是某国民军司令欲把金山中学堂的二百余元租款抄夺以充军费，王弘愿闻讯大怒，写信索款。先是晓之大义，力陈教育之重要，次以劫款性质等同盗贼相掊击，最后勒令其于“二十四点钟”归还所夺学款，“如其不然，当将此函登报，并以足下劫夺之事，告之我潮之父老兄弟，告之我潮州民军，告之我全国，告之我海外侨民，告之我寰球各国。未已也，我且移请潮州民政长以查办！我且申请

---

① 陈柏辉：《潮汕密宗略考》，《广东佛教》1994年第4期。

② 饶宗颐也在谈话和文章中多次提及他，深表敬重。见凤凰卫视节目“文化大观园”之《国学大师饶宗颐》（2008年11月9日）；又见王晓明《饶宗颐学述》“家学、师承与自修”部分（浙江人民出版社2000年版）。

③ 王显智、王福慧：《王弘愿行述》。

粤省第四军司令暨潮州民军军官以查办！我且申请粤省军政府大都督教育部长以查办！我且申请全国军政府大元帅以查办！”

一介文弱书生，为了社会正义和教育事业，敢于以笔为枪，大义凛然，视死如归，真正做到了儒家“威武而不能屈”、“君子居其位则思死其职”的刚毅精神，令人肃然起敬！也许是被王弘愿这种无所畏惧的勇武精神所威慑，或者是被书信中那种雄辩滔滔、气势逼人的韩文似的阳刚风格所折服，这位司令最终只好将所夺学款如数奉还。

我们下面将会看到，这种“虽千万人吾亦往矣”的特立独行、不屈不挠的人格精神和充沛雄辩的写作风格，也淋漓尽致地体现在日后他的佛学著作和佛学论争当中。此先略过。

一个人的信仰观念是不容易改变的，尤其是成年人。王弘愿40岁（1916）以前是崇韩反佛的，40岁以后竟然改弦更张，信起佛来，而且信得死心塌地，必有其深切的因缘在。我们在王弘愿之子所作的《王弘愿行述》中见到其“诵习《华严》，领悟普贤境界，务欲体之于身”的描述，这似乎是王弘愿信佛的最初因由，事实究竟如何，以俟来哲考证了。但王在信佛与学佛过程中，受到一个人的关键影响是比较明确的，这就是开元寺怡光法师。怡光法师（1874—1930），壮岁到江浙一带参学，坐过禅堂，广涉经纶，严守戒律，僧仪整肃[①]。40岁左右回到潮州开元寺，在寺开讲经论，是当时寺中难得的佛教精英。王弘愿的居所就在潮州城中的义安路，正在开元寺附近，近水楼台，经常从怡光法师请益教义，借阅包括《华严经》在内的佛教经典，涉猎了佛教各宗思想大意，并皈依了怡光法师[②]，信仰观念从此发生了根本的转变。在此期间他又得到了权田雷斧的《密教纲要》日文版一书，大为欣赏，并动手翻译。《密教纲要》一书出版于1918年，从他开始关注佛学到他的译著《密教纲要》成书面世仅仅几年时间来看，他对中国显教各宗思想未必有较深刻的悟解，也正因为如此，他日后在论战中对一些中国佛教教义的理解才未能圆融，观点发挥也常常失之偏颇，漏洞百出，同时其做法上的片面激进也为世人所非。

1918年怡光法师任开元寺监院，王弘愿作序为贺，称“余晚读内典，每礼师问名相，又从借阅藏经，尝从容劝师取证，师颇以末法钝根为谦，余谓师戒律精谨，言动不失轨仪，几有如相宗所谓伏现行者”[③]；又称怡光法师精于内典，对台贤、法相、净土诸宗皆有会心，师之驻锡开元寺，佛风为之一振云云[④]，1930年怡光法师圆寂，王弘愿为之作传，且撰挽联：“是近世僧伽真宝，开我潮佛法曙光”，给予了很高的评价，可见他一直对怡光法师相当敬重。他还与当时佛教大德印光法师函论佛法并联系刻印《龙舒净土文》[⑤]等事，态度也十分虔诚。1918年潮州大地震，1922年潮州大风灾，开元寺受损严重，他与开元寺传实、怡光诸师及李沐甫等居士共倡募修，工程告竣后，作《重修潮州开元寺征信录序》以志其事。现在开元寺月台西旁的唐代石经幢上的《准提真言》梵文，就是王弘愿在这次重修时重书的。1930年9月，王弘愿又与潮州诸居士倡募补修开元寺明、清两

① 王弘愿：《圆五居士文集》“卷下·传记类”，《密教震旦重兴会讲习录专刊》1992年影印本。

② 陈定文：《密教重兴缘起敬启者》，《密教震旦重兴会讲习录专刊》1992年影印本之附录。

③ 释慧原：《潮州市佛教志·潮州开元寺志》，潮州开元寺1992年内刊本，第693页。

④ 王弘愿：《圆五居士文集》“卷中·序跋类”，《密教震旦重兴会讲习录专刊》1992年影印本。

⑤《增广印光法师文钞》（第3册），福建莆田广化寺佛教内部流通本，第9~10页。

大藏经的残佚部分，使之完璧。这说明王弘愿学佛态度的确十分虔诚，也为地方佛教文化作出过一定的贡献。

（二）王弘愿后期的主要活动

王弘愿1924年接受了权田雷斧的传法灌顶后，于第二年在自己的居住处——潮州城内义安路新街头圆五居，创立了专门弘传密宗的佛教团体——“震旦密教重兴会”。公开招募会员，开坛灌顶，讲演教义，甚至招收僧人为弟子，为其灌顶，受其供养；同时出版发行经籍书刊，并于1926年创办双月刊《密教讲习录》，得同邑王少瑜、李裕甫居士、安南黄大度居士、广州陆无为居士等的赞助，此刊发行了八年，一直至1933年才停办。2008年，由旭日集团有限公司总裁杨勋出资，中国人民大学佛教与宗教学理论研究所汇编、于瑞华主编，东方出版社出版的《密教讲习录》一套，共23册，从中我们可以了解民国时期的东密弘传的许多鲜为人知的史实，对研究民国时期的东密具有很高的价值。

1926年，王弘愿前往日本松原山拜谒权田雷斧，依止权田学习密法，并到其他一些地方参学，一个多月后回国，出版了诗集《东游吟草》来纪念此行。1928年、1932年和1933年三度在广州六榕寺解行精舍开坛灌顶，前来灌顶的有缁素信众、地方显达名流，受法颇众，十分轰动。王弘愿出版了《广州灌顶记》以志其事。据说1932年曼殊揭谛因写了《与王弘愿论密教书》在《海潮音》发表，而结怨王弘愿，于1933年12月在广州白云山纯仁寺被捕下狱，后被迫令离境①。由此可见，王弘愿在广州弘密的力量之大。1934年4月，王弘愿又在汕头组设了“汕头密教重兴会”，并编行《世灯》月刊以弘教化。

1935年，王弘愿生病，1936年在病中传法于广州人冯达庵、汪彦平、潮安人王学智和王弘愿之子王福慧四人。1937年2月5日6时逝世，世寿61，有二子一女，子显智、福慧，女名慧子。②

王弘愿在他学佛后，翻译和写作了不少东西。译作主要有《密教纲要》、《曼荼罗通解》、《大日经注心品疏续弦秘曲》、《大日经七支念诵法集释》、《大日经开题讲义》等；著作有《佛顶尊胜陀罗尼研究》、《光明真言研究》、《瑜伽菩提心论口义记》、《般若心经口义记》、《因明学与名学》、《秘藏记集释本》、《金刚顶经义诀》、《东游吟草》，以及收录其在《海潮音》等杂志上发表的文章的《缵槐堂文集》、《圆五居士文集》等几十种。通过这些作品，可以了解到王弘愿的生平事迹和佛学思想。

二、王弘愿与权田雷斧的因缘

根据王弘愿在《附日本权田大僧正八秩开七寿文》③以及慧原《潮州市佛教志》中的介绍可以得知，权田是日本新潟县权田市人，俗姓权田，生于弘化三年（1846）。7岁从快镂法印落发，法名顺机房快识。11岁登丰山，从秀盛诸师学《俱舍》、《唯识》、《因明》等教理。26岁转入曹洞宗，改名为“雷斧”，号“天纵”，得法于穆山禅师。不久就任曹洞宗专门学校学监，兼于各寺讲《俱舍》、《唯识》等论。之后又亲近行诫上人学净

---

① 释东初：《中国近代佛教史》，台北：东初出版社1989年版，第426页。

② 释慧原《潮州市佛教志·潮州开元寺志》作有子女各一，非。据《王弘愿行述》改。

③ 《海潮音文库》（第三编第18册），《佛教传记》，台北：新文丰出版公司1985年版，第37～40页。

土宗，讲《净土群疑论》；32 岁，再上丰山住持正法寺，受荣严和尚传法印信；权田在学习佛法方面看来是不拘一宗一师，普学无方的，在受了荣严的传法后，又连续接受了许多密宗高僧的传法灌顶，如受瑜伽教如僧正的传法灌顶，于东睿山受台密法曼院流的传法灌顶；于比睿山东塔受三昧院流传法灌顶。正因为如此，他的名气越来越大，远近四处都纷纷竞请开法灌顶。明治三十四年（1901）56 岁就任丰山派管长（全宗最高领导人），补大僧正（日本僧官名）。他一生勤于著述，著作达 80 余种之多。

权田的地位和名声由上述可见一斑，那么他的为人和道行又如何呢？

王弘愿在《寿文》中说“大僧正（权田）之自内证智，非末学远僻之人（王自喻）所能窥仰万一矣。而即其广学博著，盖已无让于兴教（兴教即日本密宗大师觉鑁，王弘愿有传）也。……”真是崇仰有加。而 1924 年初权田来潮弘法之前，《海潮音》第 5 卷第 2 期载有杂志编辑释悲华《致王弘愿居士函》，其中内附有日僧演华对权田雷斧僧行欠缺的揭露信函，太虚法师也在《海潮音》第 5 卷第 2 期以“悲华”为笔名给王弘愿的信中警告说，“（权田）虽冒僧正之名，实缺僧行。闻之演华师，其年七十余时犹娶妾——闻日本僧皆如此，已成通俗——所行殆不亚于居士非议于净土真宗之某某上人者。夫密教贵行，空言无行，则只能以哲学者视之，不能以密教阿阇黎视之也”。王弘愿即把悲华这封信函转抄给权田雷斧，权田写了《对于海潮音揭载悲华致王弘愿居士函之答词》发表在《海潮音》第 5 卷第 5 期上，为自己辩解：“老衲雷斧既七十九岁，岂有畜妾之用?! 以常识观察思可过半。千闻不如一见，太虚来亲捡点草庵内外，松原山头，于风清处可供一碗苦茗，一盏日本果。”并大量引经据典说明自己深明戒律，文章结尾处说：“最后忠告，勿为演华欺惑。”王弘愿当然坚信权田，在附言说：“今读大僧正此书，不觉躁释矜平，不啻一服清凉散也。”如期邀权田来潮弘法。然而，时隔一年的 1925 年夏，太虚法师在与王弘愿最后一次的通信又说到“去春雷斧一事，日僧演华等续续来信，且宣誓以证其所云之皆实”①。

权田其人假如真的如太虚法师所说的话，那么可以看出几个问题：第一，太虚法师从最初本着佛教八宗平等发展的信念而极力支持王弘愿弘传东密，宣扬权田雷斧，转到对权田学佛言行不一的否定和谴责；第二，王弘愿出于自己好恶毁誉感情对待权田，全然不顾太虚的警告，依然接受权田的传法，这既然不是正信的学佛者之所为，那么他接受权田的传法就必另有目的；第三，由此看来，权田的为人和道行的确非我们“所能窥仰万一”的了。

据《圆五居士文集》卷上《震旦密教重兴纪盛》中可知，1924 年 7 月 7 日，权田雷斧应王弘愿等人的邀请，以 79 岁的高龄，不远万里，率团前来潮州传法。偕行者有：小林正盛僧正、小野兴澄僧正、大阿阇黎大桥僧都、阿阇黎冈田、中村、山田、户川宪戒等 12 人，作馆潮州西湖涵碧楼，一切供养铺张，由王弘愿、吴子寿（曾任汕头《岭东民国日报》社长、汕头“岭东佛教联合会会长，潮人）、黄虞石（曾任汕头巡警长，潮人）等募筹。权田借开元寺藏经楼下禅堂为灌顶法坛，在一个星期的时间里，向信众传授胎藏

---

① 《太虚大师全书》，“杂藏·酬对之一”，香港佛经流通处“太虚大师全书影印委员会”1994 年印行本，第 127 ~ 128 页。

界、金刚界两部灌顶法。在此之前，因为王弘愿在《海潮音》发表了《敬告海内佛学家书》一文，大作了权田将要来潮传法的广告，因而一时要求灌顶的省内外僧俗人士，不惮跋涉，前来礼受灌顶，其中有不少是国内佛学名人以及地方军政要人。王弘愿特地编行了关于法会《专辑》以志其事。

王弘愿本人在这次灌顶法会上，获得了金刚界和胎藏界两部“传法灌顶”，得遍照金刚密号，绍真言宗第四十九世传灯大阿阇黎职位。什么是传法灌顶？所谓灌顶，据说这原是印度立太子时所用的仪式。《大日经疏》说，印度古时立太子，要取四大海水，用宝瓶盛了灌洒在太子的头顶上，表示已受位。密教仿效此法，由已有修行成就的阿阇黎，设坛举行某种仪式，用宝瓶盛有神力加持的智水，灌教徒的头顶，表示此人已绍阿阇黎位，所有规定了的真言身印瑜伽等业都不敢违越云云。从事相上说，灌顶主要有三种：结缘灌顶，通过这种灌顶使一般教徒与佛结缘；二是受明灌顶，又名学法灌顶，即为信心坚固的弟子灌顶，举行一定的议式引导他进行修行；三是传法灌顶，阿阇黎监知其弟子于诸尊三密法门，都能进达，堪绍师位时，即授以传法阿阇黎位。但传法灌顶一般都不授予居士。

权田之来潮弘法以及为王弘愿传法一事，一时在全国乃至日本佛教界，引起了强烈的反响。在此之前，毕竟只是中国僧人到日本求法，而现在是日本高僧亲自送法上门，自然是“一大因缘事”了；王弘愿作为白衣传法，这事非同小可，也就更加令人侧目了。我们要讨论的问题是，权田为什么要来潮传法？又为什么要给王弘愿举行“传法灌顶”？

自教外来说，权田之行带有文化侵略性质自不待言，日本传统佛教一向具有极强的护国意识，这是大家都知道的，而在大正时期（1912—1926），日本佛教僧人获得参政权，各宗管长联合组成“佛教护国团”，在国家日益法西斯化，向外推行侵略扩张时，一些传统教团竟也表示“护持天皇制，战争协力”①。权田正是在这种情况下来华传教的，由此可知这种性质是不能排除的②。因为这个问题不在本文探讨范围，所以在此约略带过。

自教内来说，权田之行，可以说是出于宗教内部派别地位之争的动机的。在此之前，我国东渡学法僧纯密、大勇、持松、显荫等都到高野山从金山穆昭学习密法，因高野山属于东密古义派，而权田所在的丰山属于东密新义派，权田就因中国学僧都求法于高野山而冷落丰山，十分不满。我们知道，日本佛教宗与宗之间，同宗之中派与派之间历来是各自为政、互不往来的，而且相互之间的论争、攻击一向十分激烈，甚至相互残杀；本来，中国近代密宗的兴起的直接导火线就是他的《密教纲要》点燃的，而来学法的中国僧人却不

① ［日］村上重良著，张大柘译：《宗教与日本现代化》，北京：今日中国出版社1990年版，第47页。

② 曾楚楠先生的论文《从师愈到密宗阿阇黎》（《潮汕文化研究》2013年第3期），引用了笔者论文《王弘愿与东密》中的本段话及上文“王弘愿出于自己好恶毁誉感情对待权田，全然不顾太虚的警告，依然接受权田的传法，这既然不是正信的学佛者之所为，那么他接受权田的传法就必另有目的”，认为笔者似有这样的“结论”：“权田来华传教，带有文化侵略性质；弘愿先生接受其传法，是在配合日帝之侵略扩张”，并表示“未敢苟同”。这是误解了笔者的意思，抑或笔者在论文表述中可能不清楚，在此多说几句。首先，日本密宗回传中国的用意确带有文化侵略性质，这一点似不必多言；在日军占领潮汕期间，日本东密僧人和1924年曾随权田来潮传法时的户川宪戒、佐佐木教纯等的活动就异常活跃，已可见出。其次，笔者并未说王弘愿“配合日帝之侵略扩张”，在1924年时日本还未侵略中国，王弘愿接受灌顶谈不上“配合”什么，他主观上不能未卜先知，这一点历史常识笔者还是有的；王弘愿的“另有目的”是指王弘愿想当东密在近代中国的传人而已。东密本来是他推介给国人的，能够邀请权田来华传教并给他授传法灌顶，就能使他成为名正言顺的正宗传人。

来朝拜自己，岂不憋气！所以这次应了王弘愿的邀请，机缘巧合，便有了潮州之行。王弘愿因为译出了权田的《密教纲要》，为权田所赏识，权田于是要他再译出他的《大日经住心品疏续弦秘曲》（发表在《海潮音》第3～5卷）等著作，由此两人书信往来不断，感情日进。一心要争回东密在中国弘化的优先权的权田，早就心许这位未列门墙的中国弟子了。为了以示区别，权田在潮州待了一个星期左右后，就前往香港为黎乙真居士传法，之后旋即回国，根本不到北方传法，因为当时华中、华北是金山穆昭的中国弟子弘化的地盘；那么，显而易见，他之所以要给王弘愿以“传法灌顶”，也就是出于一种斗气心理：高野山派可以有传法弟子在中国，我丰山派也不可没有中国传人。但问题是，这一传人却是个在家居士！所以他在置之佛制而不顾的同时，还要为自己的做法辩解，这就近乎掩耳盗铃了。从王弘愿所编的《专辑》中可以得知，当他传法给王弘愿后，且作诗为赞，诗中有句为“白衣传法世间稀，只为支那佛法微”，为己辩白，他把此诗出示给开元寺东渡学法僧纯密和根慧等人，纯密就将此诗转示于小林正盛僧正，小林见他传法白衣，本来就十分反感，于是作诗反驳，认为权田的做法是违背法制的，还特地撰文详述了各种灌顶的区别。这事在当时开元寺内传为奇谈[①]。连同行的人也都反感权田的做法，可见权田之给王传法确是感情用事的，以至于后来同与王弘愿学法于权田的曼殊揭谛，在《与王弘愿论密教书》中也责备其师权田这种做法“乱命”。所以，权田的个人辩解不成理由，他的做法可以说是出于报复中国僧团的自尊心理。作为高僧而俗气未尽，其做法有时是相当危险的。现在看来，正因为如此，才给中国近代佛教教团带来了混乱的种子。

三、王弘愿在《海潮音》论战中的主要观点

王弘愿的佛学思想来源应追溯到空海，空海有《秘密曼荼罗十住心论》、《辨显密二教论》、《即身成佛义》等著作，对唐代原有的密宗理论作了发挥，提出了“十住心”的判教理论，认为密教在佛教各宗里最为高深，最为殊胜；提出父母所生肉身，即可成佛，所谓“父母所生身，速证大觉位”（《即身成佛义》）等论调。这些理论主张经由相当于我国宋代的日本密宗新义派创始人觉鍐，承至近代的权田雷斧，为王弘愿所热衷和继承。他的一生主要工作，就是勤于翻译和解释日文密宗经典以及到处弘法讲经，并没有建构出自己系统的佛教思想。在这里专就由王弘愿引起的《海潮音》论争中所提出的主要佛学观点作概略的述评。

（一）关于“女身成佛”问题的论争

王弘愿最初是与印光法师论“女身成佛”问题，但起因于何事何时、印光法师的见解如何等，笔者遍查印光法师的全部文钞（共有三编），都未找到，不得而知。太虚法师也说：“印光法师与弘愿居士书，余未之见不知其措词奚似也”（《法华龙女成佛讨论之讨论》）[②]，但从太虚和王弘愿的论文中可以了解到这场论争的基本过程：可能是王弘愿为了在某篇文章中夸耀密宗之殊胜，强调密宗认为女身也可成佛；这一观点为印光法师所批

---

① 释慧原：《潮州市佛教志·潮州开元寺志》，潮州开元寺1992年内刊本，第262页。

② 《太虚大师全书》（第七编），“法藏：法界圆觉学之十二”，香港佛经流通处“太虚大师全书影印委员会”1994年印行本，第2864～2866页。

驳，王弘愿不服，写了《复印光法师论女身成佛书》（发于1920年）申辩，印光法师可能认为王固执己见，就不再理会；这时太虚法师就站出来支持印光法师，写了上面所提到的文章，与王文一起在《海潮音》第2卷第4期上发表，王即对太虚法师文中的观点逐条反驳，因而太虚法师又再写信给王弘愿，再次阐明自己的立场。

女身是否能成佛？这一问题在佛教史上历来就有争论。据说上座部化地部说为，女人有五障：即女性不能成佛，不能为魔王，不能为天帝释，不能为梵王，不能为转轮圣王，女性成佛要待转为男身才有可能。但是大乘经典如《佛说龙施女经》、《道行般若经》、《佛说无垢贤女经》、《维摩诘经》等都反对这种说法，指出成佛男女无别。作为博览经书的佛学大德印光法师难道不了解这些道理？他之所以要反对王弘愿所持的女身也能成佛之说法，可能出于对王弘愿捧密宗以为至宝，赞自毁他的做法不满。王弘愿在《复书》中就说："女身成佛，实为密宗独有之义"，从这里就可看出他的佛学理论修养的欠缺，以及那种自赞自矜的心理。然后，他从密宗的经典找根据，以《金刚顶经》有十六菩萨、四波罗蜜女菩萨，及四摄行天女使、金刚内外八供养金刚天女使，皆从佛心生，认为佛心即心王之谓，这三十二菩萨即心数之谓，既然心王成佛，心数也自然成佛；又以《法华经》中有八岁龙女听佛说法，瞬间成佛为例证，认为女身成佛是可能的。

太虚法师在《讨论之讨论》一文中认为，王弘愿所持的观点应作具体分析，所谓成佛，有三义：第一，可以成佛者；第二，现成是佛者；第三，本体同佛者。就可以成佛而言，一切众生都能成佛，就本体同佛而言，一切有情无情都与佛同一体性，而况女身？但就现成是佛而言，太虚法师认为王弘愿所引的例子就有问题，既然经中说是女菩萨、天女使，可见还并未成佛，至于法华龙女成佛，"是举众生不久顿即可以成佛之例耳；然法华经固明明言（龙女）转为三十二相八十种好之身，而于无垢世界成佛，未尝言成佛时、成佛已，仍是女身也"。可知王弘愿的女身现成是佛之义不能成立。太虚法师在文章里其实是批评王弘愿执于事相，对经典义理不能圆融的偏执。

王弘愿对太虚法师此文不以为然，作书反驳（此文未见）；太虚法师因写了答书在《海潮音》第2卷第7期发表，从文中可了解到，王弘愿这篇驳论大概引用佛史中各宗祖师神通应化的事迹，来坚持自己关于女身可以现成是佛，而不只是"可以成佛"的观点；并认为太虚法师说的只是显教的义理，不相信密教即身成佛的事实。太虚对于王的第一种说法则认为，祖师的神通应化事迹只是一种方便善巧，对于第二种意见则持显密圆融的态度，不应执着一端。在1925年《海潮音》第6卷第8期中，太虚法师发表《论即身成佛》一文，以华严宗的"六即"理论来进一步解释密宗所谓即身成佛的本质，再次否定王弘愿那种执定肉身的变相为即身成佛的谬论。

在这场论争中不难看出，王弘愿日后的主要佛学思想倾向已初见端倪。即执定一端，对显密教理不能圆融；独尊密教，贬低显教；所以关于女身成佛问题的论争，可以看作是王弘愿日后所挑起的一系列论争的开端。

（二）与持松关于《贤密教衡》的论争

持松1924年东渡学密归来后，写出了自己的学法心得《贤密教衡》一书，自认为不很成熟，暂未发表，但不久被好事弟子抄寄于《海潮音》（1927年）发表，王弘愿即在自己所办的《密教讲习录》上发表了《衡贤密教衡》① 一文并出单行本，对持松的观点作了尖锐的抨击。持松于是作了《贤密教衡释惑》，进一步解释自己的观点和立场，王弘愿又在《海潮音》上发表《答持松阿阇黎贤密教衡释惑》，再次批驳了持松②。

这场论争，实际上围绕的是对空海的“十住心”判教理论应采取何种立场和态度的问题，进而也关涉到对显密二教关系应持何种解释的问题。在这里有必要对空海的判教理论作简单的介绍。

空海在《辨显密二教论》、《十住心论》中对佛法作了评判分类，他把密教以外的经典、教法称为“显教”（浅显易懂之教），而把《大日经》、《金刚顶经》等经典及所主张的教法称为“密教”（秘奥难懂之教）。又把一切教法按信奉者的心境分为十种，称为“十住心”，依次是“异生羝羊心”（指不信佛教者）、“愚童持斋心”（佛教在家信徒和孔孟信徒）、“婴童无畏心”（外道）、“唯蕴无我心”（声闻乘）、“拔业因种心”（缘觉乘）、“他缘大乘心”（法相宗）、“觉心不生心”（三论宗）、“一道无为心”（天台宗）、“极无自性心”（华严宗）、“秘密庄严心”（密宗）。前九种为显教，是化身、应身佛如释迦佛所说，后一种为大日如来所说的密教，而以密宗为最殊胜。这种判教理论是为空海创立密宗提供依据③。

毫无疑问，各宗开创者为宣扬自己的学说，都会“屈抑他乘以标高己乘”（王弘愿语），空海也是这样，他的“十住心”判教理论明显地把密教置于其他宗派之上，自有王婆卖瓜之嫌。作为后人，客观而辩证地对待各宗学说，才是一个追求真理的人所应持的态度。持松基本上是持这种态度的。他的《贤密教衡》分为十章，讨论了显密教在十个问题上的分歧，提出了显密圆融的思想。如他把华严与密宗相比较，认为华严与密宗在义理上并无深浅之分，都是“如来随物兴轨，有时以显说，有时以密化”，而不能说显教为权乘，密教为了义。从教主上说，他认为不应有法身佛和应身佛之分，所谓毗卢遮那佛即是释迦佛，不应有两个教主。在成佛时节上说，他从密宗和显教两个方面说明不应执密宗所谓“即身成佛”为事相，并批判“十住心”论所说华严宗的果佛对于显教是果佛，这果佛对于密教来说只是因佛等。他认为华严义理在某些论证上甚至比密宗义理更为“深广”。

王弘愿作《贤密教衡》时未必不明白这些道理，但他从一种宗派热情出发，指责同宗的持松“不能墨守”空海“十住心”理论，认为这是背叛密宗，是对祖宗的“不孝”。而持松在《贤密教衡释惑》中认为自己作《贤密教衡》是“吾之所以尊吾师吾祖之所宗者，令去其十住心教之小疵，而还成其真言密教之良规”，王弘愿不依不挠，在《答持松阿阇黎贤密教衡释惑》文中以历来“学佛之人，于本宗有得，又欲其自抑己宗以崇拜他宗，此实不可能之事”为由，坚持十住心论，又引龙猛所著的《菩提心论》所说“唯真言法即身成佛故，是说三摩地法，于诸教中阙而不书”句，指出真言为密教所独有，是即身成佛的殊胜处；引善无畏《大日经疏》证明“大日经之初地，是华严之等觉”，极力维护密宗

① 王弘愿：《衡贤密教衡》，张曼涛主编：《现代佛教学术丛刊》第 73 卷之《密宗思想讨论集》，台北：大乘文化出版社 1979 年版，第 87 页。

② 王弘愿：《衡贤密教衡》，张曼涛主编：《现代佛教学术丛刊》第 73 卷之《密宗思想讨论集》，台北：大乘文化出版社 1979 年版，第 87 页。

③ 杜继文主编：《佛教史》，北京：中国社会科学出版社 1991 年版，第 393～394 页。

的至高无上地位。其次，因为持松在《贤密教衡释惑》中曾举了日本台密宗师安然大师也破十住心论，而不能说他背叛祖宗作为自己舍十住心论并不是背叛祖宗的理由，被王弘愿抓住把柄，认为台密中人不遵十住心教，那是他的事，作为东密教徒则自然要遵祖论，即使要显密相融，也要“融贤首于真言而弘密教”才是。

从以上可看出，王弘愿力图把显密分开，抬高自己所热衷的教派，门户之见极深。值得注意的是，作为居士比出家人的教派热情更炽烈，一直是王弘愿弘法的显著特点。正是因为他坚持空海的十住心论，才会在这个基础上提出所谓的“十殊胜”霸道观点，而为当时绝大部分缁素，以及一贯主张各宗互融思想的太虚法师所抨击。

（三）王弘愿白衣登座说法灌顶所引起的论争

王弘愿在1924年绍法于权田，即在自己的居所组织“密教重兴会”，广招弟子，登座说法，为人灌顶。佛教界遂群起而攻之。最先发难的是太虚法师。他于1925年春秋两季，发表《今日佛教中男女僧俗显密问题》、《论即身成佛》、《中国现时密宗复兴之趋势》等文。这些文章触及了王弘愿的痛处，即在自己所办的刊物上对太虚法师“恶口相加”①，此后论争日趋白热化。尤其是王弘愿于1927年和1932年7月两次在广州六榕寺为僧尼开坛灌顶，更是震惊了佛教界！王弘愿的同门师兄曼殊揭谛实在看不下去，就在1932年《海潮音》第14卷第2期发表《与王弘愿论密教书》，对王弘愿大加训斥。姚陶馥也说：“王弘愿、冯达庵以居士而授僧尼戒，受僧尼拜，创千古未有之逆行。”② 王弘愿不但听不入耳，反而为了宣扬密宗法门的优越，以及为白衣说法的做法辩解，在广州弘法时出版的《佛教解行特刊》上，写了序文鼓吹所谓“十不同，十殊胜”的论调：①教主不同而殊胜；②说处伴类之不同而殊胜；③内外悲智应用偏圆之设而殊胜；④相承之不同而殊胜；⑤教义之不同而殊胜；⑥印玺之不同而殊胜；⑦真言梵文之不同而殊胜；⑧灌顶之不同而殊胜；⑨法则之不同而殊胜；⑩传持之不同而殊胜。此文又刊登在《海潮音》第14卷第7期上。此文在《特刊》一出，更加掀起轩然大波，因而在同期《海潮音》上即除了有曼殊揭谛之徒姚陶馥发表《护法痛言》，还有周圆性发表《中国佛教密乘危矣》，以及法舫法师的《全系佛法上之密宗观》等，纷纷申斥王弘愿的言行；稍后，1933年《海潮音》第15卷第3期又有密宗革兴会（太虚法师化名）的《王师愈诤潮中的闲话》、李一超的《密宗平议》、淡云法师的《从显密问题上说到王弘愿之犯戒》等文章，继续讨伐王弘愿的所作所为。

王弘愿的文章主要提出了居士传法问题、教主问题、法身说法问题。关于居士传法问题，王弘愿特别提出比丘是陪位，应为俗士的弟子，居士主嗣即身成佛为殊胜等邪见，说：“曼荼罗大日如来，髻形居中台，四佛比丘形居四方，明明示其法胤传持，僧俗不二，四佛伴也，弟子也，明明示比丘可向居士求法。经有结髻真言，若非居士，《疏》何以有解髻更结之句，不空惠果，皆传大法于居士”，并宣称：“居士主持宗胤，乃为佛教真实极谈。”曼殊揭谛即提出批驳，他认为密教不仅佛像而且不少菩萨像都有顶髻天冠天衣等，

---

① 《太虚大师全书》“杂藏·酬对之一”，香港佛经流通处“太虚大师全书影印委员会”1994年印行本，第127～128页。

② 姚陶馥：《护法痛言》，《海潮音》1933年第14卷第7期，第5页。

是其以法性身现本地庄严报身，受用法乐，利乐有情的象征；并且如来像有顶髻，是他的三十二相八十种好之一，用来异于声闻弟子的行证境界，稍具佛学知识者都能了解，所以不能武断佛为俗士。这就从理论上否定了王弘愿的做法。淡云更是从各宗宗义的比较以及从显密教都遵从的戒律经典《梵纲经》等方面，来说明王弘愿既然传法，不管是显教密教，都应以僧人的戒律来规范，那么王弘愿就犯了“淫戒”、“自赞毁他戒”、“嗔心不受悔戒”、“谤三宝戒”等戒，是佛教中的罪人！

教主问题，所谓佛教有两个教主，一是显教的释迦牟尼，一是密教的毗卢遮那，这种观点其实不是王弘愿的独创，而是来源于空海，王弘愿即是借这种观点来显示密宗的殊胜，从而达到自誉毁他，蛊惑人心的效果。这种观点最终会使得整个佛教破裂为二，而使佛教内部相残相争，十分有害。李一超在《密宗平议》中认为显密教教主是同一的，显教教主是应身或化身，密教的教主即是化身；太虚法师也持这种看法，对空海这种观点予以否定（见上揭《王师愈诤潮中的闲话》）。

法身说法问题。王弘愿在其文章中提出密教义理为大日如来所说，与化身佛释迦如来所说的显教经典有深浅优劣之殊。此说也来源于空海的《辨显密二教论》和《十住心论》。太虚法师在其《闲话》中说道，佛的三身，皆同一体，法身无相，不演说法，报身在他受用身边，则随菩萨机说法，在自受用身边，也不说法，所以如说法身说法者，根本违背教义。只有化身随类说法，如大日经等，就是释迦牟尼化身而成色究竟天相的报身而说的，而并不是有另一大日如来说大日经等，既然教义来源于一人，所以显密教义在本质上说并无深浅优劣之别。

王弘愿的“十不同，十殊胜”的理论依据即是空海的“十住心”论，作为佛教领袖的太虚法师在这场论争中所写的《闲话》，其实就是对王弘愿的驳论者观点的集成，也可说是对这场论争的总结，其矛头直指王弘愿所信奉的“十住心”论。而王弘愿的所言所行，在他看来，只不过是空海蔓延中国的“末流”所上演的“怪剧”。

王弘愿的所有言行，既是日本密宗祖师空海的理论在中国的极端实践，也是权田雷斧违规传法所导致的谬种流传，从而对中国传统佛教进行了一次巨大的冲击，无论从对佛、法、僧的看法，都同传统中国佛教大相径庭，因而给近代中国佛教界带来了极大的思想混乱。一直在致力于佛法救世运动的太虚法师，在 1927 年《海潮音》第 9 卷第 8 期发表《告徒众书》[①]，在“佛观”、“法观”、“僧观”三方面各提出了七点看法，力图以其显密圆融思想来统一当时僧团的认识，其观点是与王弘愿针锋相对的。可以说，如果没有以太虚法师为首的坚持中国佛教传统的佛教人士的力挽狂澜，中国佛教的面貌可能已与日本佛教无异了。至于王弘愿在教理上不能圆融，在做法上偏激出格，胆大妄为，致令自己陷于僧非僧俗不俗的境地，在千夫所指四面楚歌之中却仍然连守带攻，拒不后撤一步，则主要根源于他那种缺乏反省精神，不能理性地审视佛法，而盲目崇拜祖师的宗教狂热。王弘愿与东密的命运是紧紧联系在一起的，东密因他的卖力推销而勃兴，也因他的越轨言行而迅速式微。

---

① 太虚：《整理僧伽制度论》（上），《海潮音文库》（第三编第 22 册），台北：新文丰出版公司 1985 年版，第 199 ~ 210 页。

[本章小结]

近代以来，潮汕传统佛教极度凋敝衰落，部分有识僧人酝酿有限度的宗教自救与改革运动，拯佛教于日益沉沦，但效果不尽如人意；以居士佛教为主体的近代潮汕佛教在社会大动荡、政局大变动中，努力进行力所能及的自我调适。在以佛法救国救世的大前提下，努力革新佛法观念，重塑佛法主体形象，开展振兴佛教的各种文化运动；王弘愿倡导东密，并在岭南地区身体力行、始终如一地弘传东密，本意在于从死气沉沉的传统佛教中杀出一条新路来，给人们带来他所认为的佛教新光明，只是最后因自身言行的过于激进出格而招来佛教界诸多的口诛笔伐，东密在广东乃至中国昙花一现之后，就迅速凋谢了。

第六章 佛教民俗文化

佛教对中国文化的影响，首先表现在对汉民族的思维模式、价值观念的改造上，然后才开拓创造出触目可见、多姿多彩的佛教文化事相。因为庶民阶层知识水平有限，对佛教的哲理精义并无多少了解，其所受的主要影响是信仰观念，诸如善恶报应、因果轮回、功德转让、净土地狱等观念，并具体落实在其宗教实践上。潮汕民众自南朝以来就深受佛教观念的浸淫，唐初又可能经佞佛刺史唐临的宣传而受到感化，宋代以后更进入佛教福德教化的鼎盛时期，佛教信仰观念深入庶民社会生活的方方面面，从而产生一系列具有佛教元素的民俗文化。本土文化因受佛教的深刻影响，就像一匹本色的布料一样，或深或浅地染上了佛教的颜色。佛教民俗文化的创造来自于信徒拜佛、念经、吃素、斋僧、放生、火葬、做功德等佛教实践行为和仪式，这些宗教实践和仪式又与各种文化事相相结合，逐渐开展出诸如佛教音乐、善堂文化、佛教节日、佛化丧葬仪式、佛化饮食习俗、佛化俗语、佛寺建筑、佛教艺文及工艺等文化事相。这一部分内容甚为丰富多彩，是潮汕佛教文化研究的主体内容之一，有必要辟专章加以论述。

佛教与中国文化的关系其实是一个双向运动的过程，“既是佛教中国化的过程，同时也是中国佛教化的过程”①，长期的磨合结果就是无法分离分解，达到水乳交融。具体到区域文化也是如此。佛教传入潮汕1 500多年来，其作为主流意识形态——儒家思想及其宗法性社会结构、制度的补充，发挥着重要的辅助性作用，如在个人灵性境界的开发（见性明心），社会慈善救济，现世利益的祈许（如求平安、求财、求子等），生者安心、死者安息的心理抚慰（做功德）等方面，提供了自己丰富的宗教信仰资源。这些是儒家思想资源未能提供的或比较薄弱的，而佛教则能帮助人们度过人生中的种种危机，如经济危机、心理危机、意义危机等，佛教也因此在民众生活中得以扎根成长。并且，随着历史的变迁而变迁，随着社会需求的变化而变化，佛教努力作出调适，经过长期的文化交互整合，终于孕育出富有特色的潮汕佛教文化。

当然，人类文化乃至大千世界各种各样的事物，都是丰富复杂的，按照佛教的原理，那就是一切事物都是缘起和合的，由多种因素和条件合力生成，具体到潮汕佛教文化也是如此。笔者研究佛教文化，但并无意认为，被称之为佛教文化的事相是单纯由佛教所决定、影响形成的。其实，一种文化事相的生成，其原因、来源往往都十分复杂，如潮汕善堂文化，把它归为佛教文化未必令人信服。所以我们探讨的佛教文化事相，主要指的是这种文化事相的主要特质或来源于佛教，如佛化葬俗、佛教节日等；或受到佛教较深刻的影响，如潮州佛乐、潮州斋菜、佛化俗语等；至于善堂文化，它虽不属于佛教文化，却与佛教有着深厚的历史渊源，我们不能不探讨它与宗教尤其是佛教相关联的部分，以见佛教在其形成和发生过程中所起到的社会作用。

从上述立场和观点出发，本篇所探讨的均为与佛教信仰有关的各种潮汕民俗文化，也可以统称为潮汕佛教民俗文化。关于潮汕民俗文化的研介，此前已多有论著发表，或多或少涉及佛教民俗。黄挺的《潮汕文化源流》于1997年出版后便深受读者喜爱，其“下篇”所谈民俗文化最具学理性，多涉及佛教民俗文化，如潮汕建筑中的寺塔，民间艺术中的各种宗教题材、用品，节日中的中元节等，本书力图在其基础上作进一步拓展和阐释。

---

① 苏渊雷为魏承思《中国佛教文化论稿》所作序言。上海：上海人民出版社1991年版，第1～2页。

民俗文化“是世间广泛流传的各种风俗习尚的总称”，它的研究范围很广，“包括存在于民间的物质文化、社会组织、意识形态和口头语言等各种社会习惯、风尚事物”[①]，其中物质文化又涵盖人类的衣、食、住、行和工艺制作等物质形式。它是广大中下层民众所创造、传承和享用的文化。佛教在漫长的历史进程中参与了潮汕区域文化的建构，在各种潮汕民俗文化中或多或少都可以看到佛教元素，其中特点最为显著、影响特别深远的佛教民俗文化有：饮食文化中的素食、建筑文化中的佛寺建筑、组织文化中的善堂文化、方言文化中的佛教俗语、民间艺术中的潮州佛乐、礼仪文化中的佛化葬俗、节俗文化中的佛教节日等。

本书属于研究性著作，面对每一种文化事相的写作，除必要的宏观把握外，并不要求面面俱到的系统性，而在于谈出自己的一点研究心得。如善堂，主要着重讨论其历史起点、神事活动及其与佛教的关系；又譬如潮州斋菜，着重梳理出斋菜与庵堂活动的渊源及其民国以后的经营模式等，这是需要请读者注意并谅解之处。

第一节　佛化葬俗

明嘉靖《潮州府志》中有“其在细民者，火葬饭佛”[②] 的记载，它透露了潮汕古代的丧葬习俗与佛教之间的深刻联系，这就是火葬和延僧超度亡者。

葬礼是人结束一生后，由亲属、邻里等进行哀悼、纪念、评价的仪式，同时也是处理死者殓殡祭奠的仪礼。孟子曰：“养生者不足以当大事，惟送死可以当大事。”（《孟子·离娄下》）丧礼主要是在儒家孝亲观念的支配下，在丧葬仪式中寄托生者对死者的深切哀思，突出表现怀祖念亲的情结。我国古代各区域、各民族的丧葬习俗均有不同，就汉民族而言，基本上都形成了一套大同小异的丧葬仪式过程，如停尸、报丧、招魂和送魂、吊唁、入殓、出丧择日、哭丧、下葬等。而在佛风鼎盛的潮汕地区，这种被孟子当作人生“大事”来看的丧礼也染上了佛家的色彩。

一、火葬

火葬，在汉代以前，仅存在于某些少数民族地区和少数佛教地区，我国汉地未闻流行此俗。在汉代，这一典型的印度丧葬风俗随佛教传入中土，我国僧尼圆寂后绝大多数都采用这种丧葬方式，并逐渐流行于民间。所以，火葬在汉地的流行可以看作主要是受到佛教的影响。就潮汕地区而言，火葬习俗主要受佛教的影响，可以追溯至南朝。自宋及明，火葬流行，并延至清初，延续的时间可能比全国其他地区更长。

我们从现存墓葬及出土文物当中，可以发现潮汕在南朝时已有火葬的痕迹。本书第二章在探讨佛教初传潮汕的年代时，提及20世纪70年代中期，揭阳新亨镇硕和村金交椅山南麓出土了一个极具佛教色彩的“南朝魂坛”。魂坛“出土时里面装有一副经过烧烤的骨

---

① 钟敬文：《民俗文化学》，北京：中华书局1996年版，第9页。

② （明）郭春震：嘉靖《潮州府志》卷8“杂志”，潮州市地方志办公室·韩山师范学院图书馆2000年编印本。

殖，骨骼纤弱，智齿已长成，牙齿排列整齐，嚼面磨损轻微，牙缝紧密，死者为一青年女性”。另外，资料中仅提到魂坛出土于地下，并无提到这个魂坛出土于墓葬，这说明魂坛很可能是火化后直接用以盛殓人的骨殖的，与后代的二次葬形制不同。另外，需要说明的是，这个魂坛制作之精美令人叹为观止：“正面有一个仿地面房屋款式的门框，外面塑贴，彩绘八组图案，门外左右塑一对守门武士俑，双龙朝门护卫”[①]，坛盖顶端塑一朵莲花，坛底下部浮雕一圈莲瓣座等这些都只能说明它来自中原汉族移民之手，死者显非本地土著，即与土著火葬风俗无关。换句话说，中原佛教传入潮汕的同时，也带来了佛家火葬习俗。

潮汕唐墓发掘不多，但也发现火葬痕迹。如《揭阳文物志》就提到“蜈蚣山土坑墓”：“墓在地都区南陇乡后田村蜈蚣山西侧。墓坑略呈方形，宽约 1.5 平方米，深 85 公分，属火葬墓。”[②]

在宋代，受佛教的影响，火葬习俗非常普及。河南“用夷法，率多火葬”[③]，与潮汕毗邻的福建路：“民间不幸有丧，富者侈费而伤于礼，贫者则火化而害于恩。……至于贫窭之家，委之火化，积习岁久，视以为常。”[④]“吴越之俗，葬送费广，必积累而后办；至于贫下之家，送终之具，唯务从简，是以从来率以火化为便，相习成风。”[⑤] 火葬似是贫家所为，但浙江一带“人死，虽富有力者……亦致焚如僧寺”[⑥]，甚至贵为宰相的王旦（957—1017）临终也嘱咐杨亿曰：“吾深厌烦恼，慕释典，愿未来世得为僧林间宴坐，观心为乐。将易箦之时，君为我剃除须发，服坏色衣，勿以如此金银之物置棺内。用茶毗火葬之法，藏骨先茔之侧，起一茅塔，用酬夙愿。”[⑦] 如此看来，宋代上至贵族官宦，下至平民百姓，多用此法。

潮州自然概莫能外，这从出土文物及现存文献中都可以得到印证。揭阳文物工作者在挖掘多座宋墓后发现：“两宋火化骨灰墓非常普遍，骨灰罐大小、高矮不一，已发现者有十余种”，最有趣的是在桑浦南陇山出土过四面起尖锥角的宋代塔形魂坛[⑧]。这种形制的魂坛无疑来自佛教，宋代潮汕火化及丧葬习俗仍主要来自佛教的影响，而非土著习俗。又据现存宋天禧二年（1018）摩崖石刻《俞献卿葬妻记》记载，俞妻张氏临终时特别嘱咐“妾其逝矣，厥躯愿勿火化，但得坯土覆面足矣”[⑨]。张氏不愿入乡随俗，但求入土为安。从这个宋初潮州宰官之妻的临终愿望，可反推知当时潮州社会火葬习俗非常流行，且不论贫富贵贱。又元丰六年（1083）《海阳县社坛禁示碑》立下禁约三条，其一即为“不得四畔掘打山石及作坟穴焚（一作‘烧’）化尸首”[⑩]；20 世纪 70 年代，考古工作者在今澄海

---

① 张宗仪、张秀清主编：《揭阳文物志》，揭阳县博物馆内部 1986 年内刊本，第 140 ~ 141 页。

② 张宗仪、张秀清主编：《揭阳文物志》，揭阳县博物馆内部 1986 年内刊本，第 57 页。

③ （宋）王偁撰：《东都事略》卷 3。

④ （宋）真德秀：《再守泉州劝谕文》，乾隆《泉州府志》卷 20 “风俗”，第 28 ~ 29 页。

⑤ 《宋史 · 礼二八 · 礼四》。

⑥ （宋）周煇：《清波杂志》卷 12。

⑦ （宋）文莹：《续湘山野录》。

⑧ 张宗仪、张秀清主编：《揭阳文物志》，揭阳县博物馆内部 1986 年内刊本，第 58 页。

⑨ 黄挺、马明达：《潮汕金石文征 · 宋元卷》，广州：广东人民出版社 1999 年版，第 14 页。

⑩ 黄挺、马明达：《潮汕金石文征 · 宋元卷》，广州：广东人民出版社 1999 年版，第 51 页。

伯公山发掘清理了一座宋代火葬墓，墓室有装骨灰的陶坛。[①]

到了明代，全国范围中，火葬已极少见了，但闽南、潮汕地区仍在流行着。明代中叶潮州士大夫薛侃在《乡约・县谕》中谈道："……毋当丧而设酒肉，毋久停棺，毋忍火化，毋作佛事……"[②] 他在《乡约续议》中更议论道："世人切切待宾客，恐人议怪，故有停久不葬者，有勉强倾家者，有宁忍火化者，皆非小失也。"[③] 这从侧面反映了当时火葬习俗的盛行。但更多的时候可能发生在经济条件较差的贫民之间，明代方志除上揭《潮州府志》"其在细民者，火葬饭佛"外，尚有"田野之民，死多火葬"的记载[④]，而潮州西湖山上也多有火葬墓，明万历年间为重建寿安寺，唐伯元有《告迁湖山寺基诸冢文》，其中便提到："佥议：火葬之冢给钱二百，棺葬而尚完者之倍之，棺朽而宜易棺者又倍之……"[⑤] 这些火葬墓固然有一些是前代的，但当代的想必也有不少。因为火葬墓看来较为简陋，墓主当是当时的"细民"，所以官府的迁墓补偿标准也就区别对待。

明代及清代前期存在的火葬，方志特别强调是"细民"、"田野之民"的专利。这首先是因为当时潮汕人口增长，人多地少，而大量土地又被兼并，很多穷人失去土地，无法土葬；其次是因为火葬仪式相对简单，不像土葬那样既需棺椁，又需陪葬品和建阴宅等，只需一点火化费用。所以，经济条件不允许，是贫民们选择火葬的主要原因。

潮汕地区在明清时期仍然存在火葬传统，而广东的其他地区，传统的葬俗一般是土葬，未见有关火葬习俗的记载。

清代雍正年间，程朱理学大行，儒家入土为安的观念已深入人心，潮州火葬习俗在官府的严加禁革下，已基本消失了。如雍正《揭阳县志》"田野之民，死多火葬"语下加注云"今悉革焉"[⑥]，又澄海县"无力之家，旧间从火厝，今悉功令，故俗尽革"[⑦]。这些文献载明了潮汕火葬的式微原因。清初满族大都沿袭女真族的火葬习俗。雍正皇帝说："本朝肇迹关东，以师兵为护卫，迁徙无常。遇父母之丧，弃之不忍，携之不能，故用火化。"[⑧] 清太祖努尔哈赤和太宗皇太极，也都是先经火化，再将骨殖埋葬。满族入关后，此葬法被带入关内，顺治五年（1648）四月，清政府公布丧葬则例：官民等人"有愿从旧制焚化者，听之"[⑨]，随着清朝统治的日益稳固，人民生活安定，同时也深受汉民族习俗和文化，尤其是理学文化的影响，到了雍正时代，雍正帝明令禁止火葬旧俗："一概不许火化，倘有犯者，按律治罪。"[⑩] 至此，潮汕终于结束了延续700多年的火葬历史。

---

① 庄义青：《宋代的潮州》，广州：中山大学出版社1997年版，第61页。
② 曾彭年辑，吴国光校：《薛中离先生全书》卷19，民国铅印本，第1页。
③ 薛侃：《乡约续议》，曾彭年辑，吴国光校：《薛中离先生全书》卷19，民国铅印本，第6页。
④ 嘉靖《广东通志》"风俗"，1946年晒印本。
⑤ 释慧原：《潮州市佛教志・潮州开元寺志》，潮州开元寺1992年内刊本，第733页。
⑥ （清）陈树芝：雍正《揭阳县志》卷4"风俗"，潮州市地方志办公室2003年影印本，第170页。
⑦ （清）李书吉重修：嘉庆《澄海县志》卷6"风俗"，上海：上海书店2011年版。
⑧ 《清世宗实录》卷5，北京：中华书局1986年版。
⑨ 《清世祖实录》卷38，北京：中华书局1986年版。
⑩ 《清世宗实录》卷5，北京：中华书局1986年版。

二、做亡斋（做功德）

明代《潮州府志》记载："其在细民者，火葬饭佛"，仿佛民间的"火葬"、"饭佛"总是联系在一起的，其实并不尽然。火葬原是典型的佛家丧葬方式，及至明清，主要是经济状况较差的"细民"和佛教徒在沿用，而经济较为宽裕的人家可能更多的是采用"饭佛"而不"火葬"。这一习俗尤为盛行，并部分地沿用至今。

所谓"饭佛"，也称为做功德，潮俗语又称"弄铃"，即"请僧尼至家（或诣庵寺）诵经礼忏超度亡者"式①。

明清以来，潮汕地区"丧葬……既成服，无不斋僧礼忏，彻夜声喧"②，"各邑……无不用僧尼鼓乐，彻户声喧"③。方志记载了潮汕僧人做功德的盛况。这也与同时期的潮州戏文所揭示的丧葬习俗相互印证。1975 年出土于潮州市西山溪的宣德南戏写本《刘希必金钗记》，学者认为这是一个最早的潮剧本子，用潮语演唱，其内容经过改编，融入不少潮汕方言、风物习俗④。其中第四十六出就是专门表演做佛事内容的，写的是刘文龙上京赶考，三年未归，家里人以为他死了，请和尚到家里做法事超度。整整一出戏，可让我们一窥明代潮汕地区佛事活动的基本过程。其佛事内容虽因舞台表演而被大大地简化、艺术化了，但基本环节交代还是比较清楚的，与今天的做亡斋基本符合，包括洒净、发关、接佛、上供、开地狱门（即后来的游狱）、散花（清代之后变异为唱《百花歌》）等。

上揭潮阳县令蓝鼎元对潮汕这种风俗极度反感，他大肆抨击道：

> 罔极之丧，置酒召客，延僧礼忏，开冥路，打地狱，云为死者减罪资福。虽有贤良方正之亲，亦必文致以剉磨舂烧之罪，告哀于佛，自以为孝，不知其为大逆不孝之甚者！⑤

对照起来，今天延续下来的"做亡斋"，其基本过程和内容与明清时期应无太大区别。有研究者采取田野调查的方法，把今天潮汕做亡斋的过程全程描述出来，这为我们了解佛化丧葬习俗提供了清晰的案例⑥——唯有一点不同的是，今天做亡斋的主体由僧人团体变成了俗家人团体（即"功德帮"）。

做亡斋时间有长有短，较隆重的连续三天三夜，其他的，多是一夜两日或两日一夜，最短的是一日，早上起坛，傍晚收坛，或中午起坛，午夜收坛⑦；各地做亡斋的时间也不一样，如潮安县古巷镇一般于人死后第六、七天做，而城中吉利村则于第四、五天做。

做亡斋首先从"行佛"开始，人死后亲属为死者沐浴更衣，停灵于公厅后，向亲友报丧，同时请来僧人行佛：设灵堂、挂丧联、点脚尾灯等之后，诵《阿弥陀》等经，围绕死

---

① 释慧原：《潮州市佛教志·潮州开元寺志》，潮州开元寺 1992 年内刊本，第 982 页。
② （清）周恒重修：光绪《潮阳县志》卷 11"风俗·丧葬"，潮阳县地方志编委会 2000 年编印本。
③ （清）周硕勋修：乾隆《潮州府志》卷 12"风俗"，潮州市地方志办公室 2002 年编印本，第 134 页上。
④ 吴国钦：《论明本潮州戏文〈刘希必金钗记〉》，《潮学研究》1997 年第 6 辑。
⑤ （清）蓝鼎元撰，郑焕隆编：《蓝鼎元论潮文集》，深圳：海天出版社 1993 年版，第 85 页。
⑥ 苏克：《潮汕地区做亡斋风俗述论》，《潮学研究》2002 年第 10 辑。
⑦ 苏克：《潮汕地区做亡斋风俗述论》，《潮学研究》2002 年第 10 辑。

者转圈。转圈也有讲究，“死者是男，绕尸走圆形；是女，走方形”①，死者为男的顺时针转圈，女的为逆时针转圈。“行佛”意为僧人或经师带领孝眷引亡灵到西天佛祖前参拜，然后再引亡灵回家，接受超度。这就是“开冥路”。

行佛后便是饲生、大殓、出山、下葬等一系列传统丧葬过程。

行佛或开冥路还只是做亡斋的引子。一般在下葬四天后某日进行的佛事活动才是主体过程，其过程基本有起坛、发关、接佛、上供、过勘、游狱（包括死者为女性的“礼血盆”或死者为男性的“礼过河”）、酬库（缴库钱）、送斗灯等环节，这些环节各邑有所增删，繁简也不一。

延请僧尼做功德佛事并非始于明清。但明代以来，延请僧人做功德佛事更甚前朝。僧人们似乎忘记其出家的本旨，把做功德佛事作为其职业或重要的副业了。明初统治者对佛教强化管理的根本目的，在于切断它与民众的组织联系，防止惑众滋事。但为了满足民众的信仰需求，又开一方便门，即分寺院为禅、讲、教三类②，其中的教寺主要从事瑜伽显密法事，举办为死者追荐供养、为生者祈祷求福等活动。教寺的成立，反映了社会各阶层对佛教法事的强烈兴趣，也是佛教深入民间、正在变成民俗的一种表现，而僧人在寺院田产经济崩溃的情况下，也热衷于走入民间，为民众做红白佛事。

佛教有所谓三世因果六道轮回之说，它认为，人死之后，根据其生前的业力及过去世的业力转生六道，人死亡最多四十九天之内就必须投胎。如果其生前及过去世的业力中不良行为占多数或比较显著，就会落入三恶道（地狱、饿鬼、畜生），不过究竟有没有去三恶道是很难说的，因为一般人无法观察到。一般人“其平日制行，入未必孝也，出未必弟也，事君未必忠也，与人未必信也，而且害人而恣睢乎物也，自揣因果有准，死后将必有剉磨舂锯之戮，刀坑火坑之惨，于是挽首匍匐，百方献媚以乞怜，求助于佛，庶几转祸为福，因罪为功，西天极乐之国，不我遐弃也”③。所以一般人宁信其有，在亡者死后四十九天之内给亡者积累功德，或称超度，以期亡者能够投生到比较好的地方，即三善道（人、天、修罗界）或西天净土世界。做亡斋就体现了超度这一佛教思想情怀。

“发关”一节，由做佛事的僧人或经师（功德帮的称呼）发出一纸通关文牒即“救苦关文”（《刘希必金钗记》中谓为“宣文”）作为公据，便于阴间地府各部门放行，不管亡魂此时是在地府哪里，仗佛菩萨神力，都可以回到阳间家中，接受沐浴、敬酒、忏悔、说法，令亡者转迷为悟，投生三善道或西方净土。

所谓“打地狱”，就是“游狱”和“酬库”二节，由僧人或经师一人左手持引魂幡，右手执佛铃在前引路，孝长子或长孙手捧香炉，孝眷们依次列队相随，跨过象征奈何桥的木板，到冥府为亡者缴库钱。“据说亡魂投胎时，须向冥府借库钱打通关系，才可获准超生。人死之后，所借冥府库钱也须交还。”④ 这两节为整个过程的重头戏，其过程是模仿传说中的“目连救母”来的，所以在佛事过程中有时被延伸放大为一本目连戏，唱念丰

① 方烈文主编：《潮汕民俗大观》，汕头：汕头大学出版社 1996 年版，第 161 页。

② （明）葛寅亮：《金陵梵刹志》卷 2，蓝吉富主编：《大藏经补编》（第 29 册），台北：华宇出版社 1985 年版，第 56 页下。

③ 蔡芳：《葬论》，光绪《长汀县志》卷 30“风俗”附。

④ 苏克：《潮汕地区做亡斋风俗述论》，《潮学研究》2002 年第 10 辑。

富，有一些动作表演，有一定的情节，甚是有趣热闹，极富娱乐性，为民众所喜闻乐见。

佛教认为，人的一生会造作无数的善恶业，所以其中“过勘”一节，是指接引亡魂来到地府十王及佛菩萨面前勘验、忏悔生前的罪孽，清净身心，方可升入西天净界。其中念诵《十王忏》、《大悲忏》、《药师忏》等忏文就必不可少，向佛菩萨忏罪祈福，这种异端思想当然要受到蓝鼎元的痛斥。

在做亡斋全过程中，僧人或经师都会随意间杂一些宣扬孝道、劝人为善的唱词，如《二十四孝歌》、《十月怀胎歌》、《育儿歌》、《劝世文》、《劝善歌》[①] 等，将儒家的孝亲、积德思想与佛教“诸恶莫作，诸善奉行”劝诫糅合在一起，佛教与中国传统思想妙合无间，在一定程度上也起到扶风正俗、荡涤人心的正面作用。

宋代佛风为福德佛教，僧人常常向信众灌输因果报应、福田功德思想，以期启发和加强信众的信仰心理。即所谓“瞿昙以祸福渺茫之说，恐动流俗”，北宋潮州僧界最高领导——僧正官“畅师……又以金仙氏福报性学之说开导后人”[②]。在第四章中我们曾提到刘用、刘扶一家亲子相继逝世，每死一人就雇请笔架山窑工匠周明塑造两尊释迦牟尼佛像供养，祈生者平安，死者超生，一共塑了六尊。从这些迹象看，那么相应地，在丧葬习俗中流行做佛事就在所必然。

宋代漳州知州廖刚《漳州到任条具民间利病五事奏状》其一为“本州有习俗之弊，……丧葬之家，必广为斋设，以待宾客……访闻泉、福、兴化亦有此风，而此郡特甚”[③]。南宋朱熹曾感叹道：“自佛教传入中国，上自朝廷，下达闾巷，治丧礼者，一用其法。”[④] 上揭泉州知州真德秀也劝告说“奉僧尼，广修斋供，其为无益，灼然可知”，福建地区既然如此，所谓“潮州人，福建祖”，即指唐宋时大量泉漳民众迁居潮汕，方言、习俗、民间信仰等相同，“虽境有闽、广之异，而风俗无漳、潮之分”，具有文化区域上的高度同一性，那么，与火葬一样，做亡斋在宋代业已流行于潮汕。（吴榕青兄提供本节部分资料，谨表谢意。）

第二节　佛化节俗

节俗，是指某一族群在一年中的某一特定时段（一天或一天以上）举行的具有集体性、礼仪性或习惯性的活动，它是民俗文化的重要组成部分。节俗的产生与节气、原始信仰、宗教禁忌以及纪念历史人物等因素有关，佛教传入潮汕，也为本区增添了多种新节日。一方面，这些佛教节日为民俗文化带来了新的内容，如禁屠、素食、营建法会等；另一方面，这些佛教节日也逐渐发展出一些新的民俗含义及仪式，透露了潮汕人的信仰态度

---

① 苏克：《潮汕地区做亡斋风俗述论》，《潮学研究》2002 年第 10 辑。

② （宋）余靖：《开元寺记》，（清）吴颖编撰：顺治《潮州府志》卷 12“古今文章·文部上”，广州：广东人民出版社 1996 年版。

③ （宋）廖刚：《高峰文集》卷 5，上海：上海古籍出版社 1987 年影印四库全书文渊阁本。

④ （宋）朱熹：《跋向伯元遗戒》，《朱子大全》，《四部备要》（第 57 册），北京：中华书局 1989 年版，第 1466 页下。

和宗教祈许，具有鲜明的本土化倾向。

在潮汕，佛教节日多达十几个，其中较隆重的节日主要有二月十九观音诞、四月初八浴佛节、六月十九观音成道、七月施孤等。在我国，佛教节日不像岁时八节（春节、元宵、清明、端午、中元、中秋、冬节、除夕）那样是全民性的，而是群体性的，即一般为信佛人家所奉行。但在佛风浓厚的潮汕，从历史上看，浴佛节及七月施孤实际上也算是全民性节日了。如浴佛节，顺治《潮州府志》就说："（四月）八日，谓之'浴佛'，如僧令焉。"①

一、浴佛节

四月初八浴佛节，潮州谓之"太子爷生"。释尊诞生的传说非常神奇，据《中阿含经·未曾有法经》中载："……我闻世尊初生之时，上虚空中雨水注下，一冷一暖，灌世尊身。……我闻世尊初生之时，诸天于上鼓天妓乐，天雨青莲华、红莲华、赤莲华、白莲华、天文陀罗华及细末栴檀香散世尊上。"后来演变成了天上九龙或二龙吐出香水为太子洗浴。这个传说便是浴佛节的由来。在这一天，潮汕各地善男信女会齐集寺院，举行浴佛、斋会、结缘、放生等几项佛事活动。

浴佛　浴佛是在寺中设一灌佛盆，盆中的莲台上安置太子立像，一手指天，一手指地，象征"天上天下，唯我独尊"之意。与会僧俗每人向太子像顶礼三拜，将三片檀香木放入香炉，然后执勺舀起盆中香水灌洗太子像，以表佛生时九龙吐水灌浴佛身，依次轮流完毕。整个法事活动在礼佛的唱诵声中圆满结束。

浴佛仪式是节日中最基本的活动程序，其他程序异时异地繁简不一。例如，明隆庆《潮阳县志》提到："四月八日为浴佛会，沙弥捧小佛像，沿门诵经，妇女率以钱米施之。"② 乾隆《南澳志》谓："八日，僧童舁佛作歌，沿门索施，俗谓之'洗佛'。"③ 这一寺僧借佛求布施的风俗，看来在潮汕至闽南一带曾相当流行，明清福建汀州地区也盛行此风。乾隆《汀州府志》卷6"风俗"："四月八日，僧徒于朔日起，舁佛像沿门作歌，索布施。谓之洗佛及龙华会。"光绪《长汀县志》卷30"风俗"："四月上旬僧持佛托钵沿门化米，名曰洗太子。"

结缘　结缘则是浴佛节中常见的程序活动。它是以施舍的形式，祈求僧俗之间结来世之缘。乾隆潘荣陛《帝京岁时纪胜》载："八日为浴佛会。街衢寺院搭苫棚座，施茶水盐豆，以黄布帛为悬旌，书曰普结良缘。"乾隆《普宁县志》也有"四月八日浴佛。僧尼相遗以斋果，曰佛诞会"④ 的记载，这大概是寺僧为了答谢和笼络信众所采取的一种巧妙手段，在潮州则演变为信众之间联络感情的方式。《海阳县志》载："八日'浴佛'，赴'浴佛会'，各以麻饧相馈，曰'结缘'。"⑤ 慧原法师也谓："是日各善信之供品中，必具所谓'油麻缘'（即油麻团，潮音呼为'油麻缘'）者供佛后，则以此团向同来礼佛者，不论相

① （清）吴颖编撰：顺治《潮州府志》卷1"风俗考"，广州：广东人民出版社1996年版。

② （明）黄一龙、林大春修纂：隆庆《潮阳县志》卷11"风俗"，潮州市地方志办公室2005年编印本。

③ 丁世良、赵放主编：《中国地方志民俗资料汇编（中南卷）》，北京：书目文献出版社1991年版，第780页。

④ （清）萧麟趾：乾隆《普宁县志》卷8"风土"，潮州市地方志办公室2007年编印本。

⑤ （清）卢蔚猷修：光绪《海阳县志》卷7"舆地略六·风俗"，潮州市地方志办公室2001年编印本。

识与否，彼此互相赠与，谓之‘结缘’”[1]，体现了潮汕人重感情、重交往的文化传统。

二、观音崇拜节日

观音崇拜节日包括二月十九观音诞、六月十九观音成道、九月十九观音出家三项。观音是大乘佛教大慈大悲、救苦救难精神的象征，历来是中国最受崇敬的一位菩萨，过节时，全国佛教庵寺都会举行隆重的庆祝仪式，潮汕也不例外。二月十九观音诞潮俗谓“阿娘生”，信众都会到寺庙集体诵经礼佛，谓之拜观音或拜阿娘；九月十九观音出家纪念日，则在潮州发展成为一项有特色的民俗。潮浴民间先在十八日晚设拜，如常仪，供品中需具“鸟饼”一物，以面粉调糖制成飞鸟状的薄片，加以烘脆而成。与油麻团一样，饼店往往会先行专制以应市，买回上供即可。潮汕民间认为，这天晚上菩萨照例要回南海普陀山探望旧家，需座前鹦哥（鸟饼）飞海随行，而这鸟饼也可充当菩萨入门送礼之用。直至今天，这种鸟饼仍然是应景节日的饼食。到十九日上午或下午再设供接驾时，供品中必备绿豆汤，意谓菩萨由南海旧家回来，天热路远，需以绿豆汤点心解渴。绿豆汤本是身处热带地区人们的解暑之物，潮人竟能设身处地地为菩萨着想，[2] 这种做法颇能反映出潮人对观音菩萨的无比虔诚和体贴。

三、七月施孤（普度）

七月施孤是潮汕重大的节俗之一，可谓无人不知，无人不晓。七月十五虽被道教命名为“中元节”，潮俗却不叫中元节，而称“鬼节”、“七月半”、“施孤”或“普度”，在农历七月整个月内，潮人例有祭祖、抢孤、放焰口、演戏、游灯等民俗活动，这些民俗活动皆源自佛教的盂兰盆法会。据《佛说盂兰盆经》载，佛陀大弟子之一的大目犍连（即民间所谓“目连”）得神通后，见其亡母生饿鬼道中，不得饮食，目连以神通为母送食，饭至嘴边即化为灰炭，无法入口，目连悲号哭泣。佛陀教目连于七月十五日僧自恣日时，备饭百味五果，着于盆中，供养十方大德僧人，“众僧皆为施主祝愿七世父母，行禅定意，然后受食”，以僧众的清净戒德，目连之母是日得脱一劫饿鬼之苦。

佛经中这个故事有三点值得注意，一是表明了佛教的孝亲观，出家人也应孝敬亲人，这就与中国传统的孝道观念产生共鸣，因而受到中国民众的欢迎，“目连救母”由此逐渐演化为一种极具代表性的民间叙事文化，通过民间故事、戏剧等形式广为流传。二是目连斋僧的时间是七月十五日，是佛陀时代所定的僧自恣日。汉地最初举行盂兰盆斋的是梁武帝[3]，盂兰盆斋到唐代大为流行，每年在此日皇家送盆到各官寺，献供寺僧种种杂物，民间施主也到各寺献供僧人[4]。后来此日也被道教定为三官（即天官、地官、水官）节中的“地官节”或中元节。三是据说中元节地官降下，定人间善恶，道士于此夜诵经，饿鬼囚徒也得以解脱，可见中元节及其祭鬼的传统也来源于佛教。尤其值得注意的是第三点，要救拔饿鬼众生，就得斋僧，以清净僧众的功德救度众生超脱饿鬼道，生于其他善道，这是

---

① 释慧原：《潮州市佛教志·潮州开元寺志》，潮州开元寺 1992 年内刊本，第 973 页。

② 释慧原：《潮州市佛教志·潮州开元寺志》，潮州开元寺 1992 年内刊本，第 972 页。

③ （宋）释志磐：《佛祖统纪》卷 37。

④ （唐）释道世：《法苑珠林》卷 32。

由佛教“功德回向”思想以及六道轮回理论发展而来的。但宋代以来便不再是以盆盛百味供僧，而是把食物、冥钱、衣服等拿到寺院甚至道观举行法事，请僧道念经持咒，直接为亡人施食。也就是说，不是把食品杂物供养僧人，而是直接献给亡人，使其变成一种祭鬼的形式，与中国本土“人死为鬼”的阴间观念相合，回归到上古“招魂以飨”的精神内核，实现佛教法事仪式的精神本土化，逐渐淡化佛教的观念，这与正统佛教斋僧并仗僧功德救拔饿鬼众生的精神已不一样，而演变成为佛教民俗了。正如日本佛教史专家牧田谛亮所说：“在今天中国佛寺所行的水陆会，第一是对先亡者，祖先幽灵所作的追善菩提。第二是将此功德回施到施主自身，希望自己及家族得以延寿增福。原为救济六道众生的普度盛会，结果反而成为达成自己与家族狭窄范围的个人愿望的方便。”① 也就是说，宋代以来的盂兰盆会，其实是佛教民俗的一种表现。

本来，盂兰盆会是每年七月十五日在寺院由僧人举行的，但在潮汕，清代以来盂兰盆会的启建经历了一个发展演变的过程，已与原先大不相同。即首先由僧人在寺启建，其次，俗家人自行启建但聘僧人主持（寺院也同时启建），最后，善堂经师主持并启建，并且时间也不限在这一天。如乾隆《普宁县志》曰：“七月十五日……寺观皆作盂兰会，设食以施鬼之不祀者。”② 嘉庆《澄海县志》：“十五日为中元节，礼先祖。前后数日，各寺建盂兰盆会，诵经至晚，营斋于焰口施食，放水灯照冥。”雍正《揭阳县志》卷8谓：“中元祀先。诸寺先期醵金作盂兰盆会。”上述说的都在寺院举行，时间已有前有后，而在乾隆《潮州府志》中说“中元日延僧为盂兰盆会，沿河放灯，谓之普度”③。既然是邀僧主持法会，可见法会未必设在寺院内，而是在民间自行启建的盂兰盆会，但因为主持法会是一个专业的宗教仪式过程，在家人其时似未精通掌握，故仍延请僧人主持。以上资料说明，清初以前盂兰盆会是由僧人在寺院启建的，但起码清初民间已开始自行启建这种佛教仪式活动。

到了清代中晚期，潮汕各地佛教居士林、善堂、善社纷纷建立，善堂的活动多样，除了开展济困扶危、施医赠药、放赈施粥、防水防火等慈善公益活动外，也拥有会念经持咒的“经师”（白衣），从而依样画葫芦地启建各种佛道法会如浴佛、放生、打醮、扶乩等。以潮州城为例，在家居士最早在咸丰年间就开始作为经师，登坛作法普度。④ 咸丰四年（1854），有邑绅李谨人、辜笠舸、黄思园、魏哲斋等，皈依开元寺住持可兴和尚为师，于开元寺内集众念佛，后组为“潮郡念佛社”，并另购一庵堂作为社址，念佛之外，兼办慈善事业，延请开元寺僧人释可声（广州人）教授禅和板，凡诸赞偈经忏乃至《云栖瑜伽焰口施食仪规》悉皆传授⑤。在家居士学会后开始自行组建法会作法，所以，民间自行启建的盂兰盆会也就转为各善堂主持，而与寺院无关了。尤其是像潮州、揭阳这样的大城镇，都拥有众多善堂，而善堂又主要由某一或某些族群（如姓氏）牵头建立和把持，有其相应的社区活动区域，到了七月，各善堂都会启建盂兰盆会。这样，原为佛教的一种法会

① ［日］牧田谛亮著，索文林译：《中国近代佛教史研究》，台北：华宇出版社1985年版，第209页。
② （清）萧麟趾：乾隆《普宁县志》卷8“风土”，潮州市地方志办公室2007年编印本。
③ （清）周硕勋修：乾隆《潮州府志》卷12“风俗”，潮州市地方志办公室2002年编印本。
④ 释慧原：《潮州市佛教志·潮州开元寺志》，潮州开元寺1992年内刊本，第885～886页。
⑤ 释慧原：《潮州市佛教志·潮州开元寺志》，潮州开元寺1992年内刊本，第885～886页。

仪式的盂兰盆会，就基本上民间化、普遍化、民俗化了。

我们今天看到的民间启建的盂兰盆会（即施孤），可以看作是清代中晚期以来法会的延续。

以民国时期（如20世纪30年代）的潮州城为例，潮州从七月上旬开始，各地盂兰盆会先后举行，各善堂“求神择日”，确定举行的日期，分别筹备。日期为一天或数天不定。施孤活动主要有如下几个环节：

（1）会场布置。“会场布置，搭一法台，场前用竹篷制成牌坊，书写‘盂兰盛会’的横匾，悬挂纸镪纸花，点缀场景。大概多带点阴霾的鬼象。场内除香案与榜示外，布置桌椅多件，以供参加的信众放置供品。并设大士爷神位、男孤魂位、女孤魂位等，分别焚香供奉。台上布设经座，悬挂佛像法器颇多。座中供置鲜花青果，景象颇为庄严。佛经多卷，专作恭诵之需。当开始念经作法时，鼓乐帮声助势。经师多由善堂人员充任，各着白纱长衣，事前斋戒沐浴，届时登台念经。银纸、冥衣、食物等，分列场内台上，夜间银灯光照，像戏场一般热闹。”①

这种会场布置，与今日所见基本无异。祭品一般由各家各户分别备用，有的事前由善堂主持人把一细篾盘（俗称孤盘）送到乡中店户，店户买些果品放进盘里，等待主持人派人来收；也有的是由主持人筹资统一置办祭品。祭品中有全猪、全羊、三牲、发粿、水果、大米、茶酒等以及纸镪冥衣等物。

（2）作法施孤。这是法会的主体部分。仪式开始，由台上主要的一位名为“上座”（对寺僧的尊称）的经师点香燃烛，众经师敲响钟磬、木鱼，持咒唱念。上座身着白衣，模仿僧道的做派，手执铃杵，领众念经持咒。最后变食施孤，将一盘盘米、面、牲、果等撒向四方，反复三次。这种仪式叫“放焰口”。焰口就是佛经中描述的饿鬼，口喷火焰，喉头细如针孔，无法得食。念诵经咒一是通知鬼魂前来领食，二是能使饿鬼放开喉头得以进食。所谓施孤就是指放焰口，是为饿鬼施食的一种法事。施孤活动的真正含义就在这里。

施孤完毕，祭品中较贵重的如猪羊等由各家各户分别领回，一些米面食及水果等就会分发给在场的平民百姓，或者任人抢夺，这就叫做“抢孤”。撒施祭品时，以前许多穷苦人家，明知这些东西是施祭鬼魂的，但还是会上前争抢。而有些慈善人家还会买来犁耙、水车、单车、家具等东西，或者把家里的旧物拿出来，用纸片写上名称，施食时也把纸片撒下，买不起农具和家具的穷人家抢到便凭单领回。有些抢孤者还用竹圈或铁丝围成一个圆圈，套上网袋，装上柄，名叫“承孤”，以方便承接坛上抛下的东西。其实，抢孤并非都是贫穷无衣食者，也有的或出于好玩，或出于某种宗教祈许，如所谓“抢包子食平安”；有的地方抢孤之风愈演愈烈，变成了恶俗，引起械斗，沈敏曾提到：“从前的抢孤，有搭高台竞抢的，村中的好胜青年，踊跃参加，往往结怨成仇，酿成暴斗。”②

有的会场还会同时焚烧纸镪纸衣等物，这样饿鬼进食后也可以领些物品回去受用。

此日午后或晚上，人们纷纷抬凳搬桌，放在家门口，然后将祭品放在上面。祭品上遍

---

① 沈敏主编：《潮州年节风俗谈》，潮州：中南书局1937年影印本，第127～130页。

② 沈敏主编：《潮州年节风俗谈》，潮州：中南书局1937年影印本，第129页。

插香火，拜后将香火插满沟边路旁，含有遍济四方之意。这些香火是祭祀“孤爷”（孤魂野鬼的美称）的，不允许小孩乱拿。乾隆《普宁县志》载：“好善之家至夜插香列烛于路，剪纸为河沙衣，具酒蔬粥饭布地，望空祭而焚之，从浮屠氏之说也。”① 也有人认为是祈求五谷丰登的，所以叫做“布田”。

（3）放水灯。上引乾隆《潮州府志》和《澄海县志》就提到“沿河放灯”，说明这一环节在潮汕各地曾经非常盛行。所谓水灯，就是在一块小木板上扎一盏灯，大多数都用彩纸做成荷花状，叫做“水旱灯”，在仪式结束后的晚上放到江河里。按传统的说法，水灯是给那些冤死鬼引路的。灯灭了，水灯也就完成了把冤魂引过奈何桥的任务。蔡泽民提到潮城在放大焰口时，还要派船溯韩江至距城百余公里的三河坝，赶在仪式开始之前，边返航边点燃一只只大陶钵制成的豆油灯，放在江里，意在引领八方孤魂前来受祭②。那么放灯在最先可能分为两部分，仪式前放灯是为了引领孤魂受祭，仪式后放灯则为孤魂引路回府。那天店铺也都关门，把街道让给鬼。

（4）演戏。这天晚上除了放水灯外，一些地方还搬演戏文。光绪《潮阳县志》云：“（中元）醵金演剧，乡俗尤甚。”亲朋间互相邀请，设宴欢叙，看戏助兴。但总的来说较为冷清，民谣谓：“有钱来看戏，无食去抢孤。”意为戏是演给有钱人看的，没钱人也就无心看戏了。这自然与春日间游神赛会的演戏酬神不可同日而语。

另外，慧原法师提到从前潮州城中还有“施大孤”者，这是潮州特有的，这与开元寺始终作为佛教场所的龙头老大的地位有关。七月间各善堂自行启建施孤法会以后，再“由城中各善堂联合于开元寺举行大型普度法会，于月台、丹墀、两庑、天王殿等处，大事铺张，备极庄严，一切较上述排场倍加隆重”③。“施大孤”其实就是全城盂兰盆会的压轴戏，为整个七月的施孤活动画上圆满的句号。

潮汕七月施孤的基本性质，虽然与全国其他地方类似，从最初体现佛教因果报应六道轮回的法事，重新回归到中国本土化的一种祭鬼的民间信仰仪式，但其中包含积极的文化内涵。施孤的对象主要是孤魂野鬼，这无疑体现了佛家的无缘大慈同体大悲的博爱精神；施孤时把祭祀的东西分给穷苦人家和邻里亲戚，则是他们积德行善的表现。有些人家把祭拜过的祭品搬回家，也会分给邻居和亲戚，这又与儒家重感情、敦睦邻里的思想相应。④

---

① （清）萧麟趾：乾隆《普宁县志》卷8“风土”，潮州市地方志办公室2007年编印本。

② 蔡泽民：《潮州风情录》，北京：中国民间文学出版社1988年版，第181页。

③ 释慧原：《潮州市佛教志·潮州开元寺志》，潮州开元寺1992年内刊本，第975～976页。

④ 中元节习俗曾被视为迷信活动而被禁止。近年来，施孤普度活动在作为侨乡的潮汕又重新恢复，但仪式已大为简化，法会一般举行一天，诸如抢孤、放灯等几成陈迹，演戏则以铁枝木偶戏配上潮曲代替。不过，在潮人聚集的泰国、马来西亚、印尼及中国港澳等地仍很盛行，这与旅外潮人重视纪念客死他乡的乡亲和超度孤魂野鬼有很大关系。其中有趣的是依然有“抢孤”的环节，人们认为抢到这些东西就是有福气、有财气。潮汕华侨众多，死于侨居地而无子孙祀拜者，被乡亲视为孤魂。所以潮汕“中元节”多有施孤普度之俗，热闹隆重，以尽行善之意，势所必然。

第三节　佛化俗语

一、佛化俗语与民俗文化

“佛化俗语”一词采用了慧原法师的命名，法师较早注意到这种潮汕口头语现象，并有所采撷和分析①。其实可以更宽泛地定义为“涉佛俗语”，即来源于佛教，与佛教教义或文化事相有关的民间口头语。语言是文化的信息载体，文化是语言的内蕴，任何语言都积淀着丰富的民族文化内涵。方言是区域文化最明显的印记，而其中的口头俗语更是深刻映射出区域文化特色以及民间的文化心理。所谓俗语，作为熟语的一种，是汉语词汇的一个重要组成部分，包括民间口头流传的语词、谚语、歇后语、惯用语、俗成语等。俗语的最大特点就是口语性、地方性和民俗性，通过一代一代的口耳相传，突出反映某一地域的民风、民俗和民众心理特征。方言中的俗语来源于某一区域人民所处的特殊自然环境和各种生产、生活的社会活动，诸如山水、经济、礼仪、移民、信仰等。从宗教信仰上说，潮汕方言口语中的佛化俗语，数量之多，令人称奇，这从一个侧面显示了佛教对潮汕文化的深远影响。

佛化俗语与民俗文化紧密相连。佛教传入中国两千多年来，已经完全中国化，成为中国传统文化中不可或缺的一部分。就语言而言，由佛教所带来的词汇包括单词、短语、成语、歇后语等，数量之庞大令人咋舌，不少词语也进入了我们日常话语体系当中。赵朴初先生曾说：“现在许多人虽然否定佛教是中国文化的一部分，可是他一张嘴说话，其实就包含着佛教的成分，……如果真要彻底摒弃佛教文化的话，恐怕他们连话都说不周全了。”② 这确切地道出了佛教对汉语言系统影响的全面性和深刻性。诸如世界、相对、绝对、真理、方便、导师、作业、作家、书记、自由、平等、觉悟、一尘不染、一针见血、皆大欢喜、放下屠刀立地成佛、救人一命胜造七级浮屠等词语都来自于佛教，从而成为我们经常使用的口头语和书面语。

如果说以上所举词语尚且算作“雅语”的话，那么产生并流传于民间的与佛教有关的口头俗语，则以其言简意赅、通俗晓畅，或诙谐幽默，或讽刺批判，充满民间的草根智慧和朴素的爱憎感情，而为人所喜闻乐道。通过民间的口耳相传直至今天，其成为一种极富生命力的民俗文化。

俗语其“俗”，不仅具有通俗的、大众的、约定俗成的、俚俗的等语义，尚含有民俗的意思。俗语产生于百姓日常生活之中，是百姓的生活实践和人生体验的总结，随着佛教在中国的扎根和发展，普遍深入民间，佛教的术语教义和文化事相如寺院、戒律、法事仪式、僧人生活等为民间所熟悉，人们或沿用，或假借，或发挥创造，自然而然就产生了丰富多彩、生动活泼的佛化俗语。相信此类俗语全国各地均有，在佛教底蕴深厚的潮汕则更为明显。

---

① 释慧原：《潮州市佛教志・潮州开元寺志》，潮州开元寺1992年内刊本，第982页。
② 中国佛教文化研究所编：《俗语佛源》（前言），上海：上海人民出版社1993年版，第3页。

二、佛化俗语所反映的潮人文化心理

（1）反映因果报应观念。中国自古便有“积善之家必有余庆，积不善之家必有余殃”（《周易·坤·文言》）的因果报应观念，《老子》说：“天道无常，常与善人。”早期道教也提出了“承负”说：“承者为前，负者为后；承者，乃谓先人本承天心而行，小小失之不自知，用日积久，相聚为多，今后生人反辜蒙其过谪，连传被其灾，故前为承，后为负。……负者，乃先人负于后生者也。”[1] 也就是说，先人所作之善恶会由后人继承。佛教传入中土后，带来了更为具体系统的三世果报思想，强调人有三世，前世、今世、后世，每个人的善恶行为必定会给自身命运带来影响，产生相应的回报，善因善果，恶因恶果。其中的六道轮回观念谓人依自身的业力而永远循环转生于天、人、阿修罗、畜生、饿鬼、地狱六道，如此生死相续，因果相依，形成佛家的果报轮回观念。这种思想与中国原有的先人造作、后人承继的果报思想两相结合，长期影响着中国人的精神世界，这在潮汕口头语中多有反映。例如，谓不肖子女为“讨债仔”；称赞他人生活幸福为“上世有修”、“善有善报”；责骂他人说谎会“后世着（必定）哑”；谓人做缺德事为“做积恶”；斥胡作非为者必有恶报为“生仔无肚脐”或“生仔无头壳（头颅）”；劝人不要作恶为“勿累子累孙”；斥人作恶多端死后会“打酸鬼手”（即对之行刑的鬼的手都打得酸疼了）；嘲讽他人作恶多端而终于受到报应为“积恶笝爆箍”[2]，比喻平日作恶太多而灾祸突至，无可解救；等等。

这类俗语非常丰富，粗看起来是封建迷信，从宗教社会学角度上说却有它积极的社会意义。如果说“上世有修”等是一种以正面的、鼓励的方式来刺激人们行善，那么“做积恶”等则是以一种反面的、威慑的方式来警示民众行善。在古代法律法规不健全的情况下，道德以及宗教也发挥了约束个人身心行为的重要作用。宗教利用人们的敬畏心理，警告和干预人的身心行为，对营造一个道德自律、人际关系和谐的社会具有一定意义。潮汕民众长期受佛教影响，佛教伦理观念深入人心，养成积德向善、去恶扬善、急公好义之良好风尚，这与佛化俗语中的规诫、警示、潜移默化作用或也不无相关。

（2）借佛教现象来宣说人生哲理，表现出潮汕人的族群心理，这就是做人处世通达、辩证、实际；褒贬人心世事，既显得辛辣、一针见血，又颇具幽默感。

潮汕历史上寺庙林立，僧尼众多，法事兴盛，民众触目可见、随耳可闻，自然而然会把一些生活感受和经验与这些佛事即兴联系起来，创作出脍炙人口的佛化俗语，借佛事来表达人生哲理，反映民俗风情。这类俗语从内容上说有的也一定程度地反映佛教教义内容，但更多的则与佛教内涵无关，只是假借了佛教文化事相来说理抒情。也就是说，潮汕民众在生活中积累了大量的经验和哲理，它要通过感性的、触目可见的、通俗易懂的事相表达出来，使人能够迅速领悟其含义，兴盛的佛教文化正好成为这些生活经验和哲理的合适载体。这样，大量的涉佛俗语也就出现了。

---

① 王明编：《太平经合校》，北京：中华书局1960年版，第60页。

② 笝，一种用竹篾编成的器物，以盛谷物薯芋等之用，以绳索竹片圈扎，谓之箍。如笝中之物过多，就会使箍爆断，整个笝就会四散。

这种涉佛俗语数量丰富、内容多样，充分体现了潮汕民间的生活智慧和爱憎情感；其修辞手法除比喻外，兼用白描、双关、拟人、夸张、对偶、借代等，语言表达简洁、形象、生动，是一种具有强烈本土性的口头文学。

借佛教现象来宣说人生哲理。例如：

“做人着（应）看破”：佛教有看破红尘之说，意指人生要豁达超脱。

“好事唔（不）出门，孬事众人传”：本语来自禅籍《景德传灯录·绍宗禅师》，说明负面新闻更容易吸引人的耳目。若要避免这种情况的出现，做人最好本分一些。

“西天佛唔如土地伯”，意思是官大不如管大。潮汕一直以来以农业为主，农村中田间地头遍布土地庙，敬土地神，供奉之勤，甚至胜于拜佛，故有此语。认识到这一层，自然是处事练达的体现。

“观音生雅（美）一块（处）败”：惋叹事物的美中不足。观音被古代潮汕人看作是古典美人的典范，可惜双脚不是三寸金莲。这说明任何事物都不可能是十全十美的。

潮汕人处世讲究实际。所谓“多钱多功德”，比喻花的钱多或付出得多，得到的实惠也多。又如“看山掠（捉）龙，看佛诵经”，比喻人应当结合实际来与人相处，讲究说话的艺术。例如，有些人经常做事不看场合，说话不经思考，人家会劝他：“你着看山掠龙，看佛诵经，勿得失别人。”“一句秃驴骂通庵”，比喻说话不注意，因此伤及或打击很多人，与“一篙打倒一船人”相类似。诸如此类的俗语很能看出潮汕人的处世态度之一斑。

在假借佛教事相来褒贬生活现象的俗语方面，除了如“官正过佛”（形容做官非常正直）及“诚心赢过（胜过）食斋”等正面褒扬外，绝大部分是“贬”，通过对某些人心世事的贬斥、讽刺和批判，从反面高扬伦理道德观念，具有嫉恶如仇、匡扶正气的心理特征。如对表里不一、两面三刀的人的批判：“嘴念弥陀手骑（持）刀”，喻人面善心恶，佛面贼心。“弥勒佛哭瘦”，中国寺院中的弥勒菩萨形象肥胖，喻装穷叫苦；“好就观音样，孬就难唐像”。潮俗称韦驮菩萨为“难唐”，“意谓对方如果循规蹈矩，此方则以观音菩萨之慈悲态度相待，否则以韦驮之金刚降魔杵相飨也。又有谓喜怒无常之人，时而如观音样，或时如‘难唐’像之无定也”①。“逢佛烧香，逢贼骑枪”：斥无立场，遇事随风倒，只图眼前利益。

潮汕人言行举止讲究稳重、妥当、有效率，故有“抢孤”一语：比喻人处事慌张着急；或如“闲时唔烧香，急时拗折佛手”，指批评人平时毫无准备，临事时手忙脚乱；“烧香拗折佛手”：喻把事情办砸了。说话极讲究谦和有修养，“有钱修庵寺，无钱修嘴鼻”：表面上理解是指愿意行善，捐钱给庵寺，却不愿意改变自已开口乱讲话或恶语伤人的习惯，而“恶口”戒也正是佛家戒律之一，所以谴责一个人说话不经思考或不讲口德：“你支嘴知好收杀，有钱修庵寺，无钱修嘴鼻（你闭嘴吧，说话都不经思考的，太伤人了）!”“诬佛偷食鲑”：意谓诬蔑人以绝无之事。“鲑”是一种盐渍的小鱼小虾，为一种普通价廉的荤物，用于配白粥。说佛会偷吃这种东西，自是不可能的事。

诸如此类的佛化俗语，不胜枚举。

---

① 释慧原：《潮州市佛教志·潮州开元寺志》，潮州开元寺1992年内刊本，第984页。

三、俗语中的潮汕佛门

（一）关于潮州开元寺

“阔过开元”：喻地方广阔。

“歇个开元”：“歇”字潮音读“蛇，八声”，意为相差、差欠。潮人谓缺钱为歇钱，说某件事物与实际情况差距大，或跟实际要求还差得远，就形容为“歇个开元”。

“去掉个开元楼主”：以开元寺之庞大喻损失之重大。

“开元内一大佛”：潮音果核的“核”与“佛”相同，此谐音果核大。

潮州开元寺自唐代始就作为一郡官寺，经过多次修建扩充，规模日渐庞大。北宋全寺凡五百楹（五百间房屋），已“于浮屠为冠寺”，南宋寺中拥有三十六子院，其面积更为壮观。明代以后虽寺地屡为士民所占，但其规模之大在潮汕各寺院中仍属首屈一指。而今，曾经地广百亩的寺院仍有四十多亩，为全城最大寺院，也为潮汕影响最大的寺院，还是潮汕现存的历史最为悠久的寺院，正因为其寺大佛大，诞生了以上俗语，而这些俗语也凸显了开元寺在潮人心目中的崇高地位。

（二）关于潮汕僧尼形象

潮汕佛教盛行，佛菩萨在潮汕人心目中有极为崇高的地位，僧人也备受尊崇；明清以后，潮汕佛门日益世俗化，僧尼戒律弛废，行事乖张，民众对某些佛门现象很不“感冒”，所谓“向来少高僧，四众难生敬”，僧尼及其生活也就成了俗语中调笑贬损的料子。“十个回匠（和尚）九个破相”：取笑出家人长得似歪瓜裂枣，道出了佛门颓废，成了老弱病残的收容所这一令人痛心的现象。“和尚合阿奶——个好个愿”：讥笑僧人与妇人两情相悦，暗示僧人破色戒现象非常之普遍。“和尚无生理（生意），拆庵重外（重新）起”：喻事情办不成功，就从头做起。但此语本身揭示了潮汕世俗化僧人的一个普遍做法，一个寺庵香火不旺时，僧尼就会重新大兴土木，或重修，或改建，然后向善信化缘，以达到敛财目的。在僧尼看来，反正此事是“周瑜打黄盖——一个愿打一个愿挨”，这种现象自古以来就屡见不鲜。改革开放后，潮汕佛门大兴土木，几百座寺院拔地而起，富丽堂皇，而近年笔者在田野调查当中，就发现有不少好端端的寺院又借各种名目改建重修，浪费虔诚而善良的信众的钱物，这正好印证了上面那句话。又如“六月鲤鱼，七月和尚”：鲤鱼六月已经长得很肥美，而农历七月整个月，正是潮汕所谓的“鬼月”、“鬼节”，善男信女们会到庙里大做施孤普度法会，有了做法会的诸多钱物收入，和尚也自然养得肥胖起来。把鲤鱼与和尚的“肥”联系起来，幽默风趣之中却暗含着对和尚寄生生活的嘲讽。

四、佛化俗语举隅

潮汕佛化俗语数量庞大，我们自然无法完全搜集掌握，在此仅罗列其中一部分①，并加以简略分类和一定解释，让读者欣赏、研究，以见潮汕佛化民俗文化深厚之一斑，同时也期待同好者共同参与补充、批评纠正。这些俗语可以分为两种，一种是直接使用佛教经

① 所列俗语来源于潮汕文化网、释慧原《潮州市佛教志·潮州开元寺志》及笔者指导下学生的田野调查。

典用语，直接使用其原义或作意义的引申。另一种是对佛教用语的再创造，形成具有本土色彩的成语、谚语、口头语、歇后语等。但无论哪一种，都蕴含了丰富的潮汕地方文化，都值得我们深入研究挖掘。

（1）直接使用佛教经典术语或佛门用语。这些词语有的取其本义，有的则发展出特殊的含义。例如：

参详：意指商量。其谐音即“参禅”。

人相：指人的面貌、品质等。佛家用语中“人相”原指异于动物的人类，是人类执着的“我人四相”之一。

破相：毁容或生病。佛家用语“破相”指勘破一切法无自性的本质：“破相者，谓一切染净之法，悉皆因缘生，以因缘生故无自性。”① 破相作为毁容是通用的用法，如潮语“十个回匠（和尚）九个破相”，但作为“生病”解则是潮语独有的，如“某人今日无来上班，伊破相（生病）了”。

众生：指牲畜，如“饲众生（喂养牲口）”。佛家原意指一切有情感的生命。

看破：看破红尘，达观洒脱。

心地：心肠。佛家用语“心地”指心，所谓“心为万法之本，能生一切诸法。故曰心地”②。

佛量：形容人宽宏大量。

东司：潮汕农村的厕所之称。佛家用语“东司”最初为唐宋寺院所发明，谓“禅林东序之厕也”③。久而久之就约定俗成地称厕所为东司。潮汕东司之称显见来自佛教的称谓。

前世有修：称赞人的生活质量高。佛家认为有前、今、后三世，之所以今生生活好，是因为前世有修行。

一人传虚，万人传实：本无其事，传说者多，大家就信以为真。此语来自禅籍《景德传灯录·契纳禅师》：“僧问：‘如何是东禅家风？’师曰：‘一人传虚，万人传实。’”

凶拳拍唔得笑面：指再凶的拳头也打不到笑面上。来源于禅籍《续传灯录·泉州云台因禅师》：“僧问：‘如何是和尚家风？’师曰：‘嗔拳不打笑面。’”

（2）涉及佛教的本土化的俗语。

抢孤。

做功德或做斋。

讨债仔。

做积恶。

后世着哑。

勿累子累孙。

积恶笞爆箍。

---

① 丁福保编：《佛学大辞典》，福建莆田广化寺 1990 年内刊本，第 1608 页中。

② 丁福保编：《佛学大辞典》，福建莆田广化寺 1990 年内刊本，第 703 页中。

③ 丁福保编：《佛学大辞典》，福建莆田广化寺 1990 年内刊本，第 1247 页上。

生仔无肚脐（或无头壳）。

死后乞（给）阎罗王扣（敲）三下憨浪槌。

诚心赢过（胜过）念斋。

十个回匠（和尚）九个破相。

逢佛烧香，逢贼骑枪。

西天佛唔如土地伯。

多钱多功德，少钱照少则。

看山掠龙，看佛诵经。

有钱修庵寺，无钱修嘴鼻。

和尚无生理，拆庵重外起。

修行十年，破戒一时。

嘴念弥陀手骑刀。

歠个开元。

阔过开元。

开元内一大佛。

狼心狗行佛祖面：意思同开元内一大佛。

食斋补积恶：指坏事做尽还想冒充好人。

食斋配虾：做人做事虚伪。

人生唔知足，唔如骑鹤上西天：人生不知足，不如死掉算了。

食三两菜脯就想上西天：潮语称萝卜干为“菜脯”。讥人小有作为就自命不凡，不知天高地厚；或形容人异想天开，稍作努力就想有大成就。

上世有修，正（才）出世在潮州：潮州是一个福地，有福有修的人才能居住。

挽（拎）屐缀（追）唔着人走庵：农历正月或七月，潮人成群结队到庵庙去拜祭，称为“走庵”，喻做事总是追赶不上别人。

咳嗽多过读经（或咳嗽多过唱曲）：喻正的不如偏的，或主要事务不如次要事务。

哰经扣（课）诵：讥人说话啰唆、烦琐。

照字读经：喻办事刻板。

大家（婆婆）无好样，媳妇缀和尚：类似于上梁不正下梁歪之意。

称心到在唱连啰曲：形容人高兴时嘴里哼着无字曲，洋洋自得的样子。“连啰曲”是戏曲中的和声，这种帮声的习惯在宋元南戏中就有，潮剧和潮州歌谣至今仍有这类和声。饶宗颐先生认为这一类和声“是从《悉谈章》的‘鲁流卢楼’而来的，演变为唐人《渭城曲》的‘刺里离赖’。原出于佛家《涅槃经》文字品”①。

有钱来看戏，无食去抢孤：施孤时的戏是演给有钱人看的，没有钱的人却无心看戏，只想抢孤。

放掉面桃去抢饼：面桃与饼属同类食物，喻放弃眼前利益去争取别的利益，并不

---

① 饶宗颐：《〈明本潮州戏文五种〉说略》，饶宗颐：《饶宗颐潮汕地方史论集》，汕头：汕头大学出版社 1996 年版，第 359 页。

合算。

留你罗奉佛：喻不再跟你客气，不让你留在那里神气。

个肚斋过西天佛：很久没有吃到肉。形容一个人穷困窘迫。

烧香拗折佛手：喻把事情办砸了，也指好心办坏事。或“未曾烧香，先拗折佛手”。如“你做你去唔闲别个，烧香拗折佛手”（你去忙你的，这样越帮越忙）。

歪嘴和尚，念歪嘴经：指说话歪曲了本来意义。

鸡啼狗吠，神佛归位：意思是时候已到，一切就绪。

双头做斋霸无饼：讥讽那些精明而贪心的人最后被人唾弃，得不到好结果。潮汕地区有一个风俗，即凡参加做斋祭祀者可分到一份斋饼，每人只准分一份。传说一乡民贪心，想多得第二份饼，在两个祭坛各参加祭拜，被人发现了，分饼时，这边说他在那边做斋，应去那边分饼，那边的说他在这边做斋，应去这边分饼，结果两边都不肯分给他。

斋过和尚或斋过尼姑庵：喻无油水。

鹤是阿娘骑的：阿娘即观音菩萨。“鹤”为潮语“好”字的谐音。意谓你虽应“好”却不可信为应诺之“好”，这“好”就是空话。讥人无信用。①

括金哩有，贴金哩无：“哩”为潮语助词，作“就”字解。喻只有揩油分肥，却没有帮助增益。

夭饿鬼像：“夭”潮语为饥饿，饿鬼是六道众生之一，常受饥渴之苦。此讥性急口馋之人进食时的不雅之相。

别峰阿娘，望着住（就）显：潮州凤栖山别峰寺供观音菩萨。本句意思是从别峰山上能望得到的地方，观音菩萨便能保佑。

企在肩头摸唔到耳：意思是站在佛的肩膀上却摸不到他的耳朵。

和尚擎雨遮（伞）——无法（发）无天。

和尚庵借虱蓖（梳子）——行错门。

阎罗王跋（跌）落殿——笑死鬼。

死啊唔知哒——会如好。

啊唔知臭初——惨在后。

开元营金刚——散来。

和尚头找虱母——免想。

和尚头姿娘脚——耐寒。

和尚合阿奶——个好个愿。

和尚灯笼——无姓（性）。

和尚抹粉——白驴（白驴意为白干）。

和尚拍倒饮——成狗财气。

金刚扭到脚——大绌。

金刚相拍——大捞。

买尾咸鱼去放生——不知死活。讥人盲目妄为，不知进退。

---

① 释慧原：《潮州市佛教志·潮州开元寺志》，潮州开元寺1992年内刊本，第987页。

斋堂猫——唔捌（不曾）食腥。喻收入有限。

师公和尚——唔同道。其中师公即道士，比喻志不同道不合。

第四节 潮州斋菜

潮菜和潮汕小吃非常闻名，外地人来潮汕旅游，自然不能错过。另外，如果有机会，建议也品尝一下潮汕素菜，这是一种业已登上大雅之堂而又独具特色的菜肴，它不仅是一种绿色环保食品，难得的是它还物美价廉，品尝过后令人赞不绝口，齿颊留香。这些素菜馆在潮汕三市市区均有经营，但以潮州市和汕头市为多。例如，潮州市区，在粤东首刹开元寺大门对面就有两家素菜馆，颇具规模。其常备菜式有 60 多款，特约制作的有 200 多款，可谓色精味美，一向口碑极佳，为旅游者和进山烧香者所津津乐道。这种进入商业化运营的素菜馆的开设，与潮汕深厚的佛教文化传统密切相关，其历史发展自有一个曲折的过程，因而此处有必要探讨一下其前世今生。

一、潮菜与潮州素菜

中国人讲究现世的生活质量，其最直接的表现就是讲究饮食和烹调。讲究饮食在中国历史之悠久，可以追溯到春秋时期甚至更早。中国有一句俗语，叫做“民以食为天”，大概说的是不仅要吃饱，而且要吃好。吃饱自是理所当然，关键还要吃得好，所以孔子才会有“食不厌精，脍不厌细”之教诫。普通中国人都会烧得一两道好菜，就是饺子、包子、面条这些家常食物，也能做得脍炙人口，由此中国菜驰名全世界。中国菜又有“四大菜系”（鲁菜、川菜、苏菜、粤菜）和“八大菜系”（鲁菜、川菜、苏菜、粤菜、闽菜、浙菜、湘菜、徽菜）之分，但不管是哪种分法，粤菜均占其一，这充分说明广东人尤其讲究吃，会做菜。潮州菜虽然归入粤菜流派，却又自成系统，有与广东其他地方不同的特色。其名气之大，似乎已成为一个响当当的招牌、一个独立流派而饮誉世界。或许，这与潮汕人作为“东方的犹太人”而移民世界各地有关，但客家人和广府人也是这样。因此，潮州菜必有自身的特点，方能脱颖而出。

潮汕文化的特色首先表现在其独特的地理环境上。潮州地处亚热带，南临大海，海产丰富。潮州菜最突出的特点，是以烹制海鲜见长。选料考究，制作精细，至于酱碟佐料，要达到新鲜美味，清而不淡，鲜而不腥。潮菜的烹制方法极为丰富，主要烹调法据说有：炆、炖、煎、炸、灼、烧、炊（蒸）、炒、泡、扣、清和淋等十多种。有了这些烹制方法，加上潮州人的锦心绣口，别说海鲜或其他名贵食材，就是三棵白菜，两个竹笋，也可以做出一大桌观感、口感不同的菜品来，这丝毫不夸张。有人总结出潮州的特色，这就是注重色、味、香、形、器、酱，具有清、淡、鲜、嫩、巧、雅等特点。其实总特点就是一个字：精。

潮州菜虽以烹调海鲜等荤菜著名，然而精于烹饪、对“食”字有着独到领悟的潮汕人，也能把素菜做得色香味俱全，令人食指大动，赞叹不已。“素菜”一般定义为菜肴流派之一，通常指用植物油、蔬菜、豆制品、面筋、竹笋、菌类、藻类和干鲜果品等植物性原料烹制的菜肴。潮州菜用料广博，有人总结出“三多”的特点：一是水产品多；二是素菜式样多且独具特色；三是甜菜品种多。其中第二点说明，潮州菜中的素菜的烹制方法比较特殊，它往往通过肉类烹制而成，上席时见菜不见肉，是素菜荤做，使它达到“有味使三出，无味使三入”的境地，让蔬菜软烂不糜，鲜美可口，素而不斋。名品有八宝素菜、厚茹芥菜、玻璃白菜、护国菜等数十种，是广东菜中素菜类的代表。

我们这里所谓的“潮州斋菜”，自然是潮州素菜中的一类，但在内涵上有所特指，指的不是为了饮食均衡、身体健康而进行荤素搭配的一般“素”菜，也不是因为经济状况不允许而只能以青菜、豆腐等佐餐的“素”菜，更不是“素菜荤做”的“新潮素菜”，而是出于宗教观念，主要是由佛教观念形成发展起来的具有潮州风味的一类菜肴，它是潮州素菜形成的始基，潮州素菜就是在潮州斋菜基础上发展起来的。在此以潮汕人的习惯用词“斋菜”来指称，即是为了区别于上述一般化的泛指。

二、潮州斋菜源流

（一）斋菜与斋戒

斋菜来源于吃斋，吃斋来源于古代宗教仪式的“斋戒”观念。斋戒在世界各地宗教文化中同样存在。在中国，斋戒主要用于祭祀、行大礼等严肃庄重的场合，以示虔诚敬穆。斋戒包含了斋和戒两个方面。“斋”字于《古经传》中与“齐”字通用，系取其“齐一意志”之义。《礼记·曲礼》谓：“齐戒以告鬼神。”《礼记·祭义》谓：“致齐于内，散齐于外；齐之日，思其居处，思其笑语，思其志意，思其所乐，思其所嗜。”《易经·系辞注》亦云：“洗心曰齐，防患曰戒。”“斋”主要指沐浴更衣、不饮酒、不吃荤。“戒”主要是指戒游乐，比如不与妻妾同寝，减少娱乐活动等。在孔子《论语·乡党》的“食不厌精，脍不厌细”这两句著名话语的前面，还有两句话常常被人忽略，这就是“齐必变食，居必迁坐”，讲的也是“斋”与“戒”两项；《孟子·离娄下》也有“虽有恶人，斋戒沐浴，则可以祀上帝”之谓。这说明在中国古代文化中就有这样的传统，在某些重大节日、重大场合尤其是宗教祭祀仪式当中，应该做到约束身心、精神洁净，与此相应的礼仪就是持斋持戒。持戒姑且不谈，就持斋而言，这种文化遗存今天依然能够见到。例如，在中国传统的节俗文化中，不少地方包括潮汕，尚保留大年初一持早斋或持一日斋的习俗，因为在这一日要祭祀天地或拜祭祖先，要虔诚。当然，其后因为佛教的流行和影响，在此日也到寺院拜佛，于是又衍生出农历元旦持斋一日等于一年功德之说。

由此可知，持斋习俗在中国源远流长，与宗教仪式中保持身心洁净、虔诚庄敬有关。

佛教在其形成之初，就制定了包括“不杀生、不饮酒”等各种戒律，不仅显示慈悲和智慧，也有摄守身心之意，而“斋”原意指的是“过午不食”，与中国古代的斋戒目的相似，其旨也在于清净身心，而慎防身心之懈怠，与吃不吃肉无关。譬如佛教徒可以吃“三净肉”（不见为己杀、不闻为己杀、不疑为己杀之肉），可见并不完全限制吃荤。佛教传入中国后，到梁武帝时，作为佞佛的皇帝曾撰写《断酒肉文》、《净业赋序》等，极力提倡禁食酒肉。正因为他的提倡，汉地僧尼从此只能茹素，不许吃肉。这成为中国汉地佛教的特有戒律和文化传统，而这才是日后形成素食文化的真正源头。

唐宋以后，佛教徒这种素食传统也深刻影响了其他宗教包括民间宗教，诸如摩尼教、白莲教、罗教、一贯道等;[1] 这些民间宗教所建立的场所，一般被称为“道堂”或“斋堂”。这些斋堂善信均持斋。明末至1949年新中国成立之前，潮汕乃至潮州城区还有不少这类的斋堂，清初蓝鼎元就说过潮阳有“白莲教、天主教、无为教，又有后天一教”[2]，民国时期的斋教、真空教、一贯道等道门盛行潮汕各地，潮州市区从新中国成立后到1960年仍有三个斋堂：保盛堂（在庵巷尾）、保顺堂（在庵巷尾）、延福堂（在东下城脚），住众全系女性，都没有落发，其中“保顺堂”条谓“共二户，一户（5人）参加天道教”[3]，则保顺堂有可能属先天道斋堂。斋堂的性质及其所建的年代，不少已无考；当然，在潮州，在家学佛者众，居士佛教向来鼎盛，一些斋堂的性质其实是白衣私人佛堂，即居士佛堂[4]。与佛教寺庵一样，对素食文化的建立也起到不小的作用。正如上述，其素食习惯和戒律，直接或间接地受到佛教的影响。

（二）佛教与潮州素食之风的形成

佛教于南朝传入潮汕，盛行至今一千多年，其宗教观念逐渐深入人心，创造出多种多样的佛教民俗文化，斋菜文化就是其中之一。

潮州长期以来作为粤东政治、文化中心，也是佛教弘化的首善之区，佛风一向浓厚。潮州城区（不包括凤溪区和意溪区）自唐代以来所建寺庵将近100座[5]，其中尼庵超过35座。寺庵之多、之密，是潮汕其他城镇所不能望其项背的。资料所限，我们无法统计历朝历代每个时期的寺庵数量和僧尼人数，但有一条有关新中国成立前夕的资料，可让我们对此有个大致了解。其时潮州城计有男僧寺庵16处，尼庵20处，男僧67人，尼232人[6]，对于一座远不到10万人的小县城[7]，僧尼人数在人口总数中占的比例是非常高的（至于斋堂数及人口则无法统计）。这还是经过几十年各种战乱、饥荒等天灾人祸后的寺庵、僧尼数目，可以想象其在升平时期的佞佛景象之壮观。我们现在还可以从潮州城内保留下的佛化地名及文化遗迹上感受到其崇佛氛围。佛教地名计有：甘露坊、弥陀佛井巷、王姑庵

---

① 唐代，摩尼教初传中国，并不素食，“其法日晚乃食，敬水而茹荤，不饮乳酪”[（唐）李肇撰：《国史补》卷下]。会昌五年（845）唐武宗灭佛，摩尼教受到致命打击，五代之后，转入地下，演化成民间秘密宗教，教徒们“依浮屠氏之教”，“不食荤茹”（《旧五代史》卷10），被官方称为“吃菜事魔教”。创始于明代成化年间的罗教，是一种有佛教背景的民间宗教，尤其与禅宗有深刻的渊源，其创始人罗梦鸿（1142—1527）曾皈依佛门，阅读过禅宗一类的经卷，其“悟道”过程也与禅悟有些相似（参见马西沙、韩秉方：《中国民间宗教史》第五章“罗教与五部经典”，北京：中国社会科学出版社2004年版，第132～188页）。罗教由明及清在全国各地不断演化，产生了斋教、大乘教、无为教、龙华教、金童教、观音教等多种派系，明清以来潮汕地区就有不少斋教、无为教和金童教的斋堂。

② （清）蓝鼎元撰，郑焕隆编：《蓝鼎元论潮文集》，深圳：海天出版社1993年版，第86页。

③ 见中共潮州镇委员会统战部《本部有关市镇1955年至1960年宗教沿革史及开元寺徒名册》（统战第113号全宗1、案卷23），潮州市档案馆藏。

④ 释慧原：《潮州市佛教志·潮州开元寺志》，潮州开元寺1992年内刊本，第988～999页。

⑤ 据释慧原《潮州市佛教志·潮州开元寺志》统计为98座，见其“潮州市佛教寺庵创建朝代一览表”，第54～56页。近年来经学者研究挖掘，数量仍有增加。

⑥ 数据来源于1951年12月的统计，见释慧原《潮州市佛教志·潮州开元寺志》第49页“潮州市佛教寺庵人数统计表”“附注”。

⑦ 潮安县城并无新中国成立之前的人口统计数据，但据《潮州市志》载，“民国二十八年潮州县城沦陷前夕，全城共有10万人左右，沦陷后减少为2万多人，民国二十八年逐渐回升至4万多人，民国三十二年因饥荒造成人口外流和饿死，全城区仅剩下1.2万人”（潮州市地方志编纂委员会编：《潮州市志》，广州：广东人民出版社1995年版，第1737页），因此我们猜测直至新中国成立之前，人口也恢复不到10万人。

巷、母仔庵巷、施茶庵巷、佛道巷、庵巷、斋公围等；又“城外八景”的“龙湫宝塔”、“北阁佛灯”，“城内八景”的“古刹梵音”、“波罗拜石”、“丹霞异香”、“莲井午照”6个景观均与佛教有关。

寺庵林立，信佛者众，素食之风自然盛行。民间素食之风起于何时，虽无法得知确凿年代，但从一则“食斋李”的资料或可得到某些启示。

在潮州市北门大下处巷有李姓人家，历代家规，凡男子必须持素，人称其家为“食斋李”。据其家人相传，明末李家先祖，素崇佛，与其他二人外出经商遇盗，财物被抢不算，人也受伤严重。三人被推下水，临危之际呼佛求救，恍惚之际见观音菩萨现身，遂觉浮于水上，得不下沉。漂至一处上岸后，见一破庙，庙中有一抱小儿的佛像（送子观音），一香炉，两个供碗，碗中有清水，三人分饮后得不饥，七日后伤也渐愈。李家先祖对佛像发愿：如邀慈佑，得还家乡，为商获利，当令世代男丁持斋奉佛，以报殊恩。后与二人求乞还家，不数年，竟致巨富。广置田产，又自建佛堂奉佛。为答谢佛恩，李姓家人男丁世代持斋，不敢稍违，而男女婚嫁如常，历三百余年如一日。其后代子孙有在商铺中打工的，店东会特地关照做饭的专门为他们另做素菜。因为在潮人看来，破人斋戒是一种罪过。某房有三岁小儿，随母外出做客，主人喂以荤物，当即呕吐净尽。“文革”期间有一李姓家人，在工厂做工，被革命群众逼迫开荤，当下大呕不止，群众乃令其回家了事。

此则资料是慧原法师根据自身的调查采访写成的[①]，原文更加详细，可参看《潮州市佛教志·潮州开元寺志》。

明末、持斋、家传，这三个关键词概括了上述这则传奇故事的内容。这在崇佛之风浓厚的潮州并非个别现象。明代状元林大钦说：“大江之北，男人念佛，而江南女妪礼佛，焚香布施，求福利益，潮妪尤甚。巨家慈子，类供具以为亲欢。盖其俗更千百年莫之有改矣。”[②]“潮妪尤甚”，明代潮州中老年妇女信佛蔚然成风，产生了许多佛化家庭家族；“巨家慈子，类供具以为亲欢”，巨富人家，常以香花果品供佛；那么在家念佛、持斋，积累功德，也就不在话下。不少信佛长辈鼓励甚至规定家人持戒吃斋，已成为家族传统，直至今天的潮州也屡见不鲜。说潮州民间素食之风起于明代，必不为早。

信佛持斋，除了家常素菜外，自然诞生了一些特别的菜品菜名，譬如罗汉粿、罗汉粥、罗汉菜等。出家人的果证目标为罗汉，在家信徒目标为菩萨，罗汉自然与僧人联系起来，这些菜名意指僧尼吃的菜色，自然就是素品。罗汉粿是粿品，以糯米粉加蒸熟地瓜揉为皮，裹以甜馅，制成球状或扁圆状并油炸。这种粿品，民间有裹以绿豆蓉的，外白内黄，称为“素鸟蛋”，的确与鸟蛋很相似。罗汉粥即腊八粥，以多种谷物、豆类加糖熬成。农历十二月初八为释迦牟尼成道日，潮俗各庵寺必煮罗汉粥以供佛，并馈送檀越施主。

罗汉菜即以某种蔬菜（白菜、芥菜等）为主，配以香菇、草菇、腐竹、面筋、笋片等合煮而成，为大寺院日常主要菜品。烹调简便，又能供应多人膳食[③]。说白了，与罗汉粥一样，这就是一种大杂烩，是为了应对多人的饮食，目的是省时省力。在潮汕素食菜谱中

---

① 释慧原：《潮州市佛教志·潮州开元寺志》，潮州开元寺 1992 年内刊本，第 998～999 页。
② （明）林大钦撰，黄挺校注：《林大钦集》，广州：广东人民出版社 1995 年版，第 122 页。
③ 释慧原：《潮州市佛教志·潮州开元寺志》，潮州开元寺 1992 年内刊本，第 991 页。

享誉盛名的“八宝素菜”①，其实就是仿照罗汉菜的做法，只不过用料更为讲究，再加入荤类上汤，素菜荤做而成的。

（三）庵堂与潮州斋菜门类形成之关系

当然，这些仅仅是寺院或家常的大众素食，单凭这些，素食文化肯定无法形成。佛教兴盛、寺院众多的情形，全国各地甚多，却未必真正产生出素食文化，素食文化的产生必有特殊的原因。我们认为，潮州之所以发展出素食文化，除了潮人讲究饮食善于烹饪、佛教兴盛等大环境因素，以及大寺院如开元寺、灵山寺等所产生的一些素食保留菜品，更主要的是与尼庵、斋堂的生活密切相关。具体来说，与庵堂的日常宗教生活及其人际交往等因素相关。

潮州城区的庵堂，与乡间一般男众小寺院有点不同。明清以后，潮汕不少乡间小寺院戒律废弛，僧人无所顾忌，除饮酒吃肉外，甚至还抽鸦片②。但在城市生活的比丘尼或斋婆、斋姑，不管是出于信仰出家，还是因身世、境遇比较坎坷而出家，都较诚心向佛，晨钟暮鼓，持斋念佛基本上都能做到。退一步说，即便未必为了诚心学佛，但为了得到信众的崇信和供养，免得俗家人说三道四，一般戒律也还严格遵守。不然藏污纳垢，浑浑噩噩，在人口相对集中的城市可能就无法长期立足。清代有关一名曰“保顺堂”的斋堂资料，足能说明这一点。

> 紧贴波罗房，有女斋堂，曰“保顺堂”，内有中年斋婆为堂主。凡郡中妇女，有愿终身不字，及所失夫，与不得其夫而失所者，先与堂主拟定，或三十、五十元，或一百、二百元，付堂主置业，然后进堂，便茹素断晕（荤），一生衣食，悉出堂主。而所事女工，亦归堂主。规戒极严，虽三尺小童，不能进一步。堂联云：“庭院开时，只许清风入座；帘栊深处，还嫌明月窥人。”即此一联，斋堂之规成（戒）可想见矣。③

“虽三尺小童，不能进一步”，一座斋堂，其规戒尚且如此之严，更遑论尼庵。事实上，绝大部分尼庵的戒律都比较严格。例如，创立于康熙六年（1667）的慧清室④（后称为慧清庵），尼师海度、海玉于顺治年间“髫年披剃”、“持素焚修”，一心向佛，为时任潮州知府的吴颖所敬重，“喜舍俸资”修造庵堂，康熙三十八年（1699）又募数十位女信

---

① 潮州菜中的“八宝素菜”，主要用莲子、香菇、干草菇、冬笋、发菜、大白菜、腐竹、栗子等八种植物性原料，经用上汤精心烹制而成，滋味无穷。因为它深受食客的喜爱，还诞生了一些传说。据说古时候曾在潮州府城开元寺举办一次厨师厨艺大赛，参加比赛的均为潮汕一带的寺庙厨子。在比试中便有烹制“八宝素菜”这一项。有一位意溪别峰寺厨子，他知道“八宝素菜”是一道素菜，要使得味道鲜美，一定要荤做。也就是用素的原料，再用肉类去炆炖，素与荤结合起来才可口，否则便清淡无味。但又不可能明目张胆用荤，怎么办呢？这位厨子想出了一个好办法。在比试的前一天，他在自家先用老母鸡、排骨、瘦肉熬了浓浓的一锅汤，把一条干净的毛巾放进锅中煮，再把毛巾晾干。第二天比试的时候，他把这条毛巾披在肩上，带进赛场。当他烹制“八宝素菜”这道菜时，便把肩上的毛巾放进锅中煮片刻，让毛巾中的肉味溶解到锅中再把毛巾取出。结果这位厨子烹制的“八宝素菜”获得第一名。这虽然是个名不见经传的传说，却表明了潮汕素菜与寺庵的极深渊源，以及民间对素菜进行再创造的相互关系。

② 蔚云：《澄海佛教素描》，《人海灯》1936 年第 3 卷第 11 期。

③ 林大川著，彭妙艳点校：《韩江记》卷 6“波罗房”，郑州：中州古籍出版社 2000 年版，第 95 页。

④ 康熙三十八年《慧清室碑记》，碑今在慧清庵大门内左墙，高 2 米，宽 0.62 米。

众重建，若非持戒坚贞，安能如此？唯其如此，诸如创建于明代或清初，历史比较悠长的慧清庵、敬善庵、万德庵、长寿庵、万寿庵、来龙庵等十几座潮州尼庵，方能维持到今天而门风不坠。

在庵堂的诸多戒律方面，素食是最基本的，也是实行起来比较彻底的。“进堂，便茹素断晕（荤）”便说明这一点。那么，庵堂的素食与一般寺院如开元寺等又有什么区别？为什么说它才是潮州斋菜的主要催生地？

首先，尼师或斋姑们善做素菜，那是老一辈潮州人人所共知、津津乐道的。先引一段文章为证：

> ……她们擅长做斋菜，如做假鱼、假鸡、假鹅，堪与荤菜相媲美。譬如假鸭，为了求形似，做法相当巧妙，先将腐竹用清水泡浸，再用纱布将它包扎成鸭子模样，放入开水中煮熟，解开纱布之后，腐竹上的布目便成了遍身鸡皮疙瘩的“熟鸭”；再按鸭做成各式各样的菜。做菜时，她们也注重色、香、味、形……①

其次，我们结合文献和田野调查资料，说明庵堂与斋菜门类的形成之间的关系。

第一，明代以后尼庵及住众数呈上升趋势而僧寺及住众数则呈下降之势。据释慧原《潮州市佛教志·潮州开元寺志》“潮州市佛教寺庵简介”一节得知，潮州明清以来尼庵总数为35座，扣除寺庵兴废因素外，城区也起码常有25座以上尼庵在运作。而明末清初男寺起码在40座以上，人数也较多，但此后不少男寺因各种原因（如经济因素、法嗣因素等）转为尼庵，住众也大为减少，此消彼长，慢慢情况发生了倒转，尼庵数及尼众数均超过男寺及男僧数，尤其到了民国时期。上揭资料谓“潮州城计有男僧寺庵16处，尼庵20处，男僧67人，尼232人”，但其实一些男僧寺庵已无僧人住持，实际只有8处，尼庵有人住持的则有18处②。在城区男僧67人当中开元寺就占50余人，其余7处男寺各仅有一两个人。是故除开元寺以外，明代尤其是清代遍布的尼庵及众多的尼师，对潮州的社会文化生活影响更大。

第二，各庵堂人口适中。庵堂的格局都不大，绝大部分是民居改造而成，几乎与民居无甚区别，住众几人至数十人不等，平均十人左右。尼师除了举行应有的宗教仪式外，关起门来，更像一个普通家庭那样生活。那么，在饮食上就可以精心安排，比较讲究。既不像一两个人的寺院那么单调，又不像大寺院那样比较粗糙。

第三，住众为女性。女性对饮食一般要比男性考究些、挑剔些。既然只能是素食，也希望做得口味好一些、精致些。

第四，有些尼师、斋姑出身于富贵人家。譬如宝寿庵，俗称“姑嫂庵”，是晚明礼部尚书黄锦为女、媳出家而建的；望云庵，又称“王姑庵”，传为明末郡主出家处③；又如城中有些大户人家，其女一心信佛，誓不出嫁，父母出于爱女，只能遂其所愿，为之购房

---

① 蔡泽民：《潮州风情录》，北京：中国民间文艺出版社1988年版，第175页。

② 据释慧原《潮州市佛教志·潮州开元寺志》“潮州市佛教寺庵人数统计表”统计，第47～48页。

③ 林大川著，彭妙艳点校：《韩江记》卷7，郑州：中州古籍出版社2000年版，第123页。

改造为庵堂，或干脆舍家居为庵堂，为女儿出家创造良好的居住条件①。相应地，养尊处优的生活习惯包括饮食上的讲究也会带进庵堂。

第五，尼师与居士的互动。这是最关键的因素。庵堂隐于民居，与周围信佛女士往来密切，久而久之形成了一个稳定的信众圈，其中多数人都皈依参拜过此间庵堂的尼师，是名副其实的信徒（女居士）。② 信徒都会供养自己的师父或住众，如提供现款、衣服、日常用品以及食品、副食品等。尼师认为如果供养者是来种福田的，就应当接受，但是接受之后一定要转供养。所以信徒的供养，作为一种布施，往往又取之于民，用之于民。从原则上说，信徒的布施与庵堂的转施两者之间是一个循环过程：一般信徒对尼师布施，最后尼师又通过"法施"与"财施"两种方式返回到信徒身上③。

具体到斋菜形成过程也是如此。最初，尼师们长期持斋，不管是为了改善伙食，还是为了增加生活乐趣，自然积累了大量的斋菜烹饪经验，能够别出心裁，触类旁通，做出精美的素食。她们常把居士们送的糯米、香菇、干笋等较不常见的食材贮藏起来，并在年节时做成一些精美的素菜，如寿司、小食、面筋、腌制食品等，供佛后送予信徒们品尝，借之与居士们联系感情。

居士们品尝过后非常赞赏。不少居士人家本来就长年或定期持斋，当她们了解这些素食的烹饪方法后，又发挥创新精神，做出更多更为新奇精致的素食，敬送尼师们品尝。这样，在尼师斋姑与居士们的相互学习、相互促进下，烹饪方法日渐丰富，菜品也日渐增多，产生了不少特色菜品、保留菜品。不少居士家境比较殷实，可以利用更为丰富的素食材料，诸如南瓜、花生、芝麻、大豆、莲子、板栗、木耳等，做出来的素菜的品种和口味更为丰富多样，在厨艺上反过来超越了尼师。④ 通过尼师与信众、庵堂与庵堂以及信众之间的交流传播，这些精美菜品及做法也就在民间流传，形成了特有的斋菜品类。

相对于这些尼庵斋堂，开元寺毕竟是人数众多的大寺院，为了应付多人饮食，烹调上相对简单粗糙些，创新精神也少了一些，所以我们说潮州斋菜的形成主要源于庵堂，是尼师斋嬷们与信众长期相互交流、共同促进的结果。

坊间有些文章想当然地称开元寺和灵山寺都藏有素菜菜谱，后来流至民间，为民间素菜所仿造。这附会于名山大寺的名气来推求潮汕素菜出处的传闻，只是一种无稽之谈。若如是，那么关于菜谱中的一系列菜名、食材和做法及成品的色、香、味等，一生致力于潮州佛教研究和佛教文化遗产保护的开元寺原住持慧原法师，不可能在他的著作《潮州市佛教志·潮州开元寺志》中既没有提到，也没有记载。法师作为老开元寺人，反而盛赞民国抗战前的居士开设的"桂香斋素菜"（详见下文），单此一点就很能说明问题了。1987 年 2 月 16 日（当年元宵节），开元寺参加庆祝国务院批准潮州市为全国历史文化名城活动，开元寺于当日晚设素筵招待地方党政机关及海外华侨、港澳同胞、为开元寺重建出资的施主等，慧原法师鉴于一些素菜有模仿动物之状或以荤菜命为名者，有悖素食宗旨，而加以

---

① 田野调查资料。讲述人：庄万翔，男，1946 年生，潮州历史文化研究人员。

② 当然这些信众并没有形成一个严密的组织，但尼庵与尼庵、一个尼庵的信众与另一尼庵的信众自然也多有联系，互通有无，尤其在化缘建寺或节日、做法事的时候。至今依然如此。据田野调查资料。

③ 吴平、严小琳：《古代佛门：中国古代社会百态》，上海：东方出版中心 1997 年版，第 124 页。

④ 田野调查资料。受访者：王义宏，男，潮州市区人，1955 年生，素菜个体经营者。

重新命名，共计 14 种。[①] 而这些素菜其实已在民间流行很久了，并非开元一寺的独门秘方。

综上所述，潮汕素菜包括潮州斋菜和民间一般素食品类，而斋菜是潮州素菜门类形成的基础。明清以来民间素食之风盛行，在庵堂尼师斋嬷和信众的互动过程中，逐渐产生了潮州斋菜，这斋菜当然是在民间饮食荤素搭配的素菜基础上，经过精心烹饪，升华而成的。当这种纯素菜形成了一系列的菜品、烹饪方法和特色之后，就从潮州菜中形成了独立品类，正如一颗大珠吸引其他小珠一样，就有可能整合其他并不属于僧尼或佛教信众所创作的其他素菜品类，如护国菜、南瓜芋泥等，以及数量众多的特色小吃和糕点（其实许多小吃和糕点起源于供神），壮大斋菜阵营。当然，斋菜毕竟属于“严格素食”，民间有人嫌它清淡无味，转而进行所谓“素菜荤做”的改造，而寺庵中也曾把素菜做成鸡鸭等模样的仿荤品，这些僧俗之间双向互动的再创作，进一步丰富了潮州素菜的内容和形式，而逐渐为某些饭店筵席所使用，最终进入商业运营领域，形成了今天的潮州素菜门类。也就是说，如果没有佛教寺庵、斋堂的饮食习惯并与信众间的互动而产生斋菜这一品类作为基础，即使潮汕人餐桌上有荤素搭配的“素菜”，也不可能发展出素菜门类。从这个意义上说，潮州素菜是长期以来僧俗信众共同创造和发展的结晶，是佛教对潮汕文化的又一贡献。

三、潮州素菜的市场经营方式

斋菜在佛风浓厚的潮州必有市场。大凡红白喜事、乔迁、节日，尤其是佛教节日等，不少人都喜欢用素食筵席，认为这是积累功德的具体表现。从现有的资料看，起码在 20 世纪二三十年代，素菜已作为一个独立的潮州菜门类被推向市场，深受社会各阶层的崇尚。最初的素菜经营者都是佛教弟子，即在家信徒，做菜用纯素。其发展过程分为两个阶段：民国时期和改革开放时期，且拥有两种经营方式——预约上门和坐店经营。

（一）民国时期

一些素菜高手的手艺广为人知后，他们应素食群体的要求，开始上门为人做素菜，邀约者包括普通人家、居士团体和寺庵等。上门做菜者或开列食材要求邀约人家置办，或自带食材和调料，届时上门做素菜，收取一定的费用。两者皆大欢喜。

这种斋菜制作模式可谓是半市场化或半商业化运营。笔者在田野调查中得知，这种模式在民国时期潮州比较流行，其中最著名者“斋菜田”还被受访者所乐道[②]。受访者仅知其名字中有一“田”字，善做斋菜。后来，笔者查阅慧原法师的《潮州市佛教志·潮州开元寺志》，方知此人已有记载。这就是书中所提到的 20 世纪二三十年代的“桂香斋素菜”[③]。

已故的慧原法师与“斋菜田”基本属于同时代人，他的记载更为可靠。“桂香斋”地处潮州市西平路黄门亭巷尾，但并非素食餐饮店，而是一家历史悠久的糕饼店。店东名为

---

① 释慧原：《潮州市佛教志·潮州开元寺志》，潮州开元寺 1992 年内刊本，第 223、688 页。

② 田野调查资料，受访者：王义宏，男，潮州市区人，1955 年生，素菜个体经营者。

③ 释慧原：《潮州市佛教志·潮州开元寺志》，潮州开元寺 1992 年内刊本，第 1011 页。

余昌泰（又名阿田），系潮郡念佛社社友，属虔诚的佛教徒无疑。其子与店伙计都是烹饪名手。

斋菜田所做素菜，色香味俱全，品种名目几十个，如传统腐竹鸡、面筋卤肠、卤鹅、卤鸭、豆腐丸、萝卜丸、八宝素菜、素鱼、素粿肉、宵米、卷煎等。烹制方法包括焖炖、清蒸、热炒、油炸等，一应俱全。素食菜品也包括各种仿荤品（素鸡、素鸭、素火腿之类），加上以雕刻花果装饰拼盘，器皿又十分精美，陈设起来非常华丽，令人食指大动。“斋菜田”在潮州名气最大，据说海外佛堂都慕名来聘“斋菜田”前往传授技术，直到今天仍然被人传颂。他的经营方式就是属于上门做菜的，往往自带食材，扣除食材费外，酌情收取一定的加工费。这种经营方式，丰俭由人，让食客觉得既堂皇又方便，总的费用又相对便宜，因而大受欢迎。他有一徒弟名振杰，1933 年出师自营，也专营上门为人做素菜。

1933 年，开元寺创岭东佛学院，商请搬出长期占据内寺的潮安县各政府机关，清去寺内赌博摊、占卜摊、荤腥摊、杂摊等，在天王殿内设立通俗演讲所、民众茶园及素食处；其中素食处即由“斋菜田”承包经营，备受好评[①]。这种坐店经营方式，标志着潮州城区素菜从半商业化经营走向商业化经营。“桂香斋素菜”前期之所以采取半商业化经营模式，是有其原因的。一来做素菜的大都是佛教徒，在他们看来做素菜本身是一件功德事，本来并不以此业谋生，利润微薄，如若坐店经营，则铺租、人工等费用就吃不消。当然，到了1933 年因为开元寺倡导寺院文明新风，开办了素食处，有了现成的经营地点和稳定的客源，市场化经营也就水到渠成了。

在汕头市，情况稍有不同。抗战以前，在今汕头市小公园曾有佛家弟子办过“极乐素食馆”和“功德林素菜馆”，由于经营得法，店面虽然简陋，但也盛极一时。这是因为汕头业已成为粤东经济中心，经济繁荣，商业化程度、人口密度比潮州高，素菜迅速发展为坐店经营的商业化运营也是势在必行。但其菜品主要面向低端人群，不及桂香斋的精致。

资料显示，广州也在同一时期创立了首家素食店。《广州六榕寺志》载：“民国十八年（1929），……在六祖堂右侧禅房，建设经坊，流通经典，继复发起将榕荫园改组为素食馆。”[②] 佛徒们每天到六榕寺拜佛，参拜后就在榕荫园食素。这个素食处就是后来著名的“菜根香素食馆”的前身。其名菜“如来斋”口碑很好，故而生意十分兴旺。抗日战争期间，该馆迁韶关改称“居士林”，战后又迁回广州六榕寺作为该寺的“蔬食部”营业。1947 年“蔬食部”的部分师傅在中山六路打出“菜根香”的招牌，合股经营，发展成了省城有名的素菜食府，虽历坎坷，却一直延续至今。

然而，潮汕“桂香斋素菜”和“功德林素菜馆”等餐馆的命运都很坎坷。抗战爆发后，这种潮汕素菜业遂告停顿。抗战胜利后，潮州“桂香斋素菜”又复业，至 1949 年又告结束。而“功德林素菜馆”则在抗战后就一蹶不振，一直未能复业。

（二）改革开放时期

十一届三中全会后，宗教政策进一步落实，潮汕佛教迎来了大重建时期，相应的素菜

---

① 释慧原：《潮州市佛教志·潮州开元寺志》，潮州开元寺 1992 年内刊本，第 1011 页。

② 余庆绵主编：《广州六榕寺志》，1999 年内刊本，第 206 页。

行业也得以逐步恢复。

20世纪80年代中期，潮州市区一些善于烹调的佛教居士，尤其是女众居士，每个人都有自己的职业工作，有时因应潮汕频繁的重建寺院开光仪式以及佛教居士林团体的落成仪式等的需要，为这些佛教团体上门举办素筵，义务为佛教建设服务，不拿报酬。90年代以后，这种预约上门做素菜行业重新兴起。与民国时期相类，也只由邀约者随意给出感谢费（红包）。据笔者所知，潮州城内起码有四到六家，如桂英姨、妙姨、清香姨、佩芝姨等，起初这些上门做菜者无一例外都是优婆夷（信佛女居士），之后其家人也参与进来，成为素菜个体经营者。除了定期（如节日、法事仪式）为一些寺院、居士林团体上门做菜外，也为信佛民众的红白喜事做菜①，这种半商业化素菜经营模式一直维持到今天，并且生意非常红火。其中，以王义宏伉俪最为著名。王义宏伉俪都是虔诚的佛教徒，自1993年坚持预约上门烹调素菜，一直没有中断过，菜品种类繁多，制作精美。由于潜心研究素菜，不少菜品为其独创，且其业务已发展到潮汕各地乃至广州等地，甚至到过东南亚与一些华人社团进行素菜烹饪交流。

至于坐店经营的素菜行业，其最初都依托佛教协会或寺院，为的是既可以解决日益频繁往来的海内外佛教徒的素食问题，也可以解决佛教徒的就业问题，取得一定的经济效益，以达到自养自助的目标。到这些餐饮店完全成熟后，自然也就与佛教机构脱钩，正式进入商业化运作，独立经营了。

1983年5月，汕头市杨腾初和沈烈光等居士，在汕头市佛教协会会长智诚老和尚的支持和资助下，在汕头市佛协楼下率先成立素饼部，次年7月又成立素食部（后改称“功德林素菜馆”），② 这是新时期以来粤东首家素菜馆。该馆除专供筵席素菜之外，还设有经济饭菜及早点等。馆中经营考究，制作精细，烹调得法，菜式力求“传统与时代”相结合，采取传统的“以素仿真，以素乱真”的制作方法，如素火腿和素鹅肉的香色味就达到了仿真、乱真的程度。另在烹调时结合潮州菜的制作，调羹注意汤水清淡，煎炒时注重菜色香味，油炸时偏重于香脆爽口，制作甜菜类则以调和适宜、配搭合理为度。其名菜有：双龙抢宝、海老献寿、满地金钱、九品莲花、南国珍珠、罗汉全素、滑炒鸡片、鸳鸯木耳、五香桂花肉、燕窝凤尾虾、文思豆腐汤、银萝竹笋汤等。

1989年，潮州市柯茂青、丁莉居士伉俪（皆皈依释定持法师），在开元寺住持定持法师的支持下，于开元寺内观音阁后创立“潮州市佛教协会菩提素菜馆”，备受好评。1995年因馆址需列入岭东佛学院建筑范围，餐馆迁往寺大门外对面，至1999年易名为“莲花素食府”。它坐南向北，正对着开元寺大门，故素菜馆成为敬佛、谈禅、尝素的好去处，生意兴隆，引来不少省内外食客，港澳台同胞和东南亚各国游客善信也纷纷慕名而至。③其常备菜式有60多款，特约制作菜式有200多款，普通完整的素筵有炒、蒸、汤、焗、煲、炖、炸、酸甜、冷盘、铁板烧、美味甜品等12道菜，传统菜式和创新菜式参半。菜馆一直遵循薄利多销原则，配置不同人数不同价位的素菜套餐，价格从100元到300元不

---

① 田野调查资料，受访者：王义宏，男，潮州市区人，1955年生，素菜个体经营者。

② 李圣琴：《高山仰止，一代楷模——纪念智诚大师圆寂三年》，《广东佛教》1996年第3期。

③ 蔡景亮、杨英伟：《众口乐道“潮州素”——潮州市佛教协会菩提素菜馆小记》，《广东佛教》2000年第4期。

等，每种套餐10道菜以上，价廉物美，口碑极佳，成为潮州饮食行业一道亮丽的风景线。

至2010年12月底，潮汕地区素食餐厅的数量已经达到20家，潮州市4家，揭阳市2家，汕头市12家，汕尾市2家。大多数素食餐饮企业是在2002年之后创办的，且数量逐年增多。其中个体经营的数量多，实行连锁推广的企业少，潮州莲花素食府菜品丰富，经营得法，进入21世纪后，先后在汕头、揭阳和广州等地开设分店，且规模都较大，成为素菜首个连锁推广企业，在潮汕乃至广东省素食餐饮业所占份额较大。汕头市现有素菜馆达10家之多，但除了“功德林素菜馆”、“养心斋”等素菜馆外，大部分素菜馆规模较小，档次较低，菜品较少。不过他们的经营策略是薄利多销，适合各种消费人群。

随着经济的发展，社会文化水平的进步，人们日益讲求饮食的环保观念，素食在我们饮食生活中所占的比重会越来越大。素菜也已经褪去宗教色彩这层外衣，而其中所体现的保护动物以及环境的意识渐渐占了更多的比重，素食市场在潮汕及至全国都会有可观的发展空间。当然，现有潮汕的素食市场经营还存在经营无序、管理较为原始，以及素食餐饮人才缺乏、地区人均消费能力较低、新菜肴研发速度较慢等不利因素，素菜经营市场尚未能真正普及，成为与荤菜类经营并驾齐驱的市场。但放眼未来，素菜行业大有发展前景。如何更大程度地打开素菜商业市场，充分发展这一特色行业？笔者曾指导学生进行过“潮汕素食的历史和发展现状”的大学生创新性实验项目，对潮汕三地素食的现状和发展前景进行田野调查，并写出调查报告①。这仅是一个开端，我们呼吁更多的政府相关人士、学者、行业从业人员来关注和研究潮汕素食文化，把这种极具地方特色的美食文化做强做大。

第五节　潮汕佛乐

一、佛教音乐源流

佛教在很早以前就有音乐艺术，就是“梵呗”，这是一种佛教徒用来颂扬佛菩萨，表达佛教思想内容的音乐形式。《高僧传》说：“天竺方俗，凡是歌咏法言，皆称为‘呗’。至于此土，咏经则称为‘转读’，歌赞则号为‘梵呗’。”② 梵呗在印度是以歌赞咏唱来诵读经典和赞颂佛菩萨的统称，传入中国后形成两类：一种是以一定的韵律和节奏来朗诵经文，这叫“转读”，即抑扬顿挫地诵读；另一种是歌赞，以唱歌的形式来赞颂佛菩萨，宣扬佛教思想内容，这才是咏唱。现在所讲的佛教音乐就是第二种，是狭义上的“梵呗”。

梵呗传入中国后，中土人士的改编和创作从未停止过，在改编过程中既吸收了中国本土音乐的一些因素，也吸收了不断传入的佛教因素，而成为一种特殊的佛教音乐。如唐代贞元年间净土宗高僧少康“所述《偈》、《赞》，皆附会郑卫之声，变体而作。非哀非乐，

① 郑群辉指导，肖莎莉、李嘉琳、田晓梅：《潮汕素食的历史现状和发展》调查报告，2011年未刊稿。

② （梁）释慧皎撰，汤用彤校注：《高僧传》卷13“经师论”，北京：中华书局1992年版。

不怨不怒，得处中曲韵。譬犹善医，以饧蜜涂逆口之药，诱婴儿之入口耳”①。也就是说，在保留了佛教梵呗的基本功能之外，还吸收了当时流行音乐的元素，使其更具欣赏性，更吸引人。元代，梵呗在发展和改编过程中，逐渐形成词牌、曲牌等体裁，如《戒定真香赞》的曲牌为“挂金锁”，《宝鼎热》的曲牌为“浪淘沙”等。明代永乐十五年敕制《诸佛世尊如来菩萨尊者名称歌曲》竟达五十一卷，共七千余首，这些梵呗都以曲牌为体裁，如“普天乐”、“清江引”等，只可惜这些梵呗已是有词无谱了。我们现在所接触到的许多潮州佛教音乐中就有词牌曲牌体裁。

佛教梵呗本来是被僧人运用于寺院的法事仪式当中的，如朝暮课诵、举行特别的法会如盂兰盆会为皇帝祝圣，以及为僧俗荐亡超生等。元代以来，民间也有在家人模仿僧人的仪轨为人做法事，明初一度被朱元璋所禁止：明洪武十五年（1382）分天下佛寺为“禅”、“讲”、“教”三种，其中“教”即“瑜伽教”，是专为人做荐亡法事的寺院，“曩者民间世俗多有仿僧瑜伽教者，呼为善友……今后止许僧为之，敢有似前如此者，罪以游食”②。明代中期以后，随着佛门戒纲懈怠，朝廷宗教政策废弛，民间重又有人模仿僧人做法事，不仅模仿佛家梵呗的内容和腔调，也主动改编和创作，流行于闽粤赣的著名的香花佛事，正是兴起于此时。因此，佛家寺院梵呗流传至民间，又发展成一种专用于香花佛事的佛教音乐，俗称“香花板”。

二、潮汕佛教音乐类型及渊源

潮汕地区的佛教音乐一共有三种板腔，香花板、禅和板和外江板。外江板，“外”是广东以外之意，“江”是江浙一带，外江音乐是民国时期潮汕本地对传入广东的乐种的通称，用佛教音乐术语来说就是“外江板”。据岭东佛学院的原学僧慧原法师说，外江板正是1933年太虚法师创办岭东佛学院时从江浙寺院引进的③。直至如今，外江板也是全国各大丛林通行的板腔，用普通话颂唱，潮汕佛教寺院也不例外。

（一）香花板

香花板是香花佛事所用的板腔。香花佛事最先流行于闽西与赣南的交界地带，到了万历年间，梅州兴宁高僧何南风（牧斋和尚）对流行的香花佛事科仪进行了修订和改编，加入了大量的佛教元素，香花仪式带有更浓厚的佛教色彩④。这说明香花板起码有四百年以上的历史。何南风对香花科仪的修订和改编，极大地促进了香花板在粤东梅州、潮汕及闽南地区的流行，所以有人认为何南风是香花佛事的祖师。⑤

---

① （宋）赞宁撰，范祥雍点校：《宋高僧传》卷25“少康传”，北京：中华书局1987年版。

② （明）葛寅亮：《金陵梵刹志》卷2“钦录集·洪武二十四年”，（清）蓝吉富主编：《大藏经补编》（第29册），台北：华宇出版社1985年版，第62页。

③ 释慧原：《潮州市佛教志·潮州开元寺志》，潮州开元寺1992年内刊本，第945页。

④ 谭伟伦编：《民间佛教研究》，北京：中华书局2007年版，第125页。

⑤ 有关客家香花音乐的研究，大陆地区出版的经眼专著主要有李国泰：《梅州客家“香花”研究》，广州：花城出版社2005年版；陈天国：《中国梵呗·香花板》，广州：花城出版社2006年版；王馗：《佛教香花——历史变迁中的宗教艺术与地方社会》，上海：学林出版社2009年版；谭伟伦编《民间佛教研究》中列有“香花和尚”专题，包括三篇论文，北京：中华书局2007年版；尚有论文不下数十篇。

慧原法师谓："考潮州佛教呗诵，古惟'香花板'，至是则由密祖更传入'禅和板'焉。"[1] 在乾隆元年"禅和板"传入潮州开元寺之前，包括开元寺在内的潮汕各寺院用的都是香花板。因为这种佛教音乐在潮汕流行甚久，也被称为"本地板"。所谓香花佛事，是由佛教"俗家弟子"专职从事超生荐亡法事的称谓。香花应是"香"与"花"的合称，本是供奉佛菩萨的日常供物之一。佛教徒都要秉香持花供养佛菩萨，所以"香花"就道出了这个群体的佛教渊源。这个群体被民间称为"香花和尚"，与正统受戒出家的僧人有别。其实他们并非出家人，他们有妻室子女，说他们是"俗家弟子"，又不是正式受戒的优婆塞，优婆塞一般是要持斋的，但他们照样喝酒吃肉，与俗人无异。他们做佛事科仪往往也是子孙传承，这种似僧实俗的特殊群体，广泛存在于明末到民国时期中国东南部地区的闽南、闽西南、赣南、粤东以及台湾地区，他们其实就是民间从事以香花佛事科仪为民众荐亡的职业者。他们所采用的香花板及其佛事仪轨，也广泛流行于潮汕地区各县市。明清以来，佛教寺院田产经济崩溃，绝大部分佛教寺院的经济支柱是应赴法事（参见第四章第一、二节），僧人及寺院采用了香花板，与香花和尚形成佛事商业竞争，理所当然。

清末以来潮汕善堂兴起，香花板也为潮汕大部分善堂相关人员举行盂兰盆会及追荐法事时所用。

（二）禅和板

禅和板传自于广州的寺院型佛教音乐。之所以称为"禅和板"，大概是因为此板最初只为寺院内僧人所独有，而唐宋以来把禅宗僧人称作"禅和子"，是为了区别于那些专职做香花佛事的香花和尚所用的板腔，所以把此板称作"禅和板"。[2] 它是一种真正意义上的佛教梵呗。潮汕话"禅"与"善"语音相同，所以也称"善和板"。就潮汕地区而言，因为它最初是直接传到潮州开元寺，所以仅流行于潮州城区及潮安县一带。现在潮州城区一些佛教居士林及善堂人员还在使用。

香花板的历史源流，上揭研究专著讨论很多，笔者由于学力所限，也无从置喙，下面着重探讨禅和板。

禅和板并非潮汕僧人所创。慧原法师在其《潮州市佛教志·潮州开元寺志》中对禅和板的历史渊源有过概述。按开元寺耄耋相传，禅和板是乾隆元年（1736）惠潮嘉道庞屿延请罗浮山密因古如禅师来开元寺任住持时带来的。

密因和尚得法于尘异今但禅师，今但禅师是岭南曹洞宗天然函昰禅师十大法嗣之一，密因是天然禅师的法孙。曾主丹霞山别传寺，雍正年间住持广州海幢寺[3]。明末清初有曹洞宗道独空隐主持该寺，其徒天然函昰、阿字今无也先后在此住持弘法。该寺为广州地区曹洞宗的大本营，也为广州清初四大佛教丛林之冠。密因于乾隆元年住持开元寺时，改开元寺为曹洞宗寺院，一切规模法度如钟、板、《规约》、传戒仪轨等，悉依曹洞宗规制，朝暮课诵所用的音乐板腔也从广州海幢寺移植了过来。慧原法师从禅和板的某些仪轨的版本

① 释慧原：《潮州市佛教志·潮州开元寺志》，潮州开元寺 1992 年内刊本，第 351 页。
② 释慧原：《潮州市佛教志·潮州开元寺志》，潮州开元寺 1992 年内刊本，第 884 页。
③ 释慧原：《潮州市佛教志·潮州开元寺志》，潮州开元寺 1992 年内刊本，第 804 页。

及某些歌词的发音等痕迹中，证明此板的确与广州方面有关[①]。1990 年，对潮乐素有研究的广东星海音乐学院陈天国教授拜会慧原法师，向老法师提出全面搜集、整理禅和板佛乐，把它记谱编辑成书的要求，慨蒙老法师的慈悲应允。1995 年，他们联合出版了《潮州禅和板佛乐》一书，在法师前期研究的基础上，陈天国教授通过对禅和板音乐本身进行分析，找到了禅和板与广州音乐的一些古曲的亲缘关系，为禅和板的历史流传提供了更为有力的证据。

陈教授发现，禅和板《新花调》原来就是粤乐古曲的《仙花调》，禅和板《思亲》是由佛曲《再奠茶》一曲变化而来的，而《再奠茶》就是粤乐古曲《英台祭奠》[②]。通过对乐谱的比较发现，它们的主干音或主旋律基本相同，不过佛乐《新花调》以扩展手法，而《再奠茶》则以压缩手法加以一定的变化，后者的变化较大一些。佛乐从来没有乐谱，靠口传心授一代代传唱下来，一些乐曲连名字都没有，有的乐曲则有好几个异名，所以到后来名目就改变了，例如，粤语的“仙”与潮语的“新”同音，都念为“xin”，所以粤乐《仙花调》就讹成禅和板的《新花调》了。

又如禅和板《省城腔》，其实也没有真正意义的名称，不过以其所传来的地名来称谓，从这名目上也能知道此曲与省城广州方面有关。通过乐句乐段的比较，陈教授发现此曲是由粤乐《卖杂货》变化而来的，不过变化更大一些，“中段扩展较多，但开头、结尾、调性及主干音还是没有变化，只是禅乐润色得更好听，更突出商羽调式的主干音”。陈教授在著作中还罗列了潮州禅和板中不少常用的乐语乐句，从中找到了许多与粤乐相似甚至相同的旋律结构、加花方法、节奏规律，“足证潮州禅和板佛乐之源出于广州地区了”[③]。

当然，禅和板佛乐不可能全部来源于广州地区，虽然一些乐曲该是来自本地，如《本地腔》，但其来源可能是民间歌谣或潮剧唱段，也可能来源于福建，如《建宁腔》等。

如此看来，潮州禅和板佛乐极有可能来自于明末清初广州一带寺院所使用的梵呗，不过，这些来自于广州地区的寺院梵呗，也是在吸收了广州地方音乐以及外来音乐的基础上形成的。例如，《仙花调》本名“鲜花调”，它本名应为“双叠翠”，约诞生于晚明的扬州地区，早在乾隆年间或以前就以“鲜花调”、“好一朵鲜花”、“好一朵茉莉花”等名目在全国各地流传，广州话讹“鲜”为“仙”，故名“仙花调”[④]。这首曲的旋律就是现在著名的《茉莉花》，并在普契尼歌剧《图兰朵》中大放异彩。那么这首歌是怎样传到欧洲去的呢？乾隆五十八年（1793），英国驻华大使的秘书约翰·巴罗（John Barron）完成任期后回国，在广州记录了这首歌的曲谱并翻译歌词，后来出版了《中国游记》（*Travels in China*）一书，该书在第六章提到了《茉莉花》及其曲调[⑤]。也就是说，《茉莉花》有可能是乾隆年间从广州“出口”到欧洲的。这说明，《茉莉花》传入广东广州的时间起码在乾隆年之前，唯其如此，《茉莉花》作为康乾时期的流行歌曲，方能为广州当地的出家人改

---

① 释慧原：《潮州市佛教志·潮州开元寺志》，潮州开元寺 1992 年内刊本，第 885 页。

② 陈教授所列举、比较的有关乐曲曲谱，可参考释慧原、陈天国、苏妙筝编著：《潮州禅和板佛乐》，广州：广东人民出版社 1995 年版，第 9 ~ 12 页。

③ 释慧原、陈天国、苏妙筝编著：《潮州禅和板佛乐》，广州：广东人民出版社 1995 年版，第 11 ~ 12 页。

④ 云生诚海拔：《〈茉莉花〉，芳香满枝芽》，http：//blog. sina. com. cn/s/blog_ 816044c30100vs5v. html。

⑤ 白洁：《明清俗曲〈茉莉花〉曲牌的流变》，《鲁东大学学报》（哲学社会科学版）2008 年第 5 期。

编后纳入寺院梵呗，并于乾隆元年带到潮州。

此外，禅和板中的《省城腔》，即粤乐古曲的《卖杂货》，也并非广州本地所产，而应来源于闽西龙岩地区山歌戏或赣南采茶戏中的《卖杂货》[①]，经过广州乐人改编后，又纳入禅和板中再传到潮州，而广州乃至潮州僧人在实际演奏过程中又对之进行扩展、压缩、加花音润色等音乐改造，所以这首乐曲整合了闽、粤、潮汕三地三种区域文化（客家、广府、潮州）的音乐元素。以上论述表明，出家人并不古板，包括潮州禅和板在内的佛教梵呗，勇于不断从各地民间音乐甚至戏曲唱腔中吸收精华，为己所用，经过本地僧人精心的加工改造，创造出了独具地方文化特色的寺院音乐。禅和板如此，作为在本地流行时间最久、范围最大的香花板，就更是如此。由于香花板由俗家专职从事音声佛事的香花和尚表演，所以少了寺院清规戒律的约束，以面向市场为主导，爱怎么唱就怎么唱，比较随心所欲。由于地域不同，各支唱板的乐曲有同有异，其异的方面往往吸收了当地的乐曲和唱腔（如潮曲或潮剧），所以它在潮汕又开出许多分支，主要有潮安腔、潮阳腔和惠来腔等。

前面交代过，禅和板是乾隆年间传到潮州开元寺的，而如今却是在佛教居士林和善堂中使用，这又是何故？1933 年，开元寺为迫使占用寺内各殿堂的潮安县党政机关迁出，不得已借助著名高僧太虚法师的力量，成立岭东佛学院，邀太虚法师任院长，并在太虚的建议下，对寺院制度进行一定限度的改革，改开元寺曹洞宗传法制为十方丛林选贤制。作为十方丛林，为了适应外来学僧、法师及一般行脚僧人的朝暮课诵之需，于是用全国通行的外江板代替禅和板，延续使用了近 200 年的禅和板至此中断。所以，禅和板这种佛教音乐，其历史几乎与开元寺乾隆年间以来 200 年曹洞宗传法制的历史相始终。然而在此之前，禅和板早已流入民间。

慧原法师作为开元寺僧人，对禅和板流入民间这段历史非常熟悉，在他的著作《潮州市佛教志·潮州开元寺志》里有比较详细的叙述。[②] 咸丰四年（1854），有邑绅李谨人、辜笠舸、黄思园、魏哲斋等，皈依开元寺住持可兴和尚为师，于开元寺内集众念佛，后组为“潮郡念佛社”，购一“古曰庵”为社址，念佛之外，兼办慈善事业，举行盂兰盆会及为俗家人做功德等事也在其中。这标志着潮州近代第一个比较正规的佛教居士组织的成立。为了满足做佛事的需要，念佛社延请开元寺僧人释可声（广州人）教授禅和板，凡诸赞偈经忏乃至《云栖瑜伽焰口施食仪规》悉皆传授。依佛门规矩，在家人（白衣）不得登坛作法，施行焰口普度法事，释可声这种私相传授不仅违背教规，而且在此之前为俗家人做荐亡超生佛事也是开元寺僧人的一项重要经济收入，禅和板及其配套仪轨一旦流入民间，自然会形成僧俗之间的竞争，所以招致开元寺僧众的强烈反对。而释可声对此置之不理，我行我素，开元寺最后只能把他“摈出”（开除出寺），念佛社就为他养老并答应身后为他立牌祭祀。在家人学得禅和板后，又进行了别出心裁的音乐改造，在原来“七星板”一板三眼法（三点一奏）的基础上，在适当的句乐上增加板眼，使节奏形成变化，

① 《卖杂货》流传至今，仍是闽西龙岩地区山歌戏的保留曲目，与广州地区的《卖杂货》相比较，旋律比较简单一些，这说明广州地区的《卖杂货》是对其进行改造润色而来的。

② 释慧原：《潮州市佛教志·潮州开元寺志》，潮州开元寺 1992 年内刊本，第 885 ~886 页。

是为新七星板，这样就避免了平淡和呆板，音响效果更为丰满，更适合俗家人喜欢热闹的口味。至此禅和板佛乐普及民间，拥有广泛的群众基础。“是时白衣学者日众，遂蔚为各善社之经坛，至其腔调，遂有南北两派之分，在潮州城内南部各经坛为南派，城内北部各经坛为北派。因递代师家门庭各别而稍有差异，于是与僧侣鼎足而三，各行其道矣。”①

有文章具体指出，“潮郡念佛社”学成禅和板音乐及配套的佛事仪轨后，就传播到潮州其他佛社、堂坛，如集安善堂、诚益友念佛社、慈宛念佛社、杏宛念佛社、永德善堂、崔福德善堂、绵德善堂、念心善堂、盘安善堂等②。可见清末民国时期潮州城内的佛教居士团体及善堂几乎全都采用禅和板，慧原法师也谓：“潮州（原潮安县）虽间有禅和板，然偏在居士一方，而少用香花板；僧侣则香花、禅和两板兼用。”③ 意思是说，潮安县的居士（善堂人员）极少用香花板，多用禅和板，而开元寺用禅和板，至于城区其他寺院及乡镇寺院主要用香花板。而汕头市善堂与潮州迥然有别，汕头诸善堂所采用的几乎都是香花板。“汕头虽与潮安密迩，而（禅和板）用者甚少”④，例如，民国时期潮州最大的集安善堂，就曾向汕头最大善堂——“存心善堂”请求学习追荐香花板法事仪式：

> 集安善社将为法事，追拯沪上抗日阵亡兵士，暨四方惨罹水火锋镝幽魂，俾超三途，同证善果。询谋既同，法筵将启矣。顾规模虽备，指导无人，其事终未由以也。爰本先觉觉后之义，诣汕存心善堂礼聘焉。时杨君柳岩实总堂务，名派林君毓书张君璧川应命，肄习再阅月，凡缁流所为诵经、拜忏、过大桥、走五方诸法，靡不娴熟，乃开道场，弘施法雨。⑤

这是似园老人郑国藩（1857—1937）为当时集安善堂向汕头存心善堂表示答谢而写的颂文。1932 年，为了追荐上海“一·二八”事变的中国阵亡官兵，集安善堂举行水陆法会，派林毓书、张君璧向汕头存心善堂学习香花板法事仪轨，从“凡缁流所为诵经、拜忏、过大桥⑥、走五方⑦诸法”看，这正是香花和尚所行的典型仪式。禅和板及所配套的法事仪式自然有“诵经、拜忏”，但并无“过大桥、走五方”等法事节目——这些节目属于民俗佛教的内容，名不见经传，不为正统佛教所认可。为什么潮州善堂要学习香花板呢？大概是因为禅和板所配套的法事仪式的场面及节目过于正规，套路不够丰富，不合民间习尚；或者乐腔比较庄重典雅而稍嫌氛围沉闷，不够热烈。总之，大概为了考虑法会的

---

① 释慧原：《潮州市佛教志·潮州开元寺志》，潮州开元寺 1992 年内刊本，第 886 页。

② 林植波：《佛乐“禅和板”如何流传民间》，《广东佛教》2003 年第 2 期。

③ 释慧原、陈天国、苏妙筝编著：《潮州禅和板佛乐》，广州：广东人民出版社 1995 年版，第 6 页。

④ 释慧原、陈天国、苏妙筝编著：《潮州禅和板佛乐》，广州：广东人民出版社 1995 年版，第 5 页。

⑤ 郑国藩：《为集安社友致存心善堂同人颂》，《似园老人佚存文稿汇钞》卷 6，1935 年排印本。

⑥ “过大桥”也称“过桥”，引亡灵过奈何桥。大抵由唐太宗游地府和刘全进瓜的民间传说衍化而来，是香花僧在普度或做佛事时的保留节目之一。

⑦ “走五方”潮汕又名“走贡”或“跑特赦”。在普度或做白事时，设坛请五方神灵前来驱魔降煞，消灾弭难，保佑平安。或意是向神明请求赦免亡灵的特赦令。（见苏克：《潮汕地区做亡斋风俗述论》，《潮学研究》2002 年第 10 辑，第 265 页。）把场地划分为金木水火土五个方位，表演者一般为三人、五人，也可以七人、十一人等，手持不同颜色的旗子不断挥动，来回穿插走动，配上锣鼓打击乐器，气氛十分热烈。这是一种道教性质的宗教祭祀舞蹈。

社会效果，主其事者的集安善堂原是采用禅和板的，却费心邀请存心善堂前来教授香花板及法事仪轨。汕头诸大善堂多数为潮阳人所创立，祭祀对象是大峰祖师，故其佛事音乐应来自香花板中的“潮阳腔”分支。

禅和板自乾隆年间传入，两百年间与本地香花板各行其道，然而上述现象就表明，潮州禅和板发展到20世纪30年代初期，有了与香花板相交集的迹象。

三、潮州佛乐的基本特点

禅和板作为一个完整的佛乐唱腔系统，有近百首乐曲。其中有些是一词专配一曲的，有些是一词可配多首乐曲的，更多的是一曲可以套唱多词的①，曲随词变，非常灵活，完全可以完成各种大小佛事活动。而潮汕香花板则有200到300首乐曲，其歌词内容比较复杂，既有佛教内容的，也有宣扬儒学内容甚至道教内容的，历史演义、神话传说的，其中《销释金刚科仪宝卷》可谓集香花板之大成，是香花板中很有代表性的杰作②。对此较有研究的学者对其描述不一，有的说“全卷有48处诗文须要唱的。加上开头、结尾及上、中、下三卷每卷中插入佛曲，就有50多段唱”③，有的说共有32个段落，每段的尾末写四句偈文并谱曲④，后者说得较笼统，应以前者为是。不过都说明这是一整套组曲。此宝卷简称“金刚科仪”，明代开始盛行于僧徒的各种法会道场，主要用于追荐亡灵及礼佛了愿，后来也流入民间，成为香花和尚的科仪。遗憾的是，现在有关潮汕音乐的著作中尚未有人对此进行比较系统全面的搜集整理，慧原《潮州市佛教志·潮州开元寺志》中记有一首《金刚卷序》（也称《普天乐》），可能就是“金刚科仪”的序曲。现录其首段唱词如下：

观夫空空如来藏，碎祖师关，独露真常，无非般若。三心不动，六喻全彰。七宝校功，四句倍胜。……

禅和板和香花板，一来源于寺院，一成长于民间，其音乐特点颇不相同。禅和板“庄严清雅，以婉转悠扬见长，饶有雍容徐静之风度，最具梵呗基本精神”⑤，乐曲比较舒缓深沉，从容大气；而香花板“旋律热烈昂扬，跌宕爽捷，富有灿烂活泼之趣。佛曲则徐曼哀婉，曲折多姿”⑥，乐曲比较紧凑活泼，气氛热烈。造成两者不同的音乐风格的基本原因，在于对佛乐功能的认识不同。

禅和板是正规的佛家梵呗，主要用于寺院内的朝暮课诵和法事活动，即便为丧家做佛事，也讲求佛乐的功能。佛教的音声佛事有其特有的功德或功能，这在佛教经论中多有叙述。如谓：“讽诵赞呗有六功德：一、能知佛德之深远；二、体制文之次第；三、令舌根

---

① 释慧原、陈天国、苏妙筝编著：《潮州禅和板佛乐》，广州：广东人民出版社2004年版，第1页。
② 陈天国、苏妙筝：《潮州音乐》，广州：广东人民出版社2004年版，第226页。
③ 陈天国、苏妙筝：《潮州音乐》，广州：广东人民出版社2004年版，第226页。
④ 林毛根：《潮州音乐漫谈》，汕头：汕头大学出版社1997年版，第27页。
⑤ 释慧原：《潮州市佛教志·潮州开元寺志》，潮州开元寺1992年内刊本，第886页。
⑥ 释慧原：《潮州市佛教志·潮州开元寺志》，潮州开元寺1992年内刊本，第921页。

清净；四、得胸脏开通；五、则处众不惶；六、乃长命无病。”[①] 又如谓：“听呗有五利：身体不疲；不忘所忆；心不懈倦；音声不坏；诸天欢喜。”[②] 概言之，佛教梵呗是为了达到净化身心、变化气质、诚敬和乐的效果。即为人诵经忏，也讲求符合法度，经文为先，音声为辅，唱词清楚明白，以期依仗诸佛菩萨的功德和亡灵的忏悔发愿，使亡灵得到超度。所以，禅和板中不少乐曲虽然来源于民间音乐，但都经过寺院僧人的加工改造，使之符合梵呗的基本精神。而香花板就其性质而言，可谓是“民间佛乐”，它形成于民间，流传于民间，本来就是专业为人度亡消灾的音乐板腔，主其事者对佛教经义、经文、佛曲的认识理解无法与僧人相比。他们认为“功德是做给活人看的”，追求热闹场面，吸引观众，使丧家觉得欢喜有面子，一句话，丧家的满意和经济收入才是他们的目的。至于是否真的能够超度亡灵，估计他们谁也不敢打保票[③]。

禅和板与香花板佛乐相比，有下列几个明显不同的特点：

一是禅和板节奏较慢，尤其是乐曲的开头部分。其起唱程式基本是：先击木鱼，其次击磬，然后才由一人引声领唱，有时这种引声起唱的时间非常长，甚至超过半分钟，最后才是众人加入合唱。乐曲板式主要有四种：一板三眼、一板一眼、有板无眼和散板，但大多属于一板三眼（相当于4/4拍）。[④] 乐曲行进速度非常缓慢，有的乐曲每分钟仅有24拍。从专家对禅和板乐曲的记谱当中可以发现，绝大多数曲子的速度为36拍[⑤]，这是非常缓慢的节奏；而香花板的速度都在48拍以上，一般都是60拍[⑥]。当然，禅和板乐曲并不始终保持一个特定的慢节奏，有时乐曲在行进过程中会逐步加快，然后进入中板或快板，但在乐曲的最后往往又转入慢板直至停止。其速度虽然有快有慢，但总的来说节奏较香花板慢是事实。此外还需指出的是，禅和板的拖腔多且长，这也是其节奏较香花板来得慢的主要原因之一。

二是禅和板花音多。所谓“花音”，也叫装饰音，指不是乐曲的主干音，而是可以随乐曲演奏的变化而增减的音。其实，民间音乐在演奏过程中，都会根据基本谱来进行再创作，随意加花音或减花音，具有较大的灵活性，这样音乐更加活泼多姿。尤其需指出的是，花音处理往往与地方性审美趣味有关，这使得乐曲更富有地方文化情调。禅和板和香花板都多有花音处理，但相对于香花板而言，禅和板花音还是比较丰富复杂的，这或许与它的节奏较慢有关。节奏慢，如果不加花音，不免有冗长、单调之感，增加花音就使得乐曲显得更加悠扬动听。

三是禅和板乐器少，不用大锣大鼓。最初的禅和板在寺院内部使用，如朝暮课诵、普佛、祝圣、放焰口等，这些法事用什么经文、什么乐曲，都有一定的仪轨，主要是僧人清

---

① （唐）义净：《南海寄归内法传》卷4。

② （梁）释慧皎撰，汤用彤校注：《高僧传》卷13“经师论”，北京：中华书局1992年版。

③ 如原为做香花佛事的斋姑的梅州广英法师接受采访时说：“过去做佛事时，丧家会问和尚：亡人会进入哪一道（天、人、阿修罗、畜生、地狱、饿鬼）？和尚会装作懂的样子，掐算一下，其实根本不懂，因为如果当问到进入哪道，答不上就出不得门，因此就要编造……”参见王馗：《佛教香花——历史变迁中的宗教艺术与地方社会》，上海：学林出版社2009年版，第331页。

④ 陈天国、苏妙筝：《潮州音乐》，广州：广东人民出版社2004年版，第213页。

⑤ 陈天国、苏妙筝：《潮州音乐》，广州：广东人民出版社2004年版，第391～419页。

⑥ 陈天国、苏妙筝：《潮州音乐》，广州：广东人民出版社2004年版，第423～454页。

唱，乐器则比较简单，只有堂鼓、木鱼、钟、引磬、钹等几件简单的打击乐器，这些乐器由领唱的维那师及一两个僧人兼职打击，没有真正意义上的伴奏。若从音乐效果上说未免有些单调，却体现了真正的梵呗本色。清末民国时期禅和板流入民间，由于激烈的竞争，也逐渐增加了民间锣鼓和管弦乐器，组建了乐队，但仍无法与香花板相比；香花板是以做佛事为职业的，为了引人耳目，乐器甚为齐全，甚至吸收潮州大锣鼓的行鼓打法，用双槌，大锣、深波、苏锣也都用上了，而禅和板用堂鼓，鼓用单槌，比较沉静。

四是禅和板演奏氛围庄严肃穆。禅和板节奏慢，使人心境平和；乐器少，不用大锣大鼓，就不会嘈杂，不带烟火气，不上肝火；花音多，避免了单调率直，悠扬动听，契合佛家“空灵”、“清静”之旨。整体氛围雍容典雅，阴阳调谐，聆之荡涤身心，超然尘外。相比之下，香花板节奏较快，昂扬活泼，唱腔较为热烈率直，由于使用大锣大鼓等多种乐器，场面甚为热闹，应该说更对一般人的音乐胃口，但庄严肃穆氛围或许就谈不上了。

明白了禅和板的基本特点，我们就能理解，上揭抗战后潮州集安善堂为什么坚持要用香花板来做追荐法会的因由了。

当然，由于禅和板在清末以来已为民间善堂、居士林所用，在实际演奏过程中，为了商业竞争，有时也会应丧家的要求或为了吸引观众，与香花板一样，所用乐队太大，弦管太多，声音把经文念诵掩盖住了，喧宾夺主；在节目内容中也加入诸如“走五方”、“过大桥”等环节，以及一些极不协调的插科打诨之举，如此等等，不免与香花佛事相浸染，渐失佛家梵呗的原有宗旨。

潮州禅和板音乐，作为我国目前少见的系统性的地方佛教梵呗，是非常宝贵的地方音乐艺术资源，值得研究者及地方政府重视。目前，禅和板音乐虽有流传，但渐近式微，其运用范围日趋缩小，完全掌握演唱的人已很少。如果不及时加以抢救性的挖掘和保存，恐怕其将在不久后失传。

[本章小结]

明清民俗佛教是宋代福德佛教的进一步发展，它是佛教与中国民间思想观念、民间信仰、民间习俗混融合一后形成的一种世俗化、民俗化的佛教，佛教的元素经过改造、移花接木后，融入潮汕文化的各个层面，与潮汕文化水乳交融，已无法分离了。正是在这种意义上，我们说，在长期的历史发展过程中，佛教与潮汕社会经济、道德、文化相互渗透、相互作用、相互建构，共同塑造了特质鲜明的潮汕文化。

第七章
潮汕善堂的历史起点及宗教文化意蕴

饶宗颐先生曾说："善堂文化是潮汕文化的一个组成部分。我们提倡'潮州学'，如果摒弃善堂文化的研究，就有遗珠之憾。"① 潮汕善堂文化虽然不属于佛教文化，却与佛教有着深刻的渊源，我们也不想有"遗珠之憾"，漏掉对潮汕善堂文化的探讨。

潮汕善堂文化不仅是潮汕文化的重要组成部分，也是中国救济史、民间慈善史研究的重要组成部分，研究意义十分重大。日本学者夫马进于20世纪80年代以来就此课题进行了长期系统的研究，在1997年出版专著《中国善会善堂史研究》，学者梁其姿、陈宝良、韩德林（Joanna F. Handlin Smith）、高桥孝助、星斌夫、游子安等在同一课题中都做出了重要贡献，把中国救济史、民间慈善史研究推进到一个新的阶段。但上述学者在其研究视野中甚少甚至完全没有纳入非常活跃的潮汕善堂文化现象，尤其考虑到潮汕善堂遍传东南亚，在海外蔚然成为一种独特的文化景观，展现出蓬勃旺盛的生命力这一现象时，这对于学术界来说的确有"遗珠之憾"。

迄今为止，不少潮学研究者都对潮汕善堂文化研究发表过很好的意见，潮汕本地也举行过关于善堂文化的研讨会②，学者们更多地关注其作为慈善组织机构方面，对其慈善性质及慈善活动方面的探讨较多，而对其宗教信仰方面的研究则颇有欠缺。若以论著而言，有两部论著比较引人注意。一部是林悟殊先生的《泰国宋大峰祖师崇拜与华侨报德善堂研究》③，主要以个案研究方法，揭示宋大峰祖师与善堂文化的渊源关系，并集中研究泰国华侨报德善堂的形成和发展；林著可谓是潮汕善堂文化理论探讨的先行者。另一部是徐苑《大峰祖师、善堂及其仪式：作为潮汕地区文化体系的潮汕善堂综述》④，从田野调查方法入手，在对当代潮汕善堂进行广泛调查和研究的基础上，将潮汕善堂视为一种文化体系，是一种信仰与组织的整合，成为近现代潮汕人自我认同的重要内容之一，是潮汕文化独特性的一部分。两部论著从方法到观点都给人以启发，使潮汕本地善堂的历史发展、现状与其在海外的传播的脉络变得清晰起来。

潮汕善堂既是一种慈善机构，又是一种特殊的信仰场所，兼具信仰和组织两方面的因素。善堂既开展慈善公益活动，也举行各种神事活动⑤，作为信仰形态来说内容又颇驳杂，思想来源繁多，儒、道、佛及各种民间宗教思想竞相杂糅，超出了佛教研究领域。但它与佛教的关联又是显而易见的，所以，我们在此无意对其作全面的研究，主要就潮汕善堂的历史渊源问题、善堂与宗教神事活动，尤其是与佛教相关联的部分，以及信仰与组织之间存在何种关系等几个方面展开讨论，以了解佛教对潮汕文化的影响。

---

① 林俊聪：《饶宗颐纵谈善堂文化》，《升平文史》创刊号，第6页。

② 2009年12月由广东省民俗文化研究会、汕头市政协、汕头市社科联等主办"潮学论坛——潮汕慈善文化"研讨会在汕头市举行，收有论文26篇。

③ 林悟殊：《泰国宋大峰祖师崇拜与华侨报德善堂研究》，台北：淑馨出版社1996年版。

④ 徐苑：《大峰祖师、善堂及其仪式：作为潮汕地区文化体系的潮汕善堂综述》，厦门大学硕士学位论文，2006年。

⑤ 翁兆荣、许振声：《概述解放前潮州城的慈善团体——善堂》，《潮州文史资料》1989年第8辑。

第一节　潮汕善堂之历史起点

善堂的性质，据中国善堂文化研究权威、日本学者夫马进所言，善堂善会的定义如下："善会是个人自愿参加的，以实行善举为目的的自由结社，而善会办事机构的所在地以及具体实施善举的设施则是善堂。"① 我们赞同这一定义，并严格地把善堂界定为民间的组织，与官方机构无关，也就是说，善堂是一种民间的慈善救济机构。

一、有关潮汕善堂起点的辩议

在以往潮汕善堂文化的研究中，有关潮汕善堂的渊源，学者基本都追溯到南宋潮阳大峰祖师的事迹。对于清末同治、光绪以来兴建的绝大部分潮汕善堂来说，大峰祖师的确是一面旗帜。有人把创立于宋代的纪念大峰祖师的潮阳和平镇"报德堂"，看作是潮汕善堂的鼻祖②，假如说它是清末以来潮汕善堂的精神源头的话，我们也不表示异议，但如果把它直接看作是最早的民间慈善救济机构的话，那就与事实不符了。

报德堂在宋元时期，其实是乡民感念大峰建造潮阳和平桥功德的祭祀堂。"乡人感恩崇祀，名曰'报德'"③，明末隆庆年间"堂废，仅结庵室一座以祀之"④，这说明大约在隆庆年以前，报德本堂废圮，僧人在旁边结庵祭祀大峰。没有资料表明，僧人所结寺庵另有命名，故有可能仍以报德堂名之。自此，报德堂转为有僧人住持的寺庵，一直持续到民国时期，堂内现存自清初康熙年间至民国时期碑记多方，其下落款多有"住持僧"字样，说明自明隆庆至民国时期，报德堂始终是一座由僧人住持的寺庵。碑记中多是各位施主施田入寺作为祭祀大峰香灯之用⑤，并无一方碑记涉及本堂一类利他善举之事，方志或民间叙事中也未见报德堂大做善事之类的记载。可见，报德堂不外是一座祀奉大峰香火的寺庵，并非民间慈善救济机构。一句话，和平报德堂既不是善堂，更不是潮汕地区最早的善堂。

如果报德堂本身并非善堂，那么能否说与之有渊源关系的潮阳棉安善堂就是潮阳最早的善堂呢？现存棉安善堂1929年《保存宋大峰祖师纪念碑》提到："嗣潮阳县城各善士钦仰祖师教旨，遂赴和平报德堂奉祖师最古之小神像至东门外崇祀，立庙曰'棉安善堂'。扩大善举，为潮州善堂之起点。"⑥ 又据现存棉城棉安善堂1913年《肇造留踪碑》载，光绪戊戌年（1898）潮汕瘟疫流行，第二年（光绪二十五年己亥，1899），乡绅萧鸣琴于棉城创棉安善堂，并分创汕头"存心善堂"。⑦

---

① ［日］夫马进：《中国善会善堂史研究》，北京：商务印书馆2005年版，第1页。

② 林俊聪：《潮汕的善堂》，王昌熹主编：《升平文史》，创刊号《潮汕善堂》专辑，第15页。

③（元）徐来：《报德堂记》，（明）黄一龙、林大春修纂：隆庆《潮阳县志》卷15"文辞志"，潮州市地方志办公室2005年编印本，第135页。

④（明）黄一龙、林大春修纂：隆庆《潮阳县志》卷10"坛庙志"，潮州市地方志办公室2005年编印本，第97页。

⑤ 金文坚、陈景熙：《潮汕善堂文征》，《汕头大学学报》（增刊）2003年第19卷。

⑥《保存宋大峰祖师纪念碑》，现存于潮阳棉城镇东山棉安善堂。碑由旧堂址复制。

⑦《肇造留踪碑》，现存于潮阳棉城镇东山棉安善堂。碑由旧堂址复制。

两碑揭示了这三者之间的历史传承，光绪二十五年棉安善堂奉和平报德古堂的大峰香火创立，是为“潮州善堂之起点”，而汕头存心善堂则由棉安善堂所分创。其时，棉安善堂不过是当时潮阳众多善堂之一。经学者研究，在辛亥革命前潮阳棉城共创有善堂八间，且全部都崇奉大峰祖师。如表22[①]：

表22　辛亥革命前潮阳棉城的善堂

善堂名称	成立年代	善堂名称	成立年代
济德善堂	同治三年（1864）	仁德善堂（本心社）	光绪二年（1876）
仁济善堂（本心社）	同治七年（1868）	存德善堂（念敬社）	光绪二十三年（1897）
建德善堂	同治十年（1871）	棉安善堂（念佛社）	光绪二十五年（1899）
存仁善堂	同治年间	紫峰善堂（同众社）	光绪三十四年（1908）

据表22，棉安善堂成立时间非常靠后。另外，庵埠广济善堂与棉安善堂同创于光绪二十五年，其渊源是潮阳棉城塔馆仁济善堂本心社，日后开枝散叶，发展成为庞大的善堂丛；光绪六年（1880），揭阳县名宦丁日昌倡办“揭阳善堂”，位于今梅云镇挐园近边[②]，曾为之写过《善堂序》[③]；潮州府城的永德善堂则创于同治六年（1867）；规模最大的集安善堂则创于光绪十二年（1886）[④]。也就是说，比棉安善堂创建年代更早的善堂不少。

那么为什么1929年《保存宋大峰祖师纪念碑》中要说棉安善堂为“潮州善堂之起点”呢？那是因为1928年国民政府颁布了“废除淫庙”法令，其时潮汕所有善堂也传闻在被废除之列，有志于公益慈善的人士非常焦急，1929年1月，在汕头存心善堂的召集主持下，潮汕地区100多家善堂代表齐集潮阳棉城棉安善堂商讨对策，一份有54家善堂集体签名、具述祖师历史、善堂不属淫祠、饬请保护的请愿书分呈列宪。国民政府“内政部”于1929年2月批示，奉祀大峰祖师的潮汕各善堂“实与各项淫祠、神怪、巫祝之类不同，仰候另行广东民政厅转饬保护”[⑤]。这说明，《保存宋大峰祖师纪念碑》所谓棉安善堂是“潮州善堂之起点”，只是反映了召集者存心善堂在潮汕善堂的龙头老大地位的“话语霸权”，以及各善堂在非常时期为寻求自身的合法性所采取的一种权宜性的表述而已。

潮汕地区近代善堂的创立，基本上渊源于同治年间以来对大峰祖师的崇奉。目前资料所见的潮汕地区善堂最古者不早于清同治年间（1862年以后），如表22中的济德善堂。但是，研究潮汕善堂史的文章又往往说潮汕善堂起源于明末清初。其代表观点有，“善堂的产生及其附属仪式却并非潮汕人的独特发明，而是伴随着明清时期全国性善堂善会大量

① 徐苑：《大峰祖师、善堂及其仪式：作为潮汕地区文化体系的潮汕善堂综述》，厦门大学硕士学位论文，2006年。

② 揭阳梅云镇镇志编纂委员会：《梅云镇志》，长沙：湖南地图出版社1998年版，第463页。

③ （清）王崧等修，李星辉等纂：光绪《揭阳县续志》卷4“艺文志”。

④ 翁兆荣、许振声：《概述解放前潮州城的慈善团体——善堂》，《潮州文史资料》1989年第8辑，第137页。

⑤ 《保存宋大峰祖师纪念碑》，现存于潮阳棉城镇东山棉安善堂。碑由旧堂址复制。

产生的潮流相应而生"①。但在徐苑的论文中并无有关这方面的论据和论证，证明晚清同治以前潮汕是否存在过善堂之设，论据的缺失导致了观点的笼统，所以这只能是作者的猜想或假设。又有谓："众所周知，善堂是潮人的独特文化，但善堂作为一种民间组织在历史上并非潮汕地区所专有。据历史文献所载，潮人善堂与明末清初的善会与善堂有密切的关系。有学者考证，明成化年间，潮汕地区已出现了官办的'养济院'之类的善会，收留地方上的孤老残疾者；到了清光绪初年，潮汕地区开始出现民办的善堂组织。"② 这段话上半部分与前一观点相同，后半部分则依据《升平文史》创刊号《潮汕善堂》专辑中《解放前汕头市善堂组织简介》文章开头的观点，把潮汕善堂的源头追溯至明代官办慈善机构，这不仅非常勉强，而且时间跳跃也太大了一点：从明成化年间一下子跳到清光绪年间。我们很难想象晚清以来的善堂兴起与明代官办慈善机构有什么联系。由此可见，学界对潮汕善堂的历史起点的讨论至今仍然语焉不详。

难道明末清初潮汕地区真的没有民间性的善堂之设吗？不然。

二、史料所见潮汕第一间善堂：慈济会堂

史料所见潮汕地区民间慈善机构于清初成立于揭阳县城，这就是"慈济会堂"。此则资料来源于雍正《揭阳县志》。鉴于它的重要性，现全文抄录如下：

慈济会堂：在县治朝天坊。康熙五十八年义民倡建。为施棺掩骼之所。陈学智舍地并园共三亩六分，坐柯厝围带米九升三合六勺，租银一两五钱；贡生罗孟震、里老谢士豪捐置上中下田六十亩八分带米二石四斗五升六合七勺，坐磐溪都长福象头西村等处，租一百十五石；震又捐义冢山一所，坐蓝田都江厝山，带米一升四合；豪又捐置铺屋地二间，坐西门永安桥头，带米一升七合八勺五杪，租银二两，园池二亩四分，坐柯厝围，带米六升二合四勺，租银一两六钱五分；监生曾士宽捐置园池二亩八分，坐柯厝围，带米七升二合八勺，租银一两五钱；义民募置义田一十八亩七分，坐磐溪都洋下薛大沟村溪乾子。已上亩米俱载在城二图排僧性矿烟好义会户内。雍正四、五二年，义士陈贵龙、黄应捷、陈耀彩、监生曾士宽各捐赀施樍，本县申宪，咨部给匾旌奖曰"好义可风"。雍正七年，贡生罗孟震等募建无祀木王祠，在东门渡头元帝庙侧置租，募僧广受主之。③

这间揭阳县"慈济会堂"，是迄今所发现的潮汕最早的善堂。它具备近现代意义上的善堂的所有组织构件：第一，它是义民集资倡建的，具有民间性质；第二，它是善会组织的，并有一个固定的办事场所，所谓"慈济会堂"其实就是"慈济会"这个善会的"堂"（场所）；第三，"为施棺掩骼之所"，其工作性质非常特定，是慈善救济性质的，并设有专门的义冢山；第四，从多个义民为这个善堂捐款、置田、置铺上看，它又是经营性质

① 徐苑：《大峰祖师、善堂及其仪式：作为潮汕地区文化体系的潮汕善堂综述》，厦门大学硕士学位论文，2006年，第1页。

② 李志贤：《新加坡潮人善堂溯源——兼论其在早期移民社会的建构基础》，《第五届潮学国际研讨会论文集》，潮汕历史文化研究中心，2005年。

③ （清）陈树芝：雍正《揭阳县志》卷8"庙宇·寺观"，潮州市地方志办公室2003年编印本，第416页。

的，以其各项收入用于慈善救济活动。有了经济上的保证，它可以长期运作，而非个人性短期的慈善行为。

其实，从其名称上我们也可以确信它是一个善堂，它虽然被放置在“庙宇·寺观”条中，却既不称“寺”，也不称“庵”，更不是诸如“观音堂”、“三官堂”等的“堂”，而是“会堂”。这一名称在潮汕方志等史料中是第一次出现。

这所善堂是谁创建的呢？在慈济会堂的义民名中，罗孟震的名字3次被提到。罗孟震施田及义冢山，又募建无祀木王祠。此人在雍正《揭阳县志》中多次出现，卷5“优行”条及“褒善”条两处有传，令人瞩目。其中“优行”条谓：

罗孟震，贡生，蓝田上洋人，国珍子。捐田施棺木，创山作义冢，部旌“好义”。又捐铺租助祭文庙。

“褒善”条谓：

罗孟震，字德宣，蓝田上阳人，昆明宰国珍季子，贡生。雍正四年在县煮粥一日。倡建慈济会堂，施槥掩胔，旌奖好义。

“褒善”条明确提到慈济会堂为罗孟震倡建。“褒善”条是时任揭阳知县、《揭阳县志》编撰者陈树芝为在雍正四年至五年（1726—1727）潮汕大饥荒时施粥放赈救济饥民的善士们专门设立的。在本条末的“论曰”中又再次提到罗孟震：“……罗明经孟震则施槥掩胔之不靳，遂使沟壑之民登之衽席。”由此可知，罗孟震在雍正大饥荒时期做了不少善事，他不仅施粥济贫，还创设了慈济会堂，一直致力于施槥掩胔，既做活人的工作，也做殁者的工作，而他做殁者的工作更是长期的、有组织的。这引起了陈树芝的特别优礼，为其义举善行多次上报饬奖，并把罗所创设的“慈济会堂”详详细细地记载了下来，篇幅之长仅有“双峰寺”和“侣云庵”可与之相比。罗孟震作为慈济会堂的创建人和最大的出资人，劝进多位义民出钱修堂、捐田、捐地，并把各项收益存入僧人户内，实施有组织、经营性的行善，可见他不仅在康雍年间善名很响，而且赢得了陈树芝的赞赏，并对他另眼相待。

慈济会堂创始于康熙五十八年（1719），至乾隆二十六年（1761）周硕勋《潮州府志》“寺观”等条中再无记载，所以我们推断其维持不到40年时间或已湮没。

三、慈济会堂成立的因由

在清代潮汕各府县志当中，有关清初善堂的记载我们发现仅此一例。实际上也很可能就此一间。它的成立既有明末清初的潮汕灾难频仍、僧俗大行善举的背景因素，又与罗孟震的家族慈善传统及其父辈外出做官经历有关。

（一）清初潮汕的僧俗善举

潮汕慈善文化传统悠久。潮汕文化的特质在于儒佛合一，道德思想深受儒家“与人为善”、“善与人同”（《孟子·公孙丑上》）以及佛教因果报应思想的影响，自唐宋以来，行善积德之风一直非常浓厚。诸如修路造桥、舍井筑堤、施医赠药、施田赠棺、恤死救生等善举，上至乡绅士夫，下至马口走卒，僧俗两道，多有信受奉行者，志乘中可谓不胜枚举。行善积德作为潮汕文化的优良传统，自是近代善堂兴起的深厚底蕴。笔者也撰有文章论及宋代潮汕“种福田”思想曾盛极一时，在这种行善种福思想浓厚氛围的影响下，还产生了一种专门劝他人行善的带头人——劝首，热衷于为社会公益慈善事业服务[①]。大峰祖师其实就是一个大劝首，近代潮汕善堂大都响应大峰祖师的号召，若从佛教层面上讲，这可以看作是宋代慈善精神的遥承。

善堂既然出现于清初的潮汕地区，那么除深厚的历史底蕴以外，自有其具体的社会背景。清初的潮汕，可以用“灾难深重”一词来形容。其时山河鼎革，兵荒马乱，加上天灾频繁，人民生活在水深火热之中。从人为灾难看，战乱频仍和海禁迁界危害最大。顺治年间，潮汕成为南明军队、郑成功武装与清兵的主战场，各方武装展开多次攻城略地的血战，城门失火，殃及池鱼，百姓遭到史无前例的浩劫；殆至康熙十三年（1674）至十六年（1677），潮州镇总兵刘进忠叛离清廷，潮汕各地又燃战火，生灵涂炭；康熙初年的海禁迁界政策，使潮汕沿海数十万百姓有家难回，生计无着，流离失所；这些人为灾难所导致的非正常死亡人数之多，从下面所引僧海德及义士钟万成“收焚尸首十余万”的描述中可见一斑。

从自然灾害看，潮汕地区濒临太平洋，又处于东南沿海地震带上，诸如风灾、水灾、震灾、虫害等非常常见，是各种灾害多发的地区。以风灾、水灾、旱灾为例，依当代编著的方志来统计，自康熙至雍正 74 年间，《揭阳县志》载为 23 宗[②]，《潮州市志》载有 26 宗[③]；旱灾则集中在康熙年间，揭阳和潮州均为 7 宗[④]。说明这些自然灾害几乎都是全境性的。明清以来，潮汕地区地狭人稠，人口压力与土地承载力之间产生巨大矛盾，土地生产愈来愈无法解决粮食自给的问题，人民生活日趋艰难，因而，在自然灾害频仍的年份极容易产生严重的饥荒。人口过于稠密，公共卫生意识和状况较差，各种灾害和饥荒往往与流行性疾病相伴随，一旦暴发流行性疾病，往往波及面积极广，受害剧烈，短时间内死亡人数极多。潮汕史上最为惨烈的饥荒，若除开抗战时期以日军侵华战争为主因所带来的饥荒外，非雍正四年至五年（1726—1727）的饥荒莫属。雍正三年（1725），潮阳“夏六月大水，米贵”[⑤]，揭阳、海阳“四五两月大雨损禾，八月十五大飓风，冬蝗蔬菜果木叶皆贼”[⑥]，这说明前一年的潮汕全境性水灾和飓风已严重影响粮食生产，大饥荒命运已经注定。接下来的两年里，气候依然恶劣，水灾持续，又继之以瘟疫，可谓是“屋漏偏逢连夜雨”，其死人之多、景象之惨，清代潮汕各府县志均有记载，令人触目惊心。海阳县令、县志编撰者张士琏（雍正三年至十年任）作为这场大饥荒的亲历者，在县志中对这场大饥荒总结时惨然写道：“海阳旧为饶乐之乡，至丙午、丁未二载，洪水叠至，田谷减收，以

---

① 郑群辉：《佛教与宋代潮州社会》，《潮学研究》2000 年第 8 辑。

② 揭阳县地方志编纂委员会：《揭阳县志》，广州：广东人民出版社 1993 年版，第 102～103 页。

③ 潮州市地方志编纂委员会：《潮州市志》，广州：广东人民出版社 1993 年版，第 202～203 页。

④ 揭阳县地方志编纂委员会：《揭阳县志》，广州：广东人民出版社 1993 年版，第 107 页；潮州市地方志编纂委员会：《潮州市志》，广州：广东人民出版社 1993 年版，第 213 页。

⑤ （清）周恒重修：光绪《潮阳县志》卷 13“纪事·灾祥”，潮阳县地方志编委会 2000 年编印本。

⑥ （清）陈树芝：雍正《揭阳县志》卷 4“祥异”，潮州市地方志办公室 2003 年编印本，第 184 页；（清）陈树芝：雍正《海阳县志》卷 8“天集灾祥”，潮州市地方志办公室 2003 年编印本，第 217 页。

及佐谷之物弗至弗长，又加以疫疠盛行，沦丧滋戚，至攻木之匠尽易为断榇之工，道路之尸更溢为轮囷之积，为从前未睹之境。诚可悲也！”①

种种人为灾难和自然灾害重重叠加在一起，造成清初潮汕多次严重的饥荒和大面积死亡现象。饥饿者需要赈济，倒毙者需要掩埋，抚生恤死的工作，仅靠政府部门的救济已远远不够了，需要更多的民间善人站出来，这也为成立专门的慈善机构或团体创造了条件。

潮汕民间盛行急公好义之风，志乘中早有成论。乾隆《潮州府志》云：

（潮州）社学义学，有一邑一处者，有一邑数处者，属众姓捐助；修桥筑堤，靡不慷慨。虽由丰裕，亦见人心好义，为他郡所不及。②

又引《广东旧通志》云：

潮阳强悍负气，大类齐俗，士夫有豪宕好义之风，惜好富不好礼；揭阳尚浮华，颇急公，间有健讼为善良之梗者。

乾隆《普宁县志》云：

地方有公事，士民相率好义，捐金资助。③

潮人“人心好义，为他郡所不及”、“豪宕好义”、“颇急公”，评价虽高，持论却不无根据。以清初为例，如顺治年间，义士钟万成与僧海德收焚尸首十余万，以此义举名载史册；雍正四年至五年潮汕大饥荒，揭阳县有棉湖贡生杨有禔首倡施粥，连施10日，费银1 000余两，感动大批乡绅纷纷效仿，你先我后，活人无数④，本县饥民受惠且不说，还惠及潮阳、普宁、海阳、澄海等县相邻乡镇，乡绅蔡同高写有《谈经处煮粥记》⑤，详细描述当时的感人情景，给予高度的褒扬；翌年杨有禔又再次施粥5日，费银600余两；陈树芝在县志中特立“褒善”专条，进入此传的善人共有38人。同样的义举在普宁县有周玉亮，方开达、方开亨、方开树兄弟，方士达，李实联等10余人⑥，在潮阳则有苏文正、赵九龄、陈能夏等29人⑦，这一大批民间善士在路有饿殍的危急时刻都能站出来，或施粥，或平籴，或捐米，或施棺掩胔。各方志“人物”篇中诸如“尚义”、“褒善”、“优行”、

① （清）张士琏：雍正《海阳县志》卷8“天集灾祥”，潮州市地方志办公室2001年编印本，第217页。

② （清）周硕勋修：乾隆《潮州府志》卷12“风俗”，潮州市地方志办公室2002年编印本，第136页。

③ （清）萧麟趾：乾隆《普宁县志》卷8“风土志·习俗”，潮州市地方志办公室2007年编印本，第357页。

④ （清）陈树芝：雍正《揭阳县志》卷5“褒善”杨有禔条，潮州市地方志办公室2003年编印本，第260页。

⑤ （清）蔡同高：《谈经处煮粥记》，（清）陈树芝：雍正《揭阳县志》，卷7“艺文”，潮州市地方志办公室2003年编印本，第357页。

⑥ （清）萧麟趾：乾隆《普宁县志》卷7“人物志·尚义”，潮州市地方志办公室2007年编印本，第321～327页。

⑦ （清）陈树芝：《赈济碑记》，（清）周恒重修：光绪《潮阳县志》卷13“纪事·灾祥”，潮阳县地方志编委会2000年编印本。

“义行”等条目中，轻财仗义、解衣推食、济人危急等善人善举可谓多不胜数。其中有的是致仕林下的官吏，有的是未出仕的秀才，有的是家境巨富的地主商人等，其中值得一提的是澄海杨钟岳和潮阳林鸿深。

杨钟岳，顺治十八年（1661）进士，曾任福建提学，官至布政参议。他在家中做乡绅期间，“修文庙，建宗祠，赈贫乏，置义冢，造桥路，筑堤防，为善于乡也功甚多”①，其善举的范围非常广泛，义举遍及潮汕全境，赢得官府乃至民众的交口称赞，是当时大名鼎鼎的善人。其慈善救济事迹，在方志中斑斑可考。林鸿深，光绪《潮阳县志》有传，例贡，建屯巷桥，雍正大饥荒，两次赈饥，平生又喜施棺槥，历四十年如一日，名垂史册②。

顺治至雍正年间，在励行善举的人们当中，还活跃着一群僧人的可敬身影。这批僧人慈悲为怀，不甘人后，他们勤修菩萨行，尤重于施棺埋骷之善举。

僧海德，“饶平人，俗姓萧。幼出家于揭阳观音堂，修梵行。丙戌（顺治三年，1646）揭邑陷于贼，收埋尸骸数万，作同归塚于旧教场，癸巳（顺治十年，1653）郡（潮州）破，横尸遍城，同善民钟万成收焚尸十余万，作普同塔于葫芦山”③。

僧照忍，雍正《海阳县志》“地集寺观·楞善庵”条谓：“在北关外埠尾，康熙壬子（康熙十一年，1672）郡人户部杨钟岳建，往僧照忍僧人修掩骼埋胔行。”④

释超月，惠来籍僧人，“岁值壬戌（康熙二十一年，1682），旱患，农产歉收，饥饿甚众，是以尽出余积以济，尚未足数，不惜老迈高龄，远近呼吁，募化粮帛，以救饥民”⑤。

僧静会，是为清初潮州开元寺一代住持高僧。他来开元寺之前，主持潮阳文照堂和静隐堂，力修菩萨行。乾隆《潮州府志》卷15“寺观·文照庵”条谓：“在宝光寺东。康熙十八年己未知县徐而泰创建，后有僧静会雍正丙午丁未饥，设厂施粥，掩骼埋胔，心存利济。大吏赐匾‘宝筏真宗’”；“静隐堂”条谓：“在举练都草尾村。雍正丙午知府李濂以高僧静会赈饥有功，颜其堂曰：‘静隐’。”⑥

关于僧静会在雍正大饥荒的作为，时潮阳县令闵黯所作《塔馆赈济碑记》有更详细的交代：

> 丙午、丁未之饥，慷慨好义为我百姓延残喘者，绅士而外，又得文照庵僧人静会率徒孙顶岩、顶光、本源、涌睦及邑之善者李志宏、姚昌璧、陈宏赞等49人，竭力募化，煮粥施赈，勤劳二月余，民遂有起色云。⑦

---

① （清）周硕勋修：乾隆《潮州府志》卷29“人物·文苑”杨钟岳条，潮州市地方志办公室2002年编印本，第612页。

② （清）周恒重修：光绪《潮阳县志》卷17“人物列传·义行列传”林鸿深条，潮阳县地方志编委会2000年编印本。

③ （清）陈树芝：雍正《揭阳县志》卷8“仙释”海德条，潮州市地方志办公室2003年编印本，第417页。

④ （清）张士琏：雍正《海阳县志》卷8“地集寺观·楞善庵”条，潮州市地方志办公室2002年编印本，第232页。

⑤ 左秋草：《邑僧宋超月寿龄考析》，《惠来文史》1990年第3辑，第127页。

⑥ （清）周硕勋修：乾隆《潮州府志》卷15“寺观·文照庵”条，潮州市地方志办公室2002年编印本，第180页。

⑦ （清）陈树芝：《赈济碑记》，（清）周恒重修：光绪《潮阳县志》卷13“纪事·灾祥”，潮阳县地方志编委会2000年编印本。

"煮粥施赈，勤劳二月余"，对照各县志，静会和尚煮粥活人之功，绝不在他人之下！其善名之响，就连后来的"排佛"县令蓝鼎元都对之敬重三分，还称之为"棉阳好义僧"，褒奖他"赈饥埋胔，不惮烦劳"。[①]

以上所举的僧海德与义士钟万成共同收埋尸骨；杨镗岳建庵，僧照忍掩骼；或由僧人建万化庵，奉无祀神主；潮阳郑象德家族与僧静会同建望上桥[②]等，诸如此类不少的清初善举，都有僧人的积极参与，僧俗之间善举似乎多是相互扶持、相互配合的，善举当中带有浓厚的佛教因素。潮汕善堂的开展，从一开始也深深植根于佛教的行善积德、因果报应思想。而像照忍、静会等僧人，以佛寺为根据地，以佛教功德福田为号召，广集善资，以行慈善之实，已非常类似于近代的善堂机构。

但是，以上僧俗的善行善举，有较大的局限性。第一，似乎还只限于个人作为，尤其是那些家境殷实的乡绅的个人作为、个人能力和资源毕竟有限，如果受灾范围过大，个人也就无能为力，更不可能长期进行。第二，除了一些僧人长期以掩骼埋胔作为修行方式，持续力行善举外，多数士绅善举基本限于某一特定时段的作为，如巨大的天灾人祸来临时。

一些乡绅清醒地意识到这一问题，认为需要一种能够长期运转的慈善机构来替代个人短期性的慈善行为。从明末至清初，乡绅势力抬头，乡绅们以"天付斯文"的地方教化为己任，为了达到移风易俗、敦睦乡里以及缓和阶级矛盾的社会目的，他们不仅要身体力行，树立急公好义的个人形象，同时也充分利用地方宗教信仰资源尤其是佛教资源，大力提倡"善与人同"、人人为善、为善种福等公德观念，把为善积德的观念推向社会大众，共同营造一个有礼序、有爱心、淳朴和睦的社会氛围。在这种社会大环境下，善堂作为一种集体结社型的慈善组织也就水到渠成地出现了。

（二）罗孟震家族因素

罗姓为当时揭阳蓝田都（今丰顺县汤南镇一带）大姓，其先祖就是宋代创建罗寨庵的巡检罗安。明末著名的逃禅宰官罗万杰则是罗孟震的父执辈；罗孟震家族既是当地的巨族，也是慈善世家。其伯父罗万善及父亲罗国珍均是读书人，且又是热心公益慈善的大乡绅。罗万善，"康熙甲子（康熙二十三年，1684）举贤书，考授中翰，后改知县，以老不就职，……任事尤慷慨，重新祖祠，祖潭堤决，亦捐修葺。丙午丁未饥，发储于硕浦，散米给助，人怀其惠"[③]。平生热衷公益慈善救济，雍正大饥荒时散米乡民，极有善名；其弟罗国珍，文名与兄相齐，感情很好，"康熙丙午（康熙五年，1666）乡试第四，……初令武进，以忧归，继补昆明，皆有治声。……有四子俱成名，季子孟震尤力善于乡"[④]。《传》中对罗国珍出仕后三次任职作了记载，又再一次提及罗孟震"尤力善于乡"，说明了罗孟震从小受父辈情愫的影响，热衷善举是其家族传承。

---

① （清）蓝鼎元撰，郑焕隆编：《蓝鼎元论潮文集》，深圳：海天出版社 1993 年版，第 180 页。

② 孙炜：《建望上桥记》，（清）周恒重修：光绪《潮阳县志》卷 21"艺文"（中），潮阳县地方志编委会 2000 年编印本。

③ （清）陈树芝：雍正《揭阳县志》卷 6"贤品"罗万善条、罗国珍条，潮州市地方志办公室 2003 年编印本，第 284～285 页。

④ （清）陈树芝：雍正《揭阳县志》卷 6"贤品"罗万善条、罗国珍条，潮州市地方志办公室 2003 年编印本，第 284～285 页。

但是，罗孟震一生似乎并未出外做官，他为什么会倡建这所具有近代慈善性质的善堂呢？我们认为与他父亲的官宦生涯有关。罗国珍康熙初年中举，后来做过常州武进县令，而武进正是明万历年间中国民间慈善机构——“同善会”的诞生地[①]，武进及其周边的无锡、昆山、嘉善等县的同善会，作为中国最早建立的善堂，向长江三角洲如苏州、杭州、松江等地普及[②]；进入清初，武进县及周边地方的同善会事业依然非常兴旺，其组织也发育得较为成熟。作为本就笃行善举的一县之尊的罗国珍必看在眼里，注意考察甚至扶持这种善会善堂组织，我们不知道他做官时罗孟震是否随行考察，但起码归乡后与儿子交流心得，并由儿子倡立类似的慈济会堂，是顺理成章的事。

通过以上的考察，我们得出三点结论：第一，清初的慈济会堂是潮汕最早的善堂，是潮汕善堂文化的历史起点。第二，学者的猜想成立，潮汕善堂之设并非潮汕人的独创，而是受到明末清初以来全国性善会善堂大量产生的潮流的影响而成立的。第三，潮汕善堂之设，是在潮汕底蕴深厚的慈善传统基础上，尤其在清初潮汕灾难频仍、僧俗大行善举的背景下成立的，体现了儒家“善与人同”思想和佛教菩萨行布施功德观念的有机统一。雍正《揭阳县志》把慈济会堂列入“寺观”条，说明官府是把它当作上文提到的椤善庵、万化庵等修掩骼埋胔行的寺庵来看待和管理的，而各善士所捐置的田地铺屋的收入也载在僧人户内，这间潮汕最初的善堂也就与佛教结下了不解之缘。

第二节　同治、光绪以来的善堂

一、同治、光绪以来善堂的井喷式成立

继慈济会堂之后，我们所能发现的较早的善堂是道光年间的少量善堂。光绪《潮阳县志》卷8附“育婴堂”条“新设育婴堂”中，列有5个育婴堂，这些善堂与康熙年间以来官办性质的育婴堂不同，全部由乡绅或商人所建，散落在潮阳县治及各乡镇。其中一间创建于道光二十一年（1841），一间创建于同治十年（1871），另三间创建于光绪初年。海阳县则有“希振社”：“在城道署后。道光二十九年（1849）绅耆为施给棺木募捐建”[③]，其他各县还有育婴堂、养济院等，但均属官办慈善机构，故不加讨论。从以上信息来推测，继清初慈济会堂之后，民办善堂应该陆续有所建立，虽然不多，但没有中断，只是相关资料没有保存下来。

资料显示，潮汕善堂大规模、井喷式的建立时间是在同治、光绪年间。与此前所建善堂寥寥无几相比，同治至光绪不到50年的时间，所建善堂超过50间，除西部的丰顺和普宁县以外，几乎遍及潮汕全境。首先是潮阳县县治的棉城镇，同治、光绪年间创立的善堂有8间（详见第一节表22），全部供奉大峰祖师。

---

① ［日］夫马进：《中国善会善堂史研究》，北京：商务印书馆2005年版，第79页。

② ［日］夫马进：《中国善会善堂史研究》，北京：商务印书馆2005年版，第87页。

③ （清）卢蔚猷修：光绪《海阳县志》卷18“建置略2·公建附”，潮州市地方志办公室2001年编印本，第146页。

（1）潮阳县各乡村5间。

表23　潮阳县同治、光绪以来善堂

善堂名称	成立时间	地址	供奉神明
宏济善堂	光绪元年（1875）	峡山镇	大峰祖师
通德善堂	光绪二十六年（1900）	成田镇	大峰祖师
祯祥善堂	光绪初年	成田镇	大峰祖师
同安善堂	光绪初年	胪岗镇	大峰祖师
修德善堂	光绪年间	沙陇镇	大峰祖师

资料来源：徐苑：《大峰祖师、善堂及其仪式：作为潮汕地区文化体系的潮汕善堂综述》，厦门大学硕士学位论文，2006年。

（2）惠来县各乡村13间。

表24　惠来县同治、光绪以来善堂

善堂名称	成立时间	地址	供奉神明
庆德善堂	同治九年（1870）	仙庵镇	大峰祖师
振德善堂	同治年间	华湖镇	大峰祖师、窦仙师
周德善堂	咸丰六年（1856）成立，光绪三年（1877）落成	周田镇	大峰祖师
同心善堂	光绪年间	靖海镇	大峰祖师
报德善堂	光绪十一年（1885）	仙庵镇	大峰祖师
修德善堂	光绪十六年（1890）	仙庵镇	大峰祖师
宝寿善堂	光绪二十五年（1899）	仙庵镇	大峰祖师
普益善堂	光绪二十六年（1900）	周田镇	大峰祖师
同德善堂	光绪初年	前詹镇	大峰祖师
永德善堂	光绪十三年（1887）	神泉镇	大峰祖师
仰德善堂	光绪二十五年（1899）	神泉镇	大峰祖师
永德善堂	光绪二十六年（1900）	华湖镇	大峰祖师
同学善堂	光绪十四年（1888）	隆江镇	大峰祖师

资料来源：徐苑：《大峰祖师、善堂及其仪式：作为潮汕地区文化体系的潮汕善堂综述》，厦门大学硕士学位论文，2006年。

（3）汕头5间。

表25　汕头同治、光绪以来善堂

善堂名称	成立时间	地址	供奉神明
同庆善堂	光绪十四年（1888）	汕头	大峰祖师
同济善堂	光绪二十一年（1895）	汕头	大峰祖师
存心善堂	光绪二十五年（1899）	汕头	大峰祖师
延寿善堂	光绪三十一年（1905）	汕头	吕祖祖师
善德古堂	光绪年间	汕头达濠	大峰祖师

资料来源：《升平文史》创刊号。

（4）南澳2间。

表26　南澳同治、光绪以来善堂

善堂名称	成立时间	地址	供奉神明
平善堂	光绪二十八年（1902）	后宅镇	大峰祖师
深澳慈济善堂	光绪年间	深澳镇	大峰祖师

资料来源：《升平文史》创刊号。

（5）潮州及潮安县7间。

表27　潮州及潮安县同治、光绪以来善堂

善堂名称	成立时间	地址	供奉神明
永德善堂	同治六年（1867）	潮州城区	供奉未明
集安善堂	光绪十二年（1886）	潮州城区	华佗仙师
辅仁善堂	光绪二十二年（1896）	潮州城区	供奉未明
同奉善堂	光绪二十五年（1899）	庵埠镇	大峰祖师
广济善堂	光绪三十一年（1905）	庵埠镇	大峰祖师
太和善堂	光绪二十七年（1901）	庵埠镇	大峰祖师
遂心善堂	光绪元年（1875）	庵埠镇	大峰祖师

资料来源：翁兆荣、许振声《概述解放前潮州城的慈善团体——善堂》，《潮州文史资料》，《庵埠志》及笔者田野调查资料。

（6）揭阳县2间。

表28 揭阳县同治、光绪以来善堂

善堂名称	成立时间	地址	供奉神明
揭阳善堂	光绪六年（1880）	梅云镇挐园	供奉未明
觉世善堂	光绪二十七年（1901）	梅云镇	大峰祖师

资料来源：《梅云镇志》，长沙：湖南地图出版社1998年版。

以上统计所得为42间。实际上可能不止此数，因为善堂代有兴废，有些善堂其创始年代已失考，无从统计。如潮州府城，相信同治、光绪年间的善堂绝不止此3间，揭阳县也绝不止2间。粗略推测，同治、光绪年间潮汕地区所建善堂应在50间以上。

同治、光绪年间的善堂是具有近代意义的慈善机构，均由民间自发成立，既没有官府的介入，也未见僧人的参与。但作为一种特殊的信仰形态，同治、光绪年间成立的善堂与潮阳大峰崇拜直接相关，并且绝大部分的善堂供奉对象都是大峰祖师，逐步发展成团结在大峰旗帜下的善堂网络或善堂丛；而非大峰崇拜的善堂所占比例不仅偏低，而且是在大峰系的善堂的刺激和影响下成立的。

潮汕善堂为什么会在同治、光绪年间大量出现呢？其基本原因如下：

其一，本地在天气恶劣的季节及年份下大饥荒和瘟疫大规模流行，这是最基本的原因。就以1995年编写的《潮州市志》所载的道光至咸丰40年间所遭受的“风灾、水灾”、“旱灾”、“瘟疫”条为例，风灾、水灾共17条，旱灾7条，瘟疫2条①，其灾害发生频率更甚于康熙、雍正年间。清中叶以后，人多地少的潮汕，即使是丰年也未必能保证不饿肚子，何况自然灾害频发的年份？而瘟疫流行又以光绪年间最甚，共有8次，分别为光绪元年、十三年、十四年、二十四年、二十五年、二十六年、二十七年、二十八年，其中大疫者有5次。从光绪二十四年（1898）至二十八年（1902）瘟疫几乎一直流行，从未间断，不过是各地方受害程度不同而已。方志中提到诸如“仅茂龙乡就死数百人”、“城受祸最剧”、“潮城尤甚，死将达万人”等②，令人触目惊心。汕头的情况也是如此。汕头原是一个靠海小渔村，清嘉庆年间，因潮汕其他港口逐步淤浅，而发展成为新港口。清咸丰十年（1860），根据《中英天津条约》，汕头被辟为对外通商口岸，随着劳动力人口的大量涌入，一个港口城市迅速发展起来。然而人口过于密集，卫生条件不良，城市脏乱差现象非常严重，极容易引发流行性疾病。如光绪二十七年《澄海县正堂为存心善堂址出示晓谕事碑》云：“汕头埠存心善堂禀称，窃维汕埠，数年来，疫疠频仍，祈祷无灵，医巫罔效，损失人口不可胜计……”③ 发病乃至疫死者极多，持续时间又长，单就收尸埋骨问题，单靠任何个人力量已完全无法应付，更遑论其他救济工作，故急需发动社会集体力量，同舟共济方能渡过时艰。

① 潮州市地方志编纂委员会：《潮州市志》，广州：广东人民出版社1995年版，第205～228页。
② 潮州市地方志编纂委员会：《潮州市志》，广州：广东人民出版社1995年版，第228～229页。
③ 《澄海县正堂为存心善堂址出示晓谕事碑》，《升平文史》创刊号，第109页。

其二，官办慈善机构形同虚设。官府所举办的“养济院”、“育婴堂”等慈善机构，一来数量少，二来规模小，三来流于形式，都是些“做样子”工程，一旦某任县令离任，由他修建的慈善机构往往废圮；最重要的是，清中叶以来地方上的饥荒和瘟疫规模大、持续时间长，远远超出官府救济能力，就只有依靠民间本身的力量了。

其三，扶乩结社活动盛行。明末开始，渐有士人设坛结社，举行扶乩活动，至清末这类活动“相沿尤盛，风气所至，几乎遍及全国”。这类扶乩活动“不外乎士大夫之卜行藏，问功名，以及文人墨客之藉作吟咏唱和之助而已”。[①] 后来扶乩逐渐与民间宗教结合，成为一种吸引信众的方式。雍正、乾隆时期，大乘教、白莲教等教门即常利用扶乩招纳教众，一贯道的前身青莲教中的扶乩活动更为普遍。扶乩结社对近代善堂的组织形式与性质产生直接影响，潮汕也不例外。潮阳报德古堂虽然没有扶乩的传统，但分香于该堂的潮阳早期善堂多数举行扶乩活动。下文还有论述。

其四，自清代以来潮汕佛教僧团几乎完全堕落，除像上述海德、静会、照忍等少数僧人外，不少僧人喝酒吃肉，娶妻生子，自私自利，与俗人无异，无法得到民众的皈敬；还有相当多的寺院已转为“民营”，没有僧人常住，由某一家族或个人把持，成为大敛佛财的工具，严重挫伤民众的布施功德心，转而将钱物用以支持善堂的慈善公益活动。

二、民国以后善堂的蓬勃发展

民国以来，潮汕善堂建立更多。事实上，潮汕善堂绝大部分是民国时期建立的，潮汕善堂的发展进入一个全盛时期。全盛时期（20 世纪 20—40 年代）全潮汕善堂善社曾达到 500 多间[②]。就其数量而言，已经远远超过全境寺院数量，这意味着潮汕近代以来民众的信仰与慈善观念出现了新变化、新特点，传统佛教及其寺院进一步萎缩式微，一种新的信仰及其组织形式以一种惊人的速度得以广泛普及。纵观潮汕佛教史，这是非常耐人寻味的。

这 500 多间善堂中，首先是城镇一级的善堂继续发展增多。例如，汕头在 20 世纪 20—40 年代又创立 5 间善堂[③]；潮州城内，30—40 年代的善堂就达 38 间（包括清末所建善堂）。按当时潮州城人口近十万计，平均 2 600 人便有一间善堂，善堂的密集度非常惊人。善堂参与人数有多有少，多则一两百人，少则数十人，全城有堂员在 4 500 人以上[④]；潮州庵埠镇的善堂更为密集。从光绪元年创立第一间善堂同奉善堂后，广济善堂也于光绪二十五年创建，因应形势发展的需要，犹如树木开枝散叶般，从中又分出其他较大的善堂如太和、遂心、衣德三大善堂，此后这五大善堂又分别分出其他众多的善堂和善社，遍布庵埠镇各乡村。依方志资料统计，广济善堂系统民国前的五大善堂共有 35 间，加上总堂则共 40 间，连同其他独立活动的善堂 8 间，则总计 48 间[⑤]。以 1938 年潮州沦陷前庵埠人

---

① 兴亚宗教协会：《华北宗教年鉴》，北京：新民印书馆 1941 年版，第 529 页。

② 《升平文史》创刊号，“善堂春秋”栏目介绍。

③ 《升平文史》创刊号，第 3 页。

④ 翁兆荣、许振声：《概述解放前潮州城的慈善团体——善堂》，《潮汕文史资料》1989 年第 8 辑。

⑤ 杨启献等主编：《庵埠镇志》，北京：新华出版社 1990 年版，第 344 ~ 345 页。

口为86 000人计算[1]，则平均不到2 000人即有一间善堂，其善堂密度更大于潮州城，也是潮汕善堂密度最大的城镇（至今依然如此）。

其次是乡村善堂的大量发展。从1929年建立的《保存宋大峰祖师纪念碑》中，其中所开列的绝大部分善堂属于乡村善堂，并且主要分布于潮阳和惠来两县；而揭阳县（包括今榕城区及揭东县）则有80多间善堂[2]，其中大部分属于乡村善堂。这样，民国时期的善堂分布主要集中于练江平原、惠来中东部的龙江平原和榕江平原，并延伸至南澳、海山诸岛；越往西部山区（如今揭西县及普宁市西部），善堂设立越疏越少（至今情况仍是如此，如普宁西部南阳山区一带仍少有善堂之设）。

民国时期的善堂发展有如下特点：

其一，大峰系统的善堂继续发展，并占全潮汕善堂的大多数。后起的善堂往往系奉某一有影响的善堂如潮阳棉安善堂、报德古堂等的香火成立的，如庵埠广济善堂、汕头存心善堂等，或由较有影响的善堂分出而成立的分社，如庵埠广济善堂、汕头存心善堂、潮州报德善堂等，都有众多分社。

其二，善堂的建立从潮阳、潮州、汕头等城镇向乡村蔓延传播，组织起一张城乡结构的善堂网。[3]

其三，从潮汕扩散到周边地区。最远地区有梅州梅江区的乐善堂[4]，陆丰甲子成德善堂、福寿善堂[5]等。

其四，善堂的功能逐渐扩大化。由最初的收尸埋骨发展到施棺赠葬，再到施医赠药、施茶赠衣、施粥放赈、防洪巡堤、成立义务消防队等。

其五，部分善堂的供奉对象不是大峰祖师。其主要原因是善堂原为各种祠庙或乩坛（鸾堂），为了吸引信众或取得其活动的合法性而改称。如揭阳县（包括今天的榕城区及揭东县）方志载："民国时期，县境先天道各派余众，以善堂组织，奉祀'吕纯阳真人'、'关帝圣君'、'桓侯大帝'等神，并开展扶乩、敕符、施孤、祈雨、建醮游神等道教活动。"[6] 因是之故，其善堂所信奉的神明较为芜杂，大峰也有供奉，但不占主流。

三、新时期善堂活动的复兴

1950年以后，潮汕善堂及其附属机构由政府接管，变成学校、部门单位等，善堂组织解散，活动中止。20世纪80年代初期开始，潮汕各善堂先后修缮复建，重新开展活动，善堂发展十分迅速。在不到10年里，至1989年潮汕地区已出现250间，1996年约有300间[7]；2004年善堂数增加至350~400间[8]。近年来潮汕善堂的复建和创建的数目仍在增

---

① 杨启献等主编：《庵埠镇志》，北京：新华出版社1990年版，第11页。

② 揭阳县地方志编纂委员会编：《揭阳县志》，广州：广东人民出版社1993年版，第740页。

③ 徐苑：《大峰祖师、善堂及其仪式：作为潮汕地区文化体系的潮汕善堂综述》，厦门大学硕士学位论文，2006年。

④ 《升平文史》创刊号，第163页。

⑤ 潮州庵埠广济福利会理事会编：《广济善堂创建一百周年纪念特刊》，庵埠广济善堂理事会1999年编印本，第157页。

⑥ 揭阳县地方志编纂委员会编：《揭阳县志》，广州：广东人民出版社1993年版，第736页。

⑦ 《善堂春秋》，《升平文史》创刊号，第1页。

⑧ 徐苑：《大峰祖师、善堂及其仪式：作为潮汕地区文化体系的潮汕善堂综述》，厦门大学硕士学位论文，2006年。

加，善堂的数量几乎接近于民国全盛时期。若把善堂数量与当代所有潮汕创建重建的佛教寺院数量共370座（见绪论）相比较，善堂数量等于或超过寺院。这充分说明善堂文化在潮汕地区拥有深厚的群众基础。

第三节　潮汕善堂的宗教信仰底蕴

一、善堂的宗教信仰特色

劝善与行善，是中国社会的优良传统，明末以来的善堂，同时担负了这两方面的工作。善堂作为慈善机构，行善自不待言，同治、光绪以来潮汕善堂，最初主要是收埋路尸、施棺赠葬，随着时代的变迁、机构的健全，工作范围逐渐扩大，从抚生恤死、扶贫助弱、施医赠药、平籴放赈等慈善义举，乃至于修桥筑路、防水防火等社会公益事业，都纳入了其工作范围。若从康熙五十八年（1719）创立的揭阳慈济会堂算起，200多年来，潮汕各善堂做了大量的甚至于可歌可泣的感人善举，一直被人们铭记在心。尤其是近代潮阳的棉安善堂、汕头的存心善堂、庵埠的广济善堂、潮州的集安善堂、揭阳的梅云及炮台觉世善堂等，其行善业绩之彪炳，可谓有口皆碑，永远载入地方史册，成为回望潮汕近代慈善事业一道亮丽的风景线。

然而，我们不要忘记，近代潮汕善堂的建立自有其特定的社会文化背景，其慈善精神和义举是建立在民间宗教信仰尤其是佛教信仰基础上的，简而言之，宗教信仰是近代潮汕善堂的底蕴，是潮汕善堂文化的根。迄今为止，我们对之认识不足，关于潮汕善堂文化在宗教理论层面上的探讨也并不是很多。较早有人曾对之进行简略的概括：

> 潮汕善堂最大的特色是“释”、“道”、“儒”三教融于一体。因为善堂的主旨是宣扬“为善至乐”，这与释、道、儒三教的教义都出于同源；它的楹联、碑记也蕴含着以儒释道、以道解儒的哲理；它的音乐既有佛的梵音，也有道的颂曲，更糅合儒家礼乐，形成独特的潮汕善堂音乐；它膜拜的偶像，佛、道、儒一视同仁……①

林悟殊先生则认为，中国传统文化本来就是整合了儒、释、道三家，所以“三教融于一体”并非潮汕善堂别于中华文化现象的特色。他认为潮汕善堂的最大特色，毋宁是慈善活动与民间信仰紧密结合，并从善堂的创立来源、经济来源和善堂的民间神事活动三个方面加以论证②。其实，上述两种观点未尝不可相容。在林林总总的潮汕民俗文化事相中，总能发现潜伏其中的宗教信仰底蕴，善堂文化也是这样。善堂文化的确包含佛、道、儒三家的思想文化，只不过三家思想文化不是以精英思想的姿态，而是杂糅了善恶、因果、天堂地狱等浅俗内容，以一种民间的宗教意识和信仰形式呈现出来的，里面夹杂普通民众的

① 《编前话》，《升平文史》创刊号，第11页。

② 林悟殊：《关于潮汕善堂文化的思考》，《人海灯》1999年第4期。

现实功利、愿望追求等因素。

潮汕善堂的宗教特点有如下几方面：

第一，善堂供设神仙佛祖。潮汕善堂的建筑格局与神佛设像，基本与寺庙宫观相仿佛。正厅一般都有神龛，神龛里供奉着不同的神明塑像，烛光辉煌，香烟缭绕，气氛庄严肃穆。潮阳和平镇著名的报德古堂，正厅供奉了释迦牟尼像，佛像前又设一宝座，供奉大峰祖师，祖师头戴毗卢帽，手托如意，满面慈祥。在这里，大峰不是以一个光顶、手持锡杖的罗汉造型，而是以给众生如愿如意的菩萨形象出现的，充分阐释了大乘佛教的世出世间、普度众生、满众生愿的菩萨精神。这样的造像形制在大峰祖师系统的善堂中几乎是统一的——意味着大峰祖师就是一位救世利生的大菩萨。一些较大的、条件更好的善堂，如庵埠广济、太和、同奉等善堂，我们甚至可以看到佛像与大峰像分开供奉，里面专设“佛堂”，有独立的大雄宝殿供奉佛菩萨像，可供堂友们礼佛诵经，甚至礼聘一两个僧人常年住持，几乎与佛教寺庵无异，而大峰祖师则有独立的祖师殿进行供奉。供奉大峰祖师的善堂虽然遍布潮汕各地，但以潮阳、汕头、惠来以及潮安庵埠等地密度较高；近代释门弟子张运杰（1881—1926），在揭阳、潮安两地一生提倡收埋尸骨、惜字敬纸，圆寂后被大吴修德善堂、揭阳炮台觉世善堂、登岗觉真善堂等多所善堂供奉，甚至连潮阳报德古堂和庵埠广济善堂等也旁祀；汕头市延寿善堂的前身为张榕轩、张耀轩兄弟所倡建的赞化宫，转为善堂后供奉的仍是吕祖，现堂内还设有北极真武玄天上帝像，为汕头市内唯一崇奉道教的善堂。供奉吕祖的善堂在揭东、惠来西部和海陆丰一带也有不少。而供奉明代高僧宋禅祖师的主要集中在惠来县善堂。潮州、揭阳及海陆丰一带善堂供奉的对象呈现多样化，例如，民国时期的潮州城内除供奉大峰祖师外的善堂外，集安善堂供奉的是“华佗先师”，崔福德善堂供奉的是“崔师爷”，棉安善堂供奉的是“林大人”，登兴善堂供奉的是“齐天大圣”,① 可谓五花八门。有学者通过初步统计，目前潮汕地区善堂所供奉的主神，以数量计依次为：宋大峰祖师、吕祖、玄天上帝、圣母娘娘，此外还有关公（海门镇）、妙庄圣王（陆丰市）、宋禅祖师（惠来县）、齐天大圣（揭阳市等）等②。这个统计应该与事实出入不大。

第二，善堂创设要举行“分香”仪式。“分香”是民间宗教信仰术语，意即从祖庙的香炉中取香火以成立子庙，这样所供的神明才能取得合法性身份，不然是得不到信徒的膜拜的。分香有两种形式，一是信众带香炉来祖庙直接取香火回去成立子庙；二是信众到祖庙请一尊神明塑像回去供奉。如福建湄州妈祖庙、泉州天后宫，就有来自日本、中国台湾和大陆的信众撮取香火或请得一尊圣像回去建庙供奉。与民间信仰一样，潮汕善堂的创设也要举行类似仪式，以取得慈善机构的合法性身份——其隐喻是：我这善堂里供奉的是神明，且是冥冥在上的慈悲济世的神明，大峰祖师也是。潮汕多数善堂都有各自的崇拜对象而自成系统，如大峰祖师系统、吕祖系统、圣母娘娘系统、宋禅祖师系统等，各善堂善社都有其祖庙，几乎都是通过祖庙“分香”仪式成立的。例如，汕头延寿善堂原本为“赞化宫”，分香于梅州祖庙赞化宫，祀吕祖；而大峰系统的祖庙是和平镇的报德古堂，潮阳

---

① 翁兆荣、许振声：《概述解放前潮州城的慈善团体——善堂》，《潮汕文史资料》1989 年第 8 辑。

② 徐苑：《大峰祖师、善堂及其仪式：作为潮汕地区文化体系的潮汕善堂综述》，厦门大学硕士学位论文，2006 年。

最早成立的善堂都分香于该堂，不久后善堂社友赵进华又奉棉安善堂的一尊大峰祖师木雕像到汕头，由李泰丰出面向同济外局借地，设坛建起存心善堂。庵埠广济善堂也于是年由当地士绅派陈佳海、陈江木、陈宏伯等徒步至潮阳塔馆仁济善堂，恭请大峰祖师金相回庵埠，创立广济善堂本心社①；而与广济善堂并列为庵埠五大善堂之一的同奉善堂，其成立时间较广济更早一些，它是光绪元年（1875）由庵埠善信黄荣兴等前往潮阳和平报德古堂，奉大峰祖师金相回庵埠创立的②。

第三，有些善堂进行扶乩活动。扶乩是中国民间宗教的一种占卜方法，又称扶箕、扶鸾、挥鸾等。在扶乩中，有人扮演被神明附体的角色，这种人在潮汕被称为“鸾童”。神明附身在鸾童身上，写出一些字迹，以传达神明的想法。潮汕在清初以来就有“白莲教、天主教、无为教，又有后天一教，独辟新奇，男称仙公，女称仙姑，治病求嗣”③，民国时期的斋教、真空教、一贯道等道门也曾盛行一时，而今兴盛于东南亚一带的德教也在潮阳诞生，其中的不少组织都有扶乩的传统。清末民初，扶乩结社运动形成了旷古未有的热潮，近代潮汕善堂兴起之初，就与扶乩活动结下了不解之缘。潮阳同治、光绪时期创立的不少善堂都有开乩活动，而汕头存心善堂和庵埠广济善堂的创立，就与潮阳棉安善堂的扶乩活动有关。光绪二十五年（1899）由其善堂社友赵进华等，奉大峰祖师乩示，法驾来汕，创立存心善堂，收埋路尸，并行施棺赠衣等善举，取得大众的信仰乃至官府的支持。光绪二十七年（1901），澄海县官府立碑记称：汕头埠因疠疫流行，医巫罔效，损失人口不可胜计，“有宋大峰祖师者，悯人心之不古，悲天灾之流行，飞鸾阐化，随处济人”④；同年，潮阳仁济善堂在开乩中，祖师乩示庵埠也有鼠疫流行，仁济善堂应派人到庵埠协助收埋工作，并施药符水，防治鼠疫。当仁济社友马某到庵埠向人转达祖师乩示后，当地士绅决意派人至仁济善堂分香，创立广济善堂；还有一些善堂则干脆由乩坛转化而来，如揭阳渔湖的敬天善堂和潮阳海门镇的儒宗善堂，敬天善堂前身是清末的乩堂，第一届鸾童俗名西乌，鸾童死后由佛祖（齐天大圣孙悟空）点为西乌之子，民国初年建成敬天社，后转为敬天善堂⑤。即使在今天，仍然有些善堂从事扶乩活动，有的善堂扶乩历史之长，令人惊讶，共延续了100年时间。例如，潮安庵埠同奉善堂，自民国初年开始一直进行开乩活动，其鸾童的传承已历四届：第一届任期从1913年至1927年，姓陈；第二届从1927年至1945年，姓吴；第三届从1945年至1999年，姓杨；后因禁止而中断，现届鸾童于1999年为大峰祖师在三位候选人当中通过乩示亲点，姓谢。其扶乩活动几乎贯穿整个善堂的历史。⑥

乡民恭请祖师降乩的目的五花八门，有的问病，有的问运程，有的想与逝者对话，有

---

① 潮州庵埠广济善堂、庵埠广济福利会理事会编：《广济善堂创建一百周年纪念特刊》，庵埠广济善堂理事会1999年编印本，第26页。

② 杨启献主编的《庵埠镇志》及《广济善堂创建一百周年纪念特刊》等认为同奉善堂由光绪二十八年（1902）从太和善堂分出，现该堂保存有光绪元年的香炉，证明该堂的创立早于庵埠其他善堂，并且是直接分香于报德古堂的。——此资料由同奉善堂现任董事长谢悦正先生提供。

③ （清）蓝鼎元撰，郑焕隆编：《蓝鼎元论潮文集》，深圳：海天出版社1993年版，第86页。

④ 《澄海县正堂为存心善堂址出示晓谕事碑》，《升平文史》创刊号，第109页。

⑤ 徐苑：《大峰祖师、善堂及其仪式：作为潮汕地区文化体系的潮汕善堂综述》，厦门大学硕士学位论文，2006年。

⑥ 本资料来源于笔者田野调查，受访者：谢悦正，同奉善堂现任董事长。采访时间：2012年8月24日。

的甚至请祖师赐门联等。如同奉善堂的前身第二分社，其乩赐大门对联为：

同仁有心皆向善，奉师无处不开堂。

同奉善堂福利大楼于2011年建成竣工，乩赐前后门对联：

前门：同心同德乐为善，奉献奉公福满堂。
后门：福荫子孙功恩大，利国为民建新楼。①

善堂扶乩除了服务于社友、信众所问的个人性质的事由外，还会将神仙、祖师所指示的乩文结集起来，这就是所谓的“鸾书”或“乩书”。“一般来说具有浓厚的宗教性和伦理道德性的训诫性，所以鸾书是属于所谓的‘劝善书’的类型。”由于潮汕善堂的善堂扶乩活动盛行，所以也有许多鸾书被编印刊行，作为善堂的另一个重要工作——劝人行善的大众文本。但出于众所周知的原因，绝大多部分已经失传。近年来，日本学者志贺市子在潮汕及海陆丰一带进行田野调查，挖掘到七种潮汕民国时期善堂创制的鸾书，其主题与全国其他地方的一样，这就是典型的救劫主题以及提倡善举。②

第四，在节日（农历七月的“盂兰盆会”）、神佛诞辰、修荒冢埋骷髅以及祈雨神事等，善堂都会举行神事活动；其中自然以“盂兰盆会”最为热闹而持久。在几乎整个农历七月里，各善堂都在举行施孤普度法会，我们已在第六章第三节“佛化节俗·七月施孤”中作了介绍。平日里，每当村民有丧葬之事，或社友先人逝世周年纪念日等，都有社友个人或家庭到善堂做法事，许愿还愿，祈安邀福。这些就不在此展开描述了。

二、善堂的组织与信仰之间的关系

我们现在要讨论的是，为什么潮汕善堂有如此深厚的宗教信仰底蕴？宗教信仰在潮汕善堂起了什么作用？能否在作为民间慈善机构的善堂中去除它？

中国最早的善堂善会，是创立于万历十八年（1590）河南省虞城县的同善会，稍后移植到江南的武进县和无锡县，成为兼有教化职能的典型善会。“同善”一词来源于《孟子·公孙丑上》的“善与人同”和“与之为善”观念，也就是说，同善会的诞生是一些秉承儒家好生之德思想的人士，进行的一种集体行善的结社③，与宗教似乎并没有什么联系。其实不然，夫马进先生就正确地指出：“实际上，起源于明末清初的善会和善堂正是由那些相信因果报应或者感应，即善有善报的人们构成的。”他以清代湖南某一地方的商人自发从事育婴事业为例，说明商人做事都考虑利益，不过在这里考虑的不再是商业利益，而是“将投资变换了形式，而利润也变成子孙繁荣、科举及第或者无嗣者可得男孩等

---

① 采自笔者田野调查所得资料：同奉善堂《恭请祖师降乩咒语·敬录祖师乩示诗句》内刊本，社友谢佑初录，2011年8月。

② ［日］志贺市子：《潮汕善堂所刊印的鸾书与其救济思想》，《潮汕慈善文化论文集》2009年内刊本。

③ ［日］夫马进：《中国善会善堂史研究》，北京：商务印书馆2005年版，第106～114页。

回报给投资者”[①]，这正是善堂善会创立的深层思想根源，也即是其宗教信仰根源。再就潮汕本土而言，上述康熙年间揭阳慈济会堂的创立，虽然基本上采用的是从江南善堂善会“引进”的模式，但也体现了儒家“善与人同”思想和佛教菩萨行布施功德观念的有机统一，官府把它列入寺庵条，且各善士所捐置的田地铺屋的收入也载在僧人户内来管理。如此看来，善堂似乎非得有宗教信仰作为基础和构件不可。

在这里，我们引入一个宗教社会学术语“道德的宗教保证”来试加分析。在古代宗教及神学理论体系中，通常把宗教视为道德的基础，正因为宗教信奉作为赏善罚恶之正义主宰的神的存在，规定了灵魂不灭、因果报应、天堂地狱、来世报偿等教义信条，才促使世人去恶向善，并为人们的道德行为提供神圣的保证，为社会伦理秩序的稳定和道德的净化奠定可靠的基础。[②] 具体到晚明善堂善会的创立，也可以说是建立在宗教信仰的基础上的。创立者未必都是某种宗教的徒裔，但其相信因果报应、天人感应等思想其实就是宗教观念的体现，善堂善会正是建立在这些信仰观念之上的，善堂善会的慈善活动可以看作是宗教性道德观念的具体实践和社会关怀。具体而言，道德的宗教保证可从作为个体的“善人”和集体的“善堂”两方面加以论述。

（一）善人的宗教保证

有学者对善人行善动力进行过多方面解释：诸如社会称誉和朝廷奖励，家族的延续，致力于地域性福祉等。其中一个至关重要的因素就是“功德成神”，即“生为善人，殁为神明”，“神明原是善人，人能行善，则与神明合德”，行善事，得善报。[③] 自宋代以来，儒、道、佛三教的经典及民间大量劝善书都在鼓吹善人得神佛庇佑，行善可积善功，获善果，所谓“天道无亲，常与善人”，佛家“诸善奉行”及其因果报应理论更是简明易懂，深入人心，尤其到了明代末期，大量的善书尤其是诸如《感应篇》、《因果录》之类的刊行，“相信自己如果行善积德，就可以有机会提升自己和家族的社会地位，……在民间流传的各种善书，就一直在传播‘善有善报，恶有恶报’，如何借行善以赎罪，甚至行善可以成神成仙的观念，这些观念很可能就是明清士人积极参与各种社会慈善活动的基本心理和文化动力”[④]，上揭湖南省商人自发从事育婴事业正是如此。其动力来源未必出于“无私奉献”等精神，毋宁说奉行因果报应理论。在今天的善堂建筑的楹联匾额上，这些观念仍然被大量题写、提倡和褒扬。这便是善人行善的宗教保证。

（二）善堂的宗教保证

潮汕历史上有深厚的慈善传统已在前述，所以潮汕善堂虽然历史不长，但是同治、光绪以后成为全国范围内发展得最快、善堂设立密度最大的地区，也是新时期改革开放以后恢复最早、发展良好的地区。当粤西如广州地区前几年还为一座善堂的成立而上媒体成为新闻时，潮汕大地已有几百座善堂正在良好运作着。潮汕民间有如此巨大的慈善成就，毋庸讳言，与其深厚的宗教底蕴有关。就善堂作为一个社会组织机构而言，设立一个崇拜偶

---

① ［日］夫马进：《中国善会善堂史研究》，北京：商务印书馆2005年版，第708页。

② 吕大吉：《宗教学通论新编》，北京：中国社会科学出版社1998年版，第753~754页。

③ 游子安：《善与人同——明清以来的慈善与教化》，北京：中华书局2005年版，第182~194页。

④ （明）李昌祺：《剪灯余话》卷4“泰山御史传”，上海：古典文学出版社1957年版，第250页。

像是非常必要的，首先，它使宗教神学内涵得以具体形象化，作为皈敬者、主宰者、监督者和审判者角色，行使赏善罚恶的权力。其次，这样的一个崇拜对象，对于行善的集体性机构来说，它的宗教功能是多方面的，具体而言，善堂可以以之为号召，以之为征信，以之为邀福，以之为庇佑。

以之为号召，就是加强集体行善的凝聚力，使得芸芸信众有皈依、有信念、能团结、有作为。以之为征信，就是增强集体行善的公信力，这是因为善堂涉及经济、钱财等的管理，甚至有的善堂存在着隐性的商业行为，若不能保证管理者、主事者的廉洁，就会给善堂的可持续发展带来极大的伤害，不少善堂最后倒闭的原因就是经济上出现问题。所以从明末以来大量善堂都要定期不定期出版《征信录》——一种善堂事业报告书或会计报告书[①]，以防止善会人员的贪污舞弊行为，做到账目公开，取信于民。但这些《征信录》在实际操作中也可以作假，这就需要神明来充当最后的监督者、震慑者[②]。以之为邀福，信众会觉得，我的所作所为有一个冥冥在上的神明看在眼里，他可以为我证明，他可以给我以相应的功果，所以心安理得。以之为庇佑，除了一般信众相信行善会获得“神明庇佑”外，例如有些危险的、有忌讳的工作如掩骼埋胔、开圹迁葬等，尤其是那些病疫者，死久未葬的腐尸收埋，一般人都有一种畏惧心理，这时需要善堂举行一定的仪式，仰仗神明的庇佑，方可放心大胆地实行。以上这些，都是为集体的道德行为提供神圣保证的表现。

行善要有宗教保证，劝善也是如此。善堂所印刷流通的大量善书，都是由神明乩示的，由神明号召的，具有宗教的训诫性、权威性，其带有宗教的保证性质不言自明。如民国时期由海门镇练安善社编印的《新编救劫宝训》，大峰祖师每次降坛都提及修荒冢埋骷髅之事[③]，若不是神明的意思，又要出工出资，会有多少人响应呢？

道德是人的现实社会关系的反映。当人的道德行为符合其赖以产生和存在的社会关系的性质和需要时，就会受到社会舆论的肯定，反之会受到谴责。在一种成熟进步的社会形态中，行善是人类的利他主义行为的表现，即人的良心善性的发现，既不需要回报，也不需要神明的证明和保证。例如，一个当代人甚或一个儿童因为汶川大地震而捐款，不外乎是一种“恻隐之心”的表现，他需要什么宗教保证呢？而假若慈善机构的运作机制公开透明，不存在贪腐现象，充满了信誉感，又何必增加神明的威慑呢？但在古代乃至目前，在连官方的慈善机构制度尚未健全，大众的思想观念又依然普遍落后于时代的情况下，善堂的宗教信仰因素不可无；我们愿意再次重申，潮汕善堂的慈善活动建立在其宗教信仰基础之上，宗教信仰是潮汕善堂文化的根，善堂的信仰与组织机构之间的联系是紧密的，甚至是合二为一的，不能完全从民间慈善机构中拔除，否则效果只能是适得其反。善堂的神事活动只要在不违背宗教政策的范围内，应该得到一定的默许，同时注意加以引导和规范，努力使之与慈善活动结合起来，相得益彰。这在实际操作中自然存在一个“度”的问题和

---

① ［日］夫马进：《中国善会善堂史研究》，北京：商务印书馆2005年版，第711页。

② 当代善堂的组织管理机构较以前完善，往往设立总理、主席、常务理事、理事长、监事长、会计、出纳、保管、总务等多种职务名目，以确保财务制度严格与管理者的廉洁奉公，善堂的宗教功能在这方面也相应减弱了。在潮汕地区，已经出现真正的民间慈善机构，如成立于1988年的“潮州市集德福利会”，这是一个完全与宗教崇拜无关的纯粹慈善机构，并在本地民众当中拥有巨大声誉，至今运作良好。

③ ［日］志贺市子：《潮汕善堂所刊印的鸾书与其救济思想》，《潮汕慈善文化论文集》，2009年内刊本。

某种灵活处理的手腕问题，需要相关政府部门以智慧和耐心来把握。

三、佛教与潮汕善堂

（一）大峰崇拜与潮汕善堂

从上揭资料中可以了解到，潮汕近代善堂大规模建立，从时间发生的先后而言，实乃发端于同治、光绪年间的潮阳县，明确地说，肇始于潮阳民众对大峰祖师的崇拜，所以潮汕近代善堂的建立与佛教渊源极深。后起的善堂，颇有些由前身的宫观、神庙、乩坛、斋堂转化而来而供奉的其他神明，都应看作是受到大峰崇拜的善堂的刺激和影响而进行的仿作。

在第三章我们叙述到，历史上的大峰和尚，他应该是从福建泉州地区游历到潮汕的一位造桥僧，几乎以一己之力在练江之上建成一座可通车马的大石桥，功德之巨令人赞叹。大峰圆寂于南宋初年，但人们一直没有忘记他，为之建祠纪念，把他作为一位高僧大菩萨来供奉，元代以后官府也把他的事迹载入史册进行褒扬，地方上也创造了不少关于他的民间传说。人们恩念大峰，崇敬大峰，800 多年来从未中断过。在这一过程中，大峰逐渐被神祇化，如康熙《潮阳县志》载：

> 按故老相传，大峰造桥时，曾牒于城隍及水府，而潮水不至者七日，其神异如此。及考报德堂记，又称大峰始至自闽，募缘创此桥，将施钱以归，人尽讶之。一日复来，则木石粮糗已毕。倘矣岂其有得于仙术□然欤?①

“曾牒于城隍及水府，而潮水不至者七日，其神异如此”，后来的人们无法想象大峰何以能在水波湍急的练江上造桥，自然而然会认为大峰是一位法力广大的神僧，能够通神而阻断潮水，建造桥墩，正如韩湘子或广济和尚以“仙术”驱石建造广济桥一样。有关清代中叶以前大峰的叙事文本我们掌握得不多，因为这是由善堂外的文人士大夫记录的，量少且不说，其“怪力乱神”的倾向也不是很严重。但大峰被民间称为“祖师”起码可追溯到清代以前。理由是，从清初蓝鼎元文章中多处抨击士大夫“共尊大颠为祖师”的情况来推断，作为深受下层民众尊崇的大峰和尚，也必被称为“祖师”。所谓“祖师”，在民间就是被神化了的高僧，已不是一般历史人物了。

同治、光绪以来，大峰出现于善堂的乩坛中，出现在被编印的善书当中，大峰已作为一尊神祇接受信众的膜拜，大峰崇拜达到了一个高潮。同时也涌现了不少有关大峰的民间叙事文本。有韩山师范学院学生从民间口述中挖掘出多个有关大峰的传说故事：“设坛祭拜”、“复伞作舟”、“石母生石”、“七仙化鹤”、“大峰择日”、“大峰之死”等②，我们虽不能确定这些口述传说出现的准确时间，但从文本的“择日”和“瘟疫流行施医赠药”等内容来推断，有理由认为这些故事产生于清末至民国时期。

清末民初的大峰，已由一个高僧变为神僧，上升为神格。在乩示中，在善书中，在民

---

① （清）臧宪祖、萧仮锡纂修：康熙《潮阳县志》（影印本），第 451 页。

② 郑少弟：《潮阳大峰祖师传说的民间叙事研究》，韩山师范学院中文系毕业论文，2007 年（未刊）。

众口耳相传当中，他仿佛活生生地存在着，他悲悯地关注着芸芸众生，在众生需要他的时候出现；他苦口婆心劝化众生，多行善举，多印善书，化醒人心，倡修荒冢等；由此他变得更加贴近信众，为信众所仰赖。他懂风水，能施符咒水，未卜先知，不仅了解信众个人或亲属的内心愿望和前途命运，给予明确有效的人生指导，还能悉知社会发展大势，针对所出现的天灾人祸并施以道德教化，还能诊病开方等。大峰当然已不是历史上的那个大峰，他与吕祖、圣母娘娘等没有本质上的区别。说到底，大峰祖师是清末民初民众集体心理构造的影像，却又是非常真实的影像，是处于饿殍遍地、瘟疫流行、白骨横陈的时代人们心目中的救世主和“灵魂导师”的影像。

我们从现立于潮阳棉城镇东山棉安善堂门旁的《保存宋大峰祖师纪念碑》了解到，1928 年，国民政府“内政部”颁布“废除淫庙”的政令，善堂也在此列，1929 年 1 月，在汕头存心善堂的召集主持下，潮汕地区 100 多家善堂代表齐集潮阳棉城棉安善堂商讨对策，一份具有 54 家善堂集体签名、具述祖师历史、善堂不属淫祠、饬请保护的请愿书分呈列宪。《保存宋大峰祖师纪念碑》基本还原了大峰的本来面目，这固然是善堂自觉地构建自身历史的努力，也是善堂团体应对官府，争取自身的合法性的一种叙事策略，然而，对于一般信众而言，对神格化的大峰祖师的信仰心理并未发生改变。

学者经调查研究，截至 2004 年，潮汕地区（包括海陆丰）善堂数量在 350 ~ 400 座，其中主祀大峰的善堂系统最具影响，在潮阳和平报德古堂登记备案属于该堂系统的善堂约有 229 座。[①] 在十年后的今天，随着潮汕善堂的增加，这个比例也有增无减。大峰祖师的影响力可见一斑。在近代潮汕的民间慈善热潮中，大峰的旗帜最先被高高举起，直至如今，大峰的旗帜更加密集地插遍潮汕大地。近代善堂的兴起与发展，植根于中国儒道佛混融的传统文化土壤，这一点毫无疑问。然而大峰崇拜对于近代潮汕善堂文化形成和发展起到了关键性的作用，大峰祖师及其所代表的佛教慈善传统，通过民间信仰的形式，深刻地影响着潮汕善堂文化的建构，在这里得到鲜活的阐释。如果没有宋代福德型佛教孕育出深厚的佛家慈善传统，如果没有历朝历代众多大峰式的入世僧人的精进努力，使佛教“诸善奉行”的教义落到实处，尤其是，如果没有潮汕民众建堂一直祭祀大峰，使善举得以传承，受益者的感恩报德心理得以积淀，那么，潮汕善堂的发展，绝不可能像今天这个样子。

（二）近现代僧人与潮汕善堂

如果说大峰代表了佛家慈善精神的话，那么在近现代潮汕善堂文化中，也真正活跃着众多僧人的身影，与许许多多前辈僧人一样，他们秉承佛家大乘“六度”教理，发扬“无缘大慈，同体大悲”的精神，在那个苦难深重的时代，自觉参与慈善文化的建设。他们或创立善堂（如张运杰、怡峰、澄源等），或与善堂联合进行慈善工作（莲舟、根宽等），难行能行，难忍能忍，谱写了一曲曲感人的佛家救世的颂歌。他们当中有的被敬为“菩萨”，有的被唤作“活着的大峰”，他们的法名法号已被载入潮汕善堂文化的史册。例如，怡峰法师（1873—1950），饶平黄冈人，36 岁依黄檗宗僧人莲尘剃度出家，抗战前行

---

① 徐苑：《大峰祖师、善堂及其仪式：作为潮汕地区文化体系的潮汕善堂综述》，厦门大学硕士学位论文，2006 年。

脚到饶平海山欧边乡，发动本村欧阳年献出土地建庵堂，并由乡民欧慎昌之母捐献资金建成“存德善堂”，他在存德善堂一住30年，浚义井，建雨亭，修路挖井，倡煮粥以振饥民，至今其《十好十益歌》、《挖井歌》在海山欧边群众犹有传唱①。澄源法师（1878—1960），饶平人，本为南澳潮音寺住持，1938年日军占领南澳岛，目睹日军暴行，平民暴尸者日增，法师在寺内建立“慈济善堂”，参加社友达120人，组织义务掩埋队，掩埋尸骨。根宽法师（1883—1942），潮阳人，近代潮汕著名僧人，曾任开元寺方丈（1939年任），平生热衷慈善公益，他主持修建的桥梁、道路有多项，如潮安庵埠斗门桥、惠来葵潭桥、潮阳峡山凤归桥及引桥道路、潮阳溪头乡15公里村道等；抗战爆发后，他以岭东佛教会的名义组织“战时佛教救护队”，进行一系列救死扶伤工作；新中国成立前夕，汕头市治安十分混乱，他与汕头六善堂的救护队联合，为维护市区治安尽心尽力②。新时期改革开放后则有智诚、慧原、定持等法师，他们亲任各善堂顾问，光临指导善堂开展工作，为社友讲经说法，为善堂募捐款项等。

其中值得着重提到的是张运杰和释莲舟。

张运杰（1881—1926），有资料说他“弱冠受戒于罗浮山”③，不知其出处何在。他被称为“菩萨”，显然是居士身份，或者是出家又还俗的居士。笔者孤陋，暂时未能完全弄清楚。但从其人终生独身，为人行事与出家人无异，在这里我们不拘形式地把他当作僧人看待。张运杰字守愚，号之勋，光绪七年（1881）生于普宁泥沟乡殷商之家。自幼持斋，弱冠皈依佛门，追慕大峰祖师，栖身于揭阳炮台镇东岭陆桑浦山边修掩骷埋胔行，得到当地信众皈敬，1914年兴建“觉世善堂”，又于1922年在登岗镇创建“觉真善堂”。励行各种慈善事业，在当地影响很大。

潮安大吴乡（又名凤书乡）原有一所“修德善堂养心社”，由乡民吴锡禧、吴朝意、吴炳尖于光绪二十八年（1902）分香于庵埠太和善堂，但因善务不善，香火不继，光绪三十三年（1907）张运杰“梦大峰祖师示喻：‘要他到大吴修德善堂驻堂。’张运杰于是先后三次主动上门请求理事长吴锡禧，要求长驻善堂。因善堂初创，缺乏经费而未敢承诺。最后他决定生活自理，才驻下来。其时堂中香火不继，张运杰独自任之，毫无所苦。除理善事外，因懂中医，平日为乡民施医赠药，遇路殍水尸，则尽心收埋，因此堂务日益扩大，声名日彰。张运杰又恐社友未明堂旨，乃立章程，以供遵守。‘八二’风灾（1920），堂宇悉遭摧毁，张运杰竭力募捐、重建，使复旧观，善举扩行，规模日益宏大。而张运杰忽于1926年11月16日，摆了香案，趺坐堂中，无疾而逝，终年46岁。四方人士闻讯赶来瞻拜，叹为奇人异事。张运杰逝世后，由本乡泥塑艺人阿皮塑成像座，安放于大峰祖师右侧神龛，与祖师同享香火，被信众敬称‘运杰菩萨’”④。正因为张运杰的声望，修德善堂此后继续发展壮大，鼎盛期拥有社友600多人，海内外善男信女大力捐赠、资助，使善堂慈善基金比较充裕。堂里继续施医赠药，施棺赠葬，收无主水尸不计其数，并设立鲫母桥、莆畔桥两个茶水站，终日供茶水，以利行人解渴，赢得社会各界人士的赞扬和信赖。

---

① 翁兆荣、许振声：《潮汕善轶闻录》，《升平文史》创刊号，第52页。

② 林湘雄：《粤东近代名僧释根宽》，《升平文史》创刊号，第96~97页。

③ 马希民、际云：《潮汕善堂大观》，汕头：汕头大学出版社2001年版，第114页。

④ 《太和善堂》，庵埠太和善堂董事会2001年编印本，第84~85页。

1937 年，抗日战争爆发，为配合抗日救国运动，在中国汕头红十字会的领导下，设大吴办事处。有 160 多位社友自愿报名参加抗日救护队。经过集训，成立一个红十字救护大队。修德善堂社友头戴专用斗笠，手持专用工具，去收埋被日寇杀害的难民尸首，这些斗笠和工具仍保存在善堂中，据堂友介绍："这是一种标志，戴了这顶斗笠之后，人们就知道是大吴修德善堂，据老辈人介绍，（日寇）看到这些装备，就不敢来干扰，因为去救亡，是国际人道主义。"[①]

1916 年，大吴乡乡民吴立声、陈四顺等将修德善堂的香火请到了新加坡，创立了新加坡修德善堂养心社，并在海外开枝散叶，在新加坡和马来西亚共有修德系善堂七间[②]，潮汕本地主祀张运杰的善堂共有大吴修德善堂、揭阳炮台觉世善堂、登岗觉真善堂等，修德系善堂在海内外已超过 10 间。近年来，因为新加坡修德善堂养心社多次组团回乡晋香，寻根访祖，追崇先德，并在潮阳报德古堂、庵埠广济善堂立张运杰圣像奉祀，张运杰的影响日渐扩大。

释莲舟（1904—1996），1987 年第 6 期的《法音》杂志，发表了一篇署名"海声"的通讯《抗战时期莲舟法师出国募粮救灾纪念碑在汕头发现》，文章开头云：

反映华侨爱乡事迹的《汕头市救济院纪念释莲舟法师募米碑记》，今年 8 月在市中心医院（前救济院址）建筑工地挖基时发现，碑石高 3 米（其中入土 1 米），宽 0.4 米，四面刻字，今存放院内。碑文如下：民国二十八年蒲节，日寇陷汕，地方扰攘，本院院务几告停顿。斯时烽烟漫天，益以岁荒饥馑，院中收容贫民，逐有增加。粮食恐慌，岌岌不可终日。大和尚莲舟法师，具慈悲悯人之旨，于三十二年（1943）六月，潮汕兵燹、旱魃、饥馑交侵之际，大发宏愿，出国募捐，历尽万险，辛苦备至，蒙暹越华侨救乡热情，于万难之中，募得大批米食。翌年初夏返汕。法师体念本院艰困，拨助白米、饭干、米粉共五百包合六万斤。院中八百贫民之食粮，赖以维持者半载。涸鲋得苏，功德匪浅。爰记其事勒碑，藉扬善绩，而垂久远。中华民国三十四年仲夏第四届董事会立。……

一方出土碑刻，虽然所立的时间是 20 世纪 40 年代，而所载的人物莲舟法师竟还健在，这也算是一个奇迹了！碑刻的出土引起研究人员的关注，进而对安居汕头的莲舟法师进行采访[③]，一个奇人，以及他一桩桩感人义举重被提起，在潮汕大地上激起了温暖感动的波澜。

莲舟法师俗名陈孟达，俗家饶平县海山镇，19 岁出家（也有一说作 9 岁出家）于潮州别峰寺，礼纯林为剃度师，为潮汕黄檗宗传人，法名定会，外字心愿。后以笔名莲舟重编《灵山正弘集》闻名。20 岁就读于厦门南普陀寺闽南佛学院，历时 3 年，成为民国潮汕地区为数不多的有文化、有学识的僧人。1940 年法师重辑《灵山正弘集》，并于 1942 年在上海出版，为保存潮汕佛教的重要史料做出卓越贡献。1949 年协理潮州开元寺，并写

① 潮州电视台"民生直播室栏目"采访对象：大吴修德善堂养心社正总务吴木钦。

② 文章来源于潮州广播电视网，http：//www. czbtv. com/msxw/t20120212_ 81327. htm。

③ 以下行文主要参考林俊聪 1987 年、1990 年对莲舟法师的两次采访，以及王昌熹 1995 年三次与莲舟法师的谈话记录，综合整理而成。特此致谢。

信商请纯信法师出任开元寺方丈。“文革”时期从汕头市区被遣返海山，1977 年重返汕头安居，1996 年圆寂，享年 93 岁。

1937 年，抗日战争爆发，法师回到汕头。法师运用他的法缘和佛教新理念，联络潮汕各慈善会捐款，资助创办汕头市的存心、诚敬、诚心、敬爱 4 所善堂小学，又在漳潮会馆旧址开办觉世小学，使普罗大众子弟能够接受文化教育，在当时也算是一种创举。从此他与善堂结下了因缘。

1938 年，日军侵占南澳岛，时局恶化，潮汕粮荒严重，莲舟法师挺身而出，以众生身为己身，多次亲赴香港及东南亚各国，陈述潮汕本地粮食严峻情况，向海外潮人大声呼吁米粮救济。他利生忘躯的菩萨精神，感动了大批侨民，大家纷纷慷慨解囊，募集粮食，运回祖居地，救援苦难同胞。首批大米是莲舟法师在香港募得的，经当地八邑商会会长孙家哲牵头，寿仲云等协助，首批大米 6 500 包（每包 200 斤），运抵汕头码头。这些救命的大米被感激的饥民称为“和尚米”。经爱国侨胞的大力资助，“和尚米”安全送到饥民手中，解决了部分饥民的生存问题，法师大受鼓舞，在此一年内，他不辞辛苦，日夜兼程，足迹几乎踏遍东南亚，到处募集救命粮食。在泰国，他得到张兰臣、陈守明、蚁光炎等侨领的支持；在马来西亚，他打动了当地中华总商会主席杨缵文先生；在越南西贡，他取得了马松岩、郭耀太、郭顺兴等人的协助；在缅甸，他得到当地潮侨张先生的帮忙；在新加坡、柬埔寨、印度尼西亚等地，所到之处，当地华侨、商号、商会等被他的爱国爱教、济世利民的精神所感动，除了捐出大量粮食，还主动联系商船，运送，办理各种手续，方便法师募粮工作。在一年时间里，法师先后募集到 10 多批次逾 1 000 吨的“和尚米”。这些米粮被运回汕头，大部分由汕头、潮阳、潮州庵埠等地多间善堂统一发放给饥民，救人无数。

在此期间，他还发动汕头华生抽纱公司经理刘传秋，组织“平粜”粮食以平抑飞涨的粮价，进而获泰国张兰臣、陈守明等侨领的资助，由暹罗潮州会馆组织“潮汕米业平粜公司”，大规模施行平粜大米、平卖地瓜的热潮，潮汕各善堂也竞相效尤，平卖的粮食远远超过“和尚米”的数量，持续时间也更长，有力打击了哄抬粮价的奸商，饥民的受益面更大。

1939 年日军进犯潮汕，大肆烧杀抢掠，造成大量平民死亡，给潮汕人民带来了巨大的灾难。潮汕人民及当地驻军奋起抗日，给日军以严重的打击，为了削弱抗日军民的力量，日军封锁港口，封锁道路交通。法师无法出洋，“和尚米”无法继续运送。1943 年，天旱饥荒，加上日军残酷的封锁和镇压，潮汕饿殍遍野，各地善堂也无法自保，难以为继，法师心急如焚，再次冒险乘船偷渡香港，被日军扣留，后因表明佛教徒的身份，始获释至港。八邑商会会长孙家哲等紧急协商，发函发电号召海外团体，共襄义举。几天后法师一手持袋，一手执伞，冒着酷暑，又赴越南西贡，得到当地潮侨的大力协助。其时越南西贡已沦陷，日军只准米制品出口，不准大米出口，爱国侨民将部分大米制成饭干进行伪装，再将大米虚报成米制品方得以出口。费尽周折，几经历险，这批“和尚米”终于运抵汕头。共募得 6 000 包，每包 120 斤。据统计，汕头市、潮阳县、达濠镇、澄海县、潮安县、饶平海山等地均获得 500 包（60 000 斤），南澳岛分得 600 包，均由各地善堂负责发放。此次“和尚米”对日寇侵占下举步维艰的潮汕人民来说，真是如旱遇雨，生死骨肉，其意义更甚于前者！饥民的感激之情难以言表，汕头市救济院为此特为法师树碑，纪念法师活命恩情。

法师此后还在泰国、老挝等地募集到大批米粮待运，后因战事变化，日军封锁加剧，无法运回汕头，深以为憾。

法师本属“精英”派僧人，他本可以待在寺院里，念佛参禅，讲经做学问，但他能在最险恶艰难的年代里，走上济世利人的道路，历尽艰险，九死一生，“不为自己求安乐，但愿众生得离苦”，非大菩萨境界不能做到。法师的功德，笔者文笔枯涩，不知如何赞叹才是，人称法师为“活着的大峰”或“大峰再世”，乃至于“万家生佛”，法师当之无愧！尤为可贵的是，法师晚年，身居汕头市——一座他拯救过无数人的城市，对于自己曾经做过的这一切，却因从未向人提起而不为人知，真乃《金刚经》所谓“菩萨心不住于法而行布施”，若不是那块丰碑的偶然出土，这段可歌可泣的感人往事，也必将掩埋在历史的风尘之中。

1945 年仲夏所立《汕头市救济院纪念释莲舟法师募米碑记》，今收藏于汕头市侨史博物馆，供人瞻仰。1994 年，时任广东省佛教协会会长云峰法师特撰文颂扬法师[1]，1996 年法师 93 岁圆寂时，广东省佛教协会敬挽联曰：

莲开上品撒手便归极乐国，舟驾慈航早时再度娑婆人。

[本章小结]

潮汕善堂的历史起点可追溯到清初康熙年间的揭阳慈济会堂。由于天灾人祸频仍、政府机构救济不力等因素，潮汕善堂自同治、光绪年间以来大盛，逐渐构建了潮人文化生态的一个重要的层面，并把影响扩大到东南亚各国，高扬潮人的慈善、团结、合作精神。潮汕近现代善堂文化是对以大峰为代表的宋代慈善精神的遥承，具有深刻的佛教元素，是儒家“善与人同”思想和佛教菩萨行布施功德观念的有机统一。潮汕善堂既是一种慈善机构，又是一种特殊的信仰场所，潮汕善堂作为组织与信仰之间的关系是有机统一的，宗教信仰是潮汕善堂文化之根，在现今的社会条件下，尚不可能完全从民间慈善机构中去除，但我们可以从中撷取丰富的具有积极意义的文化资源，为当代精神文明建设服务。

---

① 云峰：《救世救民的莲舟老法师》，《广东佛教》1994 年第 5 期。

附录 1　女出家人的神秘世界

——潮州市湘桥区出家女性生存现状调查①

一、绪论

20 世纪 80 年代以来，中国大陆随着宗教政策的逐步落实，越来越多的寺院重建、开放，自成一统的佛门也逐渐向好奇的公众徐徐打开。随着改革开放的深入，男众寺院作为佛门主导势力，响应“人间佛教”建设的号召，以更加积极务实的姿态开放本身，使当代人得以窥见与众不同的出家生活。但与男众寺院不同，女众寺院（即尼庵）的生活状态，历来是一般人难以涉足的神秘世界。我们对尼众形象的认识，除了偶尔的街头一瞥或在网上浏览到的一些图片，就基本上停留在一些文学作品如《红楼梦》、《金瓶梅》、《三言二拍》、《阿 Q 正传》等中的零星描写上了。可以说，迄今为止，尼庵及其女性出家人在全国范围内仍处于一种相对与世隔绝、比较封闭的状态，由此也招致了社会上的种种不理解甚至误解。作为一个特殊而又弱势的出家群体，她们的生存境况如何？为何出家？在做些什么？想些什么？等等，这些都是当代人很想了解却难以得知的。基于性别和身份的因素，她们的确对外人有较强的戒备心理，不易接触，不接受正规采访。我们科研团队在长达 16 个月的时间里，在与之交朋友、做义工的基础上，克服调查工作中各种难以想象的困难，走进广东潮州市湘桥区的各个庵寺，与这些“槛外人”亲密接触，打消她们的各种顾虑，深入调查，取得第一手资料，力图向人们揭示女出家人不为所知的神秘世界。

广东省潮州市，是地处粤东的一个地级市，人口 250 多万，下辖潮安、饶平二县及湘桥、枫溪二区。潮州市湘桥区则包括潮州市区及意溪镇，潮州市于 1986 年被国务院批准为第二批“历史文化名城”，富有深厚的历史文化底蕴，大部分文物古迹处于市区，而潮州开元寺则是广东六大古寺之一。潮州既有“海滨邹鲁”、“岭海名邦”之誉，也是著名的岭南佛国，佛风鼎盛，寺院林立，出家学佛者众多。因此，潮州在佛教弘化当中具有一定代表性；从调查中我们又了解到，当代尼庵都比较集中在各市镇内，这就是我们选择处于潮州市区中的湘桥区作为调查对象的原因。

二、潮州湘桥区尼庵及女性出家人的历史沿革

首先，我们有必要对潮州湘桥区尼众及尼庵生活的历史与现状有一个大致了解。我们从尼众和尼庵生活的历史变迁中，深刻地认识到了政治、经济等因素对佛门的影响。

---

① 本调查报告为韩山师范学院“大学生创新性实验计划”项目中“潮州湘桥区尼众生存状态”的子项目，由笔者担任指导老师，历时一年半。其确定选题、研究路径、调查方法、采访对象、组织实施等，均由笔者提供和指引。本调查报告由课题组学生调查并写出初稿，经笔者整理、修改而成，作为师生共同研究成果。课题组成员：吴春丽、何楚瑜、周芬、吴少玲。论文已正式发表，附入本书，有删改，意为研究当代佛教僧尼组织及其生存状态的学者提供参考。

(一) 尼庵

1. 尼庵数量

根据我们团队的调查，目前（2010）潮州湘桥区尼庵共12座：潮州市区有明镜寺、慧清庵、敬善庵、万德庵、长寿庵、万寿庵、来龙庵、宝寿庵、宝华庵、慈福庵；意溪镇有古竺庵、福广庵。需加以说明的是，因为寺庵代有兴替，这里的尼庵特指有尼众住持的寺庵。

在方志和新中国成立前的其他地方文献记载当中，关于尼庵以及女性出家的记载极为简略，而明清地方任何府、县志“寺观”条中从未标明僧尼住庵。我们只从《潮州市佛教志·潮州开元寺志》① 当中所作的统计中了解到，新中国成立前、新中国成立后、“文革”前、“文革”间、1984年、1986年及2010年湘桥区的尼庵数量，现综合为表29。

表29 潮州市湘桥区佛教尼庵统计表

市区或意溪镇	新中国成立前	新中国成立后	“文革”前	“文革”间	1984年	1986年	2010年
市区	18	18	13	11	10	9	10
意溪镇	1	1	1	1	1	1	2
总计	19	19	14	12	11	10	12

从表29中可见：

（1）从新中国成立前到1986年，湘桥区的尼庵逐年减少。这自然与众所周知的政治因素有关。

（2）20世纪80年代中期以前，宗教政策虽然逐步落实，但有部分尼庵房产仍为机关、居民所占用，或因基建、路政工作而拆废，到90年代以后才有所改善。

（3）从表中或可推知在此之前的民国甚至清代，湘桥区的尼庵应该更多。这可从慧原《潮州市佛教志·潮州开元寺志》“潮州市佛教寺庵简介”一节得到证实，除列入上表的19座外，明清以来的尼庵尚有市区的佚名庵、慈福庵、拱辰庵、福寿庵、大德庵、万禄庵、海云庵、施茶庵、文殊庵、广莲庵、禄寿庵、光孝寺、万德庵、鹤林庵、保林庵、海幢庵等16座，意溪镇尚有保寿庵、觉园庵、古林庵、婆者庵等4座。倘若这些资料属实，那么两者相加，明清以来潮州现今湘桥区域内的尼庵数量为39座。也就是说，明清至民国年间，即便除却寺庵兴废因素外，湘桥区域内也起码有30座以上尼庵在运作。对照光绪《海阳县志》，这个尼庵数量与男寺同等或略多。由此，潮州女众佛教之兴盛可见一斑。

2. 规模

尼庵的规模大都较小，明清以来均如此。从慧原《潮州市佛教志·潮州开元寺志》中我们得知，基址面积最大的尼庵为明镜寺（1 000平方米，系2007年由男寺改成），其次是慧清庵（900多平方米），其余的大都在600平方米以下。而20世纪八九十年代面积最

---

① 释慧原：《潮州市佛教志·潮州开元寺志》，潮州开元寺1992年内刊本，第47~49页。

大的保顺庵（1 120 平方米，原为善堂的“保顺堂”改额）业已沦为民居。也就是说，多数尼庵面积为 300 ~ 600 平方米，就像潮州旧时大户人家住家面积一样，这不奇怪，因为市区内人多地少，而不少尼庵本身也是由富有而信佛的人家改建和施舍而成的。

（二）尼众

1. 人数

根据团队调查，目前，潮州市湘桥区的 12 个尼庵中，共有出家女性 40 人（截至 2010 年）。其中 3 个庵堂只有 1 个尼师，而规模最大的明镜寺也只有 11 人。结合《潮州市佛教志·潮州开元寺志》所开列新中国成立前至 1986 年各时段尼众人数，综合整理为表 30。

表 30 潮州市湘桥区佛教寺庵尼师人数统计表①

市区或意溪镇	新中国成立前	新中国成立后	“文革”前	“文革”间	1984 年	1986 年	2010 年
市区	232	163	103	61	50	51	37
意溪镇	13	7	6	2	2	2	3
总计	245	170	109	63	52	53	40

由表 30 可知：

（1）与尼庵情况相同，新中国成立前夕至今，湘桥区的出家女性逐年递减的趋势也非常明显。但其原因则要具体分析。其一是从新中国成立前至 1984 年的递减。新中国成立前夕人数高达 245 人，这是因为当时战火纷飞，民不聊生，身为弱势群体的女性，更是难以生存，加上迷信成风，许多女性选择出家这一条生路。她们出家不单是为了弘扬佛法，而多以出家为一种职业、一种谋生的手段。新中国成立后人数为 170 人，到了“文革”前人数则为 109 人。出家女性逐渐减少的主要原因则是“扫除封资修”的政治因素。

其二是 1984 年改革开放后至今的递减，人数减少为 52 人，至今为 40 人，人数仍在减少当中，但差距不大。这是因为女性地位得到大大的提升，普遍接受九年义务教育，或是高等教育，女性的出路更多，就业机会更多，厌世出家者就少了。因此，当今出家的女性，出家的动机比较纯正和理性，量少而精。

（2）若与男众人数相比较，则新中国成立前夕女众比男众多得多，而现在则男众比女众多。

据慧原法师统计，新中国成立前夕湘桥区出家男众为 69 人，“文革”期间，男众只有 1 人，而同时期的尼众人数分别为 245 人和 63 人。② 结合上文尼庵与男寺数量的对比，同样说明新中国成立以前湘桥区女性出家现象非常普遍，女众佛教非常兴盛。而目前单就潮州开元寺的男众就达 40 人，这说明出家女性人数逐渐减少，而出家男性人数重新增多。

---

① 本表所列自新中国成立前至 1986 年湘桥区出家女性人数，系据 1991 年慧原法师主编《潮州市佛教志·潮州开元寺志》第 47 ~ 49 页的数目填人。2010 年之人数为本科研团队田野调查所得。

② 释慧原：《潮州市佛教志·潮州开元寺志》，潮州开元寺 1992 年内刊本，第 48 页。

2. 籍贯

目前，湘桥区的出家女性中，潮汕籍为17人，外地籍为23人。明镜寺11个出家人全系外地籍的尼师。① 新中国成立前则均属潮汕本地人。一方面，这说明潮州本地佛风虽然兴盛，吸引了外地尼众，但本地女性出家人数很少，本地女性选择出家时考虑较理性；另一方面，当今经济发展带动交通运输业的发展，加上出家人四海为家的理念，所以许多外地尼众到潮州的寺庵常住。

3. 各尼庵住众

表31　潮州市现存各尼庵住众一览表

序号	庵名	人数
1	慈福庵	1
2	来龙庵	7
3	宝华庵	2
4	宝寿庵	2
5	敬善庵	2
6	长寿庵	3
7	慧清庵	5
8	万寿庵	2
9	万德庵	1
10	明镜寺	11
11	古竺庵	2
12	福广庵	1

由表31可作如下分析：除明镜寺、来龙庵外，各庵住众不多，多为一两个人，这就是所谓的"子孙庙"。子孙的字面意思是"儿子与孙子"，其特点是规模极小，往往由一个尼师住持，尼师再招收一两个徒弟共住，住持制度采取师资相承的世袭制，寺庵是私有财产，外人很难进入。明镜寺是例外，它原是男众子孙庙，2007年被潮州开元寺接手后，作为十方丛林下院，用来安置外来尼众，所以人数较多。

三、潮州市湘桥区出家女性的生存状态

本节从出家女性为何出家、年龄及文化程度、经济收支、社交活动等四个方面分析出家女性的生存状态。

（一）剃度出家：女性另一条人生道路

很多人，包括团队成员在内都好奇有些女子为什么会想落发为尼，而尼师出家缘由也

---

① 为我们科研团队深入庵寺访问、调查，最后整理统计所得数据。

是课题研究中的一个重点。团队通过个人访问、问卷调查等方式进行综合研究，将湘桥区出家女性落发原因归结为以下三点：

1. 信仰佛教，崇尚佛法三宝

佛教作为我国一大宗教，而潮州又是历史文化保存较为完整的城市，大部分民众信仰佛教。文化环境对宗教的信念和行为有明显的强烈的影响，[①] 大部分落发为尼的出家女性基本上都源于宗教信仰，崇尚佛法三宝，并自觉自愿出家。她们想通过发心修行，上求如来觉道，下度法界众生。

一些女性与出家师父有过频繁接触，从而受其影响，这是出家的因缘之一。她们与尼众在接触过程中，逐步接受佛教的人生观，舍弃世俗的喜怒哀乐、恩怨情仇，放弃一切世俗生活，在佛法中寻求关于人生思考的答案。

［个案1］ 释＊语老师父，湘桥区慧清庵的住持，潮州市佛教协会副会长，潮州人，现年87岁。5岁时便住在庵堂里，从小跟着师父诵经、上早晚课。受佛教经书的深奥义理吸引，誓愿一生信奉佛教，普度众生。现已成为潮州城内德高望重的尼师，其曾多次代表潮州佛教协会参加国际佛教交流活动。[②]

［个案2］ 释＊圆，潮州人，41岁，系慈福庵住持。18岁那年，汕头澄海的师父到潮州宣扬佛法。她被她师父所宣扬的佛法深深吸引，毅然选择剃度出家。[③]

以上案例表明，佛教兴盛、信仰浓重的区域环境，使女性可以经常出入佛门，是潮州女性出家的重要原因。潮州市历来女众庵寺众多，也为女信徒剃度出家提供了便利的条件。

2. 家庭原因

（1）孤儿。

通常庵堂会领养孤儿，领养的师父希望孤儿可以继续弘扬佛法，孤儿从小在庵堂生活，受佛法熏陶，长大后不还俗而立志深入佛法。

［个案1］ 尼僧释＊福，敬善庵原住持，潮州人，现年81岁。婴儿时期被人送到庵堂的门口，被老师父收养。从小在庵里长大，随着师父一起念佛诵经。[④]

［个案2］ 尼僧释＊照，古竺庵住持，潮州人，现年80岁。孤儿，被师父收养在庵里，后出家。

收养孤儿，在潮州的庵寺仍不少见。现潮州湘桥区5个庵堂共收养5个孤儿，参见表32。一般庵堂收养的孤儿为女性。[⑤]

---

① ［英］麦克·阿盖尔著，陈彪译：《宗教心理学导论》，北京：中国人民大学出版社2005年版，第16页。

② 慧清庵尼师释＊智口述。

③ 慈福庵居士阿姨口述。

④ 敬善庵尼师释＊智口述。

⑤ 释＊照本人口述。

表 32 潮州市庵堂收养孤儿情况表①

庵堂	收养总人数	姓名	性别	年龄	收养途径
宝寿庵	1	李＊银	女	13	民间收养
慧清庵	1	释＊宏	女	7	父母送至庵堂
宝华庵	1	释＊丹	女	14	不详
万德庵	1	释＊琳	女	9	不详
敬善庵	1	释＊	女	15	父母送至庵堂

（2）亲人的引导与影响。

在潮州，绝大部分家庭在每个月初一和十五都有求神拜佛的风俗，而这些活动都由女性完成。女孩子在协助母亲完成祭拜活动时，自然会熟习日常的佛事仪式，买鲜花贡品到庵寺拜佛，帮忙准备贡品或跟随亲人到庵寺念佛吃斋。这些日常宗教活动，使女孩子受到潜移默化的影响，从而产生佛教信仰甚至出家。

［个案 1］ 尼师释＊祥，福建泉州人，现年 41 岁，现为宝寿庵住持。她被其养母收养。养母信仰佛教，因缘不成熟没有出家。养母把希望寄托到尼师释＊祥身上，希望她出家。最后尼师释＊祥选择出家。②

［个案 2］ 尼师释＊贤，福建泉州人，现年 27 岁，为［个案 1］释＊祥的妹妹，释＊祥养母的亲生女儿。母亲诚心信佛，加上姐姐出家，释＊贤师父高中毕业之后，毅然选择剃度出家。③

［个案 3］ 尼师释＊慧，潮州人，现年 47 岁，现为慧清庵的住持。释＊慧师父系慧清庵原住持释正语老师父的侄女。释＊慧师父的母亲也在庵堂居住，帮忙管理佛堂。姑姑对她的影响极大，她从小跟姑姑在庵里读经，听佛教故事，最后选择出家。④

以上案例表明，女出家人的信仰态度绝大部分是真诚的，佛化家庭对女出家人的影响极大，母亲信佛或者亲人出家都会对她们产生重大影响。

（3）婚姻不幸的自我解救之路。

表 33 潮州市湘桥区女出家人婚姻状况表⑤

婚姻状况	已婚	未婚
人数	8	32
比例	20%	80%

可见，婚姻家庭的不幸也占有一定比例。但作为尼师本人的伤心史，大部分人不愿多

① 为我们科研团队深入庵寺访问、调查，最后整理统计所得。
② 宝寿庵住持释＊祥口述。
③ 慧清庵居士阿姨口述。
④ 释＊慧本人口述。
⑤ 为我们科研团队深入庵寺访问、调查，最后整理统计所得数据。

谈，我们非常遗憾也无可奈何。当然，大部分尼师都是未婚而出家的。

［个案］　尼师释＊修，重庆人，现年40岁。早年结过婚，生有一女。原本有幸福美满的生活，却因丈夫有外遇而终止。最后释＊修师父对男人伤透了心，看破红尘，自我解脱，最后出家。①

3. 社会生存环境的压力

如今，就业和生计成为社会的一大难题，文化水平不高，又没有掌握技术的人，参加工作了也只是赚取不高的工资，很难维持生计。而相对于在社会上奔波劳累，每天为了养家糊口而烦恼，有小部分人就选择了庵堂。

［个案］　释＊舟，潮州人，现年55岁，是来龙庵的尼僧。文化程度为小学的释＊舟师父，原先只在绣花厂做工，工资极少，难以维持生计。她经常到来龙庵拜佛，觉得庵里的尼僧不用干活，还有信徒居士供养，在征求家人同意后，放弃工作选择出家。② 但这种不居于信仰而出家的女人毕竟占少数。

（二）年龄及文化程度

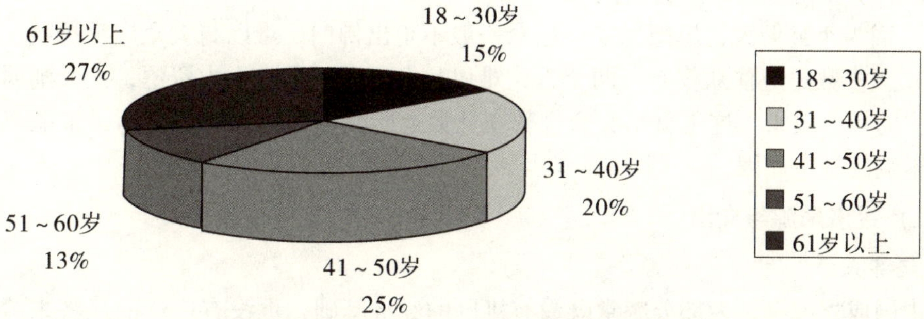

潮州市湘桥区女出家人的年龄结构分析图③

从上图可见，潮州市湘桥区出家女性的年龄结构呈现中老年化。据我们调查统计，在这40人中最小的女尼为24岁，最大的为87岁。其中80岁以上有6人，比例高达15%。41～50岁10人，所占的比例为25%。平均年龄为51岁。④ 潮州女尼整体来说年龄偏大，弘法的意愿和能力不强，思想比较保守，不利于佛教的弘扬与发展。另外，高龄尼师的养老也是一个迫切需要解决的问题。

---

① 尼师释＊修本人口述。

② 尼僧释＊舟本人口述。

③ 为我们科研团队深入庵寺访问、调查，最后整理统计所得数据。

④ 为我们科研团队深入庵寺访问、调查，最后整理统计所得数据。

表 34 潮州市女出家人文化程度统计表①

文化程度	小学	初中	高中（中专、职中、技校）	大专或本科及以上
人数	18	16	6	无
比例	45%	40%	15%	无

表 34 表明，尼众的文化程度偏低。中小学的文化水平所占比例高达 85%，而高中（中专、职中、技校）等学历的尼师仅 6 人，大专或本科及以上学历的尼师数为零。

分析：

（1）湘桥区的出家女性平均年龄偏大，思想较为保守，弘法的能力和意愿受到很大的限制。

（2）文化程度不高，对佛法精义的认识非常有限。大多数女尼阅读佛经感到困难，理解更是有限，大部分尼师也就仅限于吃斋念佛，做一些佛事仪式，难登高台广座对众说法，难以吸引文化层次较高的当代人。

（3）因为年龄偏大，思想保守，尼众一般不走出佛门，难以与大众广泛接触。

（4）大多数尼庵住众仅有一两个人，难以整合有限的宗教人力资源，大大削弱了尼众弘法利生的社会效果。这也就是女众佛教在社会上既显得神秘又势单力薄，未能产生广泛的弘法影响的基本原因。

（三）经济来源与支出

1. 经济来源

新中国成立前夕，大部分庵堂既没有雄厚的经济基础，也没有广泛的经济来源。各庵堂之生活来源，多为香灯田租，施主供养，应赴佛事、业医，比丘尼兼做保姆及刺绣女红等。农村庵堂还要做稼穑、化缘等，新中国成立后，大部分比丘尼还俗，部分庵堂转为工商小贩，中青年比丘尼入工厂及参加搬运工作。

而当今经济发达，信众的生活水平也随之提高，湘桥区又是潮州市的中心区，所以庵堂的收入较多，尼姑的生活待遇普遍比过去高。女出家人的生活来源，多数实行以庵养庵，主要是靠佛事活动的收入和善男信女捐献的香油款。当然，不同的庵堂或个人的收入不均，历史悠久，交通便利，女出家人的德行好等的寺庵香火旺盛，经济富裕，部分寺庵由于交通不便，香火较少，收入也不高。例如，宝寿庵由于地理位置不佳，收入不高，因此需要做些手工增加收入。而就个人来说，德高望重或头脑灵活、能言善道的尼师自然收入较高，反之则较低。另外，慧清庵、明镜寺的尼师每月还有一定数目的衣单钱。

（1）做功德法事。

功德法事可分为两种：一为佛教的各种节日，如浴佛节、观音诞、盂兰盆节、斋天等。信徒都是提前到寺庵登记，添香油钱少则 20 元，多则 100 元，随信徒自愿发心，绝大部分信徒都是 200 元。类似这样的大节日，庵堂的收入可高达几万。这种大型节日的收

① 为我们科研团队深入庵寺访问、调查，最后整理统计所得数据。

入作为庵堂的财产，归住持当家管理。

二为家庭做消灾值福法事。生日、忌日、消灾延寿、生意兴隆、升官发财、入宅等都可以做法事。一般由一个信主发心，贡品由信主提供。事后信主向每位参加法事的尼师“发红包”，数额100元、200元、300元不等。而“放焰口”这种大型的法事，红包数额高达400元、600元、800元，一般以800元居多。这个红包是尼师的私有财产。尼众个人的积蓄主要来源于此。

需提及的是，较大型的法事，须用较多的人手，个别人手少的庵堂无法胜任时，可以向其他庵堂商借人手，并讲定报酬，事后付酬。所以尼师“走穴”现象也甚为普遍，有些尼师因此收入颇丰。

（2）功德箱。

一般佛门圣地的大殿门前，总有一个“功德箱”，供游客、善男信女，尤其是有心事或许愿之人捐款，要么一元五角，要么几十元，甚至有的成百上千元，这些全凭自愿。尼僧既不作强求，也不会暗示。功德箱看似不甚起眼，其实也是庵堂的重要收入之一，所得无法准确加以统计，但起码可以用来维持庵堂的日常开销。功德箱所得一般由当家住持管理，属于庵寺全体尼师。但亦有例外，明镜寺专门有一个资助孤寡老人的功德箱，所得金钱悉数用于老人院。

（3）信徒供养。

庵堂总有一个稳定的信众圈，其中多数人都是皈依参拜过此间庵堂的尼师的，是名副其实的信徒（女居士）。一般信徒都会供养自己的师父或住众，尼师认为如果供养者是来种福田的，就应当接受，但是接受之后一定要转供养。居士可以供养衣服、日常食品用品、现款等，这归为尼姑自己的私人财产。

信徒的供养，作为一种布施，往往取之于民，用之于民。原则上说，信徒的布施与庵堂的赈济两者之间应该是一个循环过程：一般信徒对庵堂的尼师布施，最后尼师又通过“法施”与“财施”两种方式返回到信徒身上。①

（4）衣单。

衣单即俗称的“工资”，是庵堂发给尼众个人的款项。湘桥区的庵寺除明镜寺是十方丛林外，其他都是子孙庵，以家庭式的管理模式为主，所以一般没有衣单。据我们科研小组调查，只有明镜寺、慧清庵有衣单，但都不多。慧清庵每人每月200元，明镜寺每人每月600元。②

（5）手工。

随着经济的发展，大部分庵堂不用靠做手工来维持庵堂的运作。目前只有宝寿庵做手工，而手工的收入微乎其微。剪电器元件，1包1 000个，加工费1包1.3元。③ 而且尼师做手工的收入用于抚养她所收养的孤儿。

2. 经济支出

（1）庵堂的支出。

---

① 吴平、严小琳：《佛门》，上海：东方出版中心1997年版，第124页。

② 慧清庵尼师释*慧口述。

③ 宝寿庵住持释*祥口述。

俗话说：开门七件事“柴米油盐酱醋茶”。晨钟暮鼓的庵堂同样要面对这七件事。日常生活的支出，是庵堂支出的主要部分。如今大部分庵堂都有电脑、电视、空调、洗衣机、电冰箱等现代化家电，这些家电除有部分是信徒捐以外，庵堂也自行购置，这些家电的采购和水电消耗也是一笔不小的支出。

扶贫赈灾等活动。汶川大地震、青海玉树大地震、舟曲泥石流等大型的灾难，各个庵堂捐款1 000元至10 000元不等。庵堂每年响应政府的号召，资助特困人家500元或者1 000元。[①] 明镜寺内设有一个孤老院，日常支出绝大部分是庵堂支出的。

支付工人工资。有的庵寺人手少，事务照应不过来，也雇请工人，并付工资。如宝华庵请钟点工支出200元/月。[②] 慧清庵有三个工人，打扫卫生800元/月，看顾老师父1 200元/月，老阿姨200元/月，总共支出2 200元/月。[③]

（2）女出家人的个人支出。

尼师的吃住由所在的庵堂支付，衣物则由信徒供养，经济负担不大。收入较多的尼师会自行购买一些电子科技产品，如手机、数码相机、手提电脑等。

而面对自然灾害，如汶川大地震等灾难，尼师们都会大发慈悲，捐款献爱心。宝华庵的释定崇老师父捐款800元，释传明捐款500元。[④] 至于修桥铺路等社会公益活动，也会踊跃捐款支持。

绝大部分出家人不用赡养父母，但是尼师回俗家探望父母亲，都会带上一些衣服、礼品或钱财。

综上所述，因为尼众有上述各项经济收入，且开支有限，所以一般尼师估计或多或少都有积蓄，但这属于个人隐私，无从统计。

（四）社交活动

许多人认为，出家女性只是过着足不出户的封闭生活，其实这是世俗对她们的误解。改革开放30多年来，随着我国经济的迅猛发展、思想观念的开放，加上各种现代化交通工具的普及，女出家人的生活状况也比改革开放前优越很多，她们逐渐走出自己的封闭狭小的生活圈子，不再局限于与本庵师兄师弟的交流，有的甚至走出国门，走向世界。湘桥区有5位女出家人曾经到过印度、泰国、尼泊尔、柬埔寨、老挝、日本、韩国等多个国家。

1. 周边庵寺之间的活动

一是为了交流佛法，参禅悟道。如部分女尼也出门参学，到陆丰定光寺、广州光孝寺、韶关南华寺参拜；每年七月，有些出家女师父会到开元寺一起念《地藏经》等。来龙庵与韶关的南华禅寺共结法缘，常有佛法上的联系，如皈依、受戒、参学等，有些庵堂尼师经常参与并组织居士开展念佛、放生、开光活动等。比如来龙庵组织居士去惠来参加佛光寺的开光法会，敬善庵组织居士去五台山参学修行等。

---

① 宝寿庵住持释＊祥口述。

② 宝华庵收养的孤儿释＊丹口述。

③ 慧清庵尼师释＊智口述。

④ 宝华庵收养的孤儿释＊丹口述。

二是相互合作做佛事，增加尼庵和个人收入。两人及以下的庵堂共有八座，① 由于她们的人数有限，无法单独做法事，通常要与其他庵堂合作完成。如住众五人的慧清庵，在大型法事会还会请开元寺的和尚来一起做佛事。又如慧清庵与万寿庵尼众一起去汕头合作做入新宅的法事。由于庵与庵之间相互合作，交流密切，在其他庵经济困难的时候，她们都会慷慨解囊，帮助她们渡过难关。例如，2002 年慧清庵向经济困难的明镜寺、万寿庵、观音堂、石堂庵等十余座寺庵捐款，并且送去米、油等物。

在政治方面，庵堂都会积极参政议政，慧清庵的释正语老师父是潮州市佛教协会的副会长，现任慧清庵住持释永慧师父现任广东省佛教协会理事、潮州市湘桥区佛教协会副秘书长、湘桥区政协常委。来龙庵的当家住持释传然师父现任湘桥区佛教协会的副会长。尼师们参政议政，社会地位不断提高，同时也有利于我国宗教政策的实行，有利于当今和谐社会的构建。

2. 走出国门，走向世界

慧清庵释正语尼师和释永慧尼师多次代表国家或广东省参加佛教国际会议，到过韩国、日本、斯里兰卡、柬埔寨等多个国家，进行佛学交流。敬善庵的释永福尼师和释拥智尼师曾到尼泊尔的寺院交流学习佛法。女出家人的国际交流活动促进了国内人民与国际友人的友谊，增强了海外华人之间的感情。交流活动详情见表 35。

表 35　潮州市湘桥区女出家人国际交流活动统计表②

参加人员	国家	时间	活动
慧清庵：释正语、释永慧	韩国	1996. 9. 3	中、日、韩佛教友好交流会
慧清庵：释正语、释永慧	日本	1997. 9. 19 2001. 8. 2	中、日、韩佛教友好交流会
慧清庵：释正语、释永慧	斯里兰卡	2001. 8. 4	随中国佛教代表团访问斯里兰卡，总理 R. 维克拉玛热情接见
慧清庵：释正语、释永慧	韩国		第三届中国修行团赴韩修行体验
慧清庵：释正语、释永慧	柬埔寨	2002. 4. 23	交流佛学
敬善庵：释永福、释拥智	尼泊尔		交流佛学

3. 尼众与信众

尼师主要的交往对象是周边皈依受戒过的善男信女，特别是常在庵里面帮忙的优婆夷。尼师通常赠送佛珠、佛经、碟片等东西与她们结缘，巩固庵堂的香客。而优婆夷每天都会拿一些水果之类的来供养庵里的师父，此外，她们还帮庵里做义工。根据调查，尼师很少跟落发前朋友交往，她们跟落发前的朋友的交往也仅限于有亲戚关系，或者曾经是好

---

① 这八座庵寺分别是敬善庵、万德庵、万寿庵、宝寿庵、宝华庵、慈福庵、古竺庵、福广庵。

② 根据慧清庵和敬善庵的尼师口述，科研小组整理所得。

朋友。这说明尼师的交往对象，仍相对有限。

四、尼庵的生存境遇及建议

随着人们的生活逐渐富裕，庵寺香火旺盛，信徒供养较多，法事等收入来源不断增加，女出家人的生活水平也不断提高，庵堂的生活硬件也日益现代化。一般的庵寺都配备了电视机、电话、洗衣机、电冰箱、微波炉和音响等电器设备。例如，慧清庵一共有13台空调；① 部分庵寺甚至拥有液晶电视或笔记本电脑以及摩托车；92.3%的女出家人拥有手机。

同时，我们在调查中也看到了女众佛教普遍存在的一些问题，比如文化水平偏低、与外界的交流较少、对社会的关注度不高、社会保障制度有待完善等，这些问题都关系到女众佛教今后的发展以及与现代社会相适应的重大问题。针对这些问题，我们提出以下几个建议：

（一）提高整体文化水平

以上调查数据显示，潮州湘桥区的尼师的文化水平普遍比较低。具体建议：一是鼓励部分年轻尼师前往各佛学院深造；二是由本地开元寺岭东佛学院法师定期讲授佛法；三是组织尼师通过影碟学习，阅读各种佛教刊物，如《法音》、《广东佛教》、《人海灯》、《曹溪水》等。

（二）完善社会保障制度

近几年来，国家倡导全民普及社会保险和医疗保险，而庵堂的社会保险和医疗保险却甚少有人关注。潮州湘桥区61岁以上的女出家人有11人，占了总人数的27%。据团队统计，只有5个尼师购买医疗保险及社会保险，占总人数的8%。由于社保没有普及女出家人，为了养老，她们会收养孤儿（详见表4）。现今收养孤儿又必须合理合法，而庵堂收养孤儿往往做不到这一点，这势必引起各种复杂的社会问题。

因此，为尼师们提供社会保障势在必行，可由市佛教协会和政府统一组织，以个人自愿为主，以庵堂为单位，购买医疗保险和社会保险。

（三）通过各种形式积极参与社会慈善公益活动

潮州市出家人向来热心慈善，2000年以来，潮州市宗教界充分发挥在促进经济社会发展中的积极作用，通过各种形式参与施医赠药、扶贫救灾、支教助学等慈善公益活动，共捐款1 908.85万元，得到社会各界的广泛好评。②

但是，即使是做慈善活动，一般都只是各庵堂自己内部抽出资金，加上庵堂的尼师本身有戒备心理，社会对尼师又有一定的距离偏见等，所以慈善活动的规模在一定的程度上会受到限制。由此，我们建议庵堂应该继续继承这种优良传统，在慈悲济世的同时，还应该多与社会的其他慈善组织机构保持一定的联系，不再是简简单单的庵堂善举，而是通过与社会的其他组织合作交流，把这种慈悲的思想推广到社会中，让更多的人加入慈善活动的行列中。

---

① 慧清庵尼师释＊慧口述。

② 李艳杰：《潮州宗教界近10年为社会慈善公益事业捐款近2 000万》，广东民族宗教网，2010年。

（四）吸引和大力培养后辈，经营好庵堂

从以上分析可知，湘桥区庵多尼少，年龄偏大，人才储备不足，高年龄加上较低的文化程度，庵堂的管理模式相对落后。后辈的培养一直是个关键问题，它关系到庵堂今后的生存和发展。潮州湘桥区各庵堂经济状况相差悬殊，有些庵堂名气大，香火较旺盛，吸引了各地的尼师挂单常住，而有些庵状况则很不乐观，加上宣传不到位，就出现了像万德庵这样仅存孤身老尼、后继无人的情况，甚至出现像福寿庵这样没有尼众管理的庵堂。

对于后继有人的庵堂，应该加强其后辈的佛家戒律、文化修养的建设，使之诸务勤俭整肃，更上一层楼。而对于那些隐居在市区小巷内且门庭冷落的庵堂，可以通过居士的帮忙，或借助网络工具，介绍庵堂的具体信息，扩大其知名度，吸引有德有能的尼众前来住持。

（五）加强庵堂的人员管理

潮州庵堂中只有明镜寺是大丛林，其他庵堂皆为子孙庵。庵寺多是家庭式的管理模式，管理水平参差不齐，管理班子管理机制不够健全。对于人员的管理，特别是对外省年轻尼师挂单常住的管理不够到位，这就很容易出现管理上的漏洞，容易被不法分子利用。

近年来，潮州年轻的尼师大部分是外省的，她们经过朋友介绍来到这里挂单，年轻尼师个性强，有些尼师因为性格、观念等差异，容易出现口角冲突。因此住持要做好人员之间的沟通和管理，而当地佛教协会可以定期举办佛教交流会，促进尼师之间在人际、佛教知识上的交流，并减少和避免出现庵堂之间不和或不正当竞争现象。

（六）加强各项安全管理措施

大节日的时候，湘桥区各庵堂香火旺盛，信众拜佛、上香、烧纸钱，但庵堂安全意识不强，大部分庵堂没有配备消防栓，灭火器没有放在正确的位置，没有掌握正确的使用方法。因此，必须加强庵堂的防火安全管理，做好防火防盗安全措施，提高处理意外事故的能力。

对于这一方面的具体建议是：第一，每个庵堂要配备四个消防栓；第二，邀请公安局消防大队到庵堂开展消防知识培训；第三，在重要位置安装摄像头，进行防火防盗监控。

五、结语

科研团队通过一年多的田野调查，对湘桥区的尼众生活有一定的了解，希望能向人们呈现一个客观、全面的尼众生存现状的卷轴，消除世人对女众佛教的异样看法，更重要的是让人们了解佛教不仅仅是宗教，而是与人们社会生活紧密联系的一种文化现象。女众佛教与男众佛教一样，都有它存在的合理性，可以满足不同人群的各种宗教需求，在完善的政策指导和可行性建议下，它不仅有利于社会的和谐稳定，也能转化为一种有益的社会资源。

附录2　潮汕道教总述

本书主要探讨潮汕佛教，对道教的研究仅限与佛教作一般比较，并非作全面的研究和介绍，故姑系于本书附录。

在广东潮汕周边地区，都有道教名山分布。西部有晋代葛洪修真的惠州罗浮山，东北部有福建泉州的清源山，北部有江西的龙虎山，自晋及宋，北来移民逐渐增多，而惠州又紧邻潮汕，按理说，道教与佛教一样，在潮汕地区的发展应该非常兴盛才对，然而情况并非如此。志乘、典籍中有关道教的资料，总体给人的印象是：第一，道教传入似乎更晚一些；第二，有关记载非常简略且稀少（包括现存或出土的文献文物极少）；第三，与佛教寺院相比，道观的数量自唐代至今，历朝历代都大大低于寺院数量。据此几点，我们判断道教在潮汕的弘传及其实际影响，远比不上佛教。

当然，这种比较可能存在错误。我们也可设想，首先，潮汕道教的实际情况与文献记载或者存在不对等，换句话说，潮汕历史上的道教发展其实可能非常兴旺，只是文献记载缺略使我们对潮汕道教的认识浮于表面化。其次，道教对潮汕民众的文化心理的影响其实很大，甚至完全可与佛教的影响等量齐观，但这部分的研究因缺乏量化标准而无法比较。最后，也是最具争议的一点，如何看待和界定如三山国王、风雨圣者崇拜等的性质？若把它们笼统地都归入道教范畴，如日本学者窪德忠《道教诸神》[①] 即把所有中国人信奉的神及其崇拜都归入道教，则潮汕道教实可与佛教抗衡等。作者对这些意见的提出并不会令人感到意外。作者在本书中所界定的道教，取肇始于东汉天师道、太平道及其流衍发展的正统道教，它具有特定而稳定的创教者、崇拜对象、教会组织、清规戒律等的“人为宗教”性质，而与诸如三山国王、风雨圣者、天后等自发型、弥散型的民间信仰有区别[②]。因此，我们把三山国王等现象归入民间信仰，不在讨论范围之内。

一、有关晋代吴猛的传说

隆庆《潮阳县志》“真君堂”条载：

专祀晋人吴猛。真君之神，其一旧在县前大街西，创自元之大德五年（1301），而修于国朝洪武之末年者，今迁在城中之北隅北门城下。其一在仙陂者，曰慈济堂，则始创于宋，熙宁十年（1077）之所创建（按旧志道士陈玄通创），视它所尤古。乃真君之灵随在辄见，其济物每有奇验，以故都里多祀之者。如邑之东西两关、贵山之东西两堡，俱为置堂，乡人祈祷堂下者，岁时不绝于道，盖灵祠也。[③]

---

① ［日］窪德忠著，肖坤华译：《道教诸神》，成都：四川人民出版社 1989 年版。

② 乌丙安：《中国民间信仰》，上海：上海人民出版社 1996 年版，第 1 ~ 2 页。

③ 隆庆《潮阳县志》卷 10，潮州市地方志办公室 2005 年编印本，第 96 页。

吴猛，晋代道士。以干宝《搜神记》中的记载为最早，其卷1载：“濮阳（今河南濮阳县）人。仕吴，为西安令。因家分宁，性至孝。遇至人丁义，授于神方。又得秘法神符，道术大行。”其还载有起死回生、画水断流、书符救人等事例数则。总的看来，他是一个符箓派的道士，也是一个神医，在江南一带行道，当时流传许多关于他的神奇故事，颇有影响，宋政和二年（1112）徽宗封其为真人。

按此记载吴猛作为晋代著名道士而为宋代以来潮阳人所信奉，本无任何问题。但当代地方志编撰者犯了把传说当史实的错误，这就不能不为之勘辩了。

据1997年新编《潮阳县志》载：“晋代就有濮阳籍吴猛在仙陂等地施医赠药，仙陂西面的仙地里（今横山）也为吴猛的居留地。”①

这里的意思是明确的，即晋代道士吴猛曾到过潮阳，并为当地人施医赠药。若然，则潮汕道教初传于此始。

当代编志者从何得来这种说法呢？仍须回到明隆庆《潮阳县志》。在上揭“真君堂”条附有“林子（即县志实际编撰者林大春）曰”的大段文字后附有小字云：

“或云公自晋时已神游于邑之西乡，往往托医药救人，所全活甚众。或投饵水中，饮之疾愈。人因号其地曰‘仙陂’，‘仙陂’盖缘公得名，至宋始创堂宇祀之。理或然也。又，公尝过仙村，故其村亦云。”

新编县志即据此而来。这段记载是明代林大春根据地方传说——“或云”而来的，说是吴猛来过潮阳仙陂施医赠药，活人甚众，所以乡人号村为仙陂，到宋代又创慈济堂祭祀他。林大春说“理或然也”。“或”者，或许、也许也，而非“当”也——理当然也！作为一个儒家人士的林大春，对于民间传说所持的姑妄听之的态度和口吻是显而易见的，并不把传说当作事实。他在“林子曰”反复说明，《列仙传》中无论神仙之说是否为诞妄，只要民众有疾，虔诚祈祷，“祭法有功于民则祀之”，如此而已。至于民众因祭祀有奇验，狂热崇拜，进而产生了把神仙抢到自己家乡来等牵强附会的传说，所在皆有，也无须较真，“理或然也”！

吴猛信仰在宋代潮阳盛极一时，以现存古代方志所载来看，唐代以前未见祭祀，我们推断吴猛信仰兴起于北宋。

二、宋元道教

方志中，潮汕道教可考者似可追溯到唐初。明《潮州府志》载潮阳县“超真观”条：“在县东三里。唐咸淳三年创。”②

这个问题也有点纠结。唐代并无“咸淳”年号，“咸淳”实为南宋年号，那到底是唐还是宋呢？笔者倾向认为超真观为宋建道观。隆庆《潮阳县志》卷10“废观·超真观”

---

① 《潮阳县志》，广州：广东人民出版社1997年版。

② 嘉靖《潮州府志》卷8“寺观·超真观”。

为在此条稍前的“东岳庙”条有谓：“唐咸亨二年江西龙虎山道士陈假庵创始。旧志作宋咸淳间创，非是。”[①]“旧志”指已亡佚的明代景泰、成化或弘治年间所修潮阳县志，如此看来，旧志中东岳庙及超真观应均为“宋咸淳间创”，并均为道士陈假庵创始。嘉靖《潮州府志》袭其说，但把“宋”误作“唐”，故有“唐咸淳三年创”之谬。嘉靖《潮州府志》编成于1547年，隆庆《潮阳县志》成于1573年，林大春在编志时可能参考过嘉靖府志，认定为唐创，但年号对不上，故干脆改“咸淳”为“咸亨”，这样就坐实超真观为唐创道观了。

而笔者为何敢断超真观为宋咸淳年间创？理由有四：第一，从内证上说，旧志谓东岳庙为宋咸淳陈假庵创，而超真观“亦”为陈假庵所创，则超真观为南宋咸淳年间创始无疑。第二，林大春编志时东岳庙及超真观均废，在“东岳庙”条前句话即为：“按旧志先存今废庙三”，然后才依次述及“东岳庙”、“三皇庙”、“观音庙”，这说明东岳庙等在林大春编志时已废，那么林大春不可能得到第一手调查资料。作为后来的编志者，要改变旧志中的观点，但又没有经过文献考证，只用“非是”两字带过，如何令人信服？第三，从“外证”上说，南宋咸淳年间潮阳道教人物非常活跃，创建了多座其他寺观，如“崇真观”即为《潮阳县志》载为“咸淳四年道士高道惟创”。“千佛塔堂”为“咸淳二年道人赵汝篪创建”，“崇真观”与“超真观”仅为一字之差，看来北来道士们大举进入潮阳，建观修真，弘传道教，则超真观为同期道士所创的姊妹道观，不亦宜乎？第四，东岳信仰在北方，唐代以前就有，但只有到北宋后才成为全国神，才有可能传入潮汕。有学者谓：“宋大中祥符元年（1008）‘天书降于泰山’，真宗前往泰山封禅，诏封泰山神为天齐仁圣王，四年（1011）进封‘东岳天齐仁圣帝’。真宗封禅堪称历代帝王封禅中最为隆重的一次，也是东岳大帝香火向各地扩展，建立行宫的直接起点。苏州东岳庙政和七年（1117）《重修庙记》曰：‘维我宋真宗皇帝，东幸泰山，告功于天，大修封禅礼，泰山之神显册褒嘉，位号崇隆。’显然，苏州东岳庙是以真宗封禅为契机建立起来的。随着各地东岳行宫的相继建立，东岳大帝便成为全国神。”[②]唐代尤其是唐初的潮汕还极为荒僻，民众信仰也不可能“超前”，故潮阳东岳庙之设不可能在初唐，必待其成为全国神后方扩展到潮汕，而既然东岳庙与超真观同为一人（陈假庵）所创，则超真观就只能是宋代之物。

笔者再翻阅嘉庆《潮阳县志》，其卷7“寺观志”中，东岳庙及超真观均作“宋咸淳二年龙虎山道士陈假庵创”，印证了笔者的观点。

笔者虽从文献学上论证超真观并非唐创道观，却不敢说唐代潮州就没有道观之设。众所周知，隋唐统治者多崇尚道教，如隋文帝的“开皇”年号就取自道经，隋炀帝也迷信金丹仙药；唐高祖尊老子为“圣祖”，唐代历朝皇帝都崇奉道教，所建宫观极多，与潮汕毗邻的福建，在开元至唐末近200年间也建有11座道观[③]，那么认为潮汕在唐代没有一座道观，无论如何也说不过去。问题只是已经湮没或者我们还未发现而已。

潮汕道教盛于宋元。主要表现在：吴猛信仰率先兴盛于潮阳，如上揭熙宁十年

---

① 隆庆《潮阳县志》卷10，潮州市地方志办公室2005年编印本，第97页。

② 陈巴黎：《东岳大帝信仰考》，佛教导航网站，http：//www. fjdh. com/wumin/2010/03/072526100166. html。

③ 陈支平：《福建宗教史》，福州：福建教育出版社1996年版，第16页。

潮汕道教盛于宋元。主要表现在：吴猛信仰率先兴盛于潮阳，如上揭熙宁十年（1077）道士陈玄通，在仙陂村即建有专祀吴猛的“慈惠堂”，这座道堂“视它所尤古”，的确，在现存可信的资料中，这是潮汕最早的道教建筑。随着其影响的扩大，“如邑之东西两关、贵山之东西两堡，俱为置堂”，我们现在仍能从一些遗留下来的碑刻等资料印证这一情形，如位于潮阳和平镇中寨村的真君古庙，其匾额“真君古庙”题为“宋淳熙八年建”、“岁次庚午年重修”字样[①]，看来这是南宋初建的一座道堂；元代在县治建“真君堂”，此信仰一直延续到清末，在潮阳诸多乡镇都有吴猛祀堂。这与吴猛作为神医的形象有关，民众主要是抱着祛病延年的心理来膜拜这位晋代道士的。

南宋末咸淳年间，道士在潮阳县一带创建超真观等多座宫观，元代大德五年（1301）又在县治中创建专祀吴猛的“真君堂”，至正五年（1345）道士毛冲玄在新市（今属惠来县）创建赤山道院，自宋及元，潮阳道教盛极一时。

宋代潮州城及海阳县的道教也很兴盛，创建了多座宫观。北宋末年最主要的道教建筑为“玄妙观”，创建于政和元年（1111），恰好是崇奉道教自号“教主道君皇帝”的宋徽宗登基的同一年，故其地位必与开元寺于潮汕佛教一样，是一州之首观。接下来的十几年，有可能是潮汕道教史上最为兴旺的时期。宣和元年（1119）又诏称：佛教属于“胡教”，“虽不可废，而犹为中国礼义之害”，强制僧尼称谓为道教名号，改寺院为道教宫观，对道教大力扶植。潮州城内最大寺院之一的广法寺（即南山寺）即于本年改为“神霄宫”的，当然，这个改名历时不久，至建炎初又复为寺院[②]。文献可考的还有宝福观、威灵观[③]；自宋及元，府城内外尚有三皇庙、二圣宫、东岳宫、五王庙、医灵堂等8座宫观[④]。宋代潮州城内还来了两位高道：交趾道士和道教金丹派南宗创始者白玉蟾（1194—1229）[⑤]。“交趾道士”未知其名，但从其名号看他来自广西一带，结庵金山，能诗，似与宋诗僧惠洪觉范有交往，乾隆府志把他列入唐代，其实应是宋时人。白玉蟾本姓葛，名长庚，为白氏继子，故又名白玉蟾。南宋时人，祖籍福建闽清，生于琼州（今海南琼山），一说其为福建闽清人。嘉定五年（1212），罗浮山得陈楠临终付嘱。白玉蟾游历于罗浮、武夷、龙虎诸山，时而蓬头赤足，时而青巾野服，“或狂走，或兀坐，或镇日酣睡，或长夜独立，或哭或笑，状如疯颠”。潮州西湖也曾是他的驻足地。这两位高道都为传奇人物，志乘中虽略有记载，但在民间叙事中几乎没有其传说[⑥]，可见两人对本地道教影响不大。

揭阳县宋元道教宫观及人物几乎无考，姑且不论。

三、明清道教

与全国其他地方类似，明代以后道教在潮汕逐步衰落。方志显示，明代嘉靖年间尚存

① 张维、姚奇丰：《潮阳石刻》，香港：天马图书有限公司2008年版，第94页。

② 《永乐大典》卷5343引《三阳志·学校》，潮州市地方志办公室·韩山师范学院图书馆2000年编印本，第73页。

③ 光绪《海阳县志》卷27“古迹略二”，潮州市地方志办公室2001年编印本，第271~272页。

④ 后5个宫观来源于《三阳志》中《宋潮州城图》，这些宫观创始时间不详，但都在元代以前是可以肯定的。

⑤ 乾隆《潮州府志》卷30“人物·仙”，“交趾道士”条和“白玉蟾”条，潮州市地方志办公室2001年编印本，第648页。

⑥ 林大川：《韩江记》卷5“金山庵”略有提及，但来源于志乘，并非民间叙事。

海阳玄妙观、潮阳超真观、赤山道院，至隆庆年间后二者均废圮，而海阳玄妙观也废于明末或清初[①]，揭阳县已无道观，是有几座“宫”。各县志中道观只见其“废”而未见其“建”。也就是说，明代后，正统道教逐渐退出，并让位于日益兴盛的如三山国王、风雨圣者、真武、安济圣王、天后、关帝等民间信仰，这些兴起于宋元的地方或外来民间信仰遍地开花，以满足民众种种现世功利为鹄的，彻底代替了追求虚无飘渺的长生不老的正统道教信仰。清初，郡城已很少有出家道士了，县志谓“凡遇祈晴，斋戒禁止，……僧道各一班，开坛诵经”[②]，其有出家或在家道士已难以确定；潮阳县道观即彻底废于雍正年间，出家道士绝迹[③]；民国以后，潮汕几乎只有与俗人无异的有家室的“火居道士”（也称“师公”、“斋公”），专以为人打醮为生。

四、结语

唐代大历到贞元年间，本地高僧慧照、大颠西传禅宗南宗法脉，开法潮阳，秉承禅宗南宗单刀直入、明心见性的宗旨，建立岭南又一禅修中心，显示了山林佛教特色；其追求心灵超越解脱的精神，激励了后世无数潮汕僧人追求佛法的最高灵境；大颠与韩愈交往的故事，象征了潮汕文化的儒佛互补与交融；以儒佛交辉为主体的潮汕文化雏形开始彰显。

潮汕道教的兴盛时期几乎集中在宋元年间，时间不长；但即使在宋元年间，无论是从建筑数量、神职人员（道士），还是社会介入、社会影响上，也远远无法与佛教相比；明清以来，潮汕人所崇拜的不外乎太上老君、玉皇大帝、吕洞宾、韩湘子等神话传说式的人物，对道教教义则几乎没有太多认识，真正的行持实践更是无从谈起；道教对潮汕人文化心理的影响，在三大文化传统中所占比例最小。

① 雍正《海阳县志》卷8“地集寺观·玄妙观”作“久废”。

② 光绪《海阳县志》卷20“建置略四”，潮州市地方志办公室2001年编印本，第176页。

③ 雍正年间潮阳县令蓝鼎元有“幸黄冠之消亡，翼缁流之歇绝，谓安得邑之寺尽如一邑之观”之句，故知。见《蓝鼎元论潮文集》，深圳：海天出版社1993年版，第88页。

参考文献

一、古代著述

1.（清）阮元等撰：道光《广东通志》，上海：上海古籍出版社 1990 年版。

2.（明）解缙等编撰：《永乐大典》卷 5343、卷 5345，潮州市地方志办公室、韩山师范学院图书馆 2000 年编印本。

3.（明）郭春震：嘉靖《潮州府志・潮中杂记》，潮州市地方志办公室 2003 年编印本。

4.（明）陈天资：《东里志》，汕头市地方志编委会、饶平县地方志编委会办公室 1990 年编印本。

5.（明）黄一龙、林大春修纂：隆庆《潮阳县志》，潮州市地方志办公室 2005 年编印本。

6.（清）吴颖编撰：顺治《潮州府志》，广州：广东人民出版社 1996 年版。

7.（清）周硕勋修：乾隆《潮州府志》，潮州市地方志办公室 2002 年编印本。

8.（清）刘抃纂：康熙《饶平县志》，潮州市地方志办公室 2002 年编印本。

9.（清）王岱：康熙《澄海县志》，潮州市地方志办公室 2004 年编印本。

10.（清）萧麟趾：乾隆《普宁县志》，潮州市地方志办公室 2007 年编印本。

11.（清）陈树芝：雍正《揭阳县志》，潮州市地方志办公室 2003 年编印本。

12.（清）张士琏：雍正《海阳县志》，潮州市地方志办公室 2002 年编印本。

13.（清）卢蔚猷修：光绪《海阳县志》，潮州市地方志办公室 2001 年编印本。

14.（清）周恒重修：光绪《潮阳县志》，潮阳县地方志编委会 2000 年编印本。

15.（清）张玿美修：雍正《惠来县志》，潮州市地方志办公室 2007 年编印本。

16.（清）李书吉重修：嘉庆《澄海县志》，上海：上海书店 2011 年版。

17.（明）吴悌修：嘉靖《兴宁县志》，《天一阁藏明代方志选刊续编》，上海：上海书店 1990 年影印本。

18.（明）刘熙祚修：崇祯《兴宁县志》，台北：学生书局 1973 年版。

19.（明）黄仲昭编纂：《八闽通志》，福州：福建人民出版社 2006 年版。

20.（明）阳思谦、黄凤翔编纂：万历《泉州府志》，泉州市地方志办公室影印本。

21.（清）曾曰瑛等修：乾隆《汀州府志》，台北：成文出版社 1967 年影印本。

22.（明）葛寅亮：《金陵梵刹志》，蓝吉富主编：《大藏经补编》（第 29 册），台北：华宇出版社 1985 年版。

23. [日] 隐元隆琦原本、性幽独往等编订续修：《黄檗山寺志》，蓝吉富主编：《大藏经补编》（第 29 册），台北：华宇出版社 1986 年版。

24. （元）脱脱等撰：《宋史》，北京：中华书局1977年横排本。

25. （明）宋濂撰：《元史》，北京：中华书局1999年版。

26. （明）张廷玉等撰：《明史》，北京：中华书局1974年版。

27. 《明仁宗实录》，台北："中央研究院"历史语言研究所1962年校印本。

28. 《明太宗实录》，台北："中央研究院"历史语言研究所1962年校印本。

29. （梁）释慧皎撰，汤用彤校注：《高僧传》，北京：中华书局1992年版。

30. （南唐）静、筠禅僧编，张华点校：《祖堂集》，郑州：中州古籍出版社2001年版。

31. （宋）赞宁撰，范祥雍点校：《宋高僧传》，北京：中华书局1987年版。

32. （宋）释慧洪：《禅林僧宝传》，《卍续藏经》（第137册），台北：新文丰出版公司1975年影印本。

33. （明）湛然圆澄：《慨古录》，《卍续藏经》，台北：新文丰出版公司1975年影印本。

34. （元）释念常：《佛祖历代通载》，《大正新修大藏经》（第49卷），台北：佛陀教育基金会。

35. （元）释大䜣：《蒲室集》，蓝吉富主编：《大藏经补编》（第24册），台北：华宇出版社1985年版。

36. （明）林大钦撰，黄挺校注：《林大钦集》，广州：广东人民出版社1995年版。

37. （清）蓝鼎元撰，郑焕隆编：《蓝鼎元论潮文集》，深圳：海天出版社1993年版。

38. （清）木陈道忞：《布水台集》，《明版嘉兴大藏经》，台北：新文丰出版公司1987年版。

39. （清）木陈道忞：《北游集》，《明版嘉兴大藏经》，台北：新文丰出版公司1987年版。

40. 林大川著，彭妙艳点校：《韩江记》，郑州：中州古籍出版社2000年版。

41. （清）郑昌时著，吴二持校注：《韩江闻见录》，上海：上海古籍出版社1995年版。

42. （清）陈珏编：《古瀛诗苑》，潮州市饶宗颐学术馆1997年影印本。

二、近人著述

1. 释慧原：《潮州市佛教志·潮州开元寺志》，潮州开元寺1992年内刊本。

2. 饶锷、饶宗颐：《潮州艺文志》，上海：上海古籍出版社1994年版。

3. 饶锷：《潮州三山志》，潮州市地方志办公室2006年编印本。

4. 陈光烈：《饶平县志补订》，饶平县地方志编纂委员会办公室2009年内刊本。

5. 陈梅湖：《南澳县志》，2007年内刊本。

6. 揭阳县地方志编纂委员会编：《揭阳县志》，广州：广东人民出版社1993年版。

7. 潮州市地方志编纂委员会编：《潮州市志》，广州：广东人民出版社1995年版。

8. 王琳乾、邓特主编：《汕头市志》，北京：新华出版社1999年版。

9. 陈历明主编：《潮汕文物志》，汕头市文管会办公室1985年内刊本。

10. 倪俊庭等:《潮阳文物志》,1986年内刊本。
11. 朱汉城主编:《潮阳文物志》,香港:天马出版有限公司2011年版。
12. 张宗仪、张秀清主编:《揭阳文物志》,揭阳县博物馆1986年内刊本。
13. 谢逸等:《潮州市文化志》,1985年内刊本。
14. 澄海县文物馆编:《澄海县文物志》,1987年内刊本。
15. 潮州市金石镇委员会编:《金石镇志》,1987年。
16. 磷溪志编写组:《磷溪镇志》,1988年。
17. 官塘镇志编写组:《官塘镇志》,1988年。
18. 凤塘镇志编写组:《凤塘镇志》,1987年。
19. 陈文歆等主编:《古巷镇志》,1987年。
20. 杨启献等主编:《庵埠乐镇志》,北京:新华出版社1990年版。
21. 浮洋镇志编纂办公室:《浮洋镇志》,1989年。
22. 彩塘镇志办公室编:《彩塘镇志》,1992年。
23. 沙溪镇志编委会:《沙溪镇志》,1988年。
24. 炮台镇志编委会、炮台镇人民政府:《炮台镇志》,2011年。
25. 黄继文等:《揭阳县东山区志》,1987年。
26. 彭妙艳主编:《地都区志》,揭阳县地都区编纂办公室,1990年。
27. 揭阳梅云镇镇志编委会编:《梅云镇志》,长沙:湖南地图出版社1998年版。
28. 泉州市地方志编委会编:《泉州市志》,北京:中国社会科学出版社2000年版。
29. 漳州市地方志编委会编:《漳州市志》,北京:中国社会科学出版社1999年版。
30. 余庆绵主编:《广州六榕寺志》,1999年内刊本。
31. 何明栋主编:《新编曹溪通志》,北京:宗教文化出版社2000年版。
32. 饶宗颐:《饶宗颐二十世纪学术文集》,台北:新文丰出版公司2003年版。
33. 饶宗颐著,黄挺编:《饶宗颐潮汕地方史论集》,汕头:汕头大学出版社1996年版。
34. 黄挺、陈占山:《潮汕史》,广州:广东人民出版社2001年版。
35. 黄挺、马明达:《潮汕金石文征》,广州:广东人民出版社1999年版。
36. 黄挺:《潮汕文化源流》,广州:广东高等教育出版社1997年版。
37. 揭阳市考古队、揭阳市文化局:《揭阳的远古与文明——榕江先秦两汉考古图谱》,香港:公元出版有限公司2003年版。
38. 庄义青:《宋代的潮州》,广州:中山大学出版社1997年版。
39. 莲舟辑:《灵山正弘集》,潮阳灵山护国禅寺1993年重印本。
40. (清)印光法师:《增广印光法师文钞》,福建莆田广化寺佛教内部流通本。
41. 蒋祖缘、方志钦主编:《简明广东史》,广州:广东人民出版社1987年版。
42. 温廷敬撰:《明季潮州忠逸传》,汕头:补读书庐1933年版。
43. 孙淑彦编:《罗万杰先生年谱》,香港:香港中国文艺出版社2010年版。
44. 陈历明:《金钗记及其研究》,桂林:广西师范大学出版社1992年版。
45. 杜继文主编:《佛教史》,北京:中国社会科学出版社1991年版。

46. 卿希泰、唐大潮:《道教史》,北京:中国社会科学出版社 1994 年版。

47. 吕大吉:《宗教学通论新编》,北京:中国社会科学出版社 1998 年版。

48. 张弓:《汉唐佛寺文化史》,北京:中国社会科学出版社 1997 年版。

49. 陈垣:《陈垣集》,北京:中国社会科学出版社 1995 年版。

50. 陈垣撰:《清初僧诤记》,北京:中华书局 1962 年版。

51. 陈垣:《明季滇黔佛教考》,北京:中华书局 1989 年版。

52. 潘桂明:《中国居士佛教史》,北京:中国社会科学出版社 2000 年版。

53. 陈兵、邓子美:《二十世纪中国佛教》,北京:民族出版社 2000 年版。

54. 江灿腾:《明清民国佛教思想史论》,北京:中国社会科学出版社 1996 年版。

55. 杨曾文校写:《敦煌新本六祖坛经》,上海:上海古籍出版社 1993 年版。

56. [日] 阿部肇一著,关世谦译:《中国禅宗史》,台北:东大图书股份有限公司 1988 年版。

57. [日] 忽滑骨快天著,朱谦之译:《中国禅宗思想史》,上海:上海古籍出版社 1994 年版。

58. 岑学吕编:《虚云老和尚年谱法汇》(增订本),台北:修元禅院倡印本 1997 年版。

59. 汪宗衍撰:《天然和尚年谱》,澳门:于今书屋 1942 年版。

60. 印顺:《太虚大师年谱》,台北:正闻出版社 1991 年版。

61. 太虚大师:《太虚大师全书》,香港佛经流通处"太虚大师全书影印委员会"1994 年印行本。

62. 太虚大师:《海潮音文库》,台北:新文丰出版公司 1985 年版。

63. 释东初:《中国近代佛教史》,台北:东初出版社 1987 年版。

64. 丁福保编:《佛学大辞典》,福建莆田广化寺 1990 年内刊本。

65. [日] 中村元等著,余万居译:《中国佛教发展史》,台北:天华出版公司 1984 年版。

66. [日] 牧田谛亮著,索文林译:《中国近世佛教史研究》,台北:华宇出版社 1985 年版。

67. [日] 村上重良著,张大柘译:《宗教与日本现代化》,北京:今日中国出版社 1990 年版。

68. 郑振满、[美] 丁荷生编纂:《福建宗教碑铭汇编》,福州:福建人民出版社 2003 年版。

69. 陈支平主编:《福建宗教史》,福州:福建教育出版社 1996 年版。

70. 吴幼雄:《泉州宗教文化》,福州:福建人民出版社 1998 年版。

71. 游彪:《宋代寺院经济史稿》,保定:河北大学出版社 2003 年版。

72. 葛兆光:《西潮又东风——晚清民初思想、宗教与学术十讲》,上海:上海古籍出版社 2006 年版。

73. (清) 梁启超著,葛懋春等编:《梁启超哲学思想论文选》,北京:北京大学出版社 1984 年版。

74. 高平叔编:《蔡元培全集》(第一卷),北京:中华书局1984年版。
75. 马西沙、韩秉方编:《中国民间宗教史》,北京:中国社会科学出版社2004年版。
76. 谭伟伦编:《民间佛教研究》,北京:中华书局2007年版。
77. 乌丙安:《中国民间信仰》,上海:上海人民出版社1996年版。
78. 钟敬文:《民俗文化学:梗概与兴起》,北京:中华书局1996年版。
79. [日]窪德忠著,萧坤华译:《道教诸神》,成都:四川人民出版社1989年版。
80. [日]夫马进著,伍跃等译:《中国善会善堂史研究》,北京:商务印书馆2005年版。
81. 游子安:《善与人同——明清以来的慈善与教化》,北京:中华书局2005年版。
82. 周淑珍主编:《汕头佛寺》,香港:天马出版社2009年版。
83. 林福治主编:《潮州佛寺》,香港:天马出版社2009年版。
84. 周淑珍主编:《揭阳佛寺》,香港:天马出版社2009年版。
85. 林俊聪:《天南法乳》,北京:中国广播电视出版社1991年版。
86. 林俊聪编:《潮汕庵寺》,广州:花城出版社2004年版。
87. 释智楠主编:《临济后裔——化能一脉》,2002年内刊本。
88. 林悟殊:《泰国宋大峰祖师崇拜与华侨报德善堂研究》,台北:淑馨出版社1996年版。
89. 郑彝元主编:《宋大峰祖师传略》,曼谷:泰国华侨报德善堂出版社1993年版。
90. 王弘愿:《圆五居士文集》,《密教震旦重兴会讲习录专刊》,1992年影印本。
91. 潮州庵埠广济善堂、庵埠广济福利会理事会编:《广济善堂创建一百周年纪念特刊》,庵埠广济善堂理事会1999年编印本。
92. 太和善堂董事会编:《太和善堂创立百周年特刊》,2001年内部刊物。
93. 王昌熹主编:《升平文史》,创刊号《潮汕善堂》专辑。
94. 沈敏主编:《潮州年节风俗谈》,潮州:中南书局1937年影印本。
95. 蔡泽民:《潮州风情录》,北京:中国民间文艺出版社1988年版。
96. 方烈文主编:《潮汕民俗大观》,汕头:汕头大学出版社1996年版。
97. 丁世良、赵放主编:《中国地方志民俗资料汇编(中南卷)》,北京:书目文献出版社1991年版。
98. 中国佛教文化研究所编:《俗语佛源》,上海:上海人民出版社1993年版。
99. 李国泰:《梅州客家"香花"研究》,广州:花城出版社2005年版。
100. 王馗:《佛教香花——历史变迁中的宗教艺术与地方社会》,上海:学林出版社2009年版。
101. 释慧原、陈天国、苏妙筝编著:《潮州禅和板佛乐》,广州:广东人民出版社1995年版。
102. 陈天国、苏妙筝:《潮州音乐》,广州:广东人民出版社2004年版。
103. 郑群辉:《佛教在潮汕》,汕头市潮汕历史文化研究中心2000年内刊本。
104. 郑群辉:《佛教的中国化与中国的佛教化》,北京:中国文史出版社2005年版。
105. 饶宗颐:《从法门寺论韩愈之排佛事件及其思想根源诸问题》,《潮学研究》1995

年第4辑。

106. 黄挺：《唐临与佛教思想在潮州的传播》，《韩山师范学院学报》1994年第1期。

107. 黄挺、杜经国：《潮汕古代商贸港口研究》，《潮学研究》1994年第1辑。

108. 黄挺、杜经国：《潮汕地区人口的发展（明）》，《潮学研究》1995年第4辑。

109. 黄挺：《新发现的南宋潮州开元寺资料——林希逸〈潮州开元寺法堂记〉及其考证》，《人海灯》1996年第1期。

110. 陈春声：《正统性、地方化与文化的创制——潮州民间信仰的象征与历史意义》，《史学月刊》2001年第1期。

111. 陈春声：《明末东南沿海社会重建与乡绅之角色——以林大春与潮州双忠公信仰的关系为中心》，《中山大学学报》（社会科学版）2002年第4期。

112. 陈春声：《从〈游火帝歌〉看清代樟林社会》，《潮学研究》1994年第1辑。

113. 谢重光：《三山国王信仰考略》，《世界宗教研究》1996年第3期。

114. 谢重光：《佛教的外衣，道教的内容：福建民俗佛教论略》，《中共福建省委党校学报》2001年第5期。

115. 谢重光：《宋代潮州主要从福建接受外来文化说》，《潮学研究》1997年第6辑。

116. 马明达：《元代潮州路金石文字辑目》，《潮学研究》1995年第4辑。

117. 林拓：《唐代以前福建宗教信仰的地域分布格局》，《中国历史地理论丛》（第20卷）2005年第1期。

118. 叶恩典：《略谈泉潮之关系——以泉州民间族谱资料为例》，《潮学研究》1997年第6辑。

119. 姜伯勤：《论木陈道忞》，《潮学研究》1994年第1辑。

120. 谢正光：《新君旧主与遗臣——读木陈道忞〈北游集〉》，《中国社会科学》2009年第3期。

121. 荒木见悟：《禅与名教——木陈道忞之变节》，《闽南佛学》1999年第2期。

122. 释慧严：《明末清初闽台佛教的互动》，《中华佛学学报》第9期，台北：中华佛学研究1996年版。

123. 庄万翔：《新发现有关潮州黄檗宗的资料》，《人海灯》2004年第3期。

124. 陈嘉顺、孙杜平：《〈潮汕金石文征·宋元卷〉补遗》，陈春声，陈伟武主编：《地域文化的构造与播迁：第八届潮学国际研讨会论文集》，2009年。

125. 胡卫清：《近代潮汕地区基督教传播初探》，《潮学研究》2001年第9辑。

126. 马木池：《从岭东佛学院的创办看近代潮汕佛教面对的问题》，《潮学研究》2008年第14辑。

127. 吴国钦：《论明本潮州戏文〈刘希必金钗记〉》，《潮学研究》1997年第6辑。

128. 苏克：《潮汕地区做亡斋风俗述论》，《潮学研究》2002年第10辑。

129. 翁兆荣、许振声：《概述解放前潮州城的慈善团体——善堂》，《潮州文史资料》1989年第8辑。

130. 徐苑：《大峰祖师、善堂及其仪式：作为潮汕地区文化体系的潮汕善堂综述》，厦门大学硕士学位论文，2006年。

131. ［日］志贺市子：《潮汕善堂所刊印的鸾书与其救济思想》，《潮汕慈善文化论文集》2009 年内刊本。

132. 郑庭和：《民间信仰寺庙转型中的佛教因素——吉隆坡天后宫个案研究》，马佛总资讯网。

133. 王琛发：《随顺众生弘佛道——清末民初中国僧人住持南洋香火庙的“香烛偶”制度》，“风从哪里来：台湾·东南亚文学文化研究的新思考”国际研讨会，2007 年 1 月 27—28 日。

134. 王琛发：《论清代马来亚之汉传佛教》，《华侨大学学报》（哲学社会科学版）2010 年第 3 期。

135. 王琛发：《换取“香资”度众生——从文物碑铭探讨 18、19 世纪马六甲海峡三市的华僧活动》，马来西亚佛教资讯网，http：//www. mybuddhist. net/cms/damafojiao/。

136. 郑群辉：《王弘愿与东密》，《潮学研究》1995 年第 3 辑。

137. 郑群辉：《清代潮州开元寺的田产纠纷》，《潮学研究》1999 年第 7 辑。

138. 郑群辉：《佛教与宋代潮州社会》，《潮学研究》2000 年第 8 辑。

139. 郑群辉：《明代潮汕寺院经济的兴衰及原因》，《潮学研究》2010 年新 1 卷第 1 期。

140. 郑群辉：《佛教何时初传潮汕》，《韩山师范学院学报》2011 年第 2 期。

141. 郑群辉：《潮汕佛教文化研究尚待深入》，《中国社会科学报》，2011 年 12 月 20 日。

142. 郑群辉：《胆巴帝师与元代潮汕密宗的传播》，《西藏研究》2012 年第 1 期。

143. 郑群辉等：《女出家人的神秘世界——潮州市湘桥区出家女性生存现状调查》，《广州社会主义学院学报》2012 年第 1 期。

144. 郑群辉：《明清民俗佛教现象探析——以粤东潮汕地区为中心》，《宗教学研究》2012 年第 3 期。

145. 郑群辉：《论潮汕善堂的历史起点》，《潮学研究》2012 年新 2 卷第 2 期。

后　记

借拙著出版之机，谨向已故开元慧原禅师（1917—1996）表示深切的怀念，揖首感谢高僧对我佛学研究的慈悲指导。

感谢老学长黄挺先生长期的关照、点拨和鼓励，若非黄师的召唤，我未得涉足这一研究领域；感谢吴榕青兄、庄万翔居士，他们无私地布施了我大量必需的研究资料，并与本人就某些问题进行讨论和交流；感谢揭东黄炎真伉俪、内人沈静君，他们不辞辛苦地陪同我进行多次田野考察；感谢一直关心本研究的诸多朋友、同行，他们给了我信心与勇气。

本研究为潮州市社科联“十二五”规划2011年度立项课题，并得到韩山师范学院教务处出版经费的资助。一并表示感谢。

劣作杀青，恰逢知命初度，并无一丝欣慰而唯有苦笑。回首半生尘影，如梦似幻，学焉未成，己躬未明，而老之将至矣！愧对所学，不能为诗，歪偈二枚聊以自嘲。

五十年来局促，东触西触南触。
惭愧舌耕温饱，禅余不问祸福。
五十年来蹉跎，稀疏粗疏荒疏。
起钓独钓柳岸，闲对白云卷舒。

三疏白衣　郑群辉
2015年1月1日